Prin

A tutti i magistrati
e i giornalisti
con la schiena dritta

Peter Gomez   Marco Travaglio

Lo chiamavano Impunità

La vera storia del caso Sme e tutto quello che Berlusconi nasconde all'Italia e all'Europa

Editori Riuniti

I edizione: luglio 2003

via Alberico II, 33 - 00193 Roma
www.editoririuniti.it
fax verde: 800 677822
ISBN 88-359-5437-1

Indice

Introduzione

Nell'ultima campagna elettorale, quella del maggio 2001, mancava un manifesto berlusconiano: quello con la scritta «Niente processi per me». O «per noi». E nel programma della Casa delle libertà, di Forza Italia e di tutti gli altri partiti della coalizione, mancavano almeno due voci: «Impunità per il premier» e «Ripristino dell'immunità parlamentare». È vero che, almeno per la prima, si tratta di graziosi suggerimenti venuti dalle file della cosiddetta opposizione: senza Antonio Maccanico e la sua idea meravigliosa, quel gigantesco collegio difensivo che è la maggioranza in Parlamento starebbe ancora arrabbattandosi alla ricerca di un marchingegno per salvare Berlusconi dai suoi processi. Ma è anche vero che, quando furono chiamati alle urne, i cittadini elettori non furono avvertiti in materia. Sapevano che il nuovo governo Berlusconi avrebbe garantito «meno tasse per tutti», «piú lavoro per tutti», «pensioni piú dignitose», «città piú sicure». Sull'impunità per lorsignori, silenzio assoluto. Silvio Berlusconi ha avuto ben tre campagne elettorali per informare gli italiani che riteneva vergognosa l'abrogazione dell'autorizzazione a procedere per le indagini a carico dei parlamentari, votata in un sussulto di dignità dalle Camere nel 1993 in pieno scandalo Tangentopoli. E che lui, alla prima occasione, l'avrebbe ripristinata. Ma per gradi, cominciando dai suoi processi. Non l'ha mai fatto. Mai affrontato il problema. Anzi, nella sua prima campagna, nel '94, magnificò «la meritoria opera di moralizzazione della vita pubblica intrapresa da valenti magistrati», demonizzando «la vecchia classe politica, travolta dai fatti e superata dai tempi», che si era «autoaffondata sotto il peso del debito pubblico e del finanziamento illegale dei partiti». E nel '96 e nel 2001, parlando ormai da imputato cronico, si era sempre proclamato innocente, affermando che si sarebbe fatto processare «da un giudice imparziale» e «non prevenuto», nella certezza che alla fine «non mi daranno solo l'assoluzione: mi daranno una medaglia d'oro al valore civile». Per la bisogna, aveva addirittura imposto una legge, la Cirami, allo scopo di poter interpellare la Corte di Cassazione sul suo «legittimo sospetto» a proposito del Tribunale di Milano e sulla necessità di spostare il dibattimento a Brescia. La legge è passata a tappe forzate in un clima incandescente come non mai. La Suprema corte si è solennemente riunita a sezioni unite (massima istanza giurisdizionale del paese), ha valutato le «prove» allegate da Berlusconi e da Previti sulla presunta «parzialità e prevenzione» dei loro giudici, anzi dell'intero Tribunale di Milano, e ha deciso in mezz'ora, all'unanimità, nove giudici su nove: il sospetto non è legittimo, non c'è alcun elemento che faccia dubitare dell'imparzialità di quel Tribunale. Ergo, gli imputati possono farsi serenamente giudicare dal loro giudice naturale e competente per territorio. Che è Milano, non Brescia, e nemmeno Perugia come hanno stabilito numerose volte la Corte d'appello di Milano e la stessa Cassazione.

A quel punto, di fronte alla prospettiva di farsi giudicare dal Tribunale che la stessa Cassazione, interpellata proprio da lui previa legge *ad hoc*, gli aveva definitivamente assegnato, il presidente del Consiglio s'è rivolto al paese con un editto eversivo, registrato negli studios di villa San Martino ad Arcore e recapitato in videocassetta alle solite televisioni compiacenti (tutte) alla maniera di Bin Laden e di Saddam Hussein. Annunciando che, per otto anni, aveva scherzato. Non è vero che vuol essere processato come ogni altro cittadino. Uno come lui può essere giudicato «solo dai suoi pari», cioè da nessuno. E visto che il Tribunale, applicando la Costituzione e la legge vigente, non conosce questa inedita formula giuridica e continua a processarlo, ecco scattare la soluzione finale contro la giustizia uguale per tutti: quella che, fallite le controriforme delle rogatorie, del legittimo sospetto e (forse) del falso in bilancio,annienterà definitivamente i suoi processi. Soprattutto uno, il piú urgente: quello per la presunta corruzione dei giudici Filippo Verde e Renato Squillante nel caso Sme e per l'ingaggio dello stesso Squillante sul «libro paga» della Fininvest per ogni esigenza del gruppo.

L'accelerazione coincide con la condanna di Previti e degli altri imputati (con l'unica eccezione di Verde) nel processo Imi-Sir/Lodo Mondadori. Segno che il Tribunale di Milano non è come il porto delle nebbie della Roma di un tempo, quando la politica e le sue convenienze la facevano da padroni. A Milano, se ci sono le prove, si condanna. Senza guardare in faccia nessuno. Schiene dritte, che non si piegano. Parte cosí l'Operazione Impunità Duratura, alias lodo Maccanico-Schifani, che immunizza Berlusconi per ogni delitto commesso prima e durante il mandato. A Previti si penserà subito dopo, con una legge costituzionale che allargherà la sospensione miracolosa a tutti i parlamentari (945 persone). Dall'autorizzazione a procedere abolita nel 1993, si passa all'autorizzazione a delinquere. Il tutto, si capisce, con la comica scusa dell'«immagine» dell'Italia alla vigilia del semestre europeo. Come se esistesse ancora un'immagine dell'Italia.

In attesa di far digerire anche il ritorno dell'immunità agli elettori del centrodestra (soprattutto di An e della Lega Nord, cioè dei due partiti che piú si batterono nel '92-93 per cancellarla), il Cavaliere fa il gioco della seppia e secerne tonnellate di liquido nero intorno al caso Sme, per confonderne i contorni e i ruoli. Trasformando addirittura i pm, i giudici, la parte lesa (Carlo De Benedetti) e due testimoni (Romano Prodi e Stefania Ariosto) in imputati virtuali, mentre gli imputati veri diventano vittime e testimoni. Lo fa in due puntate di «dichiarazioni spontanee» davanti al Tribunale di Milano, riuscendo a raccontare 85 bugie in meno di due ore e comunque a confessare – lui, il sedicente «imprenditore che si è fatto da sé», il presunto alfiere del libero mercato e della libera concorrenza – di essere intervenuto nel 1985 a sabotare un libero accordo fra due gruppi industriali per ordine di un politico, il presidente del Consiglio Bettino Craxi, e a mandare a monte la prima privatizzazione della storia d'Italia. Da allora, esistono due processi Sme. Quello politico e mediatico, nato dalla fertile fantasia di Berlusconi dopo le sue «dichiarazioni spontanee» in tribunale, poi proseguite in vari salotti televisivi compiacenti. E quello giudiziario, nato dalle carte delle banche svizzere sui conti della Fininvest, degli avvocati Previti e Pacifico, dei giudici Verde e Squillante. Mentre il Tribunale si occupa dell'eventuale prezzo dei due magistrati romani, il presidente del Consiglio dirotta l'attenzione generale su un problema inesistente e comunque estraneo al processo: il prezzo della Sme. La disinformazione è condizione necessaria e indispensabile per il nuovo regime fondato su due pilastri che si sorreggono a vicenda: censura e impunità. Ma l'operazione avrà successo soltanto se i cittadini continueranno a ignorare come stanno le cose. Solo se resteranno inerti e passivi, anziché difendere la Costituzione raccogliendo firme per un referendum che cancelli il Lodo dell'Impunità dal nostro ordinamento.

Ecco: dopo *Bravi ragazzi*, che si occupava degli scandali Imi-Sir e Mondadori, questo libro si rivolge a chi vuole conoscere anche la vera storia del caso Sme-Ariosto e continuare a vivere in un paese dove la giustizia sia uguale per tutti. Raccogliendo e confrontando le versioni di tutti i protagonisti (De Benedetti, Berlusconi, Prodi, Amato, Ariosto e cosí via) e soprattutto la requisitoria (inedita) di Ilda Boccassini, questo libro aiuta a sapere. Un piccolo manuale di autodifesa democratica.

Peter Gomez
Marco Travaglio

P.S. Anche questa volta riportiamo i verbali testuali di interrogatorio, nonché la requisitoria del pm senza alcun intervento esterno. Il linguaggio è quello parlato, «a braccio», cosí come è stato trascritto da un'agenzia specializzata incaricata dal Tribunale. I brani tagliati, per ragioni di sintesi, sono indicati dai puntini di sospensione fra parentesi quadre. I titoletti che spezzano il ritmo del testo sono opera degli autori. Mancano – perché mai avvenuti – gli interrogatori degli imputati che hanno rinunciato all'esame in aula: Previti, Renato Squillante, i due figli di quest'ultimo (Mariano e Fabio) e la nuora Olga Savtchenko. Chi fosse interessato ad approfondire la posizione di Previti o a consultare altri atti del processo può collegarsi con il neonato sito internet www.previti.it. oppure con il sito www.bietti.it.

Lo chiamavano Impunità

«Che differenza c'è fra una sentenza serena e una sentenza politica?»
«La sentenza politica è quella che non si riesce a comprare»
(*Ellekappa*, la Repubblica, 25-1-2003)

«Ehi!... Mi sta derubando!»
«Ma che fa... alza i toni?»
(*Maramotti*, l'Unità, 7-6-2003)

«Un delitto ben riuscito e favorito dalla fortuna viene chiamato virtú»
(*Seneca*)

«Berlusconi ha una voluttuaria e voluttuosa propensione alle menzogne. È il piú grande piazzista del mondo, ha un concetto della verità del tutto personale: la verità è quello che dice lui. Nulla gli riesce bene quanto la parte di vittima e di perseguitato. "Chiagne e fotte", dicono a Napoli dei tipi come lui. E si prepara a farlo per cinque anni di seguito. Governerà come sa: con la menzogna e con tanta corruzione»
(*Indro Montanelli*, 2001)

«"La legge è uguale per tutti". Dipende. Per qualcuno invece è trattabile»
(*Enzo Biagi*, 2003)

Toghe sporche story

Domenica 21 gennaio 1996, alle 10,50, il capo dei gip di Roma Renato Squillante entra nel bar Tombini, in via Ferrari 6, poco distante dal tribunale. Si siede al solito tavolo. Aspetta i soliti amici per il cappuccino del dí di festa. Pochi minuti dopo lo raggiungono, insieme, il gip Augusta Iannini e il pm Roberto Napolitano. Poi arriva l'avvocato Vittorio Virga. I quattro cominciano a chiacchierare. Non sanno che, dentro il posacenere «a piede» sistemato proprio accanto alla sedia della Iannini, è nascosta una microspia.

Intorno a quel tavolo non ci sono persone qualunque. Squillante, napoletano, 71 anni, sposato con tre figli (Maurizio, musicista, Mariano e Fabio, giornalisti), 43 anni di servizio in toga senza mai muoversi da Roma, è stato nell'ordine: giudice istruttore, presidente di sezione in Tribunale, poi nel 1976 consigliere della Consob; nel 1981 è tornato in piazzale Clodio con i gradi di consigliere istruttore aggiunto, ha fatto il consigliere giuridico prima di Craxi a palazzo Chigi e poi addirittura del presidente della Repubblica Francesco Cossiga; infine, dopo la riforma del codice del 1989, è stato promosso presidente dei gip. Dopo un lungo fiancheggiamento al Psi, è considerato vicino a Forza Italia. È amico di Previti e Letta. Nel 1994 Silvio Berlusconi aveva pensato anche a lui come ministro della Giustizia e ora gli ha appena offerto un collegio sicuro per Forza Italia. È il giudice piú potente di Roma, e non soltanto per le sue relazioni con i palazzi che contano: dal suo tavolo passano tutte le richieste di custodia cautelare, di rinvio a giudizio e di archiviazione della capitale. Senza il suo via libera non si arresta, non si processa e non si proscioglie nessuno. Ma Squillante è anche uno dei giudici piú chiacchierati d'Italia: eppure (o forse proprio per questo, nel suo ufficio nessun ministro ha mai disposto un'ispezione straordinaria.

Roberto Napolitano, dopo una lunga carriera nella magistratura giudicante di Roma, è procuratore capo a Grosseto. Augusta Iannini è uno dei gip piú noti della capitale: è la moglie di Bruno Vespa e dalle sue mani sono passate inchieste cruciali come quelle sull'alta velocità, sulla Safim-Italsanità, sulle tangenti alle Poste per le telefrequenze e per la telefonia. Nell'ambito di quest'ultima, aveva arrestato nel novembre 1993 Carlo De Benedetti, astenendosi invece sulle altre due richieste di cattura, quelle per Gianni Letta e Adriano Galliani: «Sono amici di famiglia», si era giustificata. E il suo capo, Squillante, aveva passato la palla a un altro fedelissimo, Raffaele De Luca Comandini, giudice di sinistra con fama di «garantista», che aveva detto no alle manette. De Luca lo ritroveremo presto, fra gli uomini piú vicini a Squillante. Il quarto amico al bar, l'avvocato Vittorio Virga, è il difensore di Paolo Berlusconi, di Gianni Letta e di Davide Giacalone, tutti coinvolti in inchieste romane (gli ultimi due, proprio in quella sulle telefrequenze): ed eccolo lí, anche lui al bar Tombini, allo stesso tavolo di Squillante e Iannini.

I quattro, in quella tiepida domenica d'inverno, discorrono liberamente di vari argomenti. Iannini e Virga discutono di un'inchiesta: quasi certamente quella sull'alta velocità. Squillante parla di soldi: «Stiamo parlando di fondi neri... lui che si è intascato i 100 miliardi... che ha riciclati tutti in fondi neri... non [...] poteva non sape'... perché stava sul posto». Napolitano interviene: «Berlusconi!... No!». Poi allude a 400 milioni, a una certa «operazione», a un certo arresto. Dopo venti minuti di conversazione una cameriera, svuotando il posacenere, sbotta: «E questa che è?». È una cimice, una microspia. Il proprietario del locale si precipita a informare Squillante. Poi chiama la polizia. La cameriera, istruita dai quattro, sporge denuncia. Il quartetto si alza dal tavolo, esce dal bar, esamina il congegno elettronico alla luce del sole, cerca di intuirne l'origine. Intanto sono sopraggiunti altri due amici della domenica: Orazio Savia, procuratore di Cassino, e l'avvocato Attilio Pacifico, che ha lo studio a due passi dal bar. Tutti a domandarsi a chi fosse destinata la cimice, chi dei quattro sia spiato. E da chi. E perché.

Il piú preoccupato è Squillante, che capisce subito di essere l'uomo nel mirino. Perde la testa. E comincia a tempestare di visite e telefonate colleghi e amici piú o meno potenti, divorato dall'ansia di sapere da dove viene la minaccia. La caccia al mandante della cimice prosegue, nei giorni seguenti, sui giornali: la Procura di Milano? Perugia? Palermo? Napoli? Bologna? Brescia? O magari qualche servizio deviato? E con chi ce l'hanno? Con qualche giudice? Oppure con Virga, quindi con la famiglia Berlusconi? Le linee telefoniche della Roma che conta sono percorse da una ragnatela di frenetiche chiamate.

Soltanto 50 giorni dopo, il 12 marzo, si saprà con certezza la verità. La cimice l'ha piazzata, insieme a decine di altre, tutte intorno a Squillante e ai suoi cari, lo Sco, il Servizio centrale operativo della polizia, per ordine del pm milanese Ilda Boccassini, che indaga sul giudice e sul suo entourage per corruzione. L'inchiesta è nata dalle rivelazioni di una supertestimone, indicata, per proteggerne l'identità, con un nome in codice, come si fa per i testimoni di mafia. È la «teste Omega». È la contessa Stefania Ariosto, una bella e bionda nobildonna romana che vive a Milano, compagna del presidente dei deputati di Forza Italia, l'avvocato Vittorio Dotti.

Due cassettoni d'antiquariato

Com'è arrivata Stefania Ariosto davanti a Ilda Boccassini e ai suoi colleghi del pool? Si discuterà a lungo sull'origine della sua testimonianza. Anche perché all'epoca la donna ha il vizio del gioco al casinò, ed è incalzata dai creditori. Sono gli investigatori della Guardia di finanza i primi ad ascoltarla, nel febbraio 1995, nell'ambito dell'inchiesta sui libretti al portatore del Cavaliere condotta da Margherita Taddei. Uno di questi registra un esborso di 200 milioni all'avvocato Dotti, che è anche il civilista milanese della Fininvest. Un esborso insolito, visto che di norma le parcelle gli vengono liquidate a fine anno, e quella è di qualche mese precedente. «Chiamato dalla Guardia di finanza a giustificare la circostanza – ricorda Dotti – spiegai che si trattava di un'anticipazione di parcella, per un'improvvisa esigenza di Stefania. Berlusconi mi aveva prestato il denaro da un suo libretto personale, e a fine anno gliel'avevo restituito, quando l'azienda mi aveva liquidato il totale delle parcelle».

La Ariosto viene convocata per confermare quella versione. E spiega: «Vittorio ha acquistato due cassettoni Maggiolini gemelli e sei sedie nella mia galleria d'arte, e li ha pagati con quel denaro». Ma da alcuni suoi discorsi, all'inizio un po' nebulosi e reticenti, poi sempre piú espliciti, i finanzieri si accorgono che la donna ha ben altro da raccontare. Stefania Ariosto esprime il suo disgusto per un *milieu* romano di potere e malaffare dal quale vuole distaccarsi. Parla di avvocati, di giudici, fa capire che c'è del marcio. Ma vorrebbe limitarsi a dare qualche dritta, senza comparire, come «fonte confidenziale». Il colonnello Alessandro Falorni e il capitano Antonio Martino, per un po' di tempo, la ascoltano e prendono qualche appunto, registrandola in codice come «fonte Olbia». E inviano a Taddei un rapporto che la pm respinge, giudicandolo irricevibile: le accuse sono gravi ma vaghe e, soprattutto, sono anonime. Almeno finché, nel luglio 1995, la Ariosto accetterà di firmarle in veste di testimone. La teste Omega.

«Quell'anno – ricorda il pm Francesco Greco – ero finalmente riuscito, dopo due estati di lavoro, a partire per le vacanze. Ero in Sardegna con la famiglia. C'era anche Gherardo Colombo con la sua. Ero sul traghetto che porta dalla Maddalena a Palau, quando mi chiamò il capitano Martino: "Dottore, qui c'è una signora che vuole riferire cose gravi, delicate. Ma chiede di un magistrato. È la compagna di Dotti". "Almeno – mi dissi – sarà una cosa interna a Forza Italia, una volta tanto non se la prenderanno con noi". Decisi di rientrare subito a Milano. Arrivai giovedí 20 luglio e la interrogai, se non erro, l'indomani mattina. Trovai una donna terrorizzata».

Stefania Ariosto esita, trema, fuma una sigaretta dopo l'altra. «Non so se faccio bene a parlare... Ho saputo e visto fatti gravi, con implicazioni politiche gravissime... Riguardano i vertici Fininvest... ma non so, se parlo che cosa mi succede? E al mio compagno?». Greco si spazientisce: «Guardi, signora, io ero al mare, in Sardegna, e sono rientrato apposta per lei. Si decida». «Mi lasci qualche giorno per pensarci su». «Va bene, ci rivediamo dopo il week-end». Sul momento, Greco sospetta che la donna si muova su input di Dotti: «Ma poi capii che aveva fatto tutto da sola: era lei, semmai, che voleva forzare la mano a Dotti, trascinando anche lui fuori da quel mondo». Oggi Stefania Ariosto conferma:

Era almeno dal 1993 che volevo andare da Di Pietro e Colombo a denunciare tutto. Ogni tanto segnavo i loro nomi sull'agenda, per chiamarli. Ma non mi decidevo mai. Senza l'occasione dei libretti al portatore, forse non avrei mai trovato il coraggio. Vittorio sapeva di questo mio desiderio prorompente di sfogarmi, di sputare fuori tutto il marcio che avevo visto, e ho sempre pensato che l'abbia fatto apposta a creare le condizioni per cui io mi ritrovassi di fronte alla Guardia di finanza. Sapeva che, una volta in caserma, non mi sarei trattenuta. Ripensandoci a posteriori, mi sono sentita usata. Ma ho detto la pura e semplice verità.

Dotti però smentirà piú volte questi sospetti dell'ex fidanzata.

La teste Omega

Il primo interrogatorio avviene dunque venerdí 21 luglio, nella caserma di via Fabio Filzi, davanti a Greco. E dura non piú di un quarto d'ora. «Poiché», recita il verbale, «alcune informazioni in mio possesso potrebbero arrecarmi grave pregiudizio anche nei miei rapporti sociali, chiedo un differimento del mio esame testimoniale in quanto devo ancora maturare tale mia scelta».

Martedí 25 luglio, secondo round. Accanto a Greco, per qualche minuto, c'è anche Margherita Taddei, che indaga sui libretti al portatore (oltre un centinaio) del Cavaliere. Ma la situazione non si sblocca. «Ci ho pensato per tutto il fine settimana – dice Ariosto – e ho deciso di parlare. Ma le cose che riferirò cambieranno la mia vita. Quelli me la faranno pagare... sono capaci di tutto... Quelli mi ammazzano. E chi mi protegge?».

Greco, madido di sudore, riperde la pazienza: «Signora, si decida, non ho rinunciato alle ferie per giocare con lei». E lei: «Ma io le parlerò di cose che non riguardano solo me, ma che rischiano di compromettere la carriera di Vittorio Dotti. Parlo di Berlusconi, di Previti, lui ha diritto di saperlo». Greco chiama in soccorso Davigo, che quel giorno si trova in un'altra stanza della caserma per una diversa indagine. La testimone chiede il permesso di consultarsi con Dotti, che è venuto a prenderla e l'aspetta in corridoio. Permesso accordato. I due discutono un po', poi lei rompe l'ultimo indugio: «Basta, dirò quello che so». Ormai è quasi sera. Tutto viene rimandato al 28 luglio per l'interrogatorio vero e proprio. Dotti ha un breve scambio di battute con Davigo:

«Sono il capogruppo di Forza Italia e il civilista della Fininvest, qui si parla di Berlusconi e di Previti [coordinatore nazionale di Forza Italia], come faccio a tacere? Io ho il dovere morale di avvertire almeno il Cavaliere». Ma Davigo lo fulmina: «Lei non dirà una parola, le indagini sono coperte da segreto, chiunque apra bocca commette favoreggiamento».

Il 28 luglio, al terzo appuntamento con Greco, Stefania Ariosto comincia finalmente a raccontare. E stavolta lo fa per due giorni di seguito, tutto d'un fiato: «Conobbi Previti, nei primi anni '80, frequentando gli amici di Giorgio Casoli, amico della mia famiglia». Magistrato a Milano e poi in Cassazione, in seguito sindaco di Perugia, infine deputato del Psi e sottosegretario del primo governo Amato nel 1992, Casoli è buon amico del socialista Enrico Manca, il quale a sua volta è intimo di Previti. «E poi – aggiunge la donna – Previti era molto amico di mia sorella Carla, che vive a Roma». A quel punto, la contessa snocciola una lista di magistrati che dice di aver visto e incontrato nel salotto di casa Previti: «Squillante, sempre presente. Sammarco, sempre presente. Verde, sempre presente. Brancaccio, sempre presente». Piú un magistrato di cui non ricorda il nome, ma che indica in una delle tante foto che consegna al pool: Antonino Vinci.

> Inoltre ho incontrato in detto salotto: Carnevale, Mancuso, Valente, Vitalone, Izzo e Napolitano. Nell'ufficio di Previti, tra il 1987 e l'89, incontrai anche Mele [...]. Gli incontri con Previti e i magistrati suindicati avvenivano anche in altre occasioni, come per esempio le partite di calcetto al Circolo Canottieri Lazio [sul Lungotevere Flaminio], del quale Previti è presidente. In particolare frequentava assiduamente tale circolo Renato Squillante.

Alcune fotografie dell'allegra brigata di avvocati, faccendieri, magistrati e giuristi – spiega – furono scattate «nel 1988 in occasione di un viaggio negli Stati Uniti, finanziato da Cesare Previti, per assistere alla premiazione di Bettino Craxi nominato dal Niaf [la potente organizzazione italoamericana di Washington] "uomo dell'anno". Le prenotazioni vennero effettuate da mia sorella, che lavorava all'Alitalia».

I nomi citati sono tutti di primissimo ordine. Corrado Carnevale è il presidente della prima sezione penale della Cassazione, che nel '95 è indagato a Palermo per fatti di mafia. Filippo Mancuso è il ministro della Giustizia in carica e Antonio Brancaccio (già primo presidente della Suprema corte) il ministro dell'Interno. Arnaldo Valente è il giudice della Cassazione (ora dimissionario) che nel 1994 ha trasferito il processo Cerciello da Milano a Brescia. Claudio Vitalone è il magistrato romano nonché ex parlamentare ed ex ministro andreottiano, imputato a Perugia (e poi assolto) per il delitto Pecorelli. Roberto Napolitano è lo stesso pm presente al bar Tombini. Carlo Guglielmo Izzo è un presidente della Corte d'appello di Roma. Antonino Vinci è uno dei pm di punta della Procura di Roma. Filippo Verde, ex presidente di sezione al Tribunale civile, è stato capo di gabinetto del ministro Vassalli e poi direttore generale del ministero per lunghi anni. Carlo Sammarco è l'ex presidente della Corte d'appello di Roma. Vittorio Mele è giudice in Cassazione, prima di essere promosso procuratore capo di Roma, poi ancora direttore generale del ministero e infine procuratore generale della capitale.

«A Rena', te stai a dimentica' questa!»

«Ho assistito – rivela la Ariosto – a consegne di denaro a Squillante in due occasioni, a casa dell'avvocato Previti, in via Cicerone, e al circolo Canottieri Lazio, dopo una partita di calcetto...». Il suo racconto lascia ammutolito, quasi incredulo, il pur scafato Francesco Greco:

> In occasione di una riunione conviviale a casa di Previti, a base di champagne e aragoste, sul finire del 1988 o nei primi mesi del 1989, a un certo punto si appartarono Previti, Squillante e poi l'avvocato Pacifico, stretto collaboratore di Previti [...]. Passai vicino al terzetto appartato nei pressi di un tavolino con il telefono. Su detto tavolo c'erano numerose mazzette di denaro e i tre stavano in piedi, lí vicino, a parlare fra di loro [...]. Squillante diceva: «Sí, ci penso io...». Io, appena mi sono resa conto che stava avvenendo un passaggio illecito di denaro, ho immediatamente chiesto scusa. Previti allora mi disse: «Stefania, non ci sono problemi, non ti devi preoccupare». Io tornai immediatamente al tavolo, dove mi ricordo che c'erano anche Sammarco, Letta e altri invitati. L'occasione di tale riunione conviviale era [...] per festeggiare un'importante decisione giurisdizionale che era stata presa [...]. A un certo punto telefonarono a Berlusconi per co-

municare la loro gioia per la vittoria. A tale felicità partecipavano anche i magistrati presenti.

Secondo episodio, ancora piú sconcertante:

Nello stesso anno, dopo una partita di calcetto al circolo Canottieri Lazio, al termine di una cena [...], nel parcheggio del circolo ho visto, mentre salivo sulla mia auto, Previti mentre consegnava una grande busta gialla a Squillante dicendo: «A Rena', te stai a dimentica' questa...». Poiché la busta non era chiusa, potei constatare che era piena di denaro. Squillante la prese e la consegnò a un'altra persona che già stava sulla sua autovettura. Preciso che io mi trovavo con la mia auto dietro a quella di Squillante, che a sua volta era parcheggiata dietro a quella di Previti. Dopo questi fatti, e soprattutto dal 1989, ho diradato le mie frequentazioni del Previti, in quanto ero diventata ufficialmente la compagna di Dotti. E inoltre ciò che avevo visto e ciò che mi aveva detto Previti mi avevano convinta a non frequentarlo piú.

In un altro interrogatorio, Stefania Ariosto ricorderà quello che era accaduto poco prima della consegna al posteggio: durante il match di calcetto, la moglie di Previti, Silvana Pompili (che comprensibilmente si fa chiamare «Panfili»), era seduta accanto a lei:

Silvana mostrò per tutto il tempo della partita molta apprensione, perché mi disse che avevano del denaro da consegnare a Squillante, riferendomi anche che era consuetudine che venissero pagati i magistrati. Non deve sembrare strano che la signora Previti mi facesse queste confidenze, perché in quell'ambiente, nel periodo in cui lo frequentavo, e soprattutto nell'entourage di Previti, era scontato che si dovessero pagare i magistrati per ottenere dei favori.

Stefania Ariosto racconta poi quel che accadde quando Casoli, nel 1992, divenne deputato e sottosegretario alle Poste nel governo Amato:

L'interesse di Previti nei suoi confronti aumentò notevolmente in quanto si stava decidendo il piano nazionale delle frequenze [televisive]. Il ministro era Pagano [Pagani, all'epoca del Psdi, passerà in seguito a Forza Italia e verrà eletto sindaco di Novara]. Previti mi cercava perché non riusciva ad avere un contatto diretto con Casoli, che si era dileguato perché [...] non voleva essere condizionato nel suo mandato. E mi faceva delle confidenze, pensando che io poi le riferissi a Casoli, in modo da convincerlo a integrarsi nel suo entourage. In particolare, mi disse che lui aveva molti magistrati a «libro paga», che era in grado di comprarsi il terzo potere dello Stato e anche il quarto, nel senso che pagava molti giornalisti. Inoltre aggiungeva che lui si comprava anche le donne. Piú volte Previti si vantò, anche alla presenza di diverse persone oltre alla sottoscritta, che la «guerra di Segrate» [tra Berlusconi e De Benedetti, per il controllo della Mondadori] non era stata vinta da Dotti, bensí da lui, comprando i magistrati. Tale affermazione l'ha fatta spesso, e anche era per lui motivo d'orgoglio. Sembrava comunque disporre di fondi illimitati, alimentati a suo dire da denaro messogli a disposizione dal dottor Silvio Berlusconi [...]. Inoltre mi risulta che Previti avesse un conto in Svizzera [...] alimentato con denaro della Fininvest: ne sentii parlare alcune volte da Previti con Pacifico [...]. Pacifico è praticamente l'«angelo custode» di Previti, il suo alter ego, è una persona estremamente riservata che, tuttavia, è a conoscenza di tutti i segreti di Previti [...]. Piú volte Previti mi disse che Pacifico era il suo uomo di fiducia anche nei rapporti con i magistrati. Mi risulta che abbia credito illimitato in molti casinò e in particolare anche a Campione, dove l'ho incontrato spesso.

Greco confessa di aver sottovalutato, all'inizio, la portata di quelle prime confessioni: «La prima impressione fu che si trattasse di fatti molto vecchi, per giunta molto difficili da dimostrare. Tanto che ricordai alla signora, come faccio sempre con tutti i testimoni, che esiste il reato di calunnia». Quella donna eccentrica ed emotiva, coraggiosa ma fragile, con un eloquio tra l'immaginifico e l'onirico, non sembra proprio il testimone ideale agli uomini del pool. «All'inizio – aggiunge Greco – la migliore garanzia, per noi che non la conoscevamo, era il suo legame con Dotti e quindi il fatto che i personaggi di cui parlava li doveva conoscere per forza. Infatti, la terza volta, arrivò con due borsoni pieni di fotografie della sua vita mondana, dei suoi incontri con avvocati, politici e magistrati. Proprio quelli di cui ci stava parlando».

La Procura, in quei giorni d'estate, è semideserta. Borrelli, D'Ambrosio, Colombo e Ielo sono in vacanza. La Boccassini, come vedremo, sta facendo le valigie a Palermo. Che fare? Greco decide di segretare i verbali, di registrare le prime rivelazioni nel «modello 44», quello delle notizie di reato a carico di ignoti, con il numero di serie 2915, e di sigillarli in una busta che viene chiusa nella cassaforte di Davigo. Poi riparte per le vacanze: «Ne riparliamo a settembre, quando tornano gli altri». Giunto alla Maddalena, Greco si vede con Colombo, anche lui in ferie da quelle parti. E, passeggiando lungo il porticciolo dell'isola, gli racconta di quell'affascinante signora che dice cose terribili. I dubbi e le preoccupazioni superano di gran lunga l'entusiasmo per questa nuova inchiesta.

Anche Stefania Ariosto, sulla barca di Dotti, veleggia negli stessi giorni tra la Sardegna e la Corsica. Una vacanza ben poco intima: prima della partenza, la Prefettura di Milano le ha assegnato una scorta di diversi uomini, dei «baschi verdi» della Guardia di finanza che la seguono anche per mare. Sulle prime le Fiamme gialle hanno chiesto di proteggerla per le continue minacce anonime che riceve, forse dall'ambiente dei prestasoldi dei casinò (le accade anche uno strano incidente d'auto); poi anche per le rivelazioni che sta facendo in Procura. Berlusconi, informato in tempo reale, chiama Dotti sulla barca: «Perché Stefania è scortata? È vero che sta rendendo dichiarazioni contro il nostro gruppo?». Dotti, imbarazzato, tenta di parare il colpo: «Ma no, è per via delle minacce anonime che le arrivano dai cambisti». Non verrà creduto. Berlusconi e Previti subodorano qualcosa fin dalle prime settimane. Anche se la certezza di quanto sta accadendo l'avranno soltanto cinque mesi piú tardi, dopo la casuale scoperta di quella cimice al bar Tombini.

Il ritorno di Ilda

Al ritorno dalle vacanze, Greco racconta tutto a Borrelli, il quale convoca una riunione con tutto il pool. Per cominciare, si decide un'indagine «dinamica»: appostamenti e intercettazioni, per mettere a fuoco soprattutto la figura di Attilio Pacifico, il semisconosciuto civilista nato nel 1933 ad Avellino che, secondo Ariosto, è il *trait d'union* fra Previti e i giudici della capitale. L'impresa però è ardua. Ai limiti dell'impossibile. Si tratta di ricostruire nel 1995 fatti di 10-15 anni prima. Cosí entra in scena il piú «poliziotto» dei magistrati del pool: Ilda Boccassini.

Napoletana, classe 1949, donna irruenta e caparbia, Ilda Boccassini indossa la toga dal 1977. Alla fine degli anni '80 indaga sulla «Duomo connection» e, occupandosi di mafia, diventa amica inseparabile di Giovanni Falcone e Carla Del Ponte. Nel 1992, dopo Capaci e via d'Amelio, parte volontaria per Caltanissetta, dove si fa «applicare» per dare la caccia agli assassini di Falcone, che verranno quasi tutti arrestati dai colleghi di Palermo e condannati grazie alle sue indagini. Ai primi del 1995 passa alla Procura di Palermo. Ma qui la coabitazione con alcuni colleghi che avevano dissentito dalle ultime scelte «governative» di Falcone provoca diffidenze e incomprensioni. Caselli, che l'ha fortemente voluta, tenta di mediare, ma senza successo. Ilda decide di tornare a Milano, dove vivono i suoi due figli, e dal 1° ottobre riprende servizio nel suo ufficio al quarto piano del palazzo di giustizia.

«Torno come una reduce dal Vietnam», dice. «Era appena rientrata – ricorda Greco – quando le raccontai di Stefania Ariosto. Lei si appassionò. Il suo arrivo fu fondamentale. I metodi di lavoro tipici delle indagini antimafia, applicati a questi casi di corruzione in un ambiente pervasivo come quello romano, si sono rivelati azzeccatissimi. Di Pietro era imbattibile nell'ottenere le confessioni e nell'incrociare le dichiarazioni. Ma in quest'inchiesta occorreva un altro metodo, fatto di appostamenti, telecamere e soprattutto microspie. Noi, dal 1992 al 1995, per Mani pulite avevamo intercettato sí e no tre imputati: Chiesa, Pacini e pochi altri. Personalmente non sapevo nemmeno da che parte cominciare. Fui ben felice di cederle il passo e di tornare alle mie carte».

Il quarto interrogatorio di Stefania Ariosto, datato 20 settembre, è ancora firmato da Greco: nuove puntualizzazioni sulla trasvolata oceanica al seguito di Craxi e sulle cene in casa Previti. Poi la testimone segnala di aver ricevuto, proprio quel giorno, una strana telefonata, con una voce preregistrata: «Messaggio intelligente: amica mia, la forza vincerà sulla tua ragione». Una minaccia. La prima di una lunga serie.

Dal 10 ottobre a Greco subentra la Boccassini. Intanto il procedimento, dal modello 44, è passato al 21, quello degli indagati noti (numero di serie 9132/95): Squillante, Pacifico, Previti e Berlusconi sono iscritti da settembre per corruzione continuata e aggravata.

Ilda e Stefania entrano subito in sintonia. Stefania si sente protetta, Ilda intuisce che dice la verità. Si vedono spesso, per precisare, limare, integrare. La teste Omega spalanca sempre piú la sua memoria, rivelando nuovi particolari sulla corruzione a palazzo di giustizia. Ricorda, per esempio, quel che le dissero i fratelli Carlo ed Egidio Eleuteri: Previti e Berlusconi acquistavano gioielli nei loro negozi per regalarli alle mogli dei magistrati amici, quelli «a libro paga». E poi quel che le rivelò Previti sulla provvista delle tangenti: Berlusconi gli aveva messo a disposizione per la bisogna un fondo permanente presso l'Efibanca. Aggiunge che Previti ospitava magistrati anche nella sua casa di Porto Ercole, all'Argentario, e sulla sua celebre barca, il «Barbarossa»:

> Previti si è spesso vantato con me di aver corrotto alcuni magistrati […]. Ho visto alcuni di loro mentre ricevevano il denaro direttamente, in contanti, da Previti e dal suo collaboratore Pacifico; altri invece avevano rapporti diretti con Efibanca. Previti ebbe a dirmi piú volte che tale situazione era cominciata agli inizi degli anni '80 e che Squillante era il collettore del denaro frutto della corruzione, in quanto lo riceveva sia per sé, sia per ridistribuirlo ad altri colleghi.

Poi aggiunge nuovi particolari sulle cene a casa Previti («Si decidevano le strategie giudiziarie non solo del gruppo Berlusconi, ma anche di altri gruppi, come Franco Mezzaroma e Gaetano Caltagirone»), e sul pellegrinaggio craxiano aviotrasportato in America:

> Sulle mie agende ci sono precisi riferimenti (20 e 21 ottobre '88) in ordine ai nostri spostamenti negli alberghi utilizzati. Il giorno 21 siamo partiti e, come risulta dall'agenda, io mi accompagnavo con Cesare Previti, Enrico Manca [questi però sostiene di essersi trovato già negli Usa per impegni propri] e Bettino Craxi. Sull'aereo viaggiavano alcuni magistrati invitati da Previti, mentre gli altri sono partiti con altro volo. Il viaggio, organizzato da Previti, fu gratuito per tutti. Era presente anche Antonio Baldassarre, poi eletto alla Corte costituzionale, come risulta dalle foto che ho già prodotto: mi ricordo che tempestava di richieste Previti, anche perché voleva farsi presentare a Craxi e per questo riuscí a farsi invitare negli Stati Uniti. A New York venimmo alloggiati presso l'Hotel Plaza (tutti quanti, compresi i magistrati e Baldassarre). La sera del 21 venimmo invitati a casa di Previti [che ha pure uno studio a New York], che offrí una cena […]. In casa Previti erano presenti tutti i magistrati di cui alle fotografie che ho già prodotto, e anche Baldassarre. Il giorno successivo ci siamo recati nella capitale e la sera c'è stata la premiazione e la cena di cui alla predetta fotografia. I magistrati erano stati invitati in quanto c'era un progetto elaborato da Previti e Craxi di creare una lobby dei giudici sui quali contare per il controllo della magistratura, considerato che anche Craxi non aveva un buon rapporto con la magistratura. Si trattava di creare le condizioni per un collegamento piú diretto. L'atteggiamento dei magistrati invitati e di Baldassarre era piuttosto servile, nel senso che era chiara la loro soggezione a Craxi. A Washington c'era anche Silvano Larini [...]. Previti dovrebbe aver pagato il viaggio [ma Squillante produrrà documenti che smentiscono il pagamento per sé, e Previti sosterrà di aver comunque usato fondi del Psi]. Invece la permanenza negli Stati Uniti dovrebbe essere stata finanziata dalla Niaf. A New York si tenne una festa in casa di Previti in occasione del suo compleanno. Ho delle fotografie al riguardo.

La spedizione transoceanica con ricevimento era nobilitata dalla presenza di altri giudici: oltre a Verde, Napolitano e Vinci – assicura la testimone – c'erano Mario Marvasi, Carlo Izzo, Orazio Savia, Giorgio Santacroce (sostituto procuratore generale a Roma) e Rosario Priore (quello dell'inchiesta-fiume su Ustica, che però dirà di essere giunto negli Usa a spese proprie). Seguono le ultime puntualizzazioni sui preziosi regali alle mogli dei magistrati, di cui le hanno parlato i gioiellieri Eleuteri:

> Per quanto riguarda i magistrati vi era la consuetudine di elargire regali di valore, in alcuni casi di enorme valore [...] nel periodo natalizio e, sporadicamente, anche in occasione della Pasqua. E consistenti in oggetti di antiquariato o gioielli o pezzi di argenteria o micromosaici [...]. I gioielli venivano scelti da Previti e Berlusconi Silvio. Dal 1984 al 1986-87 Egidio Eleuteri si recava a casa di Berlusconi con i gioielli. Qui venivano mostrati a Berlusconi e Previti che li sceglievano, ogni gioiello prescelto veniva assegnato alla moglie di un magistrato, informando i gioiellieri. Questi provvedevano a fare i singoli pacchetti, appuntando a matita su ognuno il nome del destinatario. Dopodiché il tutto veniva portato alla signora Marinella Brambilla, segretaria di Berlusconi, che provvedeva a smistarli. Dal 1987 in poi a questa prassi ha preso parte anche Eleuteri Carlo. Queste circostanze mi sono state riferite dai fratelli Eleuteri e ricordo che gli stessi mi hanno mostrato all'interno del loro negozio un vassoio pieno di pacchetti confezionati in carta argentata sui quali era appuntato il nome dei magistrati. Questo episodio lo colloco nel 1987.

Ilda Boccassini dispone i primi accertamenti sui verbali della Ariosto (che alla fine supereranno la ventina, dal luglio 1995 al febbraio 1996). L'indagine viene affidata ai detective dello Sco, il Servizio centrale operativo della polizia diretto da Alessandro Pansa, sotto la supervisione del capo della Criminalpol Gianni De Gennaro. «Immergetemi Squillante e Pacifico nelle cimici», ordina la Boccassini. Il 23 novembre 1995 si parte. Microspie, microfoni, videocamere, appostamenti e pedinamenti un po' dappertutto, anche nel giardino di casa Squillante e nell'androne del palazzo di fronte, dove il giudice è solito appartarsi nottetempo con Pacifico e pochi altri visitatori eccellenti.

Cosí gli investigatori vedono avverarsi ogni giorno, in presa diretta, l'incredibile racconto di Omega. Nel vecchio «porto delle nebbie» e nelle sue piú improbabili succursali, tutto sembra essere rimasto pietrificato, come negli anni '80 descritti dalla testimone. Squillante e Pacifico si sentono e s'incontrano di continuo, furtivamente, come due 007 da fumetto. Si vedono anche di notte, sotto la pioggia, chiusi in auto o a cielo aperto. Talvolta a cena o al bar Tombini. Previti invece (come ha detto Ariosto) si mantiene piú defilato. Squillante presta a Pacifico la sua auto blu con autista ed è fra i pochi privilegiati ad avere accesso al suo numero riservatissimo di studio, il «telefono nero», abilitato soltanto a ricevere e al quale è vietato rispondere persino alle segreterie, anche in sua assenza. Se telefona qualcuno, Pacifico riattacca subito e richiama da un cellulare Gsm con contratto stipulato a Montecarlo: impossibile intercettarlo, ma anche documentarne il semplice traffico, se non dopo una lunghissima rogatoria internazionale. Ogni tanto i due si scambiano buste dal contenuto misterioso. «Gliel'ha data la busta?», chiede il 5 dicembre Pacifico alla segretaria di Squillante. E lei: «Sí, sí, aspetti che è sull'altra linea». Pacifico richiama poco dopo e trova Squillante: «Vi ho lasciato un messaggio...». Squillante: «Sí, l'ho visto». Pacifico: «Eh, mi raccomando, grazie infinite, stammi bene...».

Il 23 dicembre 1995 un fattorino suona il campanello di casa Ariosto, a Milano: «Signora, c'è un pacco dono per lei». Stefania lo scarta: una scatola. La apre: un coniglio scuoiato e sgozzato che galleggia nel sangue, e un biglietto d'auguri: «Buon Natale».

Tutto Squillante minuto per minuto

La notte del 31 dicembre, Renato Squillante è a casa con la moglie. E, prima del brindisi di Capodanno, telefona agli amici piú cari per gli auguri. Alle 23,42 chiama il centralino della villa di Silvio Berlusconi ad Arcore e chiede dell'«onorevole presidente». Che però è fuori. Alle 23,43 telefona a Paolo Berlusconi sul cellulare: terminale spento. Subito dopo cerca Gianni Letta sul cellulare: spento anche quello. Alle 23,44 prova a casa Letta: ma squilla a vuoto. Alle 23,45 tenta con Previti, alla villa sull'Argentario. E qui, finalmente, rispondono prima Silvana e poi Cesare, che promettono di richiamarlo dopo il brindisi. Infatti, a mezzanotte e 16 minuti, le famiglie Previti e Squillante si scambiano affettuosi auguri a distanza. Il giudice piú potente di Roma, a San Silvestro, chiama quattro uomini Fininvest in quattro minuti (tutti indagati, e Letta per giunta a Roma). «A quelli della Pirelli, per dire, neanche un pensierino...», ironizzerà Claudio Rinaldi sull'*Espresso.*

Il 5 gennaio 1996 Gianmarco Moratti, il marito di Letizia presidente della Rai, chiama Squillante per informarlo che l'avvocato Virga ha deciso di non seguire piú il caso «Letizia Rai archiviazione Cip» (probabilmente una delle tante inchieste aperte a Roma sulla Rai), proprio ora che la causa dev'essere decisa in Cassazione. Squillante, non si sa bene a che titolo, promette di parlarne personalmente con Virga nel consueto incontro settimanale al bar Tombini. Incontro che avviene puntualmente due giorni dopo, il 7 gennaio. Virga si lascia convincere a non lasciare il caso, ma in cambio gli chiede un favore, come emergerà da una telefonata fra i due la sera successiva: vuole sapere se un certo «Gianni» (fra i suoi clienti c'è Gianni Letta) sia indagato per falso in bilancio. Squillante risponde: «Guarda, non c'è niente, io mi sono informato... c'è solamente un nome [sul registro degli indagati]. Comunque domani, se passi...». Virga: «Ma dico... c'è Gianni?». Squillante: «No, no... ma sulla richiesta sí». Virga: «È 2621? [l'articolo del codice civile che disciplina il falso in bilancio]». Squillante: «Eh, sí... Va bene?». Virga: «Ci sentiamo domani».

Il 9 gennaio Squillante partecipa a un pranzo del Rotary con Letizia Moratti. Poi, la sera, riceve la visita di un alto dirigente Rai, Gianfranco Comanducci. E il 10 va a cena con la moglie a casa di Gianmarco e Letizia Moratti. Il 12 i coniugi Squillante sono invitati a una grande festa in casa di Franco e Sandra Carraro, alla presenza di imprenditori, registi e attori.

Il 13 Squillante vola a Milano col figlio Mariano. Ad alcuni amici ha detto di essere a Milano per lavoro, ad altri per una visita specialistica. Solo Pacifico sa dove trovarlo («Mi trovi al solito albergo»). Da Milano, infatti, i due Squillante raggiungono Zurigo col treno della notte (sempre con gli agenti dello Sco alle calcagna). L'indomani si occupano dei loro conti bancari. Poi, il giorno 15, si trasferiscono a Vaduz, in Liechtenstein, per incontrare il loro avvocato e fiduciario Cornelia Ritter. Per conoscere lo scopo della missione, il pool inoltra subito una serie di richieste di rogatoria ai giudici di Vaduz. Che però risponderanno, per quattro anni, evasivamente. Finché il fratello avvocato del giudice incaricato di quelle pratiche, nel maggio 2000, verrà arrestato nel grande scandalo esploso in Liechtenstein sulle fiduciarie legate al riciclaggio del narcotraffico internazionale. A quel punto, il piccolo paradiso fiscale cambierà registro e aprirà addirittura un'indagine sui tesori depositati nei suoi forzieri da personaggi imputati di gravi reati: compresi Previti, Pacifico e Squillante. E Vaduz comincerà a collaborare con la Procura di Milano, rispondendo alle richieste del pool e inoltrando a sua volta una rogatoria per avere informazioni sui tre soggetti.

Il 16 gennaio 1996, al rientro a Roma, Squillante viene cercato da Lorenzo Necci, presidente delle Ferrovie, che andrà a trovarlo entro un paio di giorni «per fare delle considerazioni». Probabilmente a proposito dell'inchiesta romana sul caso Tav, che i gip rifiutano inspiegabilmente di archiviare. Poi, la sera, visita a domicilio di Sandra Carraro, ansiosa di riferire al giudice «cose molto importanti, che è preferibile non dire al telefono».

Il 21 salta fuori la microspia al bar Tombini. Da quel momento, nulla sarà piú come prima. Squillante perde la calma e la testa. Il 22, non sapendo piú a che santo votarsi, coinvolge l'amico Necci perché si informi presso i suoi amici ai vertici della polizia, dei carabinieri e della Guardia di finanza su quanto sta accadendo. Necci sulle prime esita, ma poi, tempestato da Squillante con telefonate quotidiane, cede. E incarica Laura Pellegrini, una dirigente delle Fs sua collaboratrice, di chiedere notizie a Ferdinando Masone, capo della polizia. Lei però rifiuta, o cosí almeno riferirà ai magistrati. Il giudice non si dà per vinto e mette sotto pressione anche un altro vecchio amico, l'avvocato Marcello Petrelli, consulente legale della Tav (la società dell'alta velocità). È una tecnica collaudata, quella di «Rena'», anche in cambio di favori ben piú modesti. Necci racconterà che, due anni prima, Squillante premeva per fargli assumere alle Ferrovie il figlio di un suo amico: gli aveva persino spedito un biglietto per ricordarglielo, allegando elegantemente il provvedimento di archiviazione emesso nel 1992 a favore di Necci. Come dire: io ho fatto un favore a te, tu ora ne fai uno a me.

Lo stesso 1° febbraio, alle 19,45, a casa Squillante arriva anche Pacifico. Aspetta sotto casa, il giudice scende. I due si appartano per 45 minuti nel giardino condominiale, al freddo, sotto la pioggia battente, per esaminare una serie di documenti. Alle 21.49 Squillante chiama ancora Pacifico, sul telefono «nero», con un nome falso: «Sono Lauro...». Parla in codice: «Ho fatto la comunicazione, lui ha detto di no». L'indomani, nuovo *tête-à-tête* fra i due, stavolta al coperto, nell'androne. Ancora il 1° febbraio, altra telefonata interessante, altra conferma alle accuse di Stefania Ariosto: un certo Michele Morici chiama Pacifico, mostrando di sapere bene dove può arrivare la coppia Squillante-Pacifico.

> *Morici*: «Senti, io il 7 febbraio, la prossima settimana, ho l'appello della causa contro... e ho scoperto che si gioca tutto in una matt[ina]».
> *Pacifico*: «Una causa di lavoro?».
> *Morici*: «Sí».
> *Pacifico*: «E io che devo fare?».
> *Morici*: «Ecco, io volevo sapere, io le volevo tentare tutte... Ma non è possibile che si possa, magari... tramite... che ne so... qualcuno... tramite...».
> *Pacifico*: «Ma tramite che, che vuoi fare?».
> *Morici*: «Che so, Rena'...».
> *Pacifico*: «Non ho capito, ma come ti vengono certe idee... Poi al telefono [ride]... ma che vi siete impazziti tutti in questi giorni?».

Pacifico si affretta poi a dirgli di rivolgersi al suo avvocato, «bravissimo», ed eventualmente di ricorrere in Cassazione. Come si permette questo Morici di nominare «Rena'», dopo quel che è appena accaduto al bar Tombini? Sono cose da dirsi al telefono? Come scriverà il gip Alessandro Rossato nel mandato di cattura, la telefonata dimostra che «Pacifico è persona in grado di avvicinare magistrati, a qualunque sezione appartengano. Si capisce in questo caso che il relatore di quella causa è considerato un giudice incorruttibile, per cui con lui non è possibile "tentare" [...]. Ma Pacifico non chiude il discorso: si chiede come sia composto il collegio, e invita l'altro a informarsi».

Il 4 Pacifico e Squillante si rivedono, ancora nel giardino di «Rena'».

> *Pacifico*: «Ho trovato tutti i documenti ufficiali».
> *Squillante*: «I documenti di tutti i fondi neri».
> *Pacifico*: «Restiamo uniti e non facciamo errori, stiamo ancora in piedi... A Montecarlo è tutto sotto controllo».
> Squillante: «Li ha pagati?».
> *Pacifico*: «Non far nomi!».
> *Squillante*: «Però, infatti, per riuscire a esportare quei 24... di lire».
> *Pacifico*: «Scarpa li deve portare... poi mercoledí li porto a Montecarlo».

Pacifico dà disposizioni su una certa missione da affidare al figlio del giudice, Mariano (corrispondente della Rai da Londra). Squillante dice che parlerà anche con Fabio (corrispondente della Stampa da Bruxelles). E Pacifico, seccato: «Devo parlare prima con Mariano, è lui che me deve chiama'». Squillante, alterato, risponde di no. Poi i due si chiudono nell'auto dell'avvocato, per leggere documenti.

Il 5 febbraio Renato e Fabio Squillante vanno a trovare un dirigente della polizia in casa sua. Poi si dirigono all'aeroporto di Fiumicino, dove Fabio s'imbarca per Bruxelles, mentre il giudice torna a Roma per ricevere una visita di Pacifico. Tre giorni dopo, Fabio e la moglie vanno in Svizzera, a Bellinzona, armati di alcune capienti valigie, per svuotare i conti aperti presso la Società bancaria ticinese e ritirarne il contenuto: 6 milioni e 800.000 franchi, pari a circa 9 miliardi di lire. Da quel momento il percorso del denaro rimane un mistero: Fabio dirà che il 9 febbraio il padre lo raggiunse a Bruxelles per ritirare il tutto e portarlo da qualche altra parte. Verrà ritrovato tutto quanto (9 miliardi di lire) a Vaduz, sui conti di una nuova società creata apposta dal giudice.

Un giudice con molti amici

Incrociando i dati di traffico dai tabulati delle quattro utenze telefoniche di Squillante sotto controllo (le due linee di casa, quella del Tribunale e quella di un cellulare), gli uomini dello Sco compilano una lista dei suoi amici piú cari: Silvio e Paolo Berlusconi, Cesare Previti, Giacomo Mancini, il top manager Franco Carraro e la moglie Sandra, i giornalisti Giuliano Ferrara, Lino Jannuzzi, Ruggero Guarini, Arturo Gismondi e Livio Zanetti. E poi i registi Lina Wertmuller e Francesco Rosi, la soubrette Marisa Laurito, l'attrice Piera Degli Esposti, gli scrittori Raffaele La Capria e Luciano De Crescenzo, l'editrice di *Playmen* Adelina Tattilo, Gianmarco Moratti e la moglie Letizia (allora presidente Rai), il costruttore Franco Pesci (marito dell'attrice Virna Lisi), l'editore piduista Angelo Rizzoli e la moglie Melania.

Salvo rare eccezioni, è uno spaccato della vecchia corte craxiana, quasi tutta passata sotto le insegne di Forza Italia. Risultano anche un paio di telefonate con Giuliano Amato. Il 5 marzo, per esempio, Amato chiama Squillante per parlargli – annota lo Sco – «di una persona che stanno spingendo per far parte di una Corte che giudicherà i reati in Bosnia. Poi parlano di politica e Renato dice che ha avuto delle offerte» da Forza Italia, che lo vuole candidare alle politiche del 21 aprile. Il capo dei gip, prima di decidere sulla proposta di Berlusconi, si consulta anche con Antonio Maccanico (che si renderà utile qualche anno piú tardi, nel 2002, per neutralizzare i processi a Berlusconi). Intanto lo chiama anche Paolo Berlusconi. E poi Gianmarco Moratti: vuole un consiglio su chi nominare avvocato di San Patrignano.

Il 1° febbraio, visto che le telefonate non bastano, Squillante va sotto casa di Lorenzo Necci, lo attende fino al suo arrivo e lo implora di aiutarlo. La disperazione lo porta addirittura a una sottile forma di ricatto. Il giudice sventola lo spauracchio dell'inchiesta sulla Tav del pm Giorgio Castellucci (che finirà presto in carcere anch'egli per corruzione a Perugia, con l'accusa di aprire inchieste a raffica, per poi archiviarle in cambio di soldi o di favori): quel giorno al bar Tombini – dice a Necci – lui, Augusta Iannini e gli altri parlarono anche di quell'inchiesta. E «qualcuno» li ascoltava. Ce n'è abbastanza per mettere in allarme il presidente delle Fs.

Castellucci infatti indaga sulla Tav dal 1993, ma sempre contro ignoti. Finché il gip Iannini, il 29 gennaio 1994, gli ha ordinato di iscrivere nel registro, se non Necci, almeno gli amministratori di Italferr Spa, Emilio Maraini, e di Tav Spa, Ercole Incalza. Castellucci non l'ha fatto. Anzi, ha chiesto l'archiviazione. Iannini l'ha respinta e ha ordinato di proseguire. Poi s'è spogliata del fascicolo, un po' in polemica con il pm, un po' – spiegherà il procuratore di Roma Michele Coiro – per via di «alcuni investimenti fatti tramite un agente di Borsa dal marito Bruno Vespa, emersi in un procedimento penale di Castellucci». Al nuovo gip, Carlo Sarzana, Castellucci è tornato a chiedere l'archiviazione. Ma anche Sarzana, il 23 dicembre 1995, l'ha respinta, rinnovando l'ordine di iscrivere Incalza e Maraini. Castellucci provvederà a farlo solo il 17 febbraio 1996, poi chiederà di nuovo l'archiviazione, e per la terza volta se la vedrà negare. In un simile ginepraio, il ruolo del presidente dei gip è fondamentale. Il messaggio di Squillante a Necci, dunque, è fin troppo chiaro: basta una sua parola e l'inchiesta può finire in archivio, oppure arricchirsi di nuovi indagati. Per esempio, Necci.

La fase politica, all'inizio del 1996, è molto delicata. Antonio Maccanico, il premier incaricato per il «governissimo», cioè l'accordo di larghe intese tra centrodestra e centrosinistra, ha promesso a Necci un ministero di tutto rilievo: si parla dei Lavori pubblici o delle Infrastrutture. Pacini Battaglia, suo grande protettore e finanziatore (gli passa uno stipendio occulto di 20 milioni al mese), è preoccupato. Cosí, da un lato, fa di tutto per scrollargli di dosso i ricatti di Squillante. E, dall'altro, si mette a indagare in prima persona sulla cimice del bar Tombini. Con ottimi risultati. Già il 1° febbraio – come dimostrerà un'indagine del Gico della Guardia di finanza – sa che a mettere quella microspia è stata la polizia. E tre settimane dopo è al corrente di tutti i risvolti, anche i piú segreti, dell'inchiesta «toghe sporche»: dagli interrogatori di Stefania Ariosto davanti a Ilda Boccassini, alla caccia ai conti svizzeri del capo dei gip.

Previti e la sua talpa

Il 19 febbraio gli uomini dello Sco che da tre mesi intercettano Squillante sentono, per la prima volta, la voce di Cesare Previti. Alle 8,42 lo chiama Pacifico, ma lui è fuori Roma e si vedranno al suo rientro. Alle 13,38 Previti chiama Pacifico: è rientrato, si possono vedere da lui. Pacifico va a trovarlo in studio, in via Cicerone 60. Dovrebbe esserci anche Squillante, ma non si vede. Pacifico torna nel suo studio e qui «Rena'» si fa vivo alle 17,50 sul «telefono nero», per dire che il suo aereo è atterrato a Napoli, anziché a Roma, causa maltempo. Deve rientrare in treno, e dunque farà tardi. Pacifico, sibillino, gli preannuncia che «la pratica di cui parliamo è iniziata da gennaio». Squillante richiama, sempre sul «nero», otto minuti dopo: «Scusa, puoi domandare la specifica di questo singolo da gennaio?». Pacifico: «Non è possibile, poi te lo spiego». Un minuto dopo, Pacifico chiama Previti. Poi rientra a casa e attende Squillante. Questi, appena giunto alla stazione, vi si precipita. E si trattiene un'ora e mezza. L'argomento è importantissimo. È proprio quel giorno, secondo gli inquirenti, che Previti comunica a Pacifico (e Pacifico a Squillante) tutto ciò che ha saputo sulla famigerata microspia e sull'indagine retrostante. Pacifico racconterà ai pm di Perugia: «Previti mi disse: "Ho saputo che da gennaio c'è questa indagine che riguarda Squillante, e quindi vorrei parlare con lui"». Ma «Rena'» è bloccato dal maltempo, cosí tocca a Pacifico, piú tardi, dargli la notizia. Ecco il senso di quel «la pratica di cui parliamo è iniziata da gennaio», che Attilio gli ha anticipato al telefono. Che altro si dicono, i due, nell'ora e mezza di faccia a faccia serale? Sicuramente che l'inchiesta viene da Milano. Pacini Battaglia, qualche giorno prima, ha detto all'avvocato Petrelli di avere dei dubbi in proposito, ma che «se ne sta occupando il tuo amico». E l'amico – secondo i pm di Perugia – «dovrebbe essere Cesare Previti». Previti però sa molto di piú: quasi certamente, già quel giorno, conosce addirittura il nome della «gola profonda» del pool: Stefania Ariosto.

«Lo seppi da Giorgio Casoli», racconterà Previti ai pm milanesi. Ma Casoli lo smentirà: «È totalmente falso. Ribadisco di aver saputo da Stefania Ariosto soltanto a fine gennaio che stava facendo delle dichiarazioni a Milano. Lei me ne parlò in modo generico. E la microspia era già stata scoperta. Non so perché Previti mi chiami in causa, non posso che smentire le sue dichiarazioni». Dunque fu una prodigiosa deduzione dell' avvocato romano, magari mettendo insieme la cimice al bar Tombini con quei vecchi sospetti del Cavaliere sulla scorta armata di Stefania Ariosto? Oppure c'è una talpa al palazzo di giustizia di Milano? Né a Milano né a Perugia si riuscirà mai ad appurarlo.

A quel punto, a Squillante restano da scoprire due particolari non proprio trascurabili: chi è il pm milanese che indaga su di lui, e di quali reati lo accusa. Ma arriverà anche a quelli, nel giro di dieci giorni. Il giudice ha mosso tutte le sue pedine fin dal primo momento. Anche e soprattutto al palazzo di giustizia di Roma, dove regna e governa da una vita.

Toga sporca e toghe rosse

Il 21 gennaio, la domenica della microspia, appena uscito dal bar Tombini, Squillante si precipita a cercare il procuratore della Repubblica a Roma, Michele Coiro. Giudice di sinistra, figura storica di Magistratura democratica, Coiro è asceso al vertice della Procura dopo aver vinto il ricorso al Tar contro la nomina di Vittorio Mele (subito ripagato con la promozione a direttore generale del ministero della Giustizia). Quel giorno è al pronto soccorso, per farsi medicare dopo un morso del suo cane. Rincasa soltanto nel tardo pomeriggio. Squillante riesce a parlargli alle 19,12.

«Il mio cane mi ha massacrato», si giustifica il procuratore. Ma Squillante ha altro a cui pensare: «Stamattina è successa una cosa stranissima… anche in certi versi preoccupante…». E gli racconta della microspia. Poi chiede «il favore di occupartene tu… capire di che cosa si tratta… insomma di vedere un po'… perché qui ognuno di noi fa delle ipotesi… chi so' i magistrati? E perché? Viene da Perugia? O da dove viene? Chi so', i servizi? E perché? Ma che vonno da noi? È per Vittorio Virga che sta facendo tutto questo casino nei processi suoi di Berlusconi? O invece è per me? O per Augusta? O per chi altri?… Insomma, che te devo di'… siamo sconcertati». Coiro gli dice di parlarne subito col suo aggiunto, Vittorio De Cesare, e di «stare tranquillo»: chiunque sia stato a piazzare la cimice, si tratta di «mascalzoni». E si abbandona a una considerazione significativa sulla brigata domenicale del bar Tombini: «È chiaro che volevano colpire il gruppo». Squillante si raccomanda: «Vorrei che venisse fatta un'indagine». E Coiro: «Sí, poi la facciamo insieme».

Alle 19,24 Squillante chiama Savia: questi pensa che lo spiato sia Virga, «Rena'» lo informa di averne «parlato già con Michele», ma «è meglio che 'sta cosa la teniamo riservata… massimo riserbo». Alle 19,29 chiama De Cesare, che però non è in casa. Alle 19,41 telefona ad Augusta Iannini: «Hai scoperto niente?». E lei: «No… Posso dire soltanto questo – tanto possiamo parlare credo liberamente al telefono [*sic*] – che mi ha detto il nostro amico Roberto [Napolitano]: sua sorella che è uscita prima di noi… ha visto che ci stavano riprendendo con una cinepresa… e non ho capito che cazzo gliene frega». La gip non è affatto preoccupata e la butta sul ridere: «Ti spieranno… io sono un povero giudice quindi non conto un cavolo… tu, tesoro, sei importante… sei un'autorità…».

Assediato da Squillante, Coiro cede. Apre un fascicolo per l'ipotesi di intercettazione non autorizzata, e con quella giustificazione comincia a chiedere notizie e a disporre perizie sulla cimice. Ma non approda a nulla. Il 2 febbraio Coiro annuncia a Squillante la soluzione: «Adesso faremo un interpello, però tienitelo per te, non lo dire a nessuno… Quei quacquaracquà dei tuoi amici, loro dicono tutto sui giornali, tra la Iannini… Napolitano… una cosa indegna, proprio... Sono dei buffoncelli». Squillante: «Eh, lo so, ma io non ho proprio visto un giornalista e me ne guardo bene, figurati». Coiro: «Non lo dire a nessuno, ma io domani faccio l'interpello». Infatti, il 5 febbraio, il procuratore chiede al capo della Criminalpol Gianni De Gennaro se la polizia c'entri qualcosa.

Il 19 De Gennaro porta a Coiro una nota ufficiale della Criminalpol: «La microspia in argomento è stata utilizzata legittimamente da questo ufficio. Al riguardo però non è possibile fornire alcuna informazione al fine di evitare la violazione del segreto d'indagine». Appreso che l'intercettazione ambientale era legittima, cioè regolarmente autorizzata da un magistrato, l'inchiesta di Coiro dovrebbe chiudersi all'istante. Ma Squillante preme, e Coiro prosegue. Chiede copia del provvedimento (segreto) di autorizzazione della Procura «mandante». Il 26 febbraio la polizia risponde che non può, per «esigenze legate al segreto di indagine». Intanto tutte le Procure «indiziate» smentiscono. Tutte tranne una: Milano.

Coiro allora chiama Borrelli, chiedendo notizie certe. Borrelli risponde con una doverosa bugia: «Nessuna inchiesta su giudici romani, noi con la microspia non c'entriamo». «Coiro – ricorderà l'allora procuratore di Milano – non me lo perdonò, e la cosa ancora mi addolora. Intese quella mia risposta come una mancanza di fiducia. Ma per noi era troppo importante mantenere il segreto. E, dalla lettura delle intercettazioni fra lui e Squillante, ritengo di aver fatto bene a non dirgli nulla. Coiro era stato una grande bandiera di Magistratura democratica, ma negli ultimi anni avemmo l'impressione che fosse cambiato. Forse si era stancato di combattere». Il pool ascolta in tempo reale le affettuose telefonate fra «Miche'» e «Rena'», e decide di non rischiare.

Il 27 febbraio, alle 18,57, Squillante chiama l'amico pm Francesco Misiani detto Ciccio, un altro magistrato di Md che viene dall'estrema sinistra: «Che novità?». Ciccio ha notizie deludenti: «Michele mi ha detto che in pratica deve sapere la storia...». Il 27 e 28 febbraio Squillante parla anche con il gip De Luca Comandini (anche lui di Md). E, soprattutto, il 28 riceve una telefonata da Silvio Berlusconi, che vuole una risposta all'offerta di candidarsi per Forza Italia. Squillante risponde di no: è stato il figlio Fabio a sconsigliarlo, per evitare di esporsi troppo. Lo stesso Fabio – racconta la madre a un'amica l'8 gennaio – «s'è allontanato per un periodo perché non condivideva che i genitori frequentassero Paolo e Silvio Berlusconi». Insomma, non se ne fa nulla.

Il 29 febbraio la moglie di Squillante, Liliana Franco, parla con un'altra amica e se la prende con Coiro: «Non le vuole fare, le indagini... Non è lento, è un cretino...». Non sa che, proprio in quel mentre, il procuratore sta mettendo definitivamente a repentaglio la sua carriera avvicinando, durante un convegno alla sala del Cenacolo di Montecitorio, il collega milanese Francesco Greco. Cosa che pochi minuti prima avevano fatto Misiani e De Luca Comandini, sperando di strappargli qualche notizia riservata sulla microspia, in amicizia.

Cosa non si fa per Rena'

Misiani e Greco si conoscono da una vita. Greco ha iniziato la sua carriera nel 1978 come uditore giudiziario proprio nell'ufficio di Misiani. Comandini e Greco sono invece compagni di corso. Tutti e tre sono iscritti a Magistratura democratica. Come pure Coiro. Ma quando, a turno, lo avvicinano per «sondarlo» sulla cimice, Greco diventa una sfinge. Non tradisce emozioni, nega tutto e si allontana. Il 1° marzo, quando rientra a Milano, riferisce tutto in una relazione di servizio a Borrelli:

> Nel corso del coffee break sono stato avvicinato dai colleghi Misiani [...] e De Luca Comandini [...] i quali, subito dopo avermi salutato, mi hanno rivolto, con insistenza, domande in ordine all'inchiesta relativa all'intercettazione ambientale presso un bar romano [...]. Misiani mi ha detto che Coiro era «molto arrabbiato» con la S.V. [Borrelli] in quanto, avendo saputo da fonti confidenziali (Misiani mi ha detto «dalla polizia e dai giornalisti») che l'indagine sull'intercettazione ambientale era di Milano, non comprendeva la risposta negativa ricevuta al riguardo [...]. Fatta questa premessa, Misiani e Comandini mi chiedevano del nostro comportamento e dei motivi per i quali, come ufficio, negavamo quello che per loro era ormai un dato di fatto acquisito. Ho piú volte ribadito l'ignoranza dell'accaduto e, piú in generale, dell'esistenza dell'inchiesta, cercando invano di cambiare discorso.
> Alla ripresa dei lavori sono stato avvicinato dal dottor Coiro, che mi ha rivolto le stesse domande, aggiungendo che poteva comprendere la risposta negativa della S.V. solo se lui stesso fosse stato indagato. Rispondevo, come al solito, di non sapere nulla dell'indagine e di essere del

tutto all'oscuro del colloquio telefonico. Poi Coiro ha abbandonato il tavolo dei relatori per andare a sedersi vicino ai colleghi Misiani e De Luca con i quali, per circa mezz'ora, ha discusso animatamente.

Misiani e Comandini verranno iscritti nel registro degli indagati per favoreggiamento personale nei confronti di Squillante (il primo verrà rinviato a giudizio, il secondo prosciolto quasi subito, su richiesta dello stesso pool). Coiro no: non si era precipitato a telefonare, quella stessa sera, a Squillante. Cosa che invece avevano fatto gli altri due.

Sono le 20,33 del 29 febbraio e il convegno è finito da un paio d'ore: Misiani e Comandini chiamano insieme Squillante.

Comandini: «È venuto Greco... e praticamente è rimasto sulla negativa... Ti passo un attimo Ciccio».
Squillante: «Cicciuccio!».
Misiani: «Eh, Renato! Te l'ha detto... è uno stronzo, si è mantenuto su... che non è vero niente, non so niente... negano tutto, sulla negativa... [Coiro] era incazzatissimo, gli ha detto: "Guarda, io te lo dico da procuratore della Repubblica, me lo dovevi dire", ma Greco ha risposto: "Io non so niente, non so niente, non so niente e non credo che sia Milano, però non so niente"».
Comandini: «No, no, è che questo [Greco] è una specie di bestia...».

Due amici al bar Mandara

Nei giorni seguenti Misiani sembra ottenere informazioni molto precise, da una fonte (rimasta misteriosa) in grado – secondo il pool – di accedere al registro segreto degli indagati della Procura di Milano. Poi il 2 marzo, a mezzogiorno, incontra Squillante al bar Mandara di via San Tommaso d'Aquino, a 500 metri dal Tribunale. Non sanno, i due, che l'uomo seduto al tavolino dietro di loro è un viceispettore dello Sco, Dario Vardeu, che ascolta tutto, armato di un micro-registratore. Si scopre cosí, in presa diretta, che Squillante sa chi è il «suo» pm, Ilda Boccassini; che medita di presentarsi spontaneamente da lei; e teme addirittura un'incriminazione per associazione per delinquere (articolo 416 del codice penale) e riciclaggio di denaro sporco. Ma Misiani sembra ancor piú informato di lui e lo tranquillizza: niente 416, niente riciclaggio, l'accusa è «solo» corruzione (articolo 319). Ecco i passi salienti della conversazione tra Misiani e Squillante, come l'hanno trascritta gli uomini dello Sco.

Misiani: «...Lí c'era pure un reato minore».
Squillante: «Ma tu hai visto nel registro degli indagati? C'è scritto qualcosa?».
Misiani: «No, sí, è un fatto di corruzione e basta!!».
Squillante: «... ho paura per i figli».
Misiani: «Guarda che l'unica cosa che può uscire fuori è un... miliardo».
Squillante: «Ma sí, se vado dico che ho giocato qualche volta [in Borsa] e poi non ho niente da dire».
Misiani: «Sí, è cosí che devi fare».
Squillante: «Poi io per l'atto Iri ho telefonato attraverso il fratello al Cavaliere per un appuntamento con lui... alle 2 sono andato... e mi ha detto: "Ah, come stai?... hai pensato bene a questa cosa?". Io volevo parlargli dell'Iri e gli ho detto: "Ma secondo Previti la cosa non è cosí"... "Non me ne frega niente di quello che dice"... Per l'atto Iri ne aveva parlato con Maccanico e Amato... da Dini mai piú... che vai da lui? Ho pensato di dirlo a Buttiglione».
Misiani: «Eh, sí, lui è una persona a posto, senza interessi».
Squillante: «Vado [forse dalla Boccassini] e sento cosa mi dice... non si potrà negare a un presidente dei gip».
Misiani: «Secondo me ti conviene aspettare... la Boccassini ce l'ha per puntiglio a fare cosí».
Squillante: «Il fatto che i miei figli possano essere chiamati mi fa quasi impazzire».
Misiani: «Mica possono dire di aver preso soldi».
Squillante: «Glieli ho dati io, i soldi».
Misiani: «Ma riguardo al conto?».
Squillante: «Lo staranno cercando... non lo trovano».
Misiani: «Ma all'avvocato devi dire quanto c'è, come li hai divisi».
Squillante: «Ci sono quattro firme».
Misiani: «Tra cui Pacifico... e pure quello di tua moglie... poi chi ha operato sul conto, tu?».
Squillante: «No, all'inizio poi erano loro per la loro parte... Quella dall'estero mi diceva "mandami questo"... poi non ricordo piú niente perché sono tre, quattro o cinque anni che non opero piú».

Misiani – sempre secondo la trascrizione dello Sco, poi contestata dagli interessati – sembra molto informato anche su un conto estero di Squillante, sul quale pensa ci sia al massimo «un miliardo». E, soprattutto, sa che vi opera l'avvocato Pacifico (anche se poi sosterrà che «Pacifico» va letto con l'iniziale minuscola, «pacifico», nel senso di naturale, ovvio, scontato). Il dialogo prosegue con una discussione sul titolo del reato e sui «termini» massimi delle indagini che, avviate ufficialmente a fine settembre del 1995, scadono dopo sei mesi, cioè a fine marzo del 1996 (inutile prorogarle, ora che l'indagato sa di essere intercettato).

Misiani: «Adesso gli scadono i termini».
Squillante: «No, c'è un 416, eh?».
Misiani: «No, non c'è, è solo un 319».
Squillante: «Allora è solo corruzione [sic]!».
Misiani: «I termini che scadrebbero a marzo... non gli conviene fare la proroga» [tanto piú che ora c'è la certezza che l'indagato sa di essere intercettato].
Squillante: «E se non succede niente io me ne fotto... se la cosa è grave prendo la mia famiglia e me ne vado ai Tropici... saluto tutti... Berlusconi... e...».

Secondo la Procura, Misiani sapeva addirittura che l'inchiesta era assegnata, oltreché alla Boccassini, ad altri quattro magistrati e sapeva soprattutto della Ariosto. Lo rivelerebbe un'altra frase: «A che punto è Stefania...». Ormai l'indagine segreta è compromessa. L'effetto-sorpresa è svanito, inutile sperare che gli indagati commettano altri passi falsi. Il rischio, invece, è che inquinino le prove, o addirittura si diano alla fuga. Gli investigatori hanno visto e sentito abbastanza per riscontrare il racconto di Stefania Ariosto. Al Mandara – scriverà il gip Alessandro Rossato – hanno ottenuto da Squillante, attraverso Misiani, «una sorta di confessione mediata di amplissimo contenuto».

Proprio su quella chiacchierata al bar si apriranno polemiche a non finire. Il registratore del viceispettore Vardeu, infatti, si guasta. Funziona solo a tratti, costringendo l'investigatore ad appuntare le parti non registrate della conversazione su salviettine di carta. Gli appunti vengono poi trasfusi, insieme alle trascrizioni delle bobine, in una regolare relazione di servizio. Le parti soltanto annotate corrispondono a una decina di minuti di conversazione in tutto, quelle anche registrate a una ventina. Ma per qualche tempo gli indagati penseranno che fosse registrato l'intero colloquio, e solo in un secondo tempo scopriranno che cosí non è. Sosterranno di essere stati ingannati. Denunceranno a Perugia il viceispettore e il suo collega Stefano Ragone per falso in atto pubblico, producendo una consulenza tecnica per dimostrare che il «sonoro» impresso nelle bobine non corrisponde alle trascrizioni.

Il gip ordinerà una perizia, che definirà «manipolata» la registrazione. Il nastro depositato agli atti non sarebbe l'originale, ma una copia: la cassetta presenta infatti «interruzioni, sbalzi, salti temporali» che potrebbero derivare da «operazioni di manipolazione». La Procura di Milano, in attesa della conclusione delle indagini, difenderà però gli investigatori: tutto si spiegherebbe con l'intervento dei consulenti tecnici, che avrebbero «riversato» su una nuova cassetta i dialoghi registrati, per ripulirli dai rumori di fondo.

I magistrati ricordano che Vardeu, al bar Mandara, ha fatto ciò che deve fare un ufficiale di polizia giudiziaria che, pedinando un indagato, lo sente concordare un delitto con qualcun altro. Se non gli funziona il registratore, si mette in ascolto e prende appunti. «Quel viceispettore – spiega Davigo – non ha fatto nient'altro che il suo dovere. Quegli appunti sono stati inseriti in un rapporto di polizia giudiziaria assolutamente regolare. Qui di falso c'è solo l'accusa che ci è stata mossa».

Colombo e Boccassini verranno accusati davanti al Csm di aver millantato un'intercettazione inesistente. Ma verranno assolti.

Assalto a piazzale Clodio

Pacifico, tra venerdí 8 e domenica 10 marzo, vola in Svizzera, sempre pedinato da investigatori dello Sco in borghese. Prima tappa, Lugano: alle 11,14 entra nella sede della Società di Banca Svizzera (Sbs), si chiude negli uffici ai piani superiori e ne esce alle 12,10. Poi parte per Bellinzona, destinazione l'agenzia della Società bancaria ticinese (Sbt, dove si scopriranno anche i conti di Squillante). Due giorni di impegni serrati, poi la domenica il rientro a Milano e, di lí, il volo per Roma. È il 10 marzo. Alle 22 Pacifico chiama Squillante.

Pacifico: «Sono io, come va?».
Squillante: «Non c'è male, e tu?».
Pacifico: «Io sono arrivato adesso».
Squillante: «Ah, sí?».
Pacifico: «È... niente... va bene... ho fatto tutta la pratica. Ho saputo delle cose molto interessanti per... lo svolgimento e direi che... molto

buone... niente... però mo' a quest'ora è molto tardi e... domani mattina ci possiamo vedere?».
Squillante: «...Un po' sul tardi perché io devo fare delle cose... devo andare dal dentista».

È ormai evidente che il denaro nelle banche svizzere sta prendendo il volo. Bisogna intervenire subito. Il pool chiede al gip Alessandro Rossato la cattura di Squillante e Pacifico. Rossato firma i mandati il giorno 11. La sera stessa, Boccassini e Colombo partono per Roma: il blitz in piazzale Clodio è fissato per l'indomani.

Arrivano all'alba, gli uomini dello Sco, a casa Squillante. Verso le 7. Poco dopo le 8 inizia la perquisizione, alla presenza dell'avvocato Oreste Flammini Minuto. Poi tutti al palazzo di giustizia, al sesto piano, nell'ufficio del capo dei gip, mentre la moglie del giudice risponde alle prime telefonate degli amici attoniti. Alle 10,49 chiama «Giuliano», cioè Ferrara, alle 10,52 «Lino», cioè Jannuzzi, fino a «Cesare», che si fa vivo solo alle 22,17 per rassicurarla: «Renato è una brava persona».

Intanto altri investigatori vanno ad arrestare l'avvocato Pacifico e a perquisire la sua casa e il suo studio. Misiani e Comandini vengono subito avvertiti dell'indagine a loro carico per favoreggiamento: si presentano spontaneamente ai pm, o preferiscono la convocazione ufficiale? Si presentano spontaneamente: un'ora di interrogatorio per ciascuno, davanti a Colombo e Boccassini. Poi, per Comandini, l'immediata richiesta di archiviazione. Per Misiani, invece, l'inchiesta continua. E dal piazzale Clodio fioccano le smentite sdegnate dai vari giudici citati da Stefania Ariosto (non sanno ancora dell'album fotografico che li immortala in allegra compagnia). Il pool precisa che alcuni non sono stati nemmeno indagati, e per quelli indagati (Verde, Mele, Valente, Vinci, Sammarco) è stata già chiesta l'archiviazione (per Verde arriveranno presto altre incriminazioni).

Squillante, su un'auto della polizia, viene portato al carcere di Opera, appena fuori Milano. Il mandato di cattura del gip Rossato fa impressione:

> Nella sua qualità di pubblico ufficiale, Squillante riceveva somme di denaro in contanti da società aventi sede in Milano (che per il momento non appare opportuno indicare) per il tramite di Cesare Previti e At-

tilio Pacifico, allo scopo di compiere un'indeterminata serie di atti contrari ai doveri d'ufficio in quanto stabilmente retribuito perché ponesse le sue funzioni al servizio degli interessi degli erogatori, in violazione dei doveri di imparzialità, probità e indipendenza tipici della funzione giudiziaria, in tutti i procedimenti e in ogni altra attività in cui ne fosse richiesto, e violando altresí il segreto d'ufficio fornendo le informazioni a lui richieste e impegnandosi altresí a intervenire presso altri appartenenti agli uffici giudiziari al fine di indurli a compiere atti contrari ai doveri del loro ufficio in modo da favorire le società predette o comunque gli erogatori.

Le «società aventi sede in Milano che per il momento non appare opportuno indicare» sono quelle del gruppo Fininvest: cioè quelle di uno dei due candidati alla presidenza del Consiglio alle elezioni che si terranno il 21 aprile, cinque settimane dopo gli arresti. Per questo il giudice non le nomina, cosí come non cita mai Berlusconi, ma solo «un imprenditore milanese» che «intorno alla metà degli anni '80 teneva a disposizione somme (necessariamente costituite con fondi extracontabili) da destinarsi alla corruzione di pubblici funzionari, segnatamente magistrati», con la «collaborazione di due avvocati»: Pacifico e Previti. Ma che anche Berlusconi sia indagato per corruzione e falso in bilancio lo capiscono e lo scrivono tutti i giornali.

Dotti, il teste Sigma

L'Italia, a poco piú di un mese dalle elezioni, è scossa da una nuova Tangentopoli, che coinvolge uno dei magistrati piú potenti del paese e vede un candidato premier accusato di un reato gravissimo: la corruzione di giudici per comprare sentenze. Le reazioni sono tutte contro i magistrati: «Arresti politici», «È iniziata la campagna elettorale», «Il pool vota contro il Polo». Berlusconi paragona il pool alla banda degli assassini della «Uno bianca»: «Quel caso insegna che nella polizia, come nella magistratura, ci sono corpi deviati» (14 marzo).

Fra i nomi coperti da *omissis* nell'ordinanza Rossato, oltre alla teste Omega, c'è pure un «teste Sigma». Ci vuol poco a intuire che è Vittorio Dotti. L'8 marzo, quattro giorni prima del blitz, Davigo e Boccassini l'hanno chiamato a confermare o smentire quanto afferma Stefania: e cioè che lei gli aveva a suo tempo confidato di aver assistito a consegne di denaro da Previti a giudici romani. Dotti-Sigma ha confermato. Ma Dotti è, gerarchicamente, il numero due di Forza Italia: liberale da sempre (ma votava repubblicano), è capogruppo alla Camera e candidato con ottime *chance* (sponsorizzato dalle «colombe», contrapposte ai «falchi» previtiani) al posto di coordinatore nazionale, quello che negli altri partiti è il segretario e che attualmente è appannaggio di Previti. Berlusconi lo conosce da 16 anni.

Intervistato da Biagi per Rai 1, il 14 marzo, Dotti si congeda da Stefania in diretta tv: «La nostra storia è già scritta». Lei non glielo perdonerà mai. Previti, intanto, chiede la sua testa con parole di fuoco: «Comportamento ineffabile o qualcosa di peggiore, Dotti si tiri da parte». Poi annuncerà il suo programma per il Polo, in caso di vittoria: «Questa volta non faremo prigionieri». Intanto Berlusconi convoca Dotti in via dell'Anima: «Vittorio, ora sai che cosa fare». Dimettersi? No, peggio: scrivere una dichiarazione di totale dissociazione da Ariosto, per giurare che le sue deposizioni «sono fantasie, calunnie e bugie». Ma Dotti risponde di non potere «né confermarle né smentirle». E si accomiata dal Cavaliere: «Decidi tu». Non avendo il coraggio di espellerlo, Berlusconi annulla all'ultimo momento la sua candidatura: «Decisione doverosa, il nostro rapporto si era incrinato». Subito Lamberto Dini propone a Dotti di presentarsi per il suo «nuovo» partito, Rinnovamento italiano, alleato dell'Ulivo. Poi però le obiezioni di opportunità avanzate da Prodi e D'Alema fanno sfumare il progetto. Per l'avvocato è la fine della carriera politica, ma anche un danno professionale ed economico enorme: la Fininvest gli revoca tutte le pratiche legali, che assorbivano ormai per i tre quarti la sua attività forense.

Come si lincia una signora

Stefania Ariosto se la passa anche peggio: bersagliata per mesi, per anni da minacce private e da linciaggi pubblici mai visti. Piccola antologia degli epiteti: «Pompadour» (Piero Di Muccio), «mitomane» (Berlusconi), «esaltata» (Biondi), «boccuccia di rosa, come lady Golpe» (Pisanu), «informatrice della polizia» (Mariano Squillante), «cortigiana» (*il Foglio* e Ombretta Colli), «donna squinternata, malata di protagonismo e del complesso di Erostrato» (Luciano De Crescenzo), «serial killer e avventuriera» (Silvana Previti). La moglie di Cesare giura che Stefania non ha mai messo piede al Circolo Canottieri, dunque non può aver visto nulla e comunque «è molto miope» (denunciata per calunnia, la teste Omega verrà assolta: secondo i giudici è provato che frequentava il circolo. Memmo Contestabile: «È una mitomane, dice di aver avuto tre figli morti, ma non è vero niente» (invece è vero: Stefania Ariosto ha perso tutti e tre i suoi figli per fibrosi cistica; si chiamavano Alfonso, Fabio e Domizia; Contestabile dovrà risarcirle i danni). E, per finire, un elegante *calembour* di Giulio Maceratini di An: «Dotti è un cavallo di Troia, e la signora Ariosto non c'entra...». Sgarbi la attacca ogni sera in tv, imitato da Fede e Paolo Liguori (compagno dell'avvocato Grazia Volo, che difende Previti). Ferrara e Jannuzzi, intimi di Squillante, la insultano sul *Foglio* e su *Panorama*.

Ma Stefania Ariosto, a passare per una folle visionaria non ci sta. Cosí si presenta nella redazione dell'*Espresso* con i suoi album fotografici e li consegna al vicedirettore Chiara Beria di Argentine. Il settimanale li pubblica in quattro puntate, e va a ruba: quelle foto parlano piú di tanti verbali. Il 23 maggio, un mese dopo le uscite dell'*Espresso*, un incendio doloso polverizza la casa di Chiara Beria, sulla collina di Camaiore. Quello stesso giorno il settimanale è uscito con una copertina dal titolo «Forza Ilda» e la fotografia del pm Boccassini. La Lega Nord, con l'ex sottosegretario Borghezio, parla di «attentato di stampo mafioso» e invita il governo a verificare se esso «sia da ricollegarsi con la recente inchiesta sui loschi affari legati a un pool di magistrati e avvocati romani in concorso con noti esponenti politici e imprenditoriali». Le indagini della Procura di Lucca imboccano ben presto la pista della ritorsione per l'attività della giornalista. La quale, uscendo dall'interrogatorio, dichiara: «Avrei molto da raccontare su ciò che io e la mia famiglia abbiamo subíto in questi mesi. Ma, per rispetto dei magistrati, preferisco dirlo soltanto a loro». Su quell'attentato non si riuscirà a scoprire nulla.

Roma contro Milano

Previti si difende buttandola in politica. Accusando il pool. Dicendo che «Renato Squillante è un galantuomo in carcere per l'unica colpa di essere mio amico» e promettendo addirittura di «far arrestare chi l'ha trattato cosí». Stefania Ariosto sarebbe una «calunniatrice manipolata», una «testimone costruita a tavolino» dalla Procura di Milano, una «mitomane» che, per giunta, «soffre di una forte miopia» e dunque non può aver visto ciò che dice. Con lei – giura Previti – non c'è mai stata «dimestichezza di rapporti», anzi i rapporti erano pressoché inesistenti. Ma lei, oltre alle foto, tira fuori una lettera: «Carissima Stefania, Ti ringrazio di cuore del dono [un vassoio d'argento], che è veramente molto, molto bello. Hai veramente esagerato, tenuto conto che il poco o molto che io posso fare per te deriva da vincoli di affetto che totalmente prescindono da ogni e qualsiasi atto materiale. Ancora grazie. Un caloroso abbraccio, Cesare». È datata 3 aprile 1987 e inequivocabilmente firmata da Previti e indirizzata a Stefania Ariosto.

Previti sostiene che la donna «non ha mai messo piede nella mia casa di via Cicerone 60, né al circolo Canottieri Lazio». Ma, sul circolo, viene smentito da varie sentenze e da almeno un socio del club, intervistato da *Sciuscià* di Michele Santoro. Su via Cicerone, da Giorgio Casoli («Mi sono recato un paio di volte con Stefania a casa dell'avvocato Previti, in via Cicerone, sopra lo studio»).

Previti nega di aver intrattenuto rapporti con Carla Ariosto, sorella di Stefania. Ma Stefania ridà fondo ai suoi album, scovando alcune fotografie che immortalano i due insieme. Carla Ariosto confermerà di aver avuto una relazione con Previti.

Previti nega di possedere conti all'estero, ma gliene scopriranno presto uno. Comunicante, oltretutto, con uno della Fininvest e con uno di Squillante.

Le polemiche sull'ennesima «invasione di campo» del pool sul terreno della politica suonano un po' stonate, appena si apprendono i nomi dei difensori dei vari indagati. L'avvocato-deputato-imputato Previti è difeso dagli avvocati-deputati di Forza Italia Michele Saponara e di An Ignazio La Russa (quest'ultimo verrà presto eletto presidente della giunta per le autorizzazioni a procedere di Montecitorio: quella che entro un anno dovrà pronunciarsi su una richiesta di arresto per il suo assistito). Squillante è difeso dall'avvocato-deputato Gaetano Pecorella (Forza Italia), presidente uscente delle Camere penali, che poi passerà a difendere direttamente Silvio Berlusconi.

Ma la trasversalità dei personaggi coinvolti nello scandalo delle «toghe sporche» scompiglia gli schemi consolidati anche nella società civile, nell'informazione e nella stessa magistratura. «Rena'» viene difeso non solo dal vecchio parterre craxiano, ma anche da registi «democratici» come Francesco Rosi. Intanto «Ciccio» e «Miche'» vengono adottati come mascotte tanto dal *Foglio* (solitamente allergico alle «toghe rosse») quanto dal *Manifesto* (che ne pubblica gli scritti fin dagli anni '70). In quei giorni, proprio sul *Manifesto*, Rossana Rossanda attacca Borrelli, reo di avere sfiorato nelle indagini Michele Coiro. Luciano De Crescenzo è talmente convinto dell'innocenza di «Rena'», da sbilanciarsi in dichiarazioni un po' azzardate, del tipo:

> Vive in un appartamento in affitto. Niente barche, niente lussi, nemmeno l'ombra della vita di chi prende mazzette [...]. C'è chi dice che Squillante non ne uscirà vivo. È dimagrito di sette chili. Pensate cosa vuol dire essere accusati ingiustamente dopo quarant'anni al servizio dello Stato. Dicono che è corrotto, ma non dicono chi ha corrotto [*sic*]... Gli errori giudiziari sono all'ordine del giorno: ricordate Gabriele Cagliari, arrestato benché innocente [sic] e suicida in carcere? [...]. L'arresto di Renato è una grave ingiustizia. Solo dei giudici milanesi possono credere a questa storia. Le mani saranno anche pulite, ma i metodi sono sporchi!

Meno di un mese dopo, questo ritratto si rivela decisamente minimalista. «Già vent'anni fa – scrive *Il Messaggero* – Renato Squillante possedeva una barca, e nemmeno una barchetta da poco. Parliamo di un "ketch" oceanico old style, pregiata fattura inglese, tutto mogano e teak, dal nome misterioso quanto esotico, "Rauma": un bialbero di 19 metri, valore 30-40 milioni dell'epoca, oggi almeno 250 milioni [...]. L'intestatario del lussuoso natante era il figlio Mariano, allora giovane studente, presumibilmente senza redditi tali da giustificare un'imbarcazione del genere». Il giudice l'aveva persino prestato alla regista Lina Wertmuller per le riprese di un film. Poi, dopo qualche settimana, saranno resi pubblici anche gli estratti dei suoi conti in Svizzera: miliardi su miliardi.

Il giudice con i conti in Svizzera

Squillante, nei primi giorni di carcere, rifiuta di rispondere al pool. Fa lo sciopero della fame. Poi spedisce una lettera al Csm per dimettersi dalla magistratura e protestare contro «un certo tipo di giustizia». Previti, da casa sua, ne scrive una per dimettersi da presidente del Circolo Canottieri Lazio. Il 30 marzo, per motivi di salute, l'ex capo dei gip ottiene gli arresti domiciliari, accolto davanti a casa come un trionfatore da una piccola folla di amici vip. De Crescenzo, sotto il balcone, ne approfitta per un nuovo attacco al pool e alla polizia («Roba da dittatura, metodi scelbiani»). Pacifico invece resta in carcere, e sia il Tribunale della libertà sia la Cassazione confermano la bontà dell'ipotesi accusatoria, respingendo le nuove istanze di revoca delle misure cautelari. Ormai il pool ha messo le mani sui conti svizzeri di Squillante, dopo aver interrogato l'agente di cambio milanese Giorgio Aloisio De Gaspari, che operava per conto del magistrato presso la Società bancaria ticinese di Bellinzona (Sbt). Qui, almeno nell'ultimo periodo, il giudice teneva parcheggiati 9 miliardi. Per la precisione: 8.918.799.754 lire.

Ora – scrivono i pm autorizzando gli arresti domiciliari – c'è la prova che «Squillante è titolare di uno o piú conti correnti all'estero, da cui ha fatto rientrare in piú occasioni denaro in Italia, mascherando le operazioni di rientro attraverso fasulli contratti di Borsa». Fra le carte sequestrate in casa Squillante c'è un prospetto dattiloscritto dal titolo «Riepilogo nostri trasferimenti immobiliari». Renato e il figlio Fabio risultano aver acquistato, fra l'altro, due appartamenti dall'Edilnord nel comprensorio del castello di Tolcinasco, il piccolo regno di Paolo Berlusconi. Seguono le indicazioni dei vari conti correnti della famiglia, roba da qualche centinaio di milioni. Sugli appartamenti in America e soprattutto sul «tesoretto» svizzero, nemmeno una parola.

Ma se Squillante continua a negare («Non ho conti all'estero, né direttamente né per interposta persona»), Pacifico parla: «Squillante ha disponibilità di fondi presso una banca estera, intestati alla nuora, Olga. Un giorno [poco prima dell'arresto] mi chiese se fosse possibile retrodatare l'intestazione del conto estero per tutelare la nuora intestataria». Cioè Olga Savtchenko, la ragazza russa che ha sposato il figlio Fabio. Il conto del giudice a Bellinzona, intestato a lei, viene acceso da Aloisio De Gaspari, che – spiega al pool il 17 marzo – per gli affari svizzeri si avvale di Dionigi Resinelli detto «Didi», direttore della Sbt. Un triangolo perfetto. Squillante, all'inizio degli anni '80, apre il primo conto alla Sbt di Bellinzona, versandovi i suoi risparmi plurimiliardari. Poi, ogni volta che ha bisogno di soldi, si rivolge a Giorgio e a Didi, che glieli fanno pervenire in Italia, usando il collaudato sistema delle «compensazioni».

Funziona cosí. Squillante chiede ad Aloisio di trasferire dal conto presso la Sbt a un conto in Italia la somma che gli occorre. Contemporaneamente fa prelevare dai suoi conti svizzeri una somma equivalente e la sposta su un conto di Aloisio. Ma il sistema, per essere perfetto, ha bisogno di una giustificazione degli accrediti sui conti italiani: nascono cosí i finti guadagni di Borsa. «Aloisio – scrive il gip Rossato – riferisce di aver effettuato una decina di operazioni del genere, accreditando ai conti correnti della famiglia Squillante qualche centinaio di milioni [...]. Aloisio, cioè, ha architettato operazioni in Borsa tramite le quali fittiziamente perdeva, a favore di Squillante, il corrispettivo delle somme che Squillante gli metteva a disposizione tramite Resinelli in Svizzera, e accreditava poi tali fittizie vincite ai conti correnti della famiglia Squillante». Il «giochetto» è spiegato nel mandato di cattura per riciclaggio spiccato nel giugno 1996 nei confronti di Mariano, Fabio e Olga Squillante (che rimarranno latitanti fino all'ottobre 1997).

A incastrare Mariano sono le indagini sull'acquisto di un appartamento di 200 metri quadri a Roma, per 1 miliardo e 300 milioni di lire: in parte (455 milioni) versati in contanti e in nero. Poi parla Resinelli, e racconta come il conto svizzero del giudice fu svuotato venti giorni dopo la scoperta della microspia al bar Tombini: «I figli di Squillante venivano spesso, alla Sbt. Il piú assiduo era Mariano, in media lo vedevo ogni tre o quattro mesi. Guardava le relazioni dei vari membri della famiglia, dava disposizioni per gli investimenti di tutti. Un mese prima dell'arresto del giudice, Fabio e Olga si presentarono allo sportello con una valigia da viaggio, molto piú grande di una ventiquattr'ore. E la riempirono con i contanti derivati dallo svuotamento di tutti i conti». È l'8 febbraio 1996.

Quattro giorni dopo, il 13, Fabio si presenta a Vaduz, nello studio legale dell'avvocato fiduciario di famiglia, Cornelia Ritter, carico di valigie. «Il signor Squillante porta soldi in contanti, tutti in franchi svizzeri», annota la professionista nei suoi diari. Il giornalista versa poi la somma, in quattro rate, su un conto della Liechtenstein Landesbank, riferibile a un'altra società di famiglia appena costituita in loco, la Telino Stiftung. Tre settimane dopo, il 2 marzo (ovvero lo stesso giorno dell'incontro con Misiani al bar Mandara), Renato Squillante nomina Fabio e Mariano beneficiari della Telino, e si tira in disparte. Poi, il 12, viene arrestato. Il 20 Fabio torna a Vaduz e tenta in ogni modo di convincere la consulente a restituirgli tutti i soldi in contanti. Ma la donna ha letto le cronache giudiziarie dall'Italia: niente da fare. Verrà cacciata di lí a poco, e sostituita con un altro avvocato di Vaduz, Mario Zindel, poi indagato nel 2001 per riciclaggio.

Il primo conto presso la Sbt di Bellinzona Renato Squillante l'ha acceso nel 1982. Da allora, affari a gonfie vele: la famiglia del giudice si trasforma in una sorta di holding, titolare di almeno tre società panamensi. Le due principali sono la Rowena Finance Sa, riferibile direttamente al capo dei gip di Roma, e la Forelia Sa, gestita dall'avvocato svizzero Nello Bernasconi e intestata dal 1994 a Olga Savtchenko come «beneficiaria economica». Le due panamensi posseggono 14 conti correnti, un conto titoli e una cassetta di sicurezza preso la Sbt. La terza società off-shore è la Iberica Development Co, sempre con sede a Panama, riferibile al giudice e collegata a un conto presso la Banca Commerciale di Lugano.

Due trappole per Stefania

In aprile il gip Rossato, d'accordo con il pool e le difese, decide di mettere «al sicuro» le dichiarazioni di Stefania Ariosto, rendendole utilizzabili nei futuri processi con un «incidente probatorio»: la teste Omega viene interrogata davanti a lui dai pm e dagli avvocati dei vari indagati. L'audizione è fissata per la fine di maggio, un mese dopo le elezioni politiche. Nell'attesa, i difensori di Berlusconi chiedono subito il trasferimento del processo a Perugia, competente a giudicare i reati commessi dai giudici di Roma. Ma la Suprema corte respinge: il reato piú grave è il falso in bilancio (punito, all'epoca, con pene piú severe della corruzione) e viene contestato agli uomini della Fininvest, una società che ha sede a Milano. Questo però è soltanto il primo di una lunghissima serie di ostacoli gettati dai difensori del Cavaliere e di Previti sulla strada del processo.

Infatti, ecco subito una seconda manovra, promossa non si sa bene da chi. Sulla scena dell'inchiesta compare all'improvviso una strana coppia. Lui è un plurimiliardario avvocato civilista romano, Vittore Pascucci, piú volte indagato, arrestato e condannato, con villa sull'Appia antica e molti amici nella magistratura romana e nella politica della prima Repubblica. Lei è un'improbabile sexy-diva, nome d'arte Yurika Rotschild, nome anagrafico un piú prosaico Immacolata Gargiulo, che si presenta come «consulente tecnico del Tribunale di Roma per le traduzioni degli interrogatori dal nigeriano» anche se non conosce nessuna lingua straniera. Pascucci e Yurika-Immacolata, ai primi di maggio, giusto in tempo per l'incidente probatorio, iniziano un pellegrinaggio tra caserme, Procure e salotti televisivi, annunciando sconvolgenti «rivelazioni» sul conto della teste Omega. Sostengono di essersi conosciuti «casualmente» in un centro commerciale di Cinecittà. E da allora vanno diffondendo una nebulosa storia di assegni a vuoto e titoli falsi, che avrebbe come scenario i campi da golf di Tolcinasco e come unica colpevole Stefania Ariosto. La vicenda ha tutta l'aria di un depistaggio, oltretutto poco professionale, per intorbidare le acque. Ma intanto per qualche giorno la stampa e la tv si riempiono di foto e titoli cubitali sui «supertestimoni» e sull'imminente «crollo» della teste Omega.

Stefania Ariosto non crolla nemmeno nelle due puntate dell'incidente probatorio, il 25 maggio e il 1° giugno, quando gli avvocati degli indagati la bersagliano di domande e insinuazioni sui suoi debiti e la sua vita privata. La violenza dei controinterrogatori, soprattutto da parte di Ignazio La Russa e Gaetano Pecorella, è tale che la donna esce dall'aula col respiro bloccato e sviene fra le braccia di una giornalista del Tg5. «È una vergogna – insorge Davigo – non ho mai visto trattare cosí un testimone, men che meno una donna». Alla fine, pur con molti «non ricordo» sulle date esatte degli episodi raccontati (accaduti quasi dieci anni prima), la teste Omega regge all'urto del primo esame in campo aperto. Nell'autunno del 1997, appena il pool chiederà l'arresto di Previti per lo scandalo Imi-Sir, *Panorama* diretto da Giuliano Ferrara sfiderà il divieto del Tribunale, diffonderà in centinaia di migliaia di copie un breve montaggio di quel lungo interrogatorio, con un'abile scelta di scene «a effetto» per demolire la credibilità della teste. «Ma ormai – dirà in quei giorni Davigo – la Ariosto è un testimone inconferente». Nel senso che il suo racconto ha avuto tali e tante conferme documentali, che queste ultime possono reggere da sole in Tribunale.

Omega dice la verità

Le prime conferme sono quelle di Dotti e Casoli. Stefania li aveva a suo tempo informati degli episodi di corruzione a cui aveva assistito. Piú «genericamente» Dotti. Piú dettagliatamente Casoli. «Previti – dice Dotti – per le vicende giudiziarie romane è sempre stato il principale punto di riferimento di Berlusconi [...]. Nel caso Sme non svolse alcun ruolo formale, ma era solito "accompagnare" l'iter dei processi, suggerendo e fornendo consigli che dimostravano una buona conoscenza degli ambienti giudiziari romani...». E Casoli: «La Ariosto effettivamente, alcuni anni fa, quand'ero senatore, mi accennò a una o piú dazioni di denaro effettuate da Previti a Squillante [...]. Conobbi Previti nel 1983-84 e fui ospite della sua casa di via Cicerone, constatando che in piú occasioni era frequentata da magistrati, tra i quali Squillante, Verde e altri».

Ariosto giura che Previti aveva almeno un conto all'estero, alimentato anche dalla Fininvest. Previti inizialmente nega. Ma il conto emerge puntualmente dalle indagini svolte in Svizzera dal procuratore Carla Del Ponte su richiesta del pool. È il conto «H8545 Mercier» presso la banca Darier Hentsch di Ginevra. Alla fine lo stesso Previti, nel suo unico interrogatorio davanti ai pm, ne ammetterà la titolarità, pur smentendo qualsiasi corruzione. Da quel conto, come vedremo, partono però alcuni bonifici (diretti o indiretti) per i giudici Squillante e Verde. E non basta. Francesco Greco, incrociando i dati del conto con quelli raccolti nell'inchiesta sui falsi in bilancio All Iberian, scopre che Mercier, tra il 1991 e 1993, riceve dalla galassia estera Fininvest qualcosa come 17 miliardi lire.

Emerge poi il ruolo-chiave di un oscuro ma strettissimo collaboratore di Previti: il suo factotum Mario Iannilli. È lui che cura i rapporti con gli sportelli bancari italiani, presso i quali l'avvocato berlusconiano ha acceso i suoi numerosi conti. Iannilli, dal 1977 capo della segreteria dello studio legale Previti, entra spesso in banche romane portando con sé una grossa valigia, da cui estrae pacchi di biglietti da 50 o 100.000 lire, e in qualche caso anche di taglio piú piccolo. In sette anni e mezzo, con questo sistema, vengono depositate su tre conti (aperti alla Bnl, alla Rolo Banca e alla Comit) quasi 200.000 banconote: oltre 17 miliardi e 804 milioni in contanti, di provenienza del tutto oscura. Iannilli, a partire dal 1990 (anno dell'entrata in vigore delle norme antiriciclaggio, che impongono la registrazione di tutte le operazioni superiori ai 20 milioni), aveva cura di versarli a colpi di 19 milioni e 900.000 lire alla volta.

Di fronte a un simile giro di denaro contante, anche i finanzieri del colonnello Federico Maurizio D'Andrea rimangono sorpresi. Se dalle carte svizzere si appura che il conto Mercier era alimentato anche dal comparto estero Fininvest, resta totalmente misterioso il giro di soldi liquidi sui depositi italiani. E c'è pure una girandola di assegni in entrata per oltre 21 miliardi, in cerca d'autore. Nel 1991, per esempio, sul conto corrente 30956 acceso da Previti alla Rolo Banca di Roma, risultano essere stati versati oltre 291 milioni in titoli di credito girati dal gioielliere Carlo Eleuteri, l'uomo al quale, secondo Ariosto, Berlusconi era solito rivolgersi per acquistare gioielli e preziosi da regalare ai magistrati amici.

Fra gli assegni in uscita, invece, spicca quello di 113 milioni che Previti stacca dal conto 9363 Bnl per il notaio Michele Di Ciommo (professionista di fiducia del cassiere della banda della Magliana Enrico Nicoletti, rinviato a giudizio nel 1994 per riciclaggio di denaro sporco). Agli sportelli della Bnl il fedele Mario Iannilli risulta aver versato, tra il 1986 e il 1991, oltre 6 miliardi in contanti. Un ulteriore miliardo 727 milioni e 350.000 lire è versato da sconosciuti. Nello stesso periodo Previti preleva 3 miliardi e 382 milioni mediante assegni intestati a se stesso, anche di importo molto cospicuo. Alla fine risulta aver emesso assegni per 31 miliardi e 823 milioni, e prelevato contanti per 4 miliardi e mezzo, nel giro di sette anni e mezzo. Soldi a pacchi. Anzi a valigiate, come sottolineano gli investigatori. Denaro ancor piú misterioso di quello transitato in Svizzera.

Stefania Ariosto racconta pure che la Fininvest metteva a disposizione «provviste» per Previti anche attraverso Efibanca e che c'era un «rapporto intensissimo fra Previti e il direttore generale Aurelio Lai». Efibanca è un istituto di credito a medio termine controllato dalla Bnl con il quale, secondo la testimone, intrattenevano «rapporti diretti» alcuni giudici romani sul libro paga di Previti. Previti nega. Efibanca, il 2 aprile 1996, emana un comunicato per precisare di «non avere conti correnti» e di avere sempre intrattenuto con la Fininvest «normali rapporti su base creditizia, regolati dagli usuali contratti di finanziamento». Ma le indagini della Guardia di finanza e gli interrogatori dei manager evidenziano che

Efibanca emette certificati di deposito al portatore (quindi virtualmente anonimi) che, di fatto, sono qualcosa di molto simile ai libretti al portatore. L'ex direttore Lai, ora in pensione, rivela poi al pool di aver conosciuto Previti nel 1970 e che questi divenne ben presto un «consulente esterno di Efibanca». Intorno al 1975 Previti gli presentò Silvio Berlusconi e da allora Efibanca venne regolarmente usata da Segrate per ricevere finanziamenti. Ma non basta. Le Fiamme gialle scoprono che, dal 1982 al 1995, ben otto società del gruppo Berlusconi hanno ottenuto da Efibanca mutui per «circa 230 miliardi netti» e «i finanziamenti erogati prescindono dalla prestazione delle garanzie effettive» e talvolta i prestiti sono come a fondo perduto: «L'esborso delle società beneficiarie dei finanziamenti è stato, in pratica, limitato al pagamento dei soli interessi».

Infine, la teste Omega rivela l'esistenza e il ruolo fondamentale di Pacifico. I riscontri, oltreché dai pedinamenti e dalle intercettazioni, arrivano dalle rogatorie. Pacifico possiede in svizzera almeno due conti: il «Pavone» presso la Sbt di Bellinzona (la stessa banca dei conti di Squillante) e il «Pavoncella» presso la Banca del Sempione di Lugano. Entrambi «comunicanti» con il conto Mercier di Previti e con quelli di almeno tre giudici romani.

Il principio dei conti comunicanti

Dalla primavera del 1996 all'estate del 1997, con costante regolarità, il procuratore generale elvetico Carla Del Ponte trasmette ai colleghi del pool le risposte alle rogatorie sui conti di Previti e Pacifico: le prove documentali di tutta una vita passata a trafficare con la Fininvest, ad accumulare miliardi nelle grandi e piccole banche di Ginevra (dalla Sbs alla Darier Hentsch), a inventare con l'amico e collega Pacifico complicate «compensazioni» tra le due frontiere. Previti, in buona sostanza, versa soldi a Pacifico in Svizzera, per riceverne il controvalore, in contanti, in Italia. Esattamente come fa Squillante con la sua banca. Perfino nell'aprile del 1994, dopo la vittoria elettorale di Forza Italia e poco prima dell'ascesa di Previti a ministro del governo Berlusconi, ecco 5 milioni e mezzo di franchi svizzeri passare di mano tra i due amici avvocati. E addirittura dopo il giuramento di fedeltà alla Repubblica, sui conti del neoministro della Difesa confluirà ancora 1 miliardo e 600 milioni di lire.

Per mesi Previti e Berlusconi sfidano il pool a trovare un solo versamento che li colleghi direttamente a un giudice senza la mediazione di Pacifico (che negano essere mai esistita). E a scovare un solo processo «aggiustato», al di là della generica accusa di «tenere stabilmente a libro paga» Squillante.

La risposta alla prima sfida arriva dall'incrocio minuzioso, riga per riga, dei tabulati bancari. In mezzo a quel tourbillon di cifre da capogiro, è un versamento «minore» a suscitare la curiosità degli investigatori: un bonifico di 434.404 dollari, esattamente 500 milioni di lire, passati direttamente dal conto Mercier di Previti al conto Rowena di Squillante, il 6 marzo 1991. La curiosità degli investigatori diventa entusiasmo nel luglio del 1997, quando emerge che la stessa cifra, non un cent di piú, era partita il giorno prima dal conto «Ferrido» presso il Credito Svizzero di Chiasso. E di chi è Ferrido? Chi fornisce a Previti la somma da girare a Squillante? La risposta, senza saperlo, l'ha data quattro mesi prima, il 17 febbraio 1997, Giuseppino Scabini, cassiere centrale della Fininvest, interrogato su All Iberian dal pm Greco: «Effettivamente i conti Ferrido e Polifemo sono stati da me aperti su richiesta di Livio Gironi, che era il mio capo». Traduzione: Ferrido è della Fininvest. La successione degli eventi è chiara. Il 5 marzo 1991 la Fininvest bonifica da Ferrido 434.404 dollari a Cesare Previti sul conto Mercier di Ginevra. Il 6 marzo la stessa cifra al centesimo esce da Mercier per arrivare a Rowena di Squillante (riferimento dell'operazione: «Orologio»). Il 7 marzo un certo signor «Sq» telefona alla Sbt per ordinare di frazionare immediatamente la somma e interrompere quella compromettente catena. La chiamata viene regolarmente annotata dal funzionario della banca su un apposito modulo: «Telefonata 7-3-91, ore 9,25. Rowena (Sq). Dividere importo arrivato $ 434.404». Seguono le istruzioni pratiche del frazionamento: il 7 marzo, 173.761,60 dollari sul conto Rowena, per essere investiti in un deposito fiduciario; lo stesso 7 marzo, 86.880,80 dollari a Fabio Squillante su un altro conto presso Sbt; il 20 marzo, 173.761,60 dollari al conto Roby dell'agente Aloisio.

Fininvest paga Previti, che contestualmente paga Squillante: filiera perfetta, immediata, ininterrotta. O qualcuno riesce a trovare un motivo lecito per cui un gruppo imprenditoriale finanzia un magistrato attraverso un avvocato, oppure questa si chiama corruzione in atti giudiziari (articolo 319-ter del codice penale). Previti, nell'unico interrogatorio reso davanti al pool, sostiene che si è trattato di uno spiacevole errore della sua banca. In quel periodo – afferma – lui versò diverse somme a Pacifico, che aveva rapporti «personali» con Squillante. Per questo la banca potrebbe essersi sbagliata a registrare i vari bonifici. Ma le «contabili» elvetiche non sembrano autorizzare equivoci. Da questo momento il «processo Ariosto» potrebbe anche cambiare nome, e chiamarsi «processo dei 434.404 dollari». Anche perché la scena si ripete, con qualche passaggio in piú, un mese dopo, nell'aprile 1991.

Stavolta, però, il destinatario finale è un altro giudice: Filippo Verde. E il punto di partenza è il conto «Q-5.772.077» della All Iberian (Fininvest) aperto presso la Società di Banca Svizzera (Sbs). Il 12 aprile 1991 All Iberian ordina di trasferire 1 miliardo e 800 milioni di lire sul conto Polifemo aperto da Scabini, il tesoriere Fininvest (lo ha ammesso lui stesso). Il versamento risulta poi ripianato dalla Silvio Berlusconi Finanziaria (Sbf) del Lussemburgo. Il 15 aprile i 1.800 milioni entrano in Polifemo e subito ne escono con un bonifico per il solito conto Mercier di Previti. La somma, a quel punto, viene frazionata in tre parti. Due rate da 500 e 250 milioni Previti le gira a Pacifico sul conto Pavoncella, il 23 aprile e l'8 maggio. Ma la tranche piú interessante è la terza: 500 milioni girati, il 19 aprile, da Mercier al conto Pavone di Pacifico. Di lí, il 30 aprile, il mezzo miliardo prende il volo alla volta del conto «811 Master», presso la Sbs, dove atterra il 2 maggio. Di chi è Master? Del giudice Filippo Verde, autore fra l'altro della discussa sentenza Sme (una di quelle che il pool, come vedremo, sosterrà essere state comprate da Berlusconi e Previti). Il conto è stato aperto da Pacifico (che l'ha intestato a Verde) quello stesso giorno e l'ha «inaugurato» proprio con quel versamento targato All Iberian e «rimborsato» dalla Silvio Berlusconi Finanziaria.

Safari nella sabbia

«Ma dov'è la corruzione, se non ci dicono quali processi avremmo aggiustato?», obiettano gli indagati. Il pool, sulle prime, si mantiene sulle generali. E mentre indaga, per quasi due anni, anche su quel punto, si accontenta di dimostrare che Squillante e altri giudici erano «stabilmente» pagati da Previti, direttamente o (piú sovente) tramite Pacifico, perché fossero sempre a disposizione, per ogni evenienza. Sia il gip Rossato, sia la Cassazione sposano questa impostazione, e confermano i vari provvedimenti richiesti dal pool. Scrive la Suprema corte a proposito di Squillante:

> La condotta antidoverosa ipotizzata è stata identificata nel piegare l'organizzazione dell'ufficio e la gestione del medesimo a vantaggio di un gruppo economico [...], in modo da far risultare l'ufficio stesso in un rapporto strumentale rispetto a interessi esterni all'amministrazione della giustizia, e far apparire il proprio ruolo e quello di alcuni componenti dell'organizzazione giudiziaria in stretto collegamento con persone esponenziali del gruppo imprenditoriale.

Il 23 maggio 1996 la Cassazione aggiunge:

> Risulta che la attività criminosa di cui è accusato l'avv. Previti si risolve in una attività di «inquinamento di una organizzazione, di natura professionale, quale quella giudiziaria», manifestatosi «in un lento e progressivo condizionamento delle sue scelte rispetto a gruppi economici», attraverso la creazione di collegamenti anomali con suoi componenti verso i quali si viene a determinare un rapporto di «simpatia», ovvero di condivisione dei subvalori a costoro riferibili, sulla base di procurate occasioni di incontri, di regalie, di mondanità, di soddisfacimento di esigenze di gratificazione individuale di ogni specie [...]. Da quanto sopra, s'impone una rilettura normativa della ipotesi criminosa di corruzione, tutte le volte che abbiamo come riferimento fatti non solo di mercimonio dei doveri dell'ufficio in relazione ad atti squisitamente formali ma coinvolgenti la condotta generale di favoritismo e quindi antidoverosa del pubblico ufficiale [...] ; e ciò soprattutto quando, come nel caso in esame, la corruzione investendo i doveri di base di una organizzazione [quella giudiziaria] [...] comporta la sistematica abdicazione dalle sue finalità legali.

Dal 20 marzo 1996, Paolo Ielo è sepolto vivo nei caveau del palazzo di giustizia di Roma, a spulciare fra migliaia di procedimenti archiviati, alla ricerca di quelli che potrebbero avere a che fare con la Fininvest e con Previti (oltre, si capisce, a quello segnalato dalla Ariosto, sul lodo Mondadori). Da quelle vecchie carte coperte di polvere e di sabbia emergono almeno due episodi significativi.

Primo: nel 1985 il presidente socialista della Rai Enrico Manca, il cui nome risultava nelle liste della loggia P2, intenta una causa civile contro Ernesto Galli della Loggia, che ha ricordato l'imbarazzante circostanza sul Corriere. La causa finisce alla sezione presieduta dal giudice Verde, che alla fine smentisce gli elenchi di Gelli e certifica la non appartenenza di Manca alla P2. Verde condanna anche Galli della Loggia a versare 50 milioni di danni all'ex presidente della Rai. Avvocato di Manca, nella fortunatissima causa, è Cesare Previti. Manca e Verde frequentano entrambi il salotto di Previti e hanno comuni rapporti bancari con Pacifico in Svizzera. Non solo. Indagando sulle «toghe sporche», emerge anche una strana relazione finanziaria tra Manca e Previti. Il legale della Fininvest gestiva un tesoretto miliardario in Svizzera per conto del presidente della Rai: proprio negli anni in cui la Rai, dopo una dura battaglia di mercato con le reti di Berlusconi, decise di abbassare il livello dello scontro e di ammorbidire la concorrenza, istituzionalizzando il duopolio Rai-Fininvest in quella che venne chiamata la pax televisiva e che gettò le basi per la legge Mammí. Il conto Previti-Manca verrà chiuso il 18 marzo 1996, cinque giorni dopo l'arresto di Squillante.

Secondo episodio, sempre a proposito di antenne e tv: nel 1985 il giudice Squillante interroga Silvio Berlusconi, finito sotto inchiesta a Roma per installazione abusiva di ripetitori televisivi. Il difensore, naturalmente, è Previti. Il Cavaliere scarica ogni responsabilità su una società amministrata da Umberto Previti, padre di Cesare. Sia Berlusconi sia Previti *senior* vengono poi prosciolti a tempo di record, mentre gli altri cento imputati (dirigenti di varie emittenti locali) rimarranno sulla graticola di Squillante per altri sette anni, fino al 1992, e se la caveranno solo grazie all'amnistia. Non potevano sapere che Squillante e Previti avevano conti comunicanti in Svizzera.

I processi che – secondo l'accusa – sarebbero stati comprati sono comunque altri. Quelli che a cavallo degli anni '80 e '90 risolsero tre controversie civili plurimiliardarie: il caso Sme, il caso Mondadori, il caso Imi-Sir. Del secondo e del terzo ci siamo occupati diffusamente in *Bravi Ragazzi*. Ora, in questo libro, ci addentriamo nel caso Sme.

Personaggi e interpreti

Acampora Giovanni, ex ufficiale della Guardia di finanza, avvocato amico di Previti e consulente Fininvest.

Arcuti Luigi, ex presidente dell'Imi.

Aloisio De Gaspari Giorgio, agente di cambio milanese, operante per conto di Squillante presso la Sbt di Bellinzona.

Ariosto Stefania, romana di nascita e milanese di adozione, laureata in sociologia.

Barilla Pietro, parmigiano, fondatore dell'omonimo gruppo alimentare, morto nel 1993.

Berlusconi Silvio, imprenditore, fondatore di Forza Italia, due volte presidente del Consiglio.

Boccassini Ilda, pm a Milano.

Bonzano Barbara, avvocato penalista, difende Verde.

Borrelli Francesco Saverio, ex procuratore capo e generale a Milano.

Borzone Renato, avvocato penalista, difende Verde.

Bossert Alfredo, agente di cambio svizzero, esperto nello «spallonaggio» di valuta dalla Confederazione elvetica all'Italia, utilizzato da Pacifico per far rientrare contanti dalla Svizzera con il sistema delle «compensazioni».

Brambilla Guido, giudice della I sezione del Tribunale di Milano.

Brancaccio Antonio, ex primo presidente della Cassazione, morto nel 1995.

Camaggi Candia, responsabile per l'estero di Fininvest Service a Lugano.

Casoli Giorgio, amico di Stefania Ariosto, ex magistrato, ex sindaco di Perugia, ex deputato e sottosegretario del Psi.

Coiro Michele, ex procuratore capo a Roma, morto nel 1997.
Colombo Gherardo, pm a Milano.
Cuccia Enrico, già presidente di Mediobanca.

D'Ambrosio Gerardo, ex procuratore capo di Milano.
Davigo Piercamillo, ex pm, ora giudice d'appello a Milano.
De Benedetti Carlo, imprenditore e finanziere, editore di *Repubblica* ed *Espresso*, si scontrò con Berlusconi per gli affari Mondadori e Sme. Parte civile nei due relativi processi milanesi.
Dedola Giovanni Maria, avvocato penalista, difende Squillante.
D'Elia Carmen, giudice della I sezione del Tribunale di Milano.
De Luca Comandini Raffaele, gip a Roma.
Dinacci Filippo, avvocato penalista, difende Berlusconi.
Dotti Vittorio, avvocato civilista della Fininvest, poi capogruppo di Forza Italia alla Camera, nel 1996 era candidato al ruolo di coordinatore nazionale del partito berlusconiano.

Eleuteri Carlo ed Egidio, gioiellieri romani amici di Previti. Carlo viene impiegato da Previti per far rientrare denaro contante dalla Svizzera col sistema delle «compensazioni».

Falorni Alessandro, colonnello della Guardia di finanza a Milano.
Fares Andrea, avvocato penalista, difende Renato Squillante.
Ferrero Michele, piemontese, fondatore dell'omonimo gruppo alimentare ad Alba.
Franco Liliana, moglie di Renato Squillante.

Ghedini Niccolò, avvocato penalista, difende Berlusconi; è deputato di Forza Italia e membro della commissione Giustizia.
Gironi Livio, ex responsabile amministrazione e finanza del gruppo Fininvest
Grande Stevens Franzo, avvocato civilista, consulente della Fiat ed ex presidente della Ferrero Italia.
Greco Francesco, pm a Milano.

Iannilli Mario, factotum dello studio Previti per i rapporti con le banche e i versamenti in contanti.
Iannini Augusta, moglie di Bruno Vespa, ex gip a Roma, ora direttore degli Affari penali del ministero di Giustizia.
Ielo Paolo, ex pm, ora giudice di sorveglianza a Milano.
Izzo Carlo Guglielmo, ex giudice alla Corte d'appello a Roma.

Larini Silvano, architetto e faccendiere di area socialista.
Locatelli Pompeo, finanziere di area socialista.
Longo Piero, avvocato penalista, difende Berlusconi.

Martino Antonio, capitano della Guardia di finanza a Milano.
Mancuso Filippo, ex giudice di Cassazione, ex Procuratore generale di Roma, ex ministro della Giustizia, ora deputato (prima in Forza Italia, poi nel gruppo misto).
Mensch Rubino, avvocato svizzero, amministratore dei beni della famiglia Rovelli, ma anche del conto di Squillante presso la Banca commerciale di Lugano intestato alla società panamense Iberica Development.
Metta Vittorio, ex giudice alla Corte d'appello di Roma, poi avvocato nello studio Previti insieme alla figlia Sabrina. Fu autore delle sentenze Mondadori ed Imi-Sir.
Misiani Francesco, ex pm a Roma, oggi avvocato.

Napolitano Roberto, ex pm a Roma, ex procuratore capo a Grosseto.

Pacifico Attilio, avellinese di nascita e romano di adozione, avvocato civilista amico di Previti.
Patanè Franco, avvocato penalista, difende Pacifico.
Pecorella Gaetano, avvocato penalista, difendeva Squillante, ora difende Berlusconi; è deputato di Forza Italia e presidente della commissione Giustizia.
Perroni Giorgio, avvocato penalista, difende Previti.
Pisapia Giuliano, avvocato penalista, assiste la Cir di Carlo De Benedetti come parte civile.
Pompili Silvana, moglie di Previti.
Ponti Maria Luisa, milanese, presidente della I sezione del Tribunale di Milano.
Previti Cesare, calabrese di nascita e romano di adozione, avvocato civilista, ministro della Difesa nel 1994 e da allora parlamentare della Repubblica, prima al Senato poi alla Camera.

Quattrocchi Alfredo, avvocato penalista, difende Pacifico.

Ragone Stefano, ispettore dello Sco.
Resinelli Dionigi (**«Didi»**), direttore della Società bancaria ticinese di Bellinzona, che ospita i conti di Pacifico, Squillante e Verde.
Revel Luciano, avvocato penalista, difende Misiani.

Ritter Cornelia, ex avvocato fiduciario della famiglia Squillante a Vaduz (Liechtenstein).
Rossato Alessandro, gip a Milano.
Rossi Giancarlo, agente di cambio amico di Previti.
Rovelli Felice, figlio di Nino.
Rovelli Nino, petroliere e finanziere andreottiano, fondatore del gruppo Sir, morto in Svizzera il 30 dicembre 1990.
Rubini Elisabetta, avvocato penalista, assiste la Cir di Carlo De Benedetti come parte civile.

Salvemini Domenico, avvocato dello Stato, parte civile per la presidenza del Consiglio al processo Sme.
Sammarco Carlo, ex presidente della Corte d'appello di Roma.
Sammarco Alessandro, figlio di Carlo, avvocato penalista, difende Previti.
Saraceni Luigi, ex giudice, ex parlamentare dei Verdi e dei Ds, ora avvocato penalista, difende Misiani.
Savia Orazio, ex pm a Roma, ex procuratore a Cassino.
Savtchenko Olga, moglie di Fabio Squillante.
Scabini Giuseppino, cassiere centrale del gruppo Fininvest.
Scalera Italo, avvocato, docente di Diritto fallimentare, ex compagno di scuola di Previti.
Squillante Fabio, giornalista, prima corrispondente da Bruxelles della *Stampa*, ora all'Adnkronos.
Squillante Mariano, figlio di Renato, giornalista Rai, ora vicedirettore di Rainotte.
Squillante Renato, ex capo dell'ufficio Gip a Roma.

Valente Arnaldo, ex presidente della I sezione della Cassazione.
Vardeu Dario, ispettore dello Sco.
Verde Filippo, ex presidente di sezione del Tribunale di civile di Roma, poi capo di gabinetto del ministero della Giustizia. Fu autore della sentenza Sme.
Vinci Antonino, ex pm a Roma, morto nel 1998.
Virga Vittorio, avvocato della Fininvest a Roma.

Zindel Mario, avvocato di Vaduz, subentrato a Cornelia Ritter come fiduciario degli Squillante in Liechtenstein.

Il processo Sme-Ariosto

Il prezzo (presunto) di due giudici
Tutti i perché del processo

Il processo Sme non nasce da Stefania Ariosto, che non ha mai detto una parola su quell'affare. Nasce dalle indagini autonome del pool di Milano. Indagini che partono da lontano: dagli anni d'oro di Mani pulite. Per la precisione, dai conti bancari del finanziere napoletano Franco Ambrosio, il «re del grano», piú volte indagato e arrestato fra il 1993 e il '94. Di lí, i magistrati milanesi risalgono ai depositi di un imprenditore in affari con lui, il vecchio Pietro Barilla, il «re della pasta». Barilla aveva un conto a Zurigo, preso la Inter Allianz Bank, che utilizzava per foraggiare clandestinamente la Dc e il Psi a suon di mazzette.

Da quel conto, il 2 maggio e il 26 luglio 1988, partono due misteriosi e sostanziosi bonifici: il primo di 750 milioni, il secondo di un miliardo di lire, entrambi diretti al conto Qasar Business, aperto presso la Sbt di Bellinzona dall'avvocato romano Attilio Pacifico, braccio destro di Cesare Previti.

I 750 milioni del 2 maggio vengono ritirati in contanti da Pacifico, portati in Italia e – secondo quanto scoprirà l'accusa – consegnati in parte (almeno 200 milioni) *brevi manu* al giudice Filippo Verde, che li deposita a rate, sempre in contanti, sul suo conto corrente 5335 presso la Banca di Roma.

Il miliardo del 26 luglio lascia invece tracce documentali fino al termine del suo percorso: il 29 luglio Pacifico ne bonifica 850 milioni al conto Mercier di Previti e 100 milioni al conto Rowena di Squillante.

Perché tutto quel denaro targato Barilla approda sui conti di due magistrati e di due avvocati che l'imprenditore parmigiano non conosce e che non hanno mai lavorato per lui? Barilla muore prima di poterlo spiegare. Il figlio Guido, convocato dal pool, dice di ignorarlo. Ma agli inquirenti milanesi basta un'occhiata al calendario per farsi un'idea: le date dei versamenti coincidono con le tappe decisive dell'infuocata battaglia giudiziaria intorno alla Sme, che guardacaso ha visto coinvolti a vario titolo Cesare Previti e almeno uno dei due giudici: Filippo Verde.

Che cosa è accaduto? E che c'entra l'avvocato della Fininvest – azienda che si occupa all'epoca di edilizia e di televisioni – con un affare nel settore alimentare? Il processo di Milano svelerà i retroscena dell'improvviso interessamento di Berlusconi in quella strana partita. Nel 1985 Craxi, che detesta De Benedetti amico dei suoi nemici e azionista (allora di minoranza) del gruppo Espresso-Repubblica (unici giornali di opposizione indipendente al suo governo), decide di boicottare l'acquisto della Sme appena concluso con l'Iri dal finanziere torinese. E, tramite il mediatore socialista Pompeo Locatelli e l'architetto Silvano Larini (poi entrambi coinvolti in Tangentopoli), incarica Berlusconi di mettersi di traverso con una cordata alternativa, racimolata in quattro e quattr'otto. Il Cavaliere ha appena incassato i due decreti *ad personam* firmati proprio dall'amico Bettino per neutralizzare l'intervento dei pretori e legalizzare le trasmissioni illegali su scala nazionale delle sue tre reti tv. E gli effetti del secondo decreto, del 6 dicembre 1984, scadono proprio il 6 giugno 1985. Insomma, non può certo dire di no al suo santo protettore. Infatti dice di sí. E, per rendere minimamente credibile il suo interesse all'affare, decise di consorziarsi con qualche imprenditore del ramo. Ma la scadenza dei termini per la controfferta è imminente. Bisogna guadagnare tempo, in attesa di perfezionare la squadra alternativa.

Berlusconi – che vuole restare dietro le quinte – telefona a Previti. Questi gli segnala un suo compagno di scuola, Italo Scalera. Il quale, proprio in zona Cesarini, il 23 maggio, comunica all'Iri il rilancio: 550 miliardi contro i 500 offerti dall'Ingegnere. Solo dodici anni dopo, davanti al pool milanese, svelerà l'identità del misterioso mandante: «Il noto imprenditore di cui ho parlato era Silvio Berlusconi, il quale mi telefonò per chiedermi di mandare all'Iri un'offerta a nome di operatori finanziari che non dovevano essere indicati [...] e mi disse che era interessato lui personalmente all'acquisto di Sme insieme ad altri imprenditori».

Berlusconi ha altri cinque giorni di tempo per reclutare gli alleati giusti prima del 28 maggio, quando il contratto Prodi-De Benedetti diverrà esecutivo. Inizialmente la data ultima era fissata per il 10 maggio, ma poi il governo aveva imposto due proroghe: prima al 27, poi al 28. Il Cavaliere invita a cena, in un ristorante di Broni (vicino a Stradella), due degli inserzionisti pubblicitari piú affezionati delle sue televisioni: Pietro Barilla e il «re della cioccolata», il piemontese Michele Ferrero. E alla fine, dopo un paio di altri incontri, supportato da fortissime pressioni politiche (Psi), li convince a costituirsi insieme con lui una nuova società, la Iar appunto. Che per la Sme offre il 10% in piú di Scalera (cioè dello stesso Berlusconi). La nuova proposta viene ufficializzata nell'ultimo giorno utile: il 28 maggio, mentre quella di Scalera viene ignorata, visto che il commercialista rifiuta di rivelare i suoi mandanti.

Nel giro di cinque giorni, dunque, Berlusconi presenta due diverse offerte, di poco superiori a quella di De Benedetti. La prima, fittizia e a volto coperto (dietro lo schermo di Scalera), ha il solo scopo di rimettere in discussione il patto Iri-Buitoni, di prendere tempo in attesa del «sí» di Barilla e Ferrero. La seconda, a volto scoperto in società con Barilla e Ferrero, serve a impedire che De Benedetti concluda l'affare, senza peraltro che la Iar e i suoi componenti avessero mai manifestato un concreto ed effettivo interesse a giocare la partita. E alla fine la manovra di disturbo avrà successo: la Sme resterà all'Iri per un'altra decina d'anni. Con la collaborazione, secondo l'accusa, di almeno due giudici romani. Perché, a quel punto, la battaglia fra Cavaliere e Ingegnere si trasferisce al Tribunale di Roma.

De Benedetti chiede il sequestro giudiziario delle azioni Sme, confidando che i giudici dichiareranno valido il suo contratto d'acquisto con l'Iri. Ma il 25 giugno il Tribunale di Roma (collegio presieduto da Carlo Guglielmo Izzo) respinge la sua richiesta. Il 17 gennaio 1986 l'Iri si rimangia la delibera pro-Buitoni e dichiara valida soltanto l'offerta Iar. Il resto lo fa un'altra sezione civile del Tribunale romano (Filippo Verde presidente e – irritualmente – relatore della sentenza; giudici a latere Paolo Zucchini e Secondo Carmenini), che nell'estate 1986 annulla l'affare. Motivo: il protocollo Prodi-De Benedetti «non segnava il perfezionamento di un contratto». La decisione in camera di consiglio – che la legge copre con il segreto piú assoluto – è del 23 giugno, la motivazione viene depositata in cancelleria, e quindi ufficializzata, il 19 luglio. Prima di questa data, nessuno ovviamente sa che cosa abbiano deciso i giudici. O, almeno, nessuno dovrebbe saperlo, salvo i giudici medesimi. Secondo l'accusa, invece, almeno una persona sapeva già tutto: Attilio Pacifico. Il quale – come racconterà l'agente di borsa Giorgio Aloisio De Gaspari – dopo quel fatidico 23 giugno e prima del 19 luglio, gli ordinò una speculazione sulle azioni Sme che gli costò 349 milioni e gliene fruttò 407. Pacifico, dunque, ci guadagnò 58 milioni. Secondo l'accusa, soltanto chi conosceva in anticipo la sentenza (scritta materialmente da Verde, intimo amico di Pacifico) poteva prevedere quegli andamenti e azzeccare un'operazione di quel genere, in totale controtendenza con gli investimenti istituzionali sul titolo Sme nello stesso periodo.

La Corte d'appello di Roma e la Cassazione confermeranno la sostanza della decisione di Verde (pur demolendone, come vedremo, le motivazioni): l'accordo Iri-Buitoni, senza il benestare del cda dell'Iri e del ministro Darida, non era valido. Per il duo Berlusconi-Craxi, missione compiuta (la cronistoria dettagliata di quell'affare è a pagina 287).

Ora, risulta che Izzo, Verde e Zucchini fossero legati a vario titolo a Previti, a Pacifico e al loro «giro». Izzo – secondo Stefania Ariosto – partecipò con l'avvocato al famoso viaggio a Washington in onore di Craxi. Zucchini, iscritto alla loggia massonica P2 insieme a Berlusconi eppure assurto negli anni '80 alla presidenza del Tribunale dei ministri di Roma, è descritto da diversi testimoni come un assiduo frequentatore delle feste in casa Previti e del suo yacht, il «Barbarossa»; e dalle carte bancarie risulta intestatario di un conto cifrato a Montecarlo, sul quale nel 1993 sono pervenuti 200 milioni da un deposito svizzero del solito Pacifico (denaro slegato comunque da quella sentenza: infatti, prima indagato a Milano, Zucchini ha poi beneficiato dell'archiviazione). Anche Verde è amico di Previti e Pacifico: tanto che quest'ultimo gli aveva aperto un conto in Svizzera, il «Master 811», sul quale aveva subito versato, come *cip,* 500 milioni e ogni tanto gli portava qualche altra sommetta.

Attenzione alle date. Il 19 aprile 1988 la Cassazione tiene l'udienza per discutere il ricorso Buitoni contro l'Iri per la Sme. Il 2 maggio Barilla bonifica 750 milioni a Pacifico, che li preleva in contanti e li porta in Italia. Per consegnarne, come dice l'accusa, almeno 200 a Verde all'indomani della sentenza definitiva, che viene depositata l'11 luglio. Nelle stesse settimane, Verde comincia a depositare decine e decine di milioni *cash* sul suo conto italiano presso la Banca di Roma. Il 26 luglio, due settimane dopo il verdetto di Cassazione, Barilla – che, come ricorderà Berlusconi, era il capocordata della Iar – riapre il rubinetto svizzero e accredita un'altra provvista, stavolta di un miliardo, a Pacifico. Il quale la suddivide fra Previti (850 milioni) e Squillante (100 milioni), stavolta per bonifico bancario, riservando a se stesso appena 50 milioni.

Tutte coincidenze? I protagonisti giurano di sí, e parlano di operazioni finanziarie, investimenti, prestiti restituiti e cose del genere. L'accusa invece non ha dubbi: corruzione in atti giudiziari, per compravendere la sentenza Sme che consentí a Berlusconi di sconfiggere De Benedetti. Esattamente come avvenne poi nel 1991, con la sentenza che annullò il lodo Mondadori e sfilò la prima casa editrice italiana, con tutti i suoi giornali, dalle tasche dell'ingegnere per infilarla in quelle del Cavaliere. Sentenza, secondo il Tribunale di Milano, anche quella comprata.

Il processo si chiama «Sme-Ariosto» perché riguarda anche le accuse della «teste Omega» a Renato Squillante, considerato «a libro paga» del gruppo Fininvest per ogni esigenza giudiziaria del gruppo. Il capo dei gip romani, in pratica, si sarebbe prestato sia per vendere decisioni che competevano al suo ufficio, sia per avvicinare colleghi e altri protagonisti del palazzo di giustizia capitolino che di volta in volta si occupavano di processi «interessanti» per Berlusconi e Previti (cosa che – come ha già accertato il Tribunale di Milano – fece nel caso Imi-Sir, di competenza del Tribunale civile e poi delle sezioni civili della Corte d'appello e di Cassazione). Insieme con Squillante e con la sua numerosa famiglia (i figli Mariano e Fabio e la nuora Olga, imputati di favoreggiamento), è imputato anche l'ex pm Francesco Misiani (favoreggiamento anche per lui): si sarebbe procurato da una misteriosa «talpa» notizie riservate sull'inchiesta milanese a carico dell'amico Renato, e gliele avrebbe poi passate in una celebre conversazione al bar Mandara, in parte registrata su bobina e in parte trascritta su salviette di carta dagli uomini dello Sco.

Nel filone «Ariosto» è compresa quella che il pool di Milano considera la «prova regina», la «pistola fumante» della corruzione del giudice da parte del gruppo Fininvest e del rapporto diretto fra Berlusconi, Previti e Squillante: e cioè la sequenza di carte bancarie svizzere che dimostrano il passaggio di 434. 404 dollari (mezzo miliardo di lire) dal conto Ferrido (All Iberian, cioè Fininvest, cioè Berlusconi) al conto Mercier (Previti) al conto Rowena (Squillante), il 6 marzo 1991. Due bonifici diretti, della stessa identica cifra, nel giro di un'ora e mezza. Per Previti, fu un errore della banca: lui quei soldi li mandò a Pacifico, che poi per conto suo li dirottò a Squillante. Peccato che nelle carte bancarie il nome e i conti di Pacifico, questa volta, non risultino mai. E peccato che il direttore della banca Dionigi Resinelli abbia smentito platealmente Previti.

E Berlusconi? Non è vero che il Cavaliere, nel processo Sme-Ariosto, sia imputato sulla base del teorema «non poteva non sapere». La Procura ritiene, anzi, che non solo sapesse. Ma che i quattrini delle presunte tangenti ai giudici fossero suoi. Se e quando potranno pronunciare la requisitoria anche nei suoi confronti i pm Ilda Boccassini e Gherardo Colombo tenteranno di dimostrarlo con prove documentali e testimoniali (alcune – pare – a sorpresa, contenute nella miriade di carte depositate agli atti sulle migliaia di operazioni targate Fininvest). Ecco le principali:

1) In aula Stefania Ariosto ha ribadito le confidenze ricevute da Previti. Secondo la testimone, Previti le confidò piú volte che Berlusconi gli metteva a disposizione «fondi illimitati» per corrompere i magistrati.

2) Il denaro versato estero su estero ai magistrati proveniva da conti della Fininvest non dichiarati al fisco. Questo sistema di conti era alimentato da quella che l'accusa e le sentenze definitive (che hanno dichiarato prescritto un finanziamento illecito di 21 miliardi di lire a Bettino Craxi), definiscono «la tesoreria occulta del gruppo»: ovvero All Iberian. È All Iberian a bonificare decine di miliardi di lire in favore dei conti svizzeri Polifemo e Ferrido, gestiti dal cassiere centrale della Fininvest Giuseppino Scabini.

3) Dai documenti bancari e societari risulta che All Iberian era del «gruppo Fininvest», che il suo beneficiario era il cugino di Berlusconi, Giancarlo Foscale, e che il suo conto era stato aperto da Candia Camaggi moglie di Foscale e responsabile della Fininvest Service di Massagno (Lugano).

4) All Iberian, nel corso degli anni, è stata alimentata principalmente con tre sistemi: con i bonifici della lussemburghese Silvio Berlusconi Finanziaria e, a partire dall'aprile del 1991, con il contante versato dalla Diba Cambi di Lugano. In questo caso il denaro proveniva da due diverse operazioni effettuate grazie alla Fiduciaria Orefici di Milano. La prima è la cosiddetta operazione Bica-Rovares, condotta dal gruppo Berlusconi con Renato Della Valle, che frutta una ventina di miliardi; la seconda è invece strettamente legata al «mandato 500»: ovvero un mandato personale di Silvio Berlusconi aperto presso la Fiduciaria Orefici e utilizzato per acquistare 91 miliardi in Cct. Questi titoli di Stato verranno poi monetizzati a San Marino e il denaro contante verrà poi consegnato a Milano 2 a Scabini. Parte di questi soldi (18 miliardi circa) finiranno sui conti esteri del gruppo. A portarli in Svizzera provvederà lo spallone Alfredo Bossert, che li consegnerà alla Diba Cambi di Lugano. Insomma, i soldi di All Iberian erano di Berlusconi. E a questo proposito è utile ricordare come, nel corso del processo per il maxi finanziamento illecito a Craxi, proprio la difesa di Silvio Berlusconi ha sostenuto che il Cavaliere doveva essere assolto perché i 21 miliardi versati a Craxi tramite All Iberian facevano parte del suo «patrimonio personale». Un autogol, un boomerang in relazione ai processi per corruzione.

5) Nel caso della presunta mazzetta da 434.404 dollari versata a Squillante nel marzo del 1991, il percorso del denaro suggerisce poi altri ragionamenti. Quei soldi versati al capo dei gip di Roma attraverso la triangolazione Ferrido (Fininvest), Mercier (Previti) e Rowena (Squillante) provengono infatti da un altro conto del gruppo Berlusconi: il conto Polifemo gestito da Giuseppino Scabini. Il 1° marzo 1991 (un venerdí) Polifemo riceve dalla Diba Cambi di Lugano un accredito di 316 milioni e 800.000 lire. Il denaro è arrivato in Svizzera in contanti quattro giorni prima, il 26 febbraio, direttamente da palazzo Donatello a Milano 2 (sede Fininvest) e a trasportarlo sono stati gli uomini di Bossert (la somma non fa parte della provvista creata col «mandato 500», che sarà operativo solo dal luglio 1991). I 316 e rotti milioni permettono a Polifemo di disporre il 4 marzo (un lunedí) il bonifico di mezzo miliardo (pari a 434.404 dollari) a Ferrido, dando cosí il via alla trafila che attraverso Previti porta a Squillante. Nella «rubrica» in lire del conto Polifemo, infatti, il 1° marzo 1991 non ci sono fondi. Solo

grazie al denaro giunto dall'Italia si può dare il via all'operazione. Il bonifico di mezzo miliardo manda però momentaneamente in rosso Polifemo per 183 milioni e 203.000 lire. Il buco verrà ripianato due giorni dopo grazie a un accredito, ben superiore all'ammanco, proveniente da All Iberian: 6 miliardi e 100 milioni.

6) È documentalmente provato che Silvio Berlusconi e Renato Squillante fossero in ottimi rapporti. Il Cavaliere gli aveva offerto un collegio senatoriale per le elezioni del 1996 e gli telefonava per concludere l'operazione nel febbraio 1996. E Squillante, in occasione di San Silvestro 1995, telefonò a Berlusconi ad Arcore, per gli auguri di Capodanno. Nel processo «Imi-Sir/Lodo Mondadori» Squillante ha anche spiegato di essere amico di Paolo Berlusconi, all'epoca dei fatti consigliere delegato della Fininvest assieme al fratello Silvio e Giancarlo Foscale.

Questo, in sintesi, il contenuto del processo Sme-Ariosto (il resto lo avrebbe spiegato la Boccassini se le avessero concesso di pronunciare la requisitoria dello stralcio). Quello vero, iniziato il lontano 9 marzo 2000 davanti al Tribunale di Milano. Che non ha nulla a che vedere con quello virtuale, raccontato con sfrenate fantasie e imbarazzanti verità dal Cavaliere nelle sue «dichiarazioni spontanee», tutte incentrate non sul prezzo dei giudici, ma sul prezzo della Sme. Ne riparleremo piú avanti.

Il capo d'imputazione

Capo a

Berlusconi Silvio – Pacifico Attilio – Previti Cesare –
Squillante Renato

del delitto di cui agli artt. 81 capoverso, 110, 319, 319 ter, 321 c.p. perché, agendo in concorso tra loro con piú azioni esecutive del medesimo disegno criminoso, Berlusconi Silvio, Pacifico Attilio e Previti Cesare, per conto di Fininvest spa e società sue controllate, partecipate e collegate, affinché Renato Squillante – Consigliere Istruttore Aggiunto prima, Presidente della sezione Gip del Tribunale di Roma poi, dunque pubblico ufficiale – compisse una serie di atti contrari ai suoi doveri d'ufficio ed in particolare:

– ponesse le sue pubbliche funzioni al servizio dei loro interessi, cosí violando i doveri di probità, imparzialità e indipendenza tipici della funzione giudiziaria in tutti i procedimenti ed in ogni altra attività della quale fosse richiesto;
– violasse il segreto d'ufficio e comunque il dovere di riservatezza fornendo le informazioni a lui richieste;
– intervenisse su altri appartenenti agli uffici giudiziari al fine di indurli a compiere atti contrari ai doveri del loro ufficio, in modo da favorire le società predette o comunque gli erogatori in violazione dei già citati doveri di imparzialità, probità e indipendenza, anche trasferendo o facendo pervenire a questi altri pubblici ufficiali denaro;

prima gli promettevano e poi gli versavano ingenti somme di denaro, stabilmente retribuendolo.

Nell'ambito di tale accordo corruttivo, tra l'altro, oltre a continuative erogazioni in denaro contante,

• Silvio Berlusconi e Pietro Barilla, deceduto, attraverso la Iar spa, di cui Fininvest era direttamente azionista, nonché in concorso e per il tramite di Attilio Pacifico e Cesare Previti, remuneravano Renato Squillante, Consigliere Istruttore Aggiunto presso il Tribunale di Roma, attraverso le seguenti operazioni:

– il 26 luglio 1988 – poco dopo il deposito della sentenza n. 4570 della Corte di Cassazione, con cui veniva rigettato il ricorso della Buitoni nella controversia con l'Iri in ordine alla cessione del patrimonio azionario della Sme, controversia cui era interessata la società Iar – si accreditava da un conto corrente intestato a Piero Barilla, in essere presso la Inter Allianz Bank di Zurigo, al conto Qasar Business di Attilio Pacifico, in essere presso la Sbt di Bellinzona, la somma complessiva di £ 1.000.000.000,

– che, nella misura di £ 850.000.000, veniva bonificata il 29 luglio 1988 sul conto Mercier di Cesare Previti, in essere presso la banca Darier Hentsch di Ginevra, e nella misura di £ 100.000.000 su un conto in essere presso la Banca Commerciale di Lugano nella disponibilità di Renato Squillante;

• Silvio Berlusconi e Cesare Previti versavano a Renato Squillante, presidente dell'ufficio Gip di Roma, la somma di £ 500.000.000 con le seguenti operazioni:

- il 6.3.1991 dal conto Ferrido – relazione bancaria in essere presso il Credito Svizzero di Chiasso, alimentata con rimesse provenienti dalle disponibilità extracontabili del gruppo Fininvest – veniva eseguito un bonifico per l'importo di $ Usa 434.407, 87 (pari a £ 500.000.000), a favore del conto H8545 Mercier, in essere presso la Darier Hentsch & Cie di Ginevra, intestato a Previti Cesare, con valuta in accredito a partire dal 7. 3.1991;
- il 6.3.1991, con valuta 7. 3.1991, veniva accreditato l'identico importo al conto Rowena Finance S.A. rif. Orologio, in essere presso la Sbt di Bellinzona, di proprietà di Squillante Renato, proveniente da un bonifico effettuato dal conto Mercier, in essere presso la Darier Hentsch & Cie di Ginevra, intestato a Previti Cesare.

In Milano, Bellinzona e altri luoghi dal 1986 fino 7. 3.1991.

Capo b

Berlusconi Silvio – Pacifico Attilio – Previti Cesare –
Verde Filippo

del reato di cui agli artt. 81 capoverso, 110, 319, 321 c.p. perché, agendo Berlusconi, Pacifico, Previti e Squillante in esecuzione del medesimo disegno criminoso con il reato di cui al capo che precede, Silvio Berlusconi, in concorso con il deceduto Pietro Barilla, e con Attilio Pacifico e Cesare Previti remuneravano, tra gli altri, Filippo Verde (Presidente ed estensore della sentenza del Tribunale di Roma, I Sezione civile, del 19.7.1986) perché ponesse la sua funzione giudiziaria al servizio dei loro interessi nell'ambito della controversia intervenuta tra Iri e Buitoni in ordine alla cessione del pacchetto azionario Sme, controversia cui era interessata la società controllata dalla Fininvest e dalla Barilla.

In particolare, Berlusconi, Pacifico e Previti concorrevano tra loro e con Barilla nelle seguenti condotte:

– il 2 maggio 1988 (data immediatamente successiva alla pubblicazione del dispositivo con cui la Corte di Cassazione rigettava il ricorso della Buitoni) a far accreditare presso la Sbt di Bellinzona, sul conto Qasar Business di Attilio Pacifico, la somma di £ 750.000.000 proveniente dalla Inter Allianz Bank di Zurigo da un conto corrente di Pietro Barilla;

– somma che in data 9 maggio 1988 veniva ritirata per contanti ed in lire italiane da Attilio Pacifico, che ne faceva pervenire parte nell'ordine di circa 200 milioni a Filippo Verde che li depositava in contanti in piú soluzioni sul conto corrente 5335 della Banca di Roma.

In Italia e all'estero sino al 1988.

Capo c

Berlusconi Silvio

del delitto di cui agli artt. 110, 112 n. 1, 61 n.2., 81 capoverso c.p., 2621, 2640 c.c., perché, in concorso con gli altri amministratori e dirigenti delle s.p.a. Fininvest ed Istifi, in esecuzione di un unico disegno criminoso, quale Presidente della s.p.a. Fininvest ed azionista di riferimento dell'omonimo gruppo, fraudolentemente concorreva ad esporre nei bilanci di esercizio delle precitate società, relativi agli anni 1986/87, 88, 89, nonché nelle relazioni allegate ai bilanci e nelle altre comunicazioni sociali, notizie false ed incomplete sulle condizioni economiche delle medesime,

– operando perché Istifi gestisse la tesoreria del gruppo in modo tale da non consentire l'attribuzione e la ricostruzione delle operazioni finanziarie finalizzate a creare provviste di contanti nonché l'effettivo impiego in operazioni riservate ed illecite ed anche per l'esecuzione dei pagamenti di cui ai capi precedenti;

– creando, attraverso operazioni eseguite presso la Fiduciaria Orefici di Milano, delle disponibilità extracontabili utilizzate per operazioni riservate ed illecite nonché per eseguire i pagamenti di cui ai capo che precedono;

– cosí occultando, nelle diverse comunicazioni sociali, sia la creazione di disponibilità finanziarie, sia il loro impiego, sia l'esistenza di società correlate e di posizioni fiduciarie riferibili alle precitate società (nonché gli impegni per la loro capitalizzazione, i costi relativi e le plusvalenze realizzate).

Come si uccide un processo
Cronologia del 2003

La cronistoria, giorno per giorno, dei processi «toghe sporche» dal 1995 al dicembre 2002 è pubblicata nel libro *Bravi ragazzi* (2003). Qui proseguiamo dal gennaio 2003, con la fase finale. Ricordando che il dibattimento «Sme-Ariosto» inizia il 9 marzo 2000 e si sviluppa in 120 udienze. Tutte le cifre di questo processo sono da record: 180 i testimoni sentiti dai giudici, che hanno dovuto emettere circa 150 ordinanze in risposta alle manovre difensive. Gli imputati hanno accampato decine di legittimi impedimenti, tentando di liberarsi del Tribunale con raffiche di ricusazioni (sei: tre di Berlusconi e tre di Previti), richieste di astensione (cinque), eccezioni di nullità e inutilizzabilità degli atti, istanze di incompetenza territoriale a favore di Perugia, un conflitto di attribuzioni contro il Gip davanti alla Corte costituzionale e una richiesta di rimessione del processo da Milano a Brescia. Senza contare le cinque leggi *ad personam* per liberarsi del processo: rogatorie, falso in bilancio, Cirami, patteggiamento allargato e lodo Maccanico.

4 gennaio 2003. L'Anm propone ai magistrati di presentarsi all'inaugurazione dell'anno giudiziario con la Costituzione in mano, in segno di protesta contro i continui attacchi alla loro indipendenza. Il vicepremier Gianfranco Fini condanna l'iniziativa: «Trovo di una gravità enorme l'idea di presentarsi all'inaugurazione dell'anno giudiziario con in mano la Costituzione».

5 gennaio. Gaetano Pecorella, in previsione dei discorsi critici dei procuratori generali, propone di abolire direttamente l'inaugurazione dell'anno giudiziario: «È un'inutile parata, un'occasione per la magistratura per fare politica». Il comune di Porto Ercole boccia la richiesta di Previti di un appezzamento di terreno per la costruzione di una cappella funeraria: il senatore non è originario del posto, anche se ha da anni una villa all'Argentario e tiene ormeggiato il suo yacht, il «Barbarossa», nelle acque di Cala Galera.

13 **gennaio.** Duro discorso di inaugurazione dell'anno giudiziario da parte del procuratore generale della Cassazione Francesco Favara contro la separazione delle carriere, contro alcune scelte della politica giudiziaria del governo e contro le «false garanzie» che allungano vieppiú i processi e consentono agli imputati ricchi di non farsi processare. Imbarazzo nella Casa delle libertà.

14 **gennaio.** Primo voto favorevole alle commissioni Giustizia e Affari costituzionali della Camera sul testo istitutivo della commissione parlamentare di inchiesta su Tangentopoli che, in realtà, dovrà indagare con poteri analoghi a quelli dell'autorità giudiziaria sulle «deviazioni» dei magistrati dopo il 1992, sui loro eventuali rapporti con la politica, sulle lacune nelle loro inchieste e sulla persecutorietà di queste ultime. In pratica, un'inchiesta su Mani pulite. Nessun accenno, in tutta la legge, alla parola corruzione.

18 **gennaio.** Inaugurazione dell'anno giudiziario in tutta Italia: quasi tutti i procuratori generali puntano il dito contro le riforme fatte e minacciate dalla maggioranza. Il ministro della Giustizia Roberto Castelli si presenta al Tribunale di Milano scortato da una cinquantina di supporter con bandiere leghiste e fazzoletti verdi, che insultano Borrelli e Di Pietro all'ingresso. Al processo Sme, testimonia l'avvocato romano Italo Scalera, confermando quanto rivelato ai pm durante le indagini: l'offerta-fantasma che presentò il 23 maggio 1985 per acquistare la Sme dopo l'accordo Iri-Buitoni era «su incarico del dottor Silvio Berlusconi», che non voleva comparire ufficialmente. Il primo contatto lo stabilí con lui Cesare Previti, «mio compagno di classe di terza media». L'incarico fu soltanto orale, non scritto. E gratuito. Senza parcella. Intanto, Pierferdinando Casini, in viaggio in Brasile, elogia il Parlamento brasiliano, che ha appena abrogato l'immunità parlamentare (salvo per i reati di opinione).

19 **gennaio.** Rabbiosa offensiva del ministro Castelli contro i presunti «giudici politicizzati». Trapelano notizie su azioni disciplinari a raffica, contro il giudice Libero Mancuso, contro il

gip Nicola Quatrano, addirittura contro una giudice «sospettata» di convivere con un personaggio di «simpatie no-global», e soprattutto contro il pm varesino Agostino Abate (già entrato nel mirino di Bossi per una vecchia indagine sui conti della Lega: il *senatúr* lo minacciò di «raddrizzargli la schiena», a lui portatore di handicap a causa dalla poliomielite, e ricordò che dalle sue parti «le pallottole costano poco»). Inoltre, da un anno e mezzo, Castelli nega il concerto alla nomina, già deliberata dal Csm, del giudice Galizzi a nuovo procuratore di Bergamo. La scusa è che Galizzi ha un fratello in tribunale. Galizzi, in passato, ha condannato Bossi per istigazione a delinquere.

20 gennaio. Nuove memorie difensive di Berlusconi, Previti ed eredi Rovelli alla Cassazione, per tentare di dimostrare il legittimo sospetto che graverebbe sull'intero Tribunale di Milano (500 giudici) e chiedere la rimessione dei processi a Brescia. Si va dalle presunte «campagne di stampa» contro gli imputati agli scambi di e-mail e di messaggi via Internet (incredibilmente intercettati) fra magistrati, da girotondi e manifestazioni affini ai dissensi manifestati da 60 pm milanesi contro alcune dichiarazioni del procuratore reggente Ferdinando Vitiello. C'è anche un errore grossolano da parte dei difensori di Previti, che parlano del *Corriere della sera* come un «organo della parte civile» (De Benedetti) protagonista della «demonizzazione» di Berlusconi. «Volevamo scrivere *Micromega*, è stato un errore di stampa», si correggono i legali. Addirittura esilarante una nuova «prova» citata da Previti alla pagina 13 del suo dossier inviato alle sezioni unite: «Il Tribunale dovrebbe aver notato anche, questa volta nell'aula di udienza, la presenza di un variopinto gruppo di persone, che ha seguito costantemente il processo: ci si riferisce al gruppo che ha esternato la propria ostilità nei confronti degli imputati e dei difensori, al cui interno svettava la signora che si è sempre presentata – dinanzi a giudici, giornalisti, parti, televisioni – portando con sé e continuamente ostentando, nella piú totale impunità, un pinocchio di legno che avrebbe dovuto testimoniare le bugie che nel corso del processo sarebbero state raccontate dagli imputati. La predetta signora è stata talmente attiva nella pervicace opera di demonizzazione degli imputati, da divenire protagonista di un'intervista al quotidiano *la Repubblica*, che, come è noto, è di proprietà della parte civile costituita nei processi. E si può negare che sia questo un turbamento in grado di incidere sulla serenità della condotta delle parti nel processo in corso?» (un'ampia sintesi delle istanze di rimessione di Berlusconi e Previti è pubblicata in *Bravi ragazzi*).

Il forzista Carlo Taormina e il socialista Enrico Buemi (Sdi) presentano un disegno di legge per depenalizzare il furto: «Tanto – spiegano – i furti restano quasi sempre impuniti». Imbarazzo nei rispettivi schieramenti.

22 **gennaio.** Anche la Cir di De Benedetti, con Giuliano Pisapia, presenta la sua memoria in Cassazione. Ricorda che la stessa IV sezione del Tribunale di Milano che conduce il processo Imi-Sir/Mondadori ha recentemente assolto Roberto Formigoni (anche lui di FI) in un processo. Nota che i legali di Berlusconi non chiedono la rimessione dei due processi All Iberian, in cui il premier è imputato di falso in bilancio, e che si svolgono anch'essi al Tribunale di Milano. Infine ricorda che a Milano tutti gli enti locali sono guidati da Forza Italia: comune, provincia e regione. Altro che «clima ostile».

25 **gennaio.** Clima pesante alla vigilia della decisione della Cassazione. Voci su richieste di rinvio, altre su possibili nuove eccezioni di legittimità costituzionale o su ricusazioni di alcuni membri delle sezioni unite, strane fughe di notizie (che si riveleranno fantasie) su una spaccatura 4 giudici contro 4, e il primo presidente Nicola Marvulli a fare da ago della bilancia. Titola *Libero*, il quotidiano diretto da Vittorio Feltri autore dello «scoop»: «Attenzione, vi teniamo d'occhio».

26 **gennaio.** Berlusconi fischiato a Torino, mentre entra ai funerali di Giovanni Agnelli. Solo il Tg3 dà la notizia. In compenso Studio Aperto, il tg di Italia 1 «rivela» che in una bacheca del Tribunale di Milano, sarebbero affisse le foto di Previti e Pacifico sormontate da una frase di Platone contro i tiranni. Se fosse vero, sarebbe un forte elemento per spostare i processi a Brescia, proprio alla vigilia della decisiva udienza in Cassazione. Ma è tutto falso. Le foto sono nell'ufficio di una cancelliera, che compare nelle istantanee mentre lavora in aula, e che ha appeso quelle immagini ritagliate dai giornali proprio perché ritraggono lei al fianco dei due imputati. La frase di Platone non c'entra, è lí appesa da 12 anni ed è diversa da quella pubblicata l'in-

domani dal *Giornale*: nessuna invettiva contro i tiranni, anzi un attacco del filosofo ai governi troppo corrivi con i moti di piazza. *Il Giornale* e il Tg1 riprendono con grande evidenza la presunta notizia. Proteste dell'Usigrai, il sindacato dei giornalisti di sinistra della Rai, e del comitato di redazione del primo tg Rai. Il Tribunale di Milano chiederà l'intervento dell'Ordine dei giornalisti contro i fabbricanti di falsi a tavolino.

27 gennaio. La Cassazione si riunisce per decidere sulla rimessione dei processi a Berlusconi, Previti & C. Il sostituto procuratore generale Antonio Siniscalchi chiede il rigetto dei ricorsi degli imputati, ma con una motivazione al limite del «suicidio»: a suo avviso, episodi come il Palavobis e il triplice «resistere» di Borrelli (un intervento «piú da politico, con toni di un magistrato particolarmente caricato dalle esperienze di allora») avrebbero potuto influenzare il clima nel 2002: «Se all'epoca vi fosse stato il legittimo sospetto, se fossero state vere le circostanze dedotte dagli imputati, allora avrei chiesto l'accoglimento delle richieste di rimessione dei processi. Ma ora non c'è piú quel clima. I girotondi non ci sono piú e Borrelli è andato in pensione. Dunque le istanze non sono piú attuali». «Aspettiamo il giudizio con fiducia», dice Sandro Bondi, portavoce di FI: «Perché Berlusconi ha la massima fiducia nell'operato degli alti magistrati. Qualunque sarà l'esito di questa decisione, qualunque sarà la scelta dei giudici, non succederà nulla. Noi la rispetteremo, come tutte le sentenze dei massimi magistrati di Cassazione». Berlusconi si dice «sereno e fiducioso»: «Tanto non mi possono condannare mai: ho tante possibilità di essere condannato quante di diventare comunista!». Poi aggiunge: «Io ho assoluta fiducia nell'operato della Cassazione, questa fiducia nei confronti della Suprema corte non è mai mancata. Altro conto sono certi pm che in Italia hanno svolto un ruolo particolare, imbastendo processo finiti regolarmente nel nulla». A Milano quattro terroristi del Gia (gruppo islamico algerino) invocano la legge Cirami per ottenere il trasferimento del loro processo ad altro Tribunale, ritenendosi «perseguitati» da quello milanese.

28 gennaio. Le sezioni unite della Cassazione respingono, dopo breve camera di consiglio, la richiesta di rimessione dei processi Imi-Sir/Mondadori e Sme-Ariosto. Un voto rapido e una-

nime: nove giudici su nove, con qualche titubanza da uno soltanto: Pietro Sirena, già capo dell'ufficio legislativo del ministro delle Poste Carlo Vizzini, suo parente, e poi con Maurizio Pagani (entrambi del Psdi, poi passati entrambi a Forza Italia). La Suprema corte stabilisce che la legge Cirami si applica, ma sul Tribunale di Milano non grava alcun legittimo sospetto. Tutte le argomentazioni e le «prove» portate dalle difese sulla presunta parzialità dei giudici milanesi vengono respinte in quanto false o infondate. Previti e Berlusconi sono condannati a pagare 1500 euro di spese processuali per aver fatto perdere tempo alla Giustizia con una richiesta tanto temeraria.
Furibonde reazioni dalla Cdl, anche da chi fino al giorno prima si sperticava in elogi per la Cassazione. Previti: «Verdetto politico, hanno negato l'evidenza». Saponara: «I girotondi sono entrati in Cassazione». Pecorella: «Difficile continuare ad avere fiducia nella giustizia. Ormai i giudici sono compagni di banco dei pm». Taormina: «Se il 13 maggio 2001 fossimo passati subito all'attacco, oggi avremmo una magistratura che sta al suo posto. Ora dobbiamo sciogliere Magistratura democratica e i Movimenti riuniti, veri e propri partiti politici interni alla magistratura. Questa ordinanza è una dichiarazione di guerra: vedremo se ora la politica vuole reagire». Bondi: «Questo è l'ultimo anello di una catena di avvenimenti che confermano la politicizzazione della magistratura italiana. Ora la riforma dell'intero ordinamento è un'esigenza ineludibile della democrazia stessa». Schifani: «Nessuno si illuda, noi siamo pronti a resistere con la Costituzione in mano alle manovre occulte di chi ancora non accetta di aver perso le elezioni». La Russa. «Adesso la sinistra chieda scusa per aver definito la Cirami una legge *ad personam*: ora c'è la prova che non è stata fatta per Berlusconi e Previti!». Alessandro Cè, capogruppo leghista alla Camera: «Ora ci vogliono riforme per sanzionare quella parte della magistratura che si comporta come una fazione politica». Gaspare Giudice (deputato forzista e imputato per fatti di mafia): «Per la Cirami abbiamo tenuto il Parlamento bloccato per sei mesi, e non è servita a niente. Hanno alzato l'età per la pensione ai magistrati, a quanto ne so, per fare un favore al presidente Marvulli, e non è servito a niente. La verità è che non dobbiamo fidarci…».

29 gennaio. In un monologo preregistrato su videocassetta, recapitato alle sue tv e alle reti Rai e da tutte trasmessa pressoché integrale, il premier Berlusconi attacca a testa bassa le sezioni unite della Cassazione e la magistratura tutta («si giudica da sé e si autoassolve in ogni sede»), chiede di essere giudicato solo dai suoi «pari», annuncia il ripristino dell'immunità parlamentare «per il bene del Paese»: immunità che a suo dire sarebbe stata abrogata nel 1993 «da un Parlamento intimidito e condizionato dalle correnti politicizzate della magistratura giacobina» (il testo integrale del videomessaggio è a pagina 425). Pecorella ipotizza una legge per accorciare i termini di prescrizione, cosí da mandare subito in fumo i processi a carico di Berlusconi e Previti. Taormina chiede addirittura un decreto legge urgentissimo per garantire l'immunità al premier, «unico statista al mondo in grado di scongiurare la guerra Usa-Iraq». La Cdl ripesca il progetto di immunità presentato in estate da Nitto Palma e poi accantonato. Bossi: «Se condannano Berlusconi, si va alle elezioni anticipate». Rutelli: «Se condannato, Berlusconi non deve dimettersi». Schifani minaccia: «Presto usciranno delle carte sui giudici politicizzati».

30 gennaio. Riprende il processo Imi-Sir/Mondadori, interrotto a novembre per la legge Cirami prima delle arringhe dei difensori: il presidente Carfí fissa 11 udienze per la discussione residua, poi il 26 marzo ci sarà l'eventuale replica del pm, e a fine mese dovrebbe arrivare la sentenza. Intanto Taormina, parlando con il *Corriere*, lancia messaggi al Quirinale: «Per Telekom Serbia la linea di comando per la gestione di quell'affare era guidata da Prodi e Ciampi, Dini e Fassino. Perché la magistratura di Torino non ha raggiunto alcun risultato concreto?». Berlusconi: «Se dovesse riprodursi una situazione come quella del 1994, non avremmo alcuna esitazione a ritornare agli elettori».

1 febbraio. Berlusconi attacca di nuovo la «giustizia politicizzata» e «la sinistra che non ha ancora rinunciato a mettere in azione manovre giudiziarie o di piazza per ottenere ciò che non le è riuscito democraticamente nelle urne». Per fermarla, aggiunge, «la riforma della giustizia non è piú rinviabile». Riforma affidata a un gruppo di «esperti» guidato dal ministro Castelli. Pecorella chiede la separazione delle carriere, procure regionali capeggiate da magistrati nominati dai consigli regionali e coordinate da una procura federale guidata da un pm designato dal Parlamento. E questo perché «il problema non è neanche tanto quello dei legami fra sinistra e magistrati: quest'alleanza c'è oggi e domani potrebbe non esserci piú. Il punto è che la magistratura si comporta come un vero e proprio potere a sé, che non risponde a niente a nessuno». Proteste unanimi dell'Anm: «Siamo al controllo politico della giustizia».

Antonio Maccanico (Margherita), intervistato dal *Sole-24 ore*, rilancia la sua proposta di sospendere i processi a carico di Berlusconi e delle altre cariche dello Stato «per ricreare un'atmosfera consona al rilancio delle riforme», «distendere il clima tesissimo di questi giorni» e anche – dice – per salvare il «buon nome dell'Italia all'estero».

2 **febbraio.** Il senatore forzista Giampaolo Bettamio presenta un disegno di legge per istituire una commissione parlamentare di inchiesta sull'affare Sme.

5 **febbraio.** La Cassazione rigetta il ricorso di Previti contro la Corte d'appello di Milano, che nel gennaio 2002 aveva respinto la ricusazione presentata da Previti contro il giudice Guido Brambilla. Intanto la Corte d'appello di Milano segnala all'Ordine dei giornalisti della Lombardia il comportamento del *Giornale* a proposito del falso scandalo «Previti-Platone».

6 **febbraio.** Il Csm all'unanimità (membri laici e togati) risponde all'editto di Arcore e chiede che «l'esercizio di critica alle sentenze non si traduca in prese di posizione tali da delegittimare l'attività giudiziaria». Ma anche che «il Parlamento non legiferi sui principi fondamentali della Costituzione». Fini dice no al ritorno all'immunità, alla separazione delle carriere e a «misure ritorsive» come la commissione sulla Sme. Berlusconi dice no alla proposta di Pera di ripartire dalla Bicamerale del 1998: «Intendiamo applicare il nostro programma». Pecorella propone di introdurre anche in Italia la giuria popolare all'americana: nove cittadini sorteggiati, piú un presidente togato senza diritto di voto. E niente appello in caso di assoluzione.

7 **febbraio.** Il Tribunale di Milano, per il processo Sme, è in trasferta a Londra per l'interrogatorio di David Mills, d'avvocato d'affari implicato negli scandali della finanza estera Fininvest, nonché marito di Tessa Jowel, ministro della Cultura nel go-

verno Blair. Indagato da qualche settimana dalla procura di Milano per frode fiscale e riciclaggio nell'inchiesta sui diritti cinematografici Mediaset, Mills deve decidere se rispondere o meno alle domande dei giudici italiani e degli avvocati di Berlusconi, che l'hanno citato come testimone. La Magistrates Court di Londra gli dà un mese di tempo per pensarci.

Il 55 per cento degli italiani, secondo un sondaggio Swg, condivide il verdetto della Cassazione e ritiene «imparziale» il Tribunale di Milano.

11 **febbraio.** Secondo le parti civili del processo Imi-Sir, «c'è il concreto e imminente pericolo che i 20 milioni di euro, depositati da Pacifico e Squillante, spariscano dai conti del Liechtenstein. Di qui la richiesta di sequestro cautelativo dei conti custoditi dal 1995-96 negli istituti di credito del Principato. Il 27 gennaio, infatti, la Corte d'appello di Vaduz ha negato la retroattività della legge sulla confisca dei capitali illeciti approvata nel 2000. Di quei 20 milioni, dunque, la procura di Vaduz è riuscita a confiscarne solo 2.5. Il resto dovrà essere restituito ai due imputati. Intanto, nella loro arringa, i difensori di Giovanni Acampora (Guido Viola e Dario Andreoli) chiedono l'assoluzione del loro cliente: «Nessuna prova che abbia pagato una sola lira al giudice Metta nel caso Mondadori».

12 **febbraio.** Pecorella chiede il ripristino dell'autorizzazione a procedere per i parlamentari e il lodo Maccanico per sospendere i processi a carico di Berlusconi. An prende le distanze: «Pecorella – replica il portavoce Mario Landolfi – dice quel che pensa, ma abbiamo seri dubbi sul fatto che pensi a quel che dice».

13 **febbraio.** Misteriosa «visita» di ignoti nell'abitazione di Giorgio Lattanzi, uno dei nove giudici delle sezioni unite che hanno respinto le istanze di Berlusconi e Previti. I visitatori trafugano soltanto l'agenda elettronica e il computer portatile del magistrato, lasciando intatti gioielli e altri oggetti di valore.

Nuova proposta di legge del senatore Melchiorre Cirami, già noto per l'omonima legge: questa volta, per consentire ai cittadini di sparare impunemente ai ladri che entrano in casa.

17 **febbraio.** L'inviato dell'Onu per la giustizia, nel suo terzo rapporto sull'Italia, comunica al segretario generale Kofi Annan che in Italia Berlusconi disprezza la magistratura e si comporta come se fosse «al di sopra delle leggi».

19 febbraio. Lunga arringa di Cristiana Totis, difensore di Vittorio Metta, al processo Imi-Sir/Mondadori. Dice che non esiste prova che Metta abbia intascato 400 milioni dalla Fininvest tramite Pacifico («non avete trovato i soldi né il movente»). Poi insinua: «Siamo certi che il nome di Metta non sia stato speso e strumentalizzato da qualcuno, abusivamente, per interessi propri?». Secondo la legale, gli avvocati Previti, Acampora e Pacifico potrebbero aver millantato credito a proposito di Metta. Il quale non fece favori ai Rovelli, anzi ridusse il risarcimento Imi da 1250 a 1000 miliardi.

20 febbraio. Nel processo civile intentato dall'Imi al Consorzio Sir (il gruppo di banche che doveva salvare la Sir) e dal Consorzio Sir alla famiglia Rovelli, la Cassazione conferma la sentenza d'appello che condanna definitivamente gli eredi Rovelli a restituire all'Imi l'intero risarcimento di 1000 miliardi del 1992. C'era infatti un accordo fra il Consorzio bancario e i Rovelli che sollevava le banche da responsabilità per azioni risarcitorie da parte di terzi.

3 marzo. Mills decide di testimoniare al processo Sme, sebbene indagato in altra indagine milanese. Intanto alla procura di Milano inizia un'ispezione ministeriale ordinaria. «Cose di routine», precisa il ministro Castelli. A Perugia il gip Giancarlo Massei chiude l'incidente probatorio sulla bobina del bar Mandara, respingendo le richieste del pm Silvia Della Monica e di Previti di disporre una perizia sul riconoscimento delle varie voci della contestata conversazione.

8 marzo. Il governo vara il «maxiemendamento» che dovrebbe riformare l'ordinamento giudiziario: separazione di fatto delle carriere tra giudici e pm, mano libera alla polizia senza il controllo del pm, gerarchizzazione delle Procure, poteri di avocazione alle Procure generali, concorsi controllati dal governo per progressioni in carriera e nomine negli incarichi direttivi. L'Anm parla di «gravi lesioni all'indipendenza della magistratura» e di «salto indietro di 40 anni». Intanto Berlusconi prepara il colpo di mano sull'immunità: si parla di una legge per sospendere ogni indagine e processo a carico di parlamentari e membri del governo.

11 marzo. Mills depone a Londra davanti a giudici, pm e avvocati del processo Sme in trasferta. Dice che Berlusconi non c'entra con il sistema delle società off-shore della Fininvest. Lui, almeno, ebbe sempre rapporti con manager del gruppo come Candia Camaggi, Giorgio Vanoni, Livio Gironi, Carlo Bernasconi, Giancarlo Foscale e Massimo Maria Berruti. Alcuni di loro gli chiesero di aprire società off-shore. E Berlusconi? «Lo conobbi nell'estate '95 nella sua villa ad Arcore. Parlammo di consigli legali per un progetto che poi non s'è concretizzato». Le off-shore, spiega, usavano come «tesoreria» la All Iberian con «denaro prestato dalla Silvio Berlusconi Finanziaria del Lussemburgo». Secondo Pecorella, se Berlusconi incontrò per la prima volta Mills nel 1995, «vuol dire che le off-shore erano una struttura aziendale ideata per finalità fiscali e non per le corruzioni, contestate per anni precedenti» (fino al 1991).

Il *Corriere della sera* rivela che, fin dal 13 gennaio, Squillante ha concluso una transazione con le autorità del Liechtenstein per riprendersi almeno la metà del denaro bloccato a Vaduz: 4,8 miliardi tornano a lui (anche se, per il momento, decide di non prelevarli) e 4,8 restano confiscati nel Principato. Secondo la Procura di Milano sono tutti proventi di tangenti, secondo Squillante i risparmi della sua famiglia. Per questo i suoi parenti nel maggio 2002 hanno fatto ricorso allo scudo fiscale, pagando la percentuale prevista dalla legge Tremonti allo Stato italiano per mettere al riparo la somma. Ancora nessuna decisione del Tribunale, sulla richiesta di sequestro avanzata da Ilda Boccassini l'11 febbraio.

12 **marzo.** Arringa degli avvocati Andrea Fares e Giovanni Maria Dedola, difensori di Squillante, che chiedono l'assoluzione del loro cliente per l'Imi-Sir: nessuna tangente all'ex capo dei gip, solo «compensazioni», «investimenti azzeccati» e «risparmi di una famiglia numerosa». Insomma, l'ex gip sarebbe vittima di una «vergognosa gogna mediatico-giudiziaria».

13 **marzo.** Secondo il *Corriere della sera*, la difesa Berlusconi medita di chiedere al presidente della Cassazione Marvulli di cambiare la composizione del collegio a sezioni unite (che già si era pronunciato sulla questione «legittimo sospetto» nel maggio 2001, passando la palla alla Consulta) e di spostare di conseguenza la data della camera di consiglio, in attesa di notizie piú precise sulla perizia perugina sul bar Mandara.

14 marzo. Parla la difesa di Filippo Verde (avvocati Barbara Bonzano e Renato Borzone): i 280 milioni incassati nel '94 sul conto Master da Pacifico, non sono tangenti legate alla sentenza Imi-Sir del 1986, ma la restituzione di un prestito che il giudice aveva fatto all'avvocato bisognoso di soldi per ripianare una perdita al casinò di Montecarlo. Nessuna prova – sostengono i legali – nemmeno sul fatto che Verde avesse organizzato una falsa riunione per distogliere il giudice Carlo Minniti dalla camera di consiglio in cui si decideva il risarcimento Imi-Sir.

17 marzo. Battaglia sugli ultimi testimoni da sentire al processo Sme, che ricomincia dopo 4 mesi di stop per la rogatoria a Londra sull'avvocato Mills. Le difese rinunciano a 10, altri 5 li revoca il Tribunale in quanto «superflui»: fra questi, la manager Fininvest Candia Camaggi e una collaboratrice di Mills. Interrogarli avrebbe richiesto altre due rogatorie all'estero, col rischio di perdere altro tempo per sentire indagati di reato connesso pronti ad avvalersi della facoltà di non rispondere (come fa il 17 marzo proprio Giuseppino Scabini, tesoriere centrale della Fininvest, colui che aprí il conto Ferrido da cui partirono i 434.404 dollari finiti a Previti e poi a Squillante nel 1991). Dura protesta dai difensori di Berlusconi.

18 marzo. La difesa Previti chiede la sospensione del processo Imi-Sir in attesa delle motivazioni del no della Cassazione alla rimessione a Brescia, e ipotizzando di poter impugnare l'ordinanza della Suprema corte. Che invece, come ognuno sa, è definitiva e irrevocabile.

19 marzo. Arringa dei difensori di Pacifico, Alfredo Quattrocchi e Franco Patanè: i 33 miliardi versati al loro cliente dai Rovelli nel '94 non sono una tangente per l'Imi-Sir, ma un compenso di 3 miliardi riconosciuto da Nino Rovelli negli anni '70 per consulenze valutarie, poi investito in oro con una fortunata speculazione che ne moltiplicò il valore nel corso degli anni, grazie anche alla rivalutazione monetaria del franco svizzero.
Le commissioni parlamentari Giustizia e Affari costituzionali della Camera approvano la commissione d'inchiesta su Mani pulite e sull'«uso politico della giustizia».

21 marzo. Svolta nelle arringhe degli avvocati di Previti (Alessandro Sammarco e Giorgio Perroni): i passaggi di denaro «sono lí, nessuno li può ignorare», ma «i pagamenti ai giudici non sono suffragati da prove, né da indizi: solo da congetture». Per cui «non si può non assolvere Previti».

24 **marzo.** Previti legge in aula, con dichiarazione spontanea, una richiesta di sospensione del processo «finché non verrà depositata la motivazione della sentenza delle sezioni unite sul legittimo sospetto», che in base a misteriose informazioni riservate gli risulta imminente. «Devo sapere – afferma – se siete dei giudici competenti a giudicarmi e perché ho erroneamente dubitato della vostra imparzialità». Richiesta respinta. Ultima disperata mossa dei suoi difensori: una questione di incostituzionalità sul reato di corruzione in atti giudiziari e una richiesta di acquisire «nuovi elementi» che dimostrerebbero la competenza di Perugia e non di Milano. Anche questa respinta. Poi i difensori, contro gli accordi presi col Tribunale, prolungano l'arringa anche oltre questa data, «sforando» al 26 marzo. E chiedono che, «almeno in subordine», Previti riceva lo stesso trattamento riservato per la Mondadori a Berlusconi («al quale Previti, come è noto, è strettamente legato»): corruzione semplice e non giudiziaria, attenuanti generiche e prescrizione del reato.

26 **marzo**. La Cassazione – come profetizzato da Previti il 24 – deposita le motivazioni del suo no alla rimessione dei processi da Milano a Brescia. Un durissimo e definitivo smacco per le difese e per le loro accuse ai giudici milanesi. Ma Previti e le difese si appigliano a una frase sulla competenza, che a loro dire «deve passare a Perugia». «Campane a morto per i processi milanesi», finge di esultare Pecorella, mentre Saponara parla di «bacchettata al Tribunale di Milano». E Previti definisce «nati morti, cadaveri» i suoi processi. Dal testo della Suprema corte, però, risulta esattamente il contrario: e cioè che «allo stato non può ritenersi illegittimamente determinata» la competenza a Milano. E spetta ai giudici di Milano stabilire se sia cambiato qualcosa alla luce delle «nuove» carte prodotte dagli avvocati. Nemmeno l'ombra di quella «bacchettata» di cui parla la maggioranza (le motivazioni dell'ordinanza delle sezioni unite, stese dal relatore Mariano Battisti, sono sul sito www.magistraturademocratica.it: digitare «legittimo sospetto» nella finestra «cerca».].

Già in possesso delle motivazioni di prima mattina, i legali di Previti danno battaglia in udienza. Ma la eccezione di incompetenza territoriale , già rigettata almeno 10 volte negli anni passati, tanto in appello quanto in Cassazione, viene bocciata anche stavolta dal presidente Paolo Carfí: nessuna novità dalle carte prodotte dai difensori, che pure vengono in gran parte acquisite. Che cosa contengono? Soltanto la prova dell'iscrizione di un fascicolo contro ignoti, il 29 ottobre '94, alla Procura di Perugia per il caso Imi-Sir, su denuncia dell'allora presidente dell'Imi Luigi Arcuti. Il Tribunale ritiene il verbale di Arcuti «superfluo», mentre ammette le altre carte, valutando però che non cambiano le cose. L'iscrizione perugina non ipotizzava nemmeno un indagato (era appunto contro ignoti), dunque non riguardava gli attuali imputati milanesi, che furono «iscritti» per la prima volta a Milano nel '96. E comunque a Perugia si ipotizzava un reato diverso e minore: rivelazione di segreto, mentre a Milano si procede per corruzione giudiziaria. Dunque, Milano era e resta competente. Tant'è che Perugia non ha mai sollevato alcun conflitto di competenza. Previti assiste in silenzio, in aula, al crollo del suo ultimo castello difensivo. Poi, al momento di prendere la parola per le dichiarazioni spontanee preannunciate alla vigilia, se ne va lasciando un foglietto ai suoi legali in cui si auto-convoca per l'indomani.

La Svizzera decide di ratificare l'accordo con l'Italia sulle rogatorie, sospeso dopo l'approvazione della legge berlusconiana: e solo perché «la giurisprudenza italiana ha fatto chiarezza, fugando i dubbi che sussistevano», e in pratica disapplicando alla luce dei trattati e delle prassi internazionali le parti piú formalistiche e assurde di quella legge.

27 **marzo.** Nel giorno in cui si attendeva la sentenza, Previti blocca i giudici sulla soglia della camera di consiglio con una ricusazione per la «grave inimicizia» e la «malafede» dimostrate nei suoi confronti rifiutando di spostare i suoi processi a Perugia. Carfí annuncia in aula: «Ci hanno ricusati per la questione della competenza: vabbè, lo sapevano tutti, c'era sui giornali, ora lo sappiamo anche noi. Ne prendiamo atto e ci aggiorniamo al 2 aprile». È la sesta ricusazione presentata da Previti in questo processo, oltre a due richieste di astensione del Tribunale e un'istanza di rimessione. «È la logica comprensibile di un imputato che tenta di ritardare il piú possibile una sentenza

che sente annunciata», ammette il legale di Previti, Alessandro Sammarco. Intanto la Cdl ipotizza di accelerare per decreto la legge sul patteggiamento allargato, che consentirebbe a qualunque imputato, in qualunque fase processuale, di chiedere 45 giorni di tempo per valutare se patteggiare: Previti o chi per lui potrebbe cosí rinviare la sentenza Imi-Sir/Mondadori di un altro mese e mezzo.

28 **marzo.** Berlusconi chiede di parlare al processo Sme. Ma non nella forma dell'interrogatorio («Non intende sottoporsi all'esame di pm che lo considerano da tempo un nemico», spiega l'avvocato Pecorella). Bensí con «dichiarazioni spontanee» (un monologo senza alcun contraddittorio). E soltanto se i giudici andranno a sentirlo a domicilio, a Palazzo Chigi. Il Tribunale lo invita invece a parlare, se vuole, «qui in Tribunale, in quest'aula, oppure per iscritto: il codice prevede un'eccezione soltanto per il testimone. Altrimenti, con lo stesso criterio proposto dalla difesa, tutto il processo dovrebbe svolgersi a Palazzo Chigi». E Berlusconi è imputato. Pecorella protesta: «Se dobbiamo fermarci alla lettera della norma, il Tribunale può anche avere ragione, ma qui dobbiamo afferrare lo spirito, la *ratio* della norma, pensata per tutelare il presidente del Consiglio. Motivi di opportunità, riservatezza e ordine pubblico dovrebbero indurre il collegio ad affrontare questo viaggio. Con i tempi che corrono, è chiaro a tutti che Berlusconi è un possibile bersaglio». In realtà, il codice di procedura (art. 502) prevede che solo «il testimone, il perito e il consulente tecnico» possano essere, in caso di impedimento assoluto a comparire in Tribunale, sentiti a domicilio. Il Tribunale accoglie poi la richiesta di interrogatorio avanzata, sia pure fuori tempo massimo, da Pacifico e Previti (che poi cambierà idea).

Sempre al processo Sme, viene sentito come imputato di reato connesso Livio Gironi, ex responsabile della finanza Fininvest. «All'avvocato Previti – ammette – vennero versate parcelle per attività del gruppo all'estero nell'ordine di 10 miliardi in nero, estero su estero. Lui ne voleva molti di piú, ma con la promessa di versarglieli in nero e all'estero ci concesse una riduzione. L'accordo fu raggiunto nel primo trimestre del 1991». Il top manager aggiunge di non averne mai parlato con Berlusconi, e che all'operazione provvide il solito Giuseppino Scabini, capo

della tesoreria del gruppo. Ma alle domande sulle provviste occulte usate per pagare quei miliardi, sui conti e sulle società estere del gruppo, sulla gestione del patrimonio personale della famiglia Berlusconi, sulla contabilità parallela o sull'eventuale ricevuta comprovante il saldo, e su chi gli avesse indicato i conti esteri usati da Fininvest per pagare e da Previti per incassare, Gironi si avvale per ben otto volte della facoltà di non rispondere. Anche perché, per la prima volta, le sue dichiarazioni ammettono che il gruppo Berlusconi aveva fondi neri su società off-shore all'estero e, quindi, bilanci falsi.
Secondo *l'Unità*, il presidente Ciampi avrebbe bloccato sul nascere il decreto pensato dalla Cdl per il patteggiamento allargato.

29 marzo. La Cassazione a sezioni unite torna a dare torto a Previti, respingendo il suo ricorso contro la decisione del Tribunale di Milano, che il 18 marzo aveva rigettato la sua richiesta di sospendere il processo Imi-Sir/Mondadori in attesa del deposito delle motivazioni sul «no» all'istanza di rimessione a Brescia. Basta il dispositivo – spiega la Suprema corte – per avere «la certezza che la decisione sia intervenuta e con determinato, irreversibile contenuto».

31 marzo. Nuovo slittamento della sentenza Imi-Sir/Mondadori. La Corte d'appello che deve decidere sulla sesta ricusazione di Previti fissa per il 15 aprile un'udienza in camera di consiglio, presenti le parti, per decidere nel merito. Al processo Sme, intanto, viene interrogato Attilio Pacifico. Il quale non sa spiegare perché e da chi ricevette sul conto Qasar un miliardo da un conto di Pietro Barilla il 26 luglio 1988. Da quella provvista partirono poi tre giorni dopo due bonifici: 850 milioni per il conto Master di Previti e 100 milioni per il conto Antares di Squillante. Quanto invece ai 434.404 dollari che Previti ricevette il 6 marzo 1991 dal conto Ferrido (Fininvest) e che finirono poi sul conto Rowena di Squillante, Pacifico sostiene che si occupò lui dell'operazione, anche se misteriosamente il suo ruolo non risulta dalle carte bancarie: erano un acconto che Squillante gli aveva consegnato per acquistare un appartamento da Paolo Berlusconi, salvo poi cambiare idea e farseli restituire.
Il sito Internet Dagospia pubblica le fotografie di una cena da «Fortunato al Pantheon» fra Previti e signora, il senatore forzista Lino Jannuzzi e il pm Carlo Nordio, incaricato dal mini-

stro Castelli di riscrivere il codice penale. «Nessun imbarazzo – dichiara Nordio – in fondo Previti non è un mio imputato».

1 aprile. Breve udienza al processo Imi-Sir/Mondadori, per disporre il rinvio al 16 aprile. «Volevamo evitarlo – dice Carfí – ma a questo punto credo che entreremo in camera di consiglio anche nottetempo, se necessario». Il presidente ricorda che la camera di consiglio era prevista già il 26 marzo, e che il giorno prima il collegio «non aveva ritenuto di entrare di sera: aveva convocato l'udienza per l'indomani mattina. Ma poi sapete che cosa è successo». Cioè l'improvvisa ricusazione che ha fatto slittare la sentenza.

4 aprile. Salta l'udienza del processo Sme, nella quale era stato fissato l'interrogatorio di Previti (concesso a sua richiesta nonostante i termini abbondantemente scaduti) per l'assenza di tutti e tre gli avvocati di Berlusconi. Longo è stato revocato, Dinacci pure, Ghedini è a casa malato, Pecorella manda una lettera per dire che è impegnato in Cassazione e non nomina un sostituto per Milano. Previti ne approfitta per non presentarsi. «L'ennesimo tentativo strumentale di bloccare il processo», protesta Ilda Boccassini: «Pecorella sapeva da tempo che Ghedini era malato e che lui oggi sarebbe stato occupato in Cassazione. Eppure non ha detto nulla neppure nell'ultima udienza del 31 marzo, mancando a quel rispetto per le istituzioni che lui, parlamentare, dovrebbe avere». Pecorella annuncia che denuncerà il pm per le sue parole «ingiustificate e gratuite». Il collegio nega la legittimità dell'impedimento di Pecorella e riconvoca l'udienza all'indomani, per dare la possibilità a Previti di presentarsi per rendere l'interrogatorio che lui stesso ha richiesto. Ma quello, per bocca dei suoi legali, fa sapere che non verrà: «Non siamo ostaggi del Tribunale, la decisione dei giudici è l'ennesimo atto di inimicizia».

5 aprile. Di nuovo assenti tutti i legali di Berlusconi al processo Sme. Stavolta Pecorella manda una lettera per dirsi «tenuto a partecipare a un convegno a Caltanissetta, per il mio incarico istituzionale di presidente della commissione Giustizia della Camera. Impegno di cui ho informato anche il presidente Berlusconi». Il Tribunale verifica e scopre che Pecorella, per il 5 aprile, non è neppure nella lista dei relatori previsti dal programma dell'incontro. E rileva che, in ogni caso, i convegni non possono costituire legittimo impedimento. Cosí decide di tenere ugualmente l'udienza, nominando per Berlusconi un avvocato d'ufficio. Questi deve fare propria la lettera-istanza di Pecorella, in cui si chiede al Tribunale di riconoscere la legittimità del suo impedimento e di cancellare dal verbale «le offensive frasi del pm nei miei confronti». «Non mi pare che il codice ancora consenta di celebrare i processi per corrispondenza», ironizza la Boccassini. Il Tribunale respinge l'istanza. L'avvocato Fares, difensore di Squillante, sostiene che il Tribunale avrebbe dovuto nominare il legale d'ufficio per Berlusconi nell'udienza precedente, prima di decidere il rinvio dell'udienza a oggi. Invece «non lo fece e quella decisione è nulla». «La confusione e il disordine ci sono», ammette la presidente Ponti, «ma sono stata portata anch'io a questa situazione, che non mi era mai capitata prima». In ogni caso – aggiunge – nessun diritto difensivo di Berlusconi è stato pregiudicato, visto che la decisione comportava un mero rinvio. A questo punto si dovrebbe procedere all'interrogatorio di Previti, che però non s'è presentato neppure stavolta. Ha inviato una lettera in cui difende Pecorella («non poteva avere la palla di vetro e prevedere che Ghedini sarebbe stato malato»), insegna l'educazione ai giudici («un Tribunale sereno dovrebbe essere rispettoso degli impegni personali degli imputati»), infine si dice «disponibile a essere interrogato», ma soltanto il 14 aprile. E conclude beffardo: «Non si comprendono le ragioni della fretta dei giudici». Il Tribunale risponde però che adesso, dopo otto rinvii, il tempo per lui è veramente scaduto. Previti doveva essere sentito il 3 maggio 2002, poi la sua audizione slittò all'11, al 13, al 21 e al 24 di quel mese. Non se ne riparlò fino al 28 marzo 2003, quando Previti, scaduti i termini, chiese di essere ugualmente sentito e il Tribunale, facendo uno strappo alla regola, glielo concesse, riammettendolo il 4 aprile e poi il 5. Ricavandone, per tutta risposta, altre due «assenze senza valide giustificazioni». Ennesima prova che «non si sono mai concretizzate le intenzioni di Previti di farsi interrogare». Ergo, per il principio costituzionale della «ragionevole durata dei processi, il Tribunale ritiene di non dover procrastinare ulteriormente la data dell'interrogatorio dell'imputato». Il quale, se vorrà, potrà rendere spontanee dichiarazioni in qualunque momento.

8 aprile. Francesco Saverio Borrelli chiede al Csm di essere reintegrato in magistratura, anche senza incarichi dirigenziali, «come semplice operaio della giustizia». L'ex procuratore generale di Milano chiede un'applicazione retroattiva della norma che, subito dopo il suo pensionamento e quello di D'Ambrosio, ha prolungato l'età pensionabile dei magistrati da 72 a 75 anni. Il ministro Castelli e poi il Csm gli diranno di no.

9 aprile. Previti chiede di annullare le udienza Sme del 14 e del 16 aprile per i suoi legittimi impedimenti di parlamentare impegnato nella discussione sulla *devolution*, i fondi per lo spettacolo, la libertà religiosa e forse la commissione d'inchiesta su Tangentopoli. Quella del 14 era l'udienza indicata da Previti per il fatidico interrogatorio. Ora si scopre che nemmeno quel giorno sarebbe stato presente in Tribunale. Il 16 è prevista anche l'udienza, forse decisiva, del processo Imi-Sir/Mondadori. Impedimento anche per quello.

Intanto la Camera approva la legge Boato per l'attuazione dell'articolo 68 della Costituzione (quello sulle guarentigie e le immunità parlamentari, riformato nel 1993). Oltre a estendere l'insindacabilità per le opinioni espresse dagli eletti anche lontano dal Parlamento, la norma prevede l'obbligo di distruggere, salvo un voto del Parlamento, tutte le telefonate intercettate su utenze di privati che conversano con parlamentari e persino tutti i tabulati telefonici sulle utenze dei parlamentari. Una legge molto attesa da diversi onorevoli imputati, a cominciare da Marcello Dell'Utri per i suoi processi per mafia, estorsione e calunnia ai danni di alcuni pentiti. Infatti i suoi legali chiedono subito al Tribunale di Palermo di cestinare alcune prove nel terzo processo, avendo avuto «assicurazione dai colleghi parlamentari» che la legge sarà presto approvata. Il Tribunale, naturalmente, respinge l'istanza.

14 aprile. Previti non c'è, l'udienza Sme salta, la presidente Ponti decide di recuperare tempo inserendo in calendario una nuova udienza, per il venerdí di Pasqua, 18 aprile. Proteste dei difensori.

15 aprile. Inizia la discussione alla Corte d'appello sulla sesta ricusazione di Previti nel processo Imi-Sir/Mondadori.

16 aprile. Carfí, in mancanza della decisione della Corte d'appello, apre e chiude l'udienza in cinque minuti, dichiarando però chiuso il dibattimento, sospendendo i termini di prescrizione e rinviando l'udienza a dopo Pasqua: 26 aprile, ore 11. Curioso scambio di battute con un avvocato, in leggero ritardo. L'avvo-

cato: «Scusi, presidente, per il ritardo». Carfí: «Tanto non abbiamo fretta...».
Al processo Sme, intanto, la presidente Ponti rinvia al 18 aprile per l'assenza di Previti e dei due avvocati-parlamentari di Berlusconi, tutti impegnati alla Camera. Susanna Ripamonti, sull'*Unità*, rivela che gli emissari del ministero, impegnati nell'ispezione «ordinaria», hanno chiesto notizie del fascicolo 9520/95, la madre di tutte le inchieste sulla corruzione giudiziaria, aperto nel '95 sulle dichiarazioni della Ariosto e mai chiuso, nonostante i numerosi stralci per i casi Imi-Sir/Lodo Mondadori e Sme. Un fascicolo iscritto a modello 21 (notizie di reato contro indagati noti), ma privo ormai di indagati. Dunque regolarmente aperto, ma coperto da segreto investigativo. I vertici della Procura negano dunque agli ispettori la visione delle carte, custodite negli uffici di Ilda Boccassini e Gherardo Colombo.

17 aprile. La Corte d'appello di Milano respinge la sesta ricusazione del Tribunale nel processo Imi-Sir/Mondadori con un'ordinanza motivata di 17 pagine: «Nessun comportamento che denoti anche solo il sospetto di malafede, scorrettezza, inimicizia grave nei confronti dell'imputato» Previti. Anzi, «in modo corretto i giudici hanno ritenuto di acquisire parte della documentazione richiesta dalle difese» e di concluderne che la competenza territoriale resta di Milano. I difensori di Previti annunciano ricorso in Cassazione. Ma – secondo una sentenza della Suprema corte – il Tribunale non dovrà attenderne il verdetto prima di emettere la sentenza.

18 aprile. Nel venerdí santo, Berlusconi si presenta a sorpresa all'udienza del processo Sme, dove non si era mai fatto vedere, in 37 mesi, per rendere «dichiarazioni spontanee». Cosí interrompe la sua contumacia: d'ora in poi si potranno tenere udienze soltanto in sua presenza o, in caso di assenza, con il suo assenso preventivo. L'udienza comunque inizia con notevole ritardo, a causa dell'assenza dei difensori di Misiani. Il Tribunale nomina il difensore d'ufficio, ma intanto Berlusconi se n'è già andato: aveva solo un quarto d'ora di tempo, dopodiché doveva volare a Roma per il Consiglio dei ministri prepasquale («Ma – assicura – tornerò presto per chiarire tutto, i cittadini devono sapere»). Le dichiarazioni al Tribunale sono rinviate. Non però quelle ai giornalisti, in corridoio: «Previti è un perseguitato politico, come ha stabilito un voto del Parlamento italiano» (nel gennaio '98, quando la Camera negò il consenso al suo arresto). E ancora: «Ora ho deciso di occuparmi del mio processo. Un processo assolutamente inverosimile e paradossale. Il cittadino Silvio Berlusconi meriterebbe una medaglia d'oro al valore civile per aver evitato una spoliazione ai danni dello Stato e aver fatto guadagnare allo Stato 2000 miliardi, visto che la Sme fu poi venduta a cinque volte il prezzo offerto dalla Buitoni» di Carlo De Benedetti. «Io – aggiunge il premier – non avevo alcun interesse all'acquisizione della Sme. Partecipai solo a una o due riunioni del consiglio di amministrazione della Iar, non avendo altro scopo che di aiutare degli amici, come Barilla e Ferrero, e di rispondere alla richiesta dell'allora presidente del Consiglio». Cioè Bettino Craxi. I suoi difensori chiedono che il Tribunale interroghi altri 1700 testimoni: 114 fra politici e manager industriali, molti dei quali già sentiti, come Prodi e Amato; e tutti i 1653 magistrati impegnati nel distretto di Roma dal 1986 al '91.

20 aprile. Gli avvocati di Berlusconi si impegnano, intervistati dal *Corriere della sera*, a non rallentare il processo Sme con gli impedimenti istituzionali del premier. Pecorella: «Ormai è ragionevole prevedere la sentenza entro l'estate». Ghedini: «Berlusconi ha interesse a chiudere il processo in tempi rapidi perché, nonostante tutto, ne auspica una soluzione positiva». Pecorella: «Non credo che Berlusconi si farà scudo degli impedimenti a raffica: è un buon comunicatore, ci tiene all'immagine».

22 aprile. Previti chiede alla Corte di appello di Milano di sospendere l'ordinanza che rigettava la sua ricusazione, e di bloccare cosí la sentenza Imi-Sir/Mondadori. E questo perché la sentenza gli porterebbe «un danno di immagine, un danno politico con la prevedibile strumentalizzazione che può essere fatta di una condanna di un esponente della maggioranza parlamentare» e infine un «danno materiale irreparabile»: «in caso di affermazione di responsabilità, alla condanna penale potrebbe conseguire la condanna al pagamento della provvisionale. E la provvisoria esecuzione determinerebbe l'esborso di una somma che, stando al tenore della contestazione, si preannuncia di notevole entità». L'Imi-San Paolo, infatti, ha chiesto 500 milioni di euro di provvisionale su 1.032 di danni addotti;

la Cir di De Benedetti ne ha chiesti 400 su 850 di danni vantati; l'Avvocatura dello Stato, infine, 20 milioni di euro. Previti propone anche ricorso in Cassazione contro il rigetto della ricusazione e chiede al Tribunale di non pronunciare la sentenza fino al verdetto della Suprema corte.

23 **aprile.** Dalla Costa Smeralda, dov'è in vacanza, Berlusconi torna a ripetere che il Parlamento «ha già decretato il *fumus persecutionis* nei confronti di Previti, che Previti è un perseguitato», mentre sul caso Sme attacca duramente Prodi: «Chi doveva essere sul banco degli imputati per una spoliazione dello Stato non c'è».

24 **aprile.** La Corte d'appello respinge la richiesta di sospendere l'ordinanza che rigettava la ricusazione del Tribunale, ricordando a Previti che gli «effetti negativi» paventati in caso di condanna sono gli stessi che «potrebbe subire qualsiasi cittadino», e dunque non legittimano nessuno «a chiedere, per ciò solo, la sospensione dell'esecuzione di una sentenza di condanna». Quanto agli «effetti ed interessi politici, non sono né valutabili né tutelabili in sede giudiziaria». «Siamo pronti per essere impacchettati da una sentenza di condanna», dice l'avvocato Perroni. Francesco Nitto Palma (FI) annuncia la settima ricusazione contro il Tribunale: «La decisione di chiudere il dibattimento prima della decisione della Corte d'appello è ingiustificata ed è un motivo valido per ricusare nuovamente i giudici». Taormina: «Si è superato ogni limite». L'avvocato Quattrocchi, difensore di Pacifico: «Per fare le ricusazioni ci vogliono le palle e da questo punto di vista Previti lo ammiro».

26 **aprile.** Previti presenta la settima istanza di ricusazione contro i suoi giudici, «per grave malanimo e inimicizia», bloccandoli ancora una volta al limitare della camera di consiglio. L'istanza è fuori tempo massimo, essendo passati abbondantemente i tre giorni canonici dalla decisione che, secondo l'imputato, dimostrerebbe l'«inimicizia»: cioè la chiusura del dibattimento decretata il 16 aprile. La Procura generale fa sapere immediatamente che la ricusazione è tardiva, dunque è come se non esistesse. Ilda Boccassini, informata del parere, lo comunica in aula, scatenando le polemiche delle difese. Le quali sostengono che, a occuparsi del ricorso, avrebbe dovuto essere un altro sostituto procuratore generale, quello di turno, Enzo La Stella,

che aveva detto di non potersi pronunciare prima di cinque giorni, e che subito era stato rimpiazzato con un collega piú veloce, Francesco d'Andrea. Il quale poi ha firmato il parere negativo insieme a La Stella. In ogni caso, Carfí rinvia la camera di consiglio un'altra volta. La Boccassini ritiene che il parere di inammissibilità del procuratore generale consenta di sentenziare ugualmente:. Ma Carfí è di diverso parere e rinvia ancora la camera di consiglio: «È solo il parere della Procura generale, in teoria la Corte d'appello potrebbe anche ritenere ammissibile la ricusazione. Quindi ci vediamo martedí 29, alle ore 15».
Nelle stesse ore, a Roma, Previti convoca una conferenza stampa in un albergo di fronte a Montecitorio per attaccare duramente i giudici milanesi, raccontare il suo dolente «calvario» di «capro espiatorio», i suoi «sette anni di martirio», paragonarsi a Enzo Tortora e Giulio Andreotti, attaccare Prodi, ricordare il suo «ottimo rapporto personale e politico con Berlusconi», annunciare un esposto contro la Procura e la Procura generale di Milano, e soprattutto chiedere al Parlamento, al ministro della Giustizia e alla Cassazione di «intervenire» in suo soccorso.

28 **aprile.** Due nuove disperate richieste della difesa Previti per bloccare la sentenza, magari in attesa dell'imminente approvazione del patteggiamento allargato. La prima è una richiesta di nullità del parere del procuratore generale contro la settima ricusazione. La seconda, una nuova richiesta al Tribunale di rinviare la sentenza fino alla decisione della Cassazione sulla penultima ricusazione, la sesta. Intanto tornano alla carica gli ispettori di Castelli per ottenere il fascicolo 9520/95, come richiesto da un esposto di Previti. Lo annuncia lo stesso ministro, con singolare tempismo, proprio alla vigilia della sentenza, in un'intervista al *Messaggero*: «Il Tribunale di Milano non è piú una zona franca [...]. Mi si sta opponendo il segreto istruttorio che, a mio parere, non può sussistere. Dunque sto insistendo per avere i documenti». Poi spiega che l'ispezione a richiesta di Previti non è un favore al deputato alleato: l'avrebbe disposta «per qualsiasi altro cittadino».
Gli avvocati delle Camere penali proclamano otto giorni di sciopero contro la politica del governo, «tutta condizionata dai processi a Previti e Berlusconi».

29 **aprile.** Respinta dalla Corte d'appello anche la settima ricusazione. La IV sezione del Tribunale entra in camera di consiglio

alle 15.15, per uscirne 8 ore piú tardi, alle 23 in punto con la sentenza del processo Imi-Sir/Mondadori, durato 2 anni, 11 mesi e 18 giorni per un totale di 88 udienze. Tutti gli imputati sono condannati, tranne uno: Filippo Verde. Previti dovrà scontare 11 anni di reclusione, come pure Pacifico; Metta 13, Squillante 8 anni e 6 mesi, Acampora 5 anni e 6 mesi (piú i 6 anni a cui è già stato condannato col rito abbreviato per l'Imi-Sir); Felice Rovelli 6 anni e la madre Primarosa Battistella vedova Rovelli 4 anni e 6 mesi. Condanne al risarcimento dei danni, anche se non immediatamente esecutive, e nessuna provvisionale (il testo integrale del dispositivo della sentenza è a p. 427). Al termine della lettura della sentenza, un breve applauso dal pubblico presente in aula si leva all'indirizzo dei giudici. Previti: «È una sentenza politica». Berlusconi: «La condanna non fa che confermare la persecuzione politica. La politicizzazione di certa magistratura è un problema che va risolto per il bene del Paese, delle istituzioni e dei cittadini italiani. All'on. Previti va la solidarietà mia personale e di Forza Italia». L'avvocato Perroni: «Ce l'aspettavamo». L'avvocato Sammarco: «Ormai la questione non è piú che il processo penale va riformato. È che va abolito».

30 aprile. Berlusconi scrive una lettera al *Foglio* di Ferrara (autentico ispiratore della missiva), definendo «golpisti» i giudici che hanno condannato Previti e che stanno processando anche lui. E annunciando il ripristino dell'immunità parlamentare. Previti, fresco di condanna, è ospite d'onore a *Porta a porta* e, grazie a Bruno Vespa, può inscenare per due ore su Rai1 un controprocesso ai suoi pm e ai suoi giudici, affiancato dall'on. forzista Nitto Palma. In studio anche il presidente dell'Anm Edmondo Bruti Liberati e il capogruppo della Margherita al Senato, Willer Bordon.

1 maggio. Uscendo dal Consiglio dei ministri, Berlusconi risponde a un giornalista che voleva sapere se si fosse parlato dei processi milanesi: «No – replica il premier – abbiamo parlato di criminalità, non di criminalità giudiziaria». Ciampi chiede rispetto per la magistratura e le sue sentenze, ma Berlusconi risponde: «Io non le ho criticate. L'altroieri non mi riferivo alla sentenza di Milano, parlavo in generale della giustizia». Ilda

Boccassini dichiara a *Repubblica*: « A rendermi soddisfatta non è la sentenza di condanna, che oggi mi appare un dettaglio, ma il fatto che ci sia stata una sentenza al termine di un processo tormentato dove le parti hanno avuto pari dignità. Una sentenza pronunciata in nome del popolo italiano e in base al principio che la legge o è uguale per tutti o è privilegio e arbitrio. Quel che era in gioco in questo processo, a un certo punto, era la possibilità stessa di celebrare un processo, la legittimità stessa della magistratura a svolgere le sue funzioni al servizio dello Stato. Il fatto stesso che, dopo tre anni di dibattimento, il Tribunale abbia potuto pronunciare una sentenza mi appare, al di là del merito della decisione, la vera vittoria da celebrare oggi [...]. Se posso confessarlo, quando nella confusione dell'altra notte ho visto il presidente Carfí leggere al sentenza sotto quella scritta – "La legge è uguale per tutti" – non riuscivo a concentrarmi sulle condanne che stava distribuendo, quasi non ne coglievo il senso. Ero come stordita da un pensiero fisso: pensavo soltanto che chi ha voluto delegittimare un'essenziale funzione dello Stato non ha vinto. E l'ho pensato con soddisfazione [...]. Ho trovato avvilenti e indegni gli applausi che hanno concluso l'udienza. Manifestazioni di un sentimento che mortifica il processo, degrada un luogo che dovrebbe essere rispettato come sacro a stadio, a teatro di una competizione tra tifoserie. Vorrei che chi ieri ha applaudito se ne vergognasse, soprattutto perché non ha compreso l'essenziale risultato di questo dibattimento. Che non è la condanna degli imputati, ma il rispetto per se stessa che ha saputo conservare la funzione giudiziaria. È quel rispetto che garantisce una legge uguale per tutti i cittadini».

3 maggio. Marcello Pera, presidente del Senato, dichiara a *Repubblica*: «Non si processa un presidente del Consiglio. Il processo va rinviato per il bene dello Stato alla fine del mandato del premier. E la condanna di Previti lascia molti dubbi».

5 maggio. Berlusconi si presenta al processo Sme per rendere dichiarazioni spontanee: 51 minuti di monologo, senza interruzioni né domande, per parlare di temi marginali o estranei al processo, cioè del prezzo della Sme, dell'ordine che gli diede Craxi di boicottare l'accordo Prodi-De Benedetti, delle presunte voci da lui raccolte nel 1985 su ipotetiche tangenti da

De Benedetti alla sinistra Dc in cambio della pretesa «svendita» della Sme dall'Iri alla Buitoni. Nemmeno una parola sui soldi finiti ai giudici Verde e Squillante, secondo l'accusa e le carte bancarie, dai conti della Barilla e della Fininvest (il testo delle dichiarazioni è pubblicato a p. 356). Al termine dell'udienza, chiusa da Berlusconi con un «ecco, presidente, tutto qui», una piccola pattuglia di simpatizzanti berlusconiani prorompe in un applauso. «In aula niente applausi – interviene la presidente Ponti – per nessuno!». All'uscita dall'aula il premier viene avvicinato da un giovane, Pietro Ricca, che gli dice: «Buffone [o puffone], fatti processare. Rispetta la legge, rispetta la magistratura, rispetta la Costituzione, rispetta la democrazia, rispetta la decenza, rispetta la dignità degli italiani. O farai la fine di Ceausescu e di don Rodrigo». Berlusconi ordina ai carabinieri: «Identificate quell'uomo». I militi procedono, ignari forse (come Berlusconi) che il reato di oltraggio è stato depenalizzato, mentre quello di ingiurie è perseguibile soltanto a querela della persona offesa. Dunque Ricca poteva essere identificato soltanto dopo la presentazione di una denuncia da parte del presidente del Consiglio. Il Tg2 censura la notizia della contestazione, mentre il Tg3 la trasmette ma subito viene sottoposto a un'ispezione amministrativa disposta dal presidente della Rai Lucia Annunziata e dal direttore generale Flavio Cattaneo, per verificare chi avesse osato riprendere quelle immagini e mandarle in onda, e se per caso non ci fosse una *combine* fra il contestatore e la troupe del Tg3. Si scoprirà poi che il filmato era stato girato da cameraman del Tg1.
Da Bruxelles, Prodi emette un lungo comunicato per smentire le accuse lanciate da Berlusconi (lo pubblichiamo a p. 409). Anche Giuliano Amato smentisce tutto: «Se avessi saputo di tangenti, come sottosegretario alla presidenza del Consiglio avrei dovuto denunciarle all'autorità giudiziaria. Al processo Sme ho già detto tutto ciò che sapevo quando sono stato sentito come testimone» (la testimonianza di Amato è a p. 349) di aver mai parlato di tangenti. Giuliano Pisapia, parte civile per De Benedetti, commenta raggiante che le dichiarazioni di Berlusconi sono «un clamoroso autogol giudiziario», visto che il premier ha confermato la sua indebita ingerenza nella trattativa Iri-Buitoni, finalizzata non a concorrere all'acquisto della

Sme, ma a impedire che un suo concorrente la acquistasse. Proprio quello che sostengono il pm e la parte civile.
Il ministro Castelli: «Alcuni giudici hanno disegni eversivi».
7 **maggio.** Berlusconi esterna a lungo a *Radio anch'io.* E chiede l'immunità parlamentare per tutti gli eletti alle Camere, «quella immunità voluta dai padri costituenti». Anche per Previti? «Non voglio farne un caso personale, ma se c'è una norma generale è chiaro che tutti quelli scelti dai cittadini devono entrare nella norma generale. Non si possono fare differenze». E ancora: «Bisogna tornare alla Costituzione per avere una Repubblica in cui i cittadini siano certi di sapere chi li governa, in cui venga ripristinata la separazione dei poteri». Poi aggiunge, trionfante: «La stragrande maggioranza degli italiani non ha fiducia nella magistratura: solo l'8% professa fiducia nei magistrati». Ciampi invita ad «abbassare i toni», ma lui replica: «Il Presidente ha ragione, ma io sono un perseguitato politico, e sono costretto a difendermi... Solo in Italia l'ordine giudiziario ha avuto modo di determinare la sorte di uomini di governo e del Parlamento, solo da noi il potere di decidere chi governa non è dei cittadini, ma di impiegati dello Stato che hanno vinto un concorso e che devono svolgere la loro funzione in autonomia e indipendenza, ma riguardosa degli altri poteri. Deve essere il Parlamento a decidere se ci deve essere un procedimento giudiziario contro un proprio membro». Perché solo ora ha parlato di una tangente per la Sme che gli avrebbero confidato Amato e Craxi nel 1985? Risposta testuale: «Perché è una situazione di 18 anni fa, io mi sono interessato di altre cose». Conflitto d'interessi? «È una scusa. Tutti vedono bene che non c'è nessun conflitto d'interessi. Anzi, io non posso fare che cose sfavorevoli al mio gruppo. Non c'è stata una sola decisione assunta da questa maggioranza e da questo governo che abbia portato cose a mio favore. Da quando sono sceso in politica il mio gruppo ha subito soltanto danni enormi. Il vero conflitto d'interessi è quello che esiste fra la sinistra e l'85% della stampa italiana o addirittura della televisione pubblica». Un altro ascoltatore domanda perché non vuole farsi processare. Risposta testuale: «La cosa piú assurda del mondo, perché non c'è nessuno nella storia d'Italia che s'è fatto processare quanto il sottoscritto. Il mio gruppo è stato sulla graticola con inenarrabili sof-

ferenze umane. Figlie di miei dirigenti che diventate anoressiche, altre bulemiche [bulimiche]. Persone che sono cadute in depressione e che ancora stiamo curando». L'ultimo attacco è per il Tg3, che «non è un caso di diritto di cronaca, ma di corresponsabilità nell'amplificare le ingiurie che mi sono state rivolte». Appello di Ciampi: «Le troppe liti bloccano l'Italia».

Secondo indiscrezioni, il lodo Maccanico verrebbe allargato a tutti i membri del governo (ministri e sottosegretari) e Previti verrebbe subito nominato sottosegretario per sottrarre anche lui al processo Sme. «Non possiamo fare finta che nel caso Sme non ci sia anche Cesare», osserva l'avvocato onorevole Saponara, suo difensore.

Replica di Gianfranco Fini: «No ai ritorni al passato, no al ripristino dell'impunità. Noi non siamo né il partito dei giudici né anti-giudici». An però dice sí al lodo Maccanico ristretto alle cinque alte cariche dello Stato. Da un sondaggio Eurisko-Repubblica, risulta che il 68 per cento degli italiani è contrario al ripristino dell'immunità parlamentare, solo il 17 è favorevole.

Alla commissione Telekom Serbia, presieduta dall'avvocato di Marcello Dell'Utri, Enzo Trantino, viene sentito un piccolo faccendiere, tale Igor Marini, che accusa Prodi («Mortadella»), Dini («Ranocchio») e Fassino (Cicogna») di aver intascato presunte tangenti di decine di miliardi sull'affare telefonico. Gli interessati querelano. Anche la commissione Mitrokhin si occupa di Prodi, accusato di contatti, tramite Nomisma, con il Sismi e i servizi sovietici. Infine, in commissione Giustizia, l'avvocato-deputato siciliano di FI Nino Mormino, indagato per fatti di mafia a Palermo, chiede il ripristino del carcere per i giornalisti, proprio nel dibattito sulla legge che dovrebbe eliminare le pene detentive per la diffamazione a mezzo stampa.

Il Csm e l'Anm difendono i giudici di Milano e Palermo, offesi e minacciati dopo le sentenze Andreotti (l'appello per associazione mafiosa, che ha dichiarato la prescrizione del «reato commesso fino alla primavera del 1980») e Previti.

8 maggio. Nuovo attacco di Berlusconi al Tg3: «La libertà di stampa non è libertà di diffamazione». Poi il premier fa sapere di voler subito tornare al processo Sme per «rispondere nel merito alle accuse contro di me». Maccanico riprende l'iniziativa per un «lodo» che sospenda i processi per le alte cariche dello Stato, e incontra gli onorevoli-avvocati forzisti Donato Bruno e Michele Saponara, il primo amico di Previti, il secondo avvocato di Previti. Durissimo editoriale dell'*Economist*: «Berlusconi non è degno di presiedere l'Europa». In Svizzera, incidente diplomatico fra le autorità della Confederazione e la delegazione della commissione Telekom-Serbia, penetrata in territorio ticinese con il faccendiere-testimone Igor Marini senza alcuna rogatoria né alcuna autorizzazione per prelevare documenti in alcuni scatoloni depositati presso un ufficio pubblico. Marini, ricercato anche in Svizzera, viene subito arrestato. I parlamentari Enrico Nan (FI) e Gianni Kessler (Ds) vengono fermati e a lungo interrogati come indagati.

9 maggio. Berlusconi di nuovo assente al processo Sme: commemorazione di Aldo Moro e Consiglio dei ministri (al quale peraltro non partecipa). Udienza saltata. «Bisogna prendere atto che, dal giorno delle dichiarazioni spontanee di Berlusconi, in qualche modo è cominciato il vero processo: non bisogna avere fretta», dichiara Pecorella, che però aveva seguito per 38 mesi anche la prima fase, quella meno «vera». E che preannuncia di rivolgersi alla Corte costituzionale contro il Tribunale, che «condiziona la vita politica del paese». Il fatto che i giudici siano al lavoro anche di sabato inquieta Sandro Bondi: «Al Tribunale di Milano si lavora il sabato e la domenica, anche mancando di rispetto all'autorità religiosa. Sono dei lavoratori indefessi, bravi. A loro darei il premio Stakanov».

Il tempo non manca al premier, comunque, per rovesciare altre accuse sui giudici, su Prodi e su De Benedetti, senza alcun contraddittorio, in un'«intervista» rilasciata nel pomeriggio ad Antonio Socci, conduttore di *Excalibur*. Il Cavaliere annuncia «un dibattito parlamentare sull'immunità: prenderò la parola per un discorso di pace armata sulla Costituzione». Poi, al Forum dell'Amministrazione, rivela: «Mi ricordo quando facevo l'imprenditore e presentavo le domande al Comune di Milano. Era un calvario dover andare, fare lunghe file, far passare la pratica da un ufficio all'altro: qualche volta ci dovevo andare con l'assegno in bocca, perché cosí si usava nella pubblica amministrazione. È cosí che ho smesso di costruire a Milano». C'è anche il tempo per un incontro con Ciampi, fuori programma, per discutere del lodo Maccanico, che il presidente è disposto a firmare soltanto se non sarà esteso ai coimputati. La proposta salva-Berlusconi raccoglie pure le adesioni di Borselli e Intini (Sdi), nonché dell'Udeur di Mastella. E persino di Violante (Ds), «purché non sia estesa ai processi in corso». Duro editoriale sul *New York Times*: «In qualsiasi democrazia il potere deve essere sempre secondo la legge [...]. Le riforme non si fanno quando il primo ministro si trova sul banco degli imputati [...]. Né sarebbe giusto sospendere il processo solo perché incombe la presidenza Ue. Ciò danneggerebbe sia l'Italia sia l'Europa. Berlusconi deve difendersi in Tribunale».

10 maggio. Salta un'altra udienza Sme. Stavolta il premier aveva fatto sapere alla vigilia di essere impegnato in una consultazione con le categorie del commercio e in una conferenza programmatica di Forza Italia (anticipata dall'11 al 10). Troppo poco perché i giudici accettassero il suo «legittimo impedimento». Cosí, all'ultimo momento, viene improvvisato un doppio fuori programma fra Roma, il Veneto e il Friuli: un lungo incontro dalla fine della mattinata al primo pomeriggio con Pierferdinando Casini; poi un summit con i candidati forzisti per le elezioni regionali nel Friuli; infine, alle 19, un fondamentale vertice a Venezia sulla «criminalità e l'immigrazione clandestina nel mare Adriatico», alla presenza del ministro dell'Interno e sette prefetti del Veneto (fra i quali quelli di Belluno e di Verona, località non proprio marinare). Una visita improvvisa e improvvisata, comunicata solo in tarda mattinata alle autorità regionali, già partite per il week end e rientrate bofonchiando in tutta fretta. Qualcuno ironizza sull'ennesimo impedimento fabbricato *ad hoc*, e Berlusconi sbotta: «Storielle ridicole. Ci mancherebbe altro che il presidente del Consiglio debba rendere conto a un Tribunale di Milano dei suoi impegni istituzionali».

Ghedini comunica le variazioni sul calendario in apertura di udienza, sostenendo di averle apprese soltanto la sera prima. Ilda Boccassini si oppone al rinvio: «Un vertice sull'immigrazione col ministro dell'Interno non può essere programmato all'ultimo momento, salvo che si sia verificata una tragedia improvvisa, cosa che – grazie a Dio – non risulta. La nuova richiesta di impedimento è dunque immotivata, intempestiva, tardiva e non segnalata per tempo». In ogni caso Berlusconi assicura che sarà in Tribunale il venerdí 23 maggio (due giorni prima delle elezioni amministrative) per una nuova puntata di «spontanee dichiarazioni». I giudici si riuniscono in camera di consiglio per valutare la questione, ma prima che abbiano finito un agente della scorta dell'avvocato Ghedini bussa alla loro porta per segnalare che la Digos l'ha appena informato di una telefonata giunta alle 16,02 al *Corriere della sera*, da parte di un sedicente esponente di un fantomatico «gruppo combattenti per la giustizia libera», che annunciava la presenza di sei pani di esplosivo davanti al palazzo di giustizia lí collocati per impedire l'udienza Sme. Dai primi controlli nel piazzale, nessun ritrovamento di ordigni. Oltretutto, di allarmi-bomba al tribunale se ne verifica quasi uno al giorno. Ma Ghedini non ha dubbi: «Sia che si tratti dell'allarme di uno squilibrato, sia che la sigla della rivendicazione sia una cosa piú seria, quanto accaduto è un segnale di tensione che si riverbera sul processo in corso, sulla sede giudiziaria e su chi vi partecipa». Ilda Boccassini, dopo aver parlato con la Digos, dice che «la polizia ritiene la chiamata poco attendibile», e che comunque tutti i controlli hanno dato esito negativo. Ma la presidente Ponti, a quel punto, rinvia il processo al 16 maggio (saltando l'udienza fissata per il 12: Berlusconi sarà in visita in Turchia). E spiega di non poter rischiare sulla pelle altrui: «Vista la situazione, il Tribunale può decidere per sé, ma non per tutti gli altri. Certo, è la prima volta che ci viene comunicato un allarme per la sicurezza in camera di consiglio». L'allarme si rivelerà subito totalmente infondato. Ma serve, comunque, a provocare un altro rinvio del processo Sme.

Prodi replica alle accuse berlusconiane di *Excalibur*: «Sono indignato per come il capo del governo ha strumentalizzato la televisione per i suoi obiettivi personali, con un uso della tv che non ha precedenti nella nostra storia. Mi auguro che gli italiani riflettano». Berlusconi smentisce di aver detto che andava negli uffici del Comune di Milano con l'assegno in bocca: «È l'opposizione che ribalta la realtà». Poi dà un'intervista al *New York Times*, spiegando che il conflitto d'interessi non esiste «perché gli italiani hanno votato un referendum e hanno stabilito che non dovevo vendere le mie tv» (in realtà non s'è mai tenuto alcun referendum del genere) e lagnandosi per la sua «vita sacrificata, sempre qui da solo: da tre anni manco dalla mia casa alle Bermude e da nove mesi da quella di Portofino».

11 **maggio.** Per Berlusconi, domenica di campagna elettorale in Friuli. Attacca di nuovo il «manipolo di magistrati combattenti collaterali alla sinistra». E insulta pesantemente l'intera categoria: «È un diritto dei cittadini rivolgersi alla Cassazione con la Cirami se l'atmosfera non fa presagire un giudizio imparziale, perché magari qualcuno ha fregato la fidanzata al presidente del Tribunale: a noi succede perché siamo *tombeur de femmes*, mai di un amico però. Di un magistrato, invece, questo è decente...». Poi torna ad accusare il Tg3: «È rimasto fazioso». Difende Scajola, che aveva definito Marco Biagi «rompicoglioni»: «una parola dal sen fuggita, parola nemmeno campata per aria, ma che veniva da tutta una serie di suggestioni che gli erano state rivolte». Minaccia di «impedire a chi è stato comunista di tornare al governo». Annuncia che d'ora in poi chi lo contesterà verrà denunciato non da lui, ma dalla Presidenza del Consiglio, «a tutela dell'Istituzione». Promette riforme per dare «piú poteri al premier», cioè a se stesso, che oggi «ne ha davvero troppo pochi». E proclama: «Noi di Forza Italia abbiamo una moralità di livello cosí elevato che loro non possono nemmeno percepirlo».

Dall'entourage previtiano, Nitto Palma detta la linea: «Parliamoci chiaro: si estende la sospensione del processo Sme al coimputato Previti. Perché mica si può condannare il coimputato, se noi sosteniamo che non si può processare il premier durante il mandato». Palma propone di sospendere i processi anche per ministri e assessori regionali. E ancora di «bloccare i processi a carico di parlamentari quando le indagini hanno evidenziato talune anomalie». Quando eventualmente i dibattimenti riprenderanno, a fine mandato, «saranno spostati in un altro distretto». Cioè si cambierà Tribunale.

12 **maggio.** Cossiga presenta un disegno di legge per sospendere i processi al premier, ma solo nel semestre europeo.

13 **maggio.** Berlusconi a Bari viene di nuovo contestato da un gruppo di giovani «disobbedienti» che gli gridano: «Buffone, fatti processare». E annuncia: «Chi offende il premier verrà

perseguito, ho dato mandato all'Avvocatura dello Stato di procedere con le denunce, nessuno si attenda che io le ritiri: nessuno può permettersi di insultare un cittadino che incarna un'istituzione che è di tutti gli italiani». Infine se la prende con *Bandiera rossa*: «Una canzone comunista, con una musica cattiva».

14 maggio. La difesa Berlusconi invoca il quarto «legittimo impedimento» consecutivo per il giorno 16, quando il premier fa sapere di essere impegnato al mattino con il «principe Vittorio Emanuele di Savoia» e in una «colazione con il primo ministro della Romania». Anche l'udienza fissata per il 19 salterà, per l'annunciato sciopero degli avvocati contro la politica del governo Berlusconi. Il Cavaliere ribadisce di essere disponibile per le sue dichiarazioni spontanee solo il 23 maggio, ultimo giorno di campagna elettorale.

15 maggio. Voci a Roma sull'intenzione di Berlusconi di andare a elezioni anticipate in autunno, o magari nella primavera del 2004 con le europee. Fassino dichiara a *Repubblica*: «Se vuole, siamo pronti. Chiederemo al nostro candidato, Romano Prodi, di anticipare il rientro in Italia». Berlusconi annuncia anche che il 23 maggio, al processo Sme, parlerà dei suoi rapporti finanziari con Previti e di Stefania Ariosto.

16 maggio. Al Tribunale di Milano, dopo cinque udienze su cinque saltate per gli «impedimenti» del premier, i suoi legali chiedono l'ennesimo rinvio perché il loro cliente è impegnato in Sicilia, per una irrinunciabile commemorazione di Ugo La Malfa a cent'anni dalla nascita. Ilda Boccassini si oppone: «Non è un legittimo impedimento, c'è la volontà precisa dell'imputato Berlusconi di non presentarsi al dibattimento. La sua posizione è eccezionale, le sue giornate sono scandite da molteplici impegni, noi dobbiamo attrezzarci per far fronte a questa situazione con mezzi eccezionali. Udienze anche a tarda ora e la domenica. E una serie di udienze aggiuntive rispetto al calendario già fissato». Per evitare sorprese in vista delle dichiarazioni spontanee del 23, Pisapia chiede di predisporre una teleconferenza con palazzo Chigi. Il Tribunale si riunisce in camera di consiglio e, quando ne esce, chiede alle parti un parere su un eventuale stralcio della posizione Berlusconi da quella degli altri sette imputati. In pratica, sull'idea di procedere con due dibattimenti paralleli, in nome del principio costituzionale della «ragionevole durata del processo», minacciato dai continui impegni veri o presunti del capo del governo, anche in vista del semestre europeo. La Boccassini si oppone. Le difese idem. Favorevole, invece, Pisapia. Il Tribunale decide per lo stralcio, una opzione che il codice lascia alla discrezione dei giudici. Le udienze domenicali, invece, sono vietate dal codice, e quelle a tarda sera resterebbero appese anch'esse alla massima «incertezza». Non resta che un taglio netto, come previsto dall'articolo 18 del codice di procedura penale: «separazione dei processi [...] qualora il giudice la ritenga utile ai fini della speditezza dei processi». Se poi l'impedimento viene superato, la posizione stralciata può sempre rientrare nel processo principale per arrivare a una sentenza unica. «Il procedimento – spiega il collegio – non può stare continuamente in una situazione di incertezza con l'impossibilità di svolgere attività giurisdizionali anche nei confronti dei numerosi coimputati». Una situazione che «non corrisponde al principio di ordinato svolgimento del processo che il Tribunale ha il dovere di garantire, tenuto altresí conto che la scansione delle udienze è necessitata dal fatto che un altro imputato è parlamentare, e che il mantenimento dell'unità del processo non è assolutamente necessario al fine di decidere». Quindi «sussistono i presupposti per procedere alla separazione dell'imputato Silvio Berlusconi, nei confronti del quale il procedimento potrà continuare riservando al medesimo, in considerazione del ruolo istituzionale ricoperto e secondo i precisi dettami della Corte costituzionale, la possibilità di indicare al Tribunale le date e gli orari delle udienze in cui si potrà continuare il procedimento a suo carico». Fermo restando che è «esigenza essenziale del Tribunale, a tenore dell'articolo 111 della Costituzione, quella di disporre di almeno un'udienza alla settimana».

Il resto dell'udienza è occupato dal duro scontro fra difese e pm a proposito delle richieste di sentire altri 1700 testimoni, compresi Michele Ferrero, Luca e Guido Maria Barilla (figli del defunto Pietro), Galliani, Darida, Altissimo, Amato e Giovanni Fimiani, un imprenditore condannato per bancarotta, che nel 1985 aveva offerto 620 miliardi per la Sme che da allora alluviona le procure con continue denunce, assistito dall'avvocato Taormina. Ilda Boccassini mette in rilievo una clamorosa gaffe commessa dalla difesa Berlusconi, con la richiesta di acquisire alcune lettere scritte sul caso Sme dall'allora ministro Darida: «Mi spiace molto che lo chieda Berlusconi. Evidentemente i suoi difensori non lo informano: le lettere sono a disposizione delle difese dal 1997, e sono state acquisite agli atti del dibattimento. Invito il nugolo di eccellenti difese del processo a leggersi le carte».

Alla fine il Tribunale respinge quasi tutte le richieste: «Testimonianze già assunte, ovvero già richieste e respinte». E comunque fuori tema, visto che il processo non riguarda «l'accertamento della modalità, legittimità e correttezza, ovvero congruità del prezzo della vendita Sme, ma l'ipotesi di corruzione in relazione alla sola sentenza di primo grado emessa nel 1986 dal Tribunale di Roma». Basta leggere il capo d'imputazione per rendersi conto che non si fa alcun accenno al «complesso politico-economico» della vicenda Sme. Di qui la «superfluità» dei testimoni politico-imprenditoriali chiesti dalle difese. Quanto ai 1653 magistrati in servizio a Roma tra il 1986 e il '91, di cui Previti e Berlusconi chiedono pure l'audizione per sapere se abbiano mai ricevuto pressioni da Squillante, alcuni sono stati sentiti all'inizio del dibattimento. E non è il caso di ascoltarne altri, anche perché «i soli magistrati interessati dall'accusa» sono Verde e Squillante. Quanto all'ennesima richiesta di acquisire l'intero fascicolo 9520/95, il Tribunale risponde che la sua gestione è di pertinenza della Procura, e che dagli elementi depositati dagli stessi difensori è lampante che le testimonianze rimaste lí «non sono per nulla attinenti all'imputazione». Dunque è falso che contengano la prova dell'innocenza di Previti, come afferma l'interessato e come ripeterà Berlusconi. Se davvero i difensori ritengono che i pm abbiano sottratto prove a loro favore, possono «attivare autonome indagini» difensive, perché si tratterebbe «di uno specifico reato per cui sarebbero necessarie indagini certo non di competenza di questo Tribunale». Ma, eventualmente, di quello di Brescia.

Previti, che per otto volte non s'è mai presentato agli interrogatori prefissati, torna a chiedere di essere sentito fuori tempo massimo. «Presidente, gli si è già dato troppo spazio – replica la Boccassini – è come un primo figlio, un bambino viziato a cui si danno tutte vinte. Ma ora l'interrogatorio non si può piú fare, se no lo viziamo troppo». Il Tribunale respinge anche quella richiesta della difesa, in quanto sono abbondantemente trascorsi «i termini di legge». Accolta soltanto l'istanza di acquisire alcuni documenti aggiuntivi agli atti, chiesti da Verde e Previti. Nella prossima udienza, la parola andrà al pm per la requisitoria. «Il pm dovrebbe vergognarsi», protesta l'avvocato Perroni, per la frase sul bambino viziato. E Previti: «Io viziato? Sono sette anni che mi massacrano, mi trattano come carne da macello». Da Palermo, Berlusconi commenta: «Non credo che stralciare la mia posizione significhi uscire dal processo, ma non vedo motivi per essere preoccupato». Poi annuncia: «Il 23 maggio al processo Sme denuncerò cose gravissime, dimostrerò che l'accusa è campata per aria: c'è solo il sussurro di una testimone totalmente inaffidabile. Poi mi metterò a disposizione dei giudici e rispondere alle loro domande» (cosa impossibile, quest'ultima, visto che i termini per l'esame degli imputati sono abbondantemente scaduti). Il premier attacca anche Ciampi: «Mi indigno quando mi sento dire che bisogna tenere i toni bassi. Se c'è qualcuno che è indignato e che può dire ciò che vuole per la cosa infame che gli è stata rivolta, questo è Silvio Berlusconi. Io che vengo perseguito per una cosa inesistente, io che ho giurato sui miei cinque figli che questa cosa è assolutamente campata per aria. Un qualcosa di politico utilizzato per gettare fango sull'avversario, che invece avrebbe diritto a una medaglia».

17 **maggio.** Fini si associa a Berlusconi: «Le cosiddette toghe rosse condizionano la vita politica italiana. Bisogna inserire nell'ordinamento il lodo Maccanico». Da un sondaggio Ipsos-Explorer per *Repubblica*, risulta che per il 59% degli italiani Berlusconi, se condannato, dovrebbe dimettersi; per il 76% anche le alte cariche dello Stato devono essere processabili in qualsiasi momento.

18 **maggio.** Videomessaggio di Berlusconi agli attivisti di FI, in collegamento via satellite con 126 città d'Italia: «Siate apostoli, missionari, guerrieri della libertà contro il comunismo. Dobbiamo evitare la conquista del potere da parte dei comunisti».

19 **maggio.** Prima udienza del processo-stralcio a Berlusconi. Pecorella annuncia, contrariamente a quel che aveva chiesto il Tribunale (poter celebrare una udienza alla settimana), che

Berlusconi dà «sicura disponibilità» solo per l'11 e il 25 giugno. Non piú, invece, per il 23 maggio, quando aveva annunciato di voler rendere spontanee dichiarazioni: «La disponibilità del premier – spiega Pecorella – era legata al fatto di non bloccare il processo. Ora, non essendoci piú un'esigenza stringente, ovviamente è stato convocato il consiglio dei ministri, che è sempre di venerdí, e poi non so quali altri impegni ci sono». Il difensore sottopone al Tribunale una sfilza di nuovi «impedimenti» che terranno il premier lontano dal Tribunale ininterrottamente per tre settimane, fino all'11 giugno: impegni soprattutto all'estero, mentre su quelli italiani l'avvocato afferma che il ministero dell'Interno ha raccomandato il massimo riserbo fino all'ultimo, per motivi di sicurezza. «Ma è proprio per non costringerlo a dover illustrare continuamente i suoi impegni – spiega la Ponti – che il Tribunale aveva lasciato al dottor Berlusconi la scelta di date e orari, a patto di fare almeno un'udienza la settimana, siccome il Tribunale deve rispettare anche la Costituzione: non solo il dibattimento procede da oltre tre anni, ma il collegio ha un termine di scioglimento [il 9 gennaio 2004, quando terminerà l'applicazione del giudice Brambilla, e si dovrà ricominciare da capo dinanzi a un nuovo collegio]». Perciò, oltre all'11 e al 25 giugno, vengono aggiunti anche tre sabati: 24 maggio (vigilia delle elezioni amministrative, possibili dichiarazioni spontanee del premier), 5 e 17 giugno: Berlusconi, volendo, potrà sostituirli con tre date alternative («Non vogliamo nemmeno conoscere gli impedimenti del presidente del Consiglio – dice la presidente – non vi è motivo di dubitare di un'alta istituzione dello Stato»). Ma non lo farà, e non si presenterà. In compenso, intervistato da *Le Figaro*, torna ad attaccare i suoi giudici: «Sono un cancro da estirpare, anche l'Europa l'ha capito».

Nel sondaggio di Renato Mannheimer per il *Corriere*, cala la fiducia degli italiani nei giudici (dal 43.2 al 33.6 per cento in un mese), ma resta altissima l'ostilità dei cittadini contro ogni forma di immunità: 61 su 100 dicono no *tout court*, 11 sí per le alte cariche, 5 sí per tutti i parlamentari, 23 non sanno.

Tre giorni di sciopero degli avvocati penalisti contro la politica del governo Berlusconi. I difensori di Berlusconi al processo Sme non scioperano, quelli degli altri imputati sí.

20 maggio. Nuova ispezione alla Procura di Milano, questa volta disposta dal ministero delle Finanze, per verificare i conti delle spese dei pm: parcelle per consulenze tecniche e perizie, costi delle intercettazioni, cancelleria, timbri e cosí via. Il procuratore reggente Ferdinando Vitiello protesta parlando di «rischio di paralisi» per un ufficio già sotto organico, e mobilitato per l'ispezione ordinaria di routine, avviata da alcune settimane. Castelli, citando Montesquieu, propone una versione allargata del lodo Maccanico «anche per i ministri», e con semplice «legge ordinaria, senza problemi di costituzionalità»; poi una legge costituzionale che reintroduca l'immunità parlamentare. In Parlamento circola la bozza targata Forza Italia, già pronta: «Si sospendono i processi per i presidenti della Repubblica, del Senato, della Camera, della Corte costituzionale e del Consiglio, e di quanti concorrono nello stesso reato». Reduce da un nuovo incontro con Ciampi, Berlusconi annuncia: «Al processo Sme mi aspetto l'assoluzione. Sul lodo Maccanico non ho ancora una posizione».
Appello firmato dall'ex presidente della Repubblica Scalfaro, dagli ex presidenti della Corte costituzionale Mirabelli, Ferri, Elia e Casavola, dagli ex premier Amato, D'Alema, Dini e De Mita, e dai leader dell'Ulivo, perché il presidente del Consiglio si occupi di governare e vengano «rispettate la Costituzione, la separazione dei poteri, la libertà del Parlamento e l'indipendenza della magistratura». Gravissime dichiarazioni di Claudio Scajola, neo-coordinatore di Forza Italia, a *La Stampa*: «Potrebbe esserci un combinato disposto tra la vicenda Sme e il caso Telekom Serbia. Dopo quanto sta emergendo, l'atteggiamento di molti potrebbe essere mutato. Alla fine l'immunità potrebbe essere uno strumento utile piú ad altri che non a Berlusconi [...]. Sono discorsi delicati, ma purtroppo l'Italia rischia di tornare indietro di dieci anni e, come si dice, *à la guerre comme à la guerre...*».

21 maggio. Secondo indiscrezioni, Ciampi avrebbe comunicato a Berlusconi che il lodo Maccanico allargato ai coimputati non incontra il suo gradimento: troppo platealmente incostituzionale. Si sfila anche Bossi: «Una norma per i coimputati? Poi servono i voti per approvarla...». Il capogruppo leghista Alessandro Cè ipotizza un governo tecnico in caso di condanna di

Berlusconi. Pecorella non esclude un decreto sul lodo Maccanico, mentre Schifani e Ghedini lo smentiscono. Alla fine la Cdl ripiega, *obtorto collo*, su un disegno di legge nella versione ristretta, che salverebbe solo il premier. Il quale intanto escogita un altro impedimento per far saltare anche l'udienza di sabato 24, fissata per le sue dichiarazioni spontanee: un'improvvisa visita in Lussemburgo per incontrare i rappresentanti dei piccoli paesi europei sui problemi del dopo-Convenzione europea (che ancora non esiste neppure). Lo comunica Ghedini al Tribunale: «legittimo impedimento istituzionale». Niente da fare nemmeno per le date fissate per il 5 e il 17 giugno: «Con tutta la buona volontà – spiega – non siamo riusciti in alcun modo a spostare o contemperare gli impegni del premier con le ultime date stabilite d'imperio dal Tribunale». L'annuncio suscita sorpresa e incredulità in Lussemburgo e anche presso le rappresentanze italiane a Bruxelles e nella capitale del Granducato, ignare di tutto.

Berlusconi promette alla delegazione delle Camere penali «una separazione autentica delle carriere fra pm e giudici, non solo una distinzione come previsto dalla riforma all'attenzione della commissione Giustizia». L'avvocato onorevole Carlo Taormina, difensore fra l'altro di noti boss mafiosi, entra nella commissione parlamentare Antimafia.

22 **maggio**. Berlusconi imperversa a *Porta a porta*, a tre giorni dal voto. Insulti a Prodi («maschera dei comunisti»), a Stefania Ariosto (che lo querela), ai giudici di Milano («i magistrati combattenti stanno tentando una nuova spallata giudiziaria al governo come nel '94»), a quelli di Torino che hanno archiviato la prima tranche di Telekom-Serbia («collaterali ai comunisti»), alle opposizioni tutte («Telekom-Serbia fu tutta una tangente»). Poi annuncia una commissione parlamentare sulla Sme («era una rapina ai danni dello Stato... se qualcuno ha dato dei soldi quello non sono certo io»). Ribadisce che in caso di condanna non si dimetterà. Conferma le prossime dichiarazioni spontanee al processo milanese: «Finora non ho detto certe cose perché avrei dovuto toccare Prodi, ma ora ho molte cose da dire. Farò dichiarazioni molto temute, perché racconterò situazioni che altri, non io, devono temere…». Quanto al lodo Maccanico, «sarà un provvedimento secco», solo per i

cinque presidenti, senza coimputati al seguito. Altre riforme: «separazione delle carriere, due Csm diversi, niente piú appello del pm in caso di assoluzione in primo grado». Prodi da Bruxelles: «Sono aggressioni disperate».

Mentre Tremonti sospende l'ispezione contabile a Milano, il collega Castelli annuncia al *Sole-24 ore* di aver inviato alla Ragioneria dello Stato le conclusioni di un'ispezione alla Procura di Milano sulla parcella da 5 miliardi di lire liquidata a suo tempo dal pm Francesco Greco alla società di revisione Kpmg nell'inchiesta sui falsi in bilancio Fininvest per le 64 società off-shore del comparto estero «parallelo» berlusconiano (1550 miliardi di fondi neri ipotizzati).

All'assemblea di Confindustria, il presidente Antonio D'Amato attacca l'«uso politico della giustizia» e chiede una sorta di amnistia plenaria in nome della «pacificazione nazionale».

23 **maggio.** Ultimo, disperato tentativo delle difese di bloccare la requisitoria nel processo principale Sme. Una raffica di richieste al Tribunale per revocare lo stralcio di Berlusconi; per farlo convocare comunque a rendere spontanee dichiarazioni anche qui come imputato di reato connesso («e, se non si presenta, la legge prevede anche l'accompagnamento coatto», fa notare significativamente l'avvocato Sammarco, difensore di Previti); per sospendere almeno il processo in attesa che il premier parli nel dibattimento stralcio. Infine, una richiesta al procuratore reggente Vitiello perché sostituisca con un altro pm Ilda Boccassini, rea di «inimicizia e odio personale» per aver dato del «bambino viziato» a Previti. Tutte le richieste vengono respinte e alle 14,30 la Boccassini può iniziare la sua requisitoria, nella quale non viene mai nominato Berlusconi. Almeno nella prima parte, che si chiude alle 18, quando il Tribunale aggiorna l'udienza al 30 maggio (il testo della requisitoria è a p. 129).

Previti dichiara: «Mi immolo per Berlusconi, per il mio presidente. L'ho sempre fatto, continuerò a farlo. Voglio che tutto finisca presto, cosí lui potrà essere giudicato da un altro collegio, con magistrati meno faziosi. Prima condannano me, ma poi dovranno mollare lui». Maccanico (Margherita), intervistato dalla *Stampa,* insiste per il suo lodo salva-Berlusconi, addirittura con legge ordinaria, senza procedura costituzionale: «Non si può sostenere che sia in contrasto con l'articolo 3 della Costituzione, che parla di eguaglianza, perché il presidente del Consiglio non è nelle stesse condizioni di un qualsiasi cittadino [...] Se tutte le parti in Parlamento, maggioranza e opposizione, saranno d'accordo su questa legge, non ci sarà bisogno di "ritocchi" costituzionali [...]. Ci vuole un accordo complessivo, soprattutto sui temi della giustizia [...]. Si può discutere tranquillamente di tutto: anche delle autorizzazioni a procedere per i parlamentari [...]. Se si parlerà dell'articolo 68 della Costituzione, evidentemente ci rientrerà anche Previti [...]. Se si vorrà affrontare anche il ripristino dell'immunità parlamentare, bisognerà discuterne. Riaprire il dialogo».

24 maggio. Berlusconi in Lussemburgo ammette implicitamente di essere lí per non andare al processo: «Non scappo dalla giustizia, semmai dall'ingiustizia». Infatti, a parte una colazione di lavoro con il premier del granducato Jean Claude Juncker, non ha nulla da fare se non una lunga passeggiata pomeridiana con i suoi collaboratori e un'interminabile esternazione dinanzi ai giornalisti sui temi preferiti: la guerra ai suoi giudici, che sono «un cancro da estirpare» e invece «sono ancora lí»; gli insulti alla Ariosto («confidente prezzolata della polizia»); il processo Sme. Il premier ribadisce un'altra volta che l'11 giugno, alle sue dichiarazioni spontanee, «ci sarà da divertirsi», perché «non sono io a dover temere domande e risposte, ma altri». Poi, per la prima volta, fornisce un'imbarazzante quanto fantasiosa spiegazione dei passaggi di denaro dai conti Fininvest a quelli degli avvocati Previti e Pacifico, e di lí a giudici come Squillante: «C'era una organizzazione che fungeva da banca, e che serviva tutti coloro che frequentavano il palazzo di Giustizia di Roma» (Ansa, 24 maggio, ore 18,37). Segue, immancabile, la smentita, dopo febbrili consultazioni con i legali: «A quanto mi è stato riferito dai miei difensori, il signor Pacifico, con il quale non sono mai esistiti rapporti da parte di Fininvest, né tantomeno da parte mia, eserceva [*sic*] un servizio finanziario per conto di clienti tra i quali si annoveravano diversi professionisti e magistrati dell'ambito giudiziario romano. Questi servizi, ovviamente, utilizzavano operazioni di compensazione in dare e in avere tra i vari clienti» (Ansa, 24 maggio, ore 22,23). Berlusconi ammette per la prima volta anche i pagamenti in nero a Previti (mentre prima aveva sempre negato conti esteri «riservati» della Fininvest), anche se dice di non sapere che fine facessero: «La cosa importante – aggiunge – è che, se questi soldi fossero andati a Squillante, non li avrebbe ricevuti Previti, mentre Previti ha dato prova di averli ricevuti, di averli spesi; ci sono quindi tutte le prove *per tabulas*». Le cose, come vedremo nella requisitoria, non stanno proprio cosí (le spese documentate da Previti nel fatidico 1991 sono di una ventina di milioni, su un totale di 500 che sostiene di aver ricevuto in Italia da Pacifico in alternativa al versamento a Squillante).

Intanto, a Milano, il Tribunale del processo-stralcio abbandona l'intenzione di tenere almeno un'udienza a settimana, prende atto del sesto impedimento del premier su sei udienze, dà per buono il settimo già annunciato per il 5 giugno (viaggio in Ungheria) e rinvia all'11, quando il Cavaliere dovrebbe finalmente materializzarsi per la seconda puntata del suo monologo. Anche Dell'Utri, imputato a Milano per aver diffamato il giudice di Cassazione Pierluigi Onorato, prova a vantare un «legittimo impedimento», mandando a dire al Tribunale di essere impegnato a Domodossola per inaugurare il suo Circolo e presentare un libro di Lino Jannuzzi. Il giudice Guido Salvini respinge l'istanza: gli incontri politico-culturali «non prevalgono sulle esigenze di giustizia». Tanto piú nel sabato del «silenzio elettorale».

25 maggio. Durissima polemica fra Pecorella e Previti. Il primo, in un'intervista, cerca di distinguere la posizione e il ruolo del premier da quelli dell'inseparabile Cesare: «La responsabilità è personale e comunque nel processo non è emerso un rapporto diretto fra Berlusconi e i magistrati romani accusati di corruzione. Insomma, non è detto che il premier sapesse o sappia tutto quel che fa Previti». Il quale replica a stretto giro di posta: «Semplicistiche dissertazioni avvocatesche, come se fossimo davanti a un Tribunale sereno e imparziale».

Dalle elezioni per il rinnovo della giunta dell'Anm, escono rafforzate le correnti piú critiche con la politica del governo, Md e Movimenti riuniti. Il piú votato, con 988 preferenze su 7.359 votanti (l'87% degli iscritti, che sono il 95% dei magistrati italiani), è Edmondo Bruti Liberati, presidente uscente, che viene riconfermato, al vertice di una giunta unitaria che stavolta ingloba anche i «conservatori» di Magistratura indipendente che un anno fa si erano divisi sullo sciopero contro la riforma dell'ordinamento giudiziario. Reazioni furibonde dalla Cdl.

25 **maggio.** Giulio Andreotti interviene sul caso Sme e smentisce il Cavaliere: «Se Craxi riteneva che quello con De Benedetti fosse un contratto sbagliato, visto che il governo doveva approvarlo, bastava non approvarlo. Non c'era bisogno di promuovere da parte sua una cordata. All'epoca c'era una grande pressione dell'opinione pubblica che non capiva perché lo Stato dovesse continuare a produrre panettoni. Probabilmente Prodi avrebbe voluto dare l'esempio».

26 **maggio.** Previti ricusa per la terza volta il collegio del processo Sme per «ostilità, prevenzione, sistematica elusione dei diritti della difesa e altrettanto sistematica copertura delle condotte illegittime del pm». In pratica, accusa i suoi giudici di non aver voluto acquisire il fascicolo-madre 9520/95, ma anche: l'intera documentazione sulla prima fase della collaborazione della Ariosto (i pm sostengono che non c'è altro, e soprattutto non c'è alcun mistero da nascondere); uno dei due interrogatori che il legale di Efibanca, Guido Fassone, sostiene di aver reso davanti al pool nel '96 (i pm ne ricordano uno soltanto, regolarmente depositato); i verbali dei magistrati romani che Paolo Ielo avrebbe sentito nella capitale (la Procura sostiene che furono interrogati soltanto D'Angelo e Casavola, già ascoltati anche nei dibattimenti milanesi, i cui verbali, presenti agli atti di Milano in copia, furono trasmessi in originale a Perugia perché fanno parte di un altro processo, a carico di Squillante, in corso nel capoluogo umbro).

27 **maggio.** Accordo nella Cdl sul lodo Maccanico: sospenderà non solo i dibattimenti, ma anche le indagini. Invulnerabilità totale. Dice Taormina: «Diciamolo una buona volta: questo lodo Maccanico non servirà a niente ed è pure incostituzionale»; quanto alle prese di distanze di Pecorella da Previti, «sono state un pessimo servizio reso al premier: se Previti è colpevole, allora anche Berlusconi lo è».

28 **maggio.** Berlusconi, che dal 5 maggio sostiene di non avere neppure un paio d'ore da dedicare al Tribunale fino all'11 giugno, trascorre gran parte della giornata a Manchester, dove il suo Milan è impegnato nella finale di Champions League con-

tro la Juventus. Alle ore 12.26, l'Adnkronos annuncia: «Silvio Berlusconi è volato di buon mattino a Manchester, per la finalissima Milan-Juventus, a bordo del suo aereo privato, in compagnia dei figli e di alcuni amici. Pranzerà con la squadra. I cuochi Michele e Oscar hanno preparato un menu mediterraneo a base di pasta e pesce. Unico strappo alla regola: crostate di frutta come dessert». In serata, assisterà alla partita. Nella notte, il rientro in Italia.

Nel processo Sme principale, il procuratore generale Laura Bertolè Viale chiede alla Corte d'appello di respingere la ricusazione di Previti, in quanto «inammissibile» perché «tardiva» e basata su «motivi infondati».

In Parlamento approda il lodo Maccanico. D'Alema, intervistato dal *Corriere*, propone alla maggioranza un accordo per votare insieme una legge costituzionale: «Se il lodo Maccanico viene precisato come una legge costituzionale, e limitato alle alte cariche dello Stato, l'intesa è possibile». Gelo della Margherita e della sinistra Ds. Il diessino «liberal» Enrico Morando si offre addirittura per presentare un ddl costituzionale che immunizzi le cinque alte cariche dello Stato. Il Csm esprime «allarmata preoccupazione» e chiede «rispetto» per i magistrati continuamente attaccati.

29 maggio. La Corte d'appello di Milano respinge la ricusazione di Previti perché depositata fuori dai termini: tardiva, dunque inammissibile. L'imputato è condannato anche a pagare 1000 euro di ammenda. Il direttore del *Corriere della sera* Ferruccio de Bortoli – da tempo nel mirino di Berlusconi e Previti per le cronache puntuali dei loro processi, oggetto di denunce, minacce e pressioni governative – rassegna le dimissioni. Lo sostituisce Stefano Folli, il commentatore politico molto apprezzato dal Cavaliere, collaboratore di *Porta e porta* e *IdeAzione*. La redazione proclama un giorno di sciopero.

30 maggio. Ilda Boccassini completa la sua requisitoria nel processo principale Sme, e chiede 11 anni e 4 mesi per Squillante, 11 anni per Previti e Pacifico (corruzione giudiziaria), 4 anni e 8 mesi per Verde (corruzione semplice), 22 e 18 mesi per i figli di Squillante, Mariano e Fabio, 1 anno per la nuora Olga Savtchenko, 6 mesi per Misiani (favoreggiamento). Niente attenuanti generiche per i due giudici e i due avvocati. Previti protesta: «Nessuna prova, solo diffamazioni e persecuzione». Reazioni stranamente moderate dalla Cdl. Silenzio di Berlusconi.

31 maggio. Berlusconi rompe il silenzio: «Le richieste di pena a carico di Previti sono grottesche, smodate e tempestive con l'uso politico della giustizia nel bel mezzo della campagna elettorale».

3 giugno. Il Polo al Senato vota la costituzionalità del lodo Maccanico, inserito nella legge Boato sull'immunità sotto forma di emendamento presentato dal capogruppo forzista Renato Schifani. A Milano intanto inizia ufficialmente l'ispezione ministeriale straordinaria per mettere le mani sul fascicolo 9520/95, aperto sulle dichiarazioni della Ariosto nel 1995. L'ispettore Arcibaldo Miller interrogherà tutti i pm interessati, da Colombo a Boccassini, da Ielo a Greco, ma gli verrà sempre opposto il segreto investigativo. Castelli ipotizza un conflitto di attribuzioni fra poteri dello Stato contro la Procura di Milano. Intanto l'altro ispettore ministeriale, Ciro Monsurrò, che pure sarebbe incaricato di accertamenti ordinari di routine, chiede le distinte di tutte le spese sostenute negli ultimi anni. Assorbendo cosí gli accertamenti contabili sospesi dalla Ragioneria dello Stato. Nel mirino una cinquantina di perizie pagate piú di 100 milioni di lire ciascuna. La procura risponde con le cifre enormi recuperate grazie alle indagini e ai processi fondati su quelle perizie: 800 miliardi dal fallimento Trevitex, 400 dal *crac* Sasea, 100 dalle frodi sulla discarica di Cerro Maggiore, 80 dai bilanci truccati di Freedomland, almeno 150 dal maltolto della Mani pulite classica, e indirettamente anche 75 miliardi appena sborsati da Mediaset per aderire al condono Tremonti (quello che, a Capodanno, Berlusconi si era solennemente impegnato a non sfruttare per Mediaset, che invece ci ha guadagnato 162 milioni di euro, pagandone 35 anziché 197).

4 giugno. De Benedetti, intervistato da *Le Monde*, annuncia pesanti richieste di danni a Previti e smentisce alcune delle falsità dette da Berlusconi sul caso Sme («una colossale mistificazione»).

5 giugno. Il Senato approva la legge Boato-Maccanico, che comprende un rafforzamento delle immunità per i parlamentari (tabulati telefonici, conversazioni intercettate indirettamente, opinioni calunniose e diffamatorie) e la sospensione dei processi per le cinque alte cariche dello Stato. I sí sono 152, i no 107. Anche Sdi e Udeur sono favorevoli, ma escono dall'aula.

Incredibilmente l'opposizione decide di non fare ostruzionismo, consentendo alla Cdl di approvare la legge incostituzionale nel giro di due giorni appena grazie anche alle forzature regolamentari del presidente Pera. Aggressione in aula contro Scalfaro (che ha osato parlare di «ferita alla Costituzione») da parte di Schifani, che lo accusa di aver detto il «non ci sto» nel '93 per bloccare le indagini sul suo conto per i fondi neri del Sisde. Scalfaro, in un clima minaccioso, spiega invece che il «non ci sto» si riferiva alle calunnie di alcuni dirigenti infedeli del servizio, non certo alla magistratura, che infatti dopo il suo mandato lo indagò per due anni e poi lo prosciolse definitivamente. Sedici parlamentari ulivisti del comitato «La legge è uguale per tutti», guidati da Nando Dalla Chiesa, denunciano Berlusconi per attentato alla Costituzione, ma vengono attaccati dagli stessi capigruppo del centrosinistra, da Bordon a Angius («un regalo a Berlusconi»).
A Milano Pecorella comunica ai giudici dello stralcio Sme che Berlusconi non sarà in aula nemmeno l'11, a causa dell'improvviso viaggio in Medio Oriente che – sostiene il premier – gli avrebbe commissionato George W. Bush jr. in persona per riportare la pace fra Israele e palestinesi. L'ispezione di Miller sul fascicolo 9520/95 sembra conclusa, l'ispettore lascia il Tribunale in mattinata, è già in auto verso l'aeroporto, quando viene incredibilmente riconvocato al palazzo di giustizia dagli avvocati di Previti, che lo trattengono per un lungo colloquio di due ore. Ispezione prorogata di qualche altro giorno, sempre a richiesta dell'imputato.
Berlusconi, in campagna elettorale a Brescia, chiede il ripristino dell'«immunità per tutti i parlamentari, per garantire l'opposizione».

6 giugno. I legali di Previti chiedono un rinvio dell'udienza, in attesa che la Procura risponda per iscritto all'istanza di esibizione del fascicolo 9520/95. Il Tribunale respinge: «Noi – spiega sarcastica la presidente Ponti – usiamo ancora il codice, e questa è una richiesta fuori da ogni norma processuale». Giuliano Pisapia chiede a nome di De Benedetti che gli imputati vengano condannati anche a 4,5 miliardi di euro di risarcimento danni per il mancato acquisto della Sme. Anche l'avvocato dello Stato Domenico Salvemini chiede un milione di euro per risarcire gli «enormi danni morali subiti dalla Presidenza del Consiglio da questa corruzione in atti giudiziari». E spiega che la modestia della richiesta dipende dagli «accordi che ho avuto con il mio mandatario, la Presidenza del Consiglio». Berlusconi, in campagna elettorale a Trieste, conferma: «Mi ha chiamato Bush, abbiamo convenuto sull'esigenza di una visita non veloce in Medio Oriente, che prenda tutto il tempo necessario. L'11 giugno non potrò essere in tribunale».

7 giugno. Chiusa finalmente l'ispezione straordinaria sul fascicolo segreto, i magistrati milanesi chiedono tutela al Csm contro le continue interferenze ministeriali nelle inchieste e nei processi in corso.

9 giugno. Nuovi impedimenti mediorientali annunciati dalla difesa Berlusconi: non solo per l'11 giugno, ma anche per l'altra udienza già concordata del 25 giugno: il premier annuncia una seconda tournée in Medio Oriente proprio fra il 23 e il 27 giugno. La Casa delle libertà intanto viene sconfitta ai ballottaggi amministrativi. Polemiche fra i partiti della maggioranza, in vista di una «verifica».

11 giugno. All'udienza-stralcio del processo Sme i legali del premier chiedono al Tribunale di rinviare le udienze *sine die*, a data da destinarsi, anche «tenendo conto della nuova legge che – salvo imprevisti – sospenderà il processo», perché il loro cliente sarà impegnato ininterrottamente per tutto il mese di giugno (come peraltro dal 5 maggio a oggi). E «a luglio non si sa, vedremo con il semestre europeo...». Il pm Boccassini insorge, «a nome dello Stato che ritengo di rappresentare»: «L'imputato Berlusconi vuole soltanto sottrarsi al processo e intanto lancia accuse e insinuazioni gravissime all'estero, senza che possano essere vagliate nell'unica sede legittimata: il processo». Il Tribunale respinge come non assoluto l'impedimento istituzionale odierno (incontro di un'ora al Cairo con il presidente egiziano Mubarak, proprio nella data da lui indicata per le dichiarazioni spontanee-bis), in quanto l'imputato «disattende il criterio di reciproca collaborazione sancito dalla Corte costituzionale nel 1991» provocando uno «stallo della giurisdizione». L'udienza dunque riprende e, di questo passo, la parola potrebbe passare a Ilda Boccassini già nella prossima udienza, con l'eventualità che la sentenza arrivi addirittura prima dell'entrata in vigore del lodo Maccanico. Di fronte a questa prospettiva, Pecorella e Ghedini chiamano precipitosamente Berlusconi e, all'improvviso, si materializza una data utile per le sue dichiarazioni spontanee: il 17 giugno: per l'occasione verrà spostato dalle 10 alle 13 il previsto passaggio delle consegne della presidenza europea con il premier greco Kostas Simitis. «Una figuraccia internazionale», insorgono i legali. Ghedini aggiunge, quasi commosso, in aula: «Il Tribunale ritiene piú importante il processo degli interessi della pace in quell'area martoriata che è il Medio Oriente, dove ieri è stata uccisa anche una bambina di tre anni, mi pare...».

Al Csm, i membri laici nominato dalla Cdl chiedono di trasferire da Milano i pm Colombo e Boccassini e il procuratore reggente Vitiello per «incompatibilità ambientale»: sono colpevoli di non aver esibito a Previti il fascicolo segreto 9520/95.

Il Senato approva definitivamente la legge sul patteggiamento allargato, che consente a ogni imputato di ottenere un rinvio di 45 giorni del suo processo per valutare se, eventualmente, patteggiare la pena oppure no. Altra norma molto attesa dagli imputati del processo Sme.

12 **giugno.** *Repubblica* rivela un progetto del governo per smantellare l'Avvocatura dello Stato come parte civile pubblica nei processi, e per sostituirla con studi legali privati. Il tutto, proprio all'indomani della richiesta di condanna avanzata al processo principale Sme dall'avvocato dello Stato Salvemini. E pochi giorni prima che accada altrettanto nel processo stralcio contro Berlusconi.

13 **giugno.** Da una rogatoria inoltrata dalla Procura di Milano negli Stati Uniti, emerge che Silvio Berlusconi è iscritto da alcuni mesi nel registro degli indagati per frode fiscale e falso in bilancio nell'inchiesta (in corso da tre anni) dei pm Fabio De Pasquale e Alfredo Robledo sui presunti fondi neri creati dalla Fininvest con compravendite fittizie di diritti cinematografici e televisivi. Polemiche furibonde dal centrodestra. Ghedini: «È la notte della Giustizia». Mediaset (testuale): «Tornano i tempi bui di Mani Pulite». Ciampi parla all'Anm elogiando l'indipendenza della magistratura.

Berlusconi incontra i suoi legali per preparare le dichiarazioni spontanee del 17. Ghedini promette: «Questa volta Berlusconi interverrà sui capi di imputazione non ancora affrontati: la vicenda dei magistrati romani, il caso Squillante e il falso in bilancio, con particolare attenzione all'organizzazione della Fininvest e del gruppo in genere».

Al processo Sme, le difese chiedono di rinviare le prossime udienze per esaminare meglio le memorie presentate dal pm e dalle parti civili. Il Tribunale respinge: è tutta roba nota dal 1997. La difesa Misiani chiede l'assoluzione del suo cliente: «Nessun favoreggiamento, solo un'opera di assistenza e di conforto a un uomo angosciato, Squillante, che minacciava di uccidersi».

16 **giugno.** Secondo il *Corriere della sera*, Maccanico sta lavorando d'intesa col Quirinale e con una maggioranza trasversale a un nuovo lodo, stavolta per sospendere i processi a tutti i parlamentari. La difesa Pacifico chiede l'assoluzione del suo cliente: «Nessuna corruzione, solo compensazioni di denaro fra la Svizzera e l'Italia».

17 **giugno.** Berlusconi, nell'aula magna del Tribunale di Milano, si produce in un'altra ora di spontanee dichiarazioni (ampi stralci a pagina 356) sul caso Sme, attaccando ancora i giudici, la Procura, la polizia giudiziaria, Prodi, De Benedetti, e questa volta anche Stefania Ariosto e Vittorio Dotti. Poi se ne va a Roma per incontrare il premier greco, annunciando che non ha ancora finito: «Garantisco che sarò di nuovo qui il 25 giugno, anche per fissare altre udienze». Lui, infatti, si dice contrario al lodo Maccanico: «Non ho espresso parere favorevole, anche se ci sono insistenze...». Ma, appena uscito, i suoi legali – gli onorevoli Pecorella e Ghedini – chiedono di rinviare l'udienza perché impegnati nel pomeriggio in «votazioni alla Camera». Sono le votazioni per approvare il lodo Maccanico, che eliminerà il processo-stralcio e renderà impossibile anche l'udienza per le dichiarazioni spontanee-tris appena chiesta da Berlusconi per il 25 giugno. Il Tribunale, preso atto dell'impedimento pomeridiano del premier e della sua volontà di presenziare a ogni minuto delle udienze prossime venture (che non si terranno mai), dichiara tolta la seduta e rinvia al 25 giugno. In serata, la Camera vota la costituzionalità della legge Boato con annesso lodo Maccanico-Schifani.

18 **giugno.** La Camera approva definitivamente la legge e il lodo con 302 sí, 13 astenuti (fra i quali Maccanico e Boato) e 17

contrari (gli ulivisti rimasti in aula, mentre la gran parte esce per protesta). In tutte le maggiori città d'Italia i girotondi organizzano proteste e si appellano a Ciampi perché non firmi. «Col lodo il processo Sme-Berlusconi è finito per sempre», sentenzia l'onorevole avvocato Michele Saponara, difensore di Previti. Intanto, con il pensiero rivolto anche a Previti, la Cdl presenta un disegno di legge costituzionale per estendere il lodo Maccanico a tutti i parlamentari. Il *Financial Times* titola: «Un abuso di potere» e commenta che «l'immunità per Berlusconi danneggia l'Italia e l'Europa».

Alla Procura di Milano giunge una lettera di minacce alla Boccassini: una busta contenente polvere bianca e un biglietto: «Cara Bocassini [con una c sola] adesso hai rotto i coglioni perché tu credi di combattere Berlusconi invece stai rovinando l'immagine dell'Italia e degli italiani. Per adesso prenditi quest'antrace e se non basta farò saltare tutto il Tribunale». Firmato: «Nuclei combattenti».

Agli esami di maturità, in uno dei temi di italiano, gli studenti sono invitati a commentare una frase celebre di Silvio Berlusconi: «Affinché vi sia cibo, occorre che vi sia acqua». Un altro tema è basato su un articolo di Massimo Gramellini, dal quale però viene espunto un riferimento allo scandalo di Tangentopoli.

19 giugno. Berlusconi canta vittoria: «Finalmente l'Italia si è messa in linea con gli altri paesi europei. Il Lodo mette un limite all'uso di armi improprie che non sono parte della democrazia che si basa sulla sovranità popolare. Ora bisogna riformare tutto l'ordinamento giudiziario per dare agli italiani la certezza di non poter subire i calvari che io ho provato in prima persona». Il Csm approva un documento in difesa dei magistrati di Palermo, Milano e Torino «diffamati, denigrati e delegittimati» da Berlusconi e altri esponenti della maggioranza per le inchieste e i processi ad Andreotti, a Berlusconi e sulla Telekom-Serbia. Il ministro Castelli invita il Csm a «cambiare rotta».

20 giugno. Pur avendo un mese di tempo per farlo, il presidente Ciampi firma la legge blocca-processi a tempo di record, in meno di 48 ore. Alle critiche dei girotondini e dell'*Unità* a Ciampi, rispondono Nicola Mancino (Margherita), Clemente Mastella (Udeur), Enrico Morando e Anna Finocchiaro (Ds), difendendo il capo dello Stato. An intanto frena sull'estensione del Lodo a tutti i parlamentari.

Al processo Sme, i legali di Previti propongono una trasferta a Roma per interrogare Berlusconi a Palazzo Chigi. Ilda Boccassini ricorda che «l'unica sede istituzionale prevista dal codice è questo Tribunale». Il Tribunale respinge la richiesta, non ritenendo utile risentire Berlusconi, che nel processo-stralcio aveva detto di non conoscere le modalità dei pagamenti Fininvest ai legali del gruppo. Perroni inizia l'arringa in difesa di Previti e attacca frontalmente le indagini della Procura.

21 **giugno.** La legge con lodo viene pubblicata, anche qui con la massima celerità, sulla *Gazzetta ufficiale* ed entra in vigore immediatamente, senza neppure un minuto di *vacatio legis.* In tempo per togliere la parola al pm, che avrebbe potuto iniziare la requisitoria nell'udienza del 25 giugno, dopo le nuove, eventuali dichiarazioni spontanee annunziate da Berlusconi. Commenti sarcastici e durissimi su tutta la grande stampa internazionale.

Di Pietro da un lato, Opposizione civile, Legambiente, Verdi e Comunisti italiani dall'altro depositano due quesiti referendari in Cassazione per abrogare la legge appena promulgata.

25 **giugno.** Ultima udienza del processo Sme-Berlusconi prima della sospensione per legge. Gherardo Colombo e Ilda Boccassini per la Procura, Giuliano Pisapia per la parte civile illustrano i motivi per cui chiedono al Tribunale di sollevare eccezione di incostituzionalità sul lodo Maccanico-Schifani, che viola numerosi articoli della Costituzione repubblicana (Colombo cita il 3, il 24, il 96, il 101, il 111, il 112). Pecorella e Ghedini si oppongono, teorizzando che «la legge è uguale per tutti, ma ci possono essere delle differenziazioni di natura soggettiva» e citano come precedenti i casi di monsignor Marcinkus e dei debiti fiscali in America della regina Maria di Romania. L'avvocato dello Stato Salvemini si rimette alla decisione del Tribunale. Il Tribunale si riserva di decidere il 30 giugno. Ilda Boccassini chiede anche di depositare una serie di memorie per rispondere agli attacchi e alle insinuazioni lanciati contro il suo ufficio e i suoi uomini da Berlusconi durante le recenti dichiarazioni spontanee: «Come cittadina, speravo che il presidente del Consiglio venisse oggi in quest'aula. Ho cre-

duto alle sue parole perché aveva garantito al Tribunale che si sarebbe presentato. Invece non c'è. Ogni imputato ha la facoltà di mentire, però si tratta del presidente del Consiglio, che dovrebbe rappresentare quello Stato che rappresento anch'io, nel mio ruolo di pubblica accusa. È poca cosa che Ilda Boccassini sia coperta di fango, riceva minacce, sia oggetto di campagne di delegittimazione. Ma questa non è una questione personale. Si tratta del ruolo che rappresento, cioè la pubblica accusa, cioè lo Stato: uno Stato di cui il presidente del Consiglio è il massimo rappresentante». Poi aggiunge amara: «I tempi della Corte costituzionale sono quelli che sono, uno dei tre giudici del Tribunale scadrà nel gennaio 2004: chiunque si è reso responsabile della formulazione e dell'avallo di questa legge palesemente incostituzionale, non può ignorare che qui discutiamo già di un processo che non si farà mai piú».

26 **giugno.** Ciampi, rispondendo a Berlino a una studentessa italiana, spiega di aver firmato il lodo perché «non manifestamente incostituzionale», e ricorda che comunque l'ultima parola spetta alla Consulta.
Cesare Previti, accerchiato da una «lobby mediatico-giudiziaria» che gli impedirebbe di parlare, si vede costretto a un gesto estremo: l'apertura di un sito internet, sobriamente intitolato «La Verità».

27 **giugno.** La difesa di Filippo Verde chiede l'assoluzione per il suo cliente, sostenendo che comunque, almeno per lui, «il reato è prescritto». Pacifico, Squillante e Previti si appelleranno alla nuova legge sul patteggiamento, per rinviare il processo di 45 giorni e far slittare la sentenza a dopo l'estate.

28 **giugno.** Pessima accoglienza sulla stampa internazionale al nuovo presidente di turno dell'Europa, Silvio Berlusconi. *Der Spiegel* lo chiama «il Padrino», il *Financial Times* ironizza sul «prossimo, intoccabile presidente dell'Europa», il *Guardian* descrive il suo «conflitto di interessi e la tendenza alla gaffe». Ampio spazio ai guai giudiziari e all'impunità fresca di legge.

30 **giugno.** Il Tribunale di Milano solleva l'eccezione di incostituzionalità sul lodo, respinge le ultime memorie della Procura, sospende i due processi Sme: il principale per i 45 giorni del patteggiamento allargato (si riprenderà il 29 settembre), lo stralcio-Berlusconi per il rinvio degli atti alla Consulta.

«Ecco le fotografie, gli autoscatti delle tangenti»
L'accusa. Requisitoria di Ilda Boccassini

Il 23 maggio 2003 il pm Ilda Boccassini inizia la sua requisitoria nel processo principale Sme-Ariosto.

P.M. Presidente, io mi scuso con i fotografi, però proprio... se continuate a scattare, rischio di perdere il filo del discorso. Grazie... Signor presidente, l'indagine nasce nel settembre del 1995. Nel marzo del 1996, dopo sei mesi di indagini preliminari, vengono eseguiti gli arresti di Squillante Renato e Pacifico Attilio. Nel marzo del 1996 vengono inviate le prime richieste di assistenza giudiziaria internazionale. Dopo un anno e mezzo, e cioè per l'esattezza nel luglio del 1997, arrivano i primi documenti bancari dei conti correnti esteri degli imputati Pacifico, Squillante e Previti. Nel dicembre '97 viene chiesto il primo rinvio a giudizio. La prima udienza avanti al Gup viene celebrata nel giugno del 1998. L'udienza preliminare si conclude nel novembre del 1999, dopo un anno e mezzo. Nel marzo del 2000 inizia il presente [...] dibattimento. Sono stati sentiti 200 testimoni tra accusa e difesa. Sono passati piú di tre anni dall'inizio del dibattimento. Sono passati cinque anni dalla prima udienza preliminare davanti al Gup. Tante, tantissime parole: le parole dell'ufficio della Procura, degli avvocati, dei testimoni, degli imputati. Parole che hanno raccontato fatti accaduti molto tempo prima, parole...

PRESIDENTE Lo ripeto per l'ennesima volta, chiudete 'sti telefonini. Controllate.

P.M. ...parole che confutano le prime, parole che interpretano in un senso o nell'altro le prime e le seconde. Come possiamo districarci da tutto questo? Con i fatti, signor presidente. E da qui vorrei cominciare, dai fatti. Fatti che non sono raccontati da qualcuno, fatti che sono impressi sulla carta, documenti, fotografie di quello che è accaduto. I documenti non mutano nel tempo, i documenti non ricordano o non interpretano nulla, nella loro cruda e semplice verità raccontano esattamente e sempre nello stesso modo qualcosa che è avvenuto in precedenza. Questo è quello che succede in generale. Ma i documenti bancari, signor presidente, hanno in sé qualcosa in piú. Se io stacco un assegno e qualcuno lo incassa, questo fatto non solo resta immutabile nel tempo, ma soprattutto viene registrato e conservato da una banca che gli attribuisce anche certezza storica. E non solo, questo tipo di documenti promana direttamente dalle persone, in questo caso dagli imputati. Se i documenti sono fotografie di qualcosa che è avvenuto nel passato, i documenti bancari sono gli autoscatti di queste fotografie. I bonifici bancari che sono in atti non li ha disposti un terzo in danno di uno degli imputati, magari in esecuzione di un complotto, sono stati gli imputati stessi ad averne dato l'ordine, controfirmandone anche la conferma in un momento successivo. Da qui vorrei cominciare, presidente, non dalle parole, dai ricordi, dall'interpretazione, ma dai fatti documenti, veri, certi, inconfutabili, semplici e chiari, dai documenti che raccontano quello che gli imputati hanno fatto, dai documenti che gli imputati stessi all'epoca hanno controfirmato, confermato e convalidato. Da qui comincerò, presidente.

Linea diretta Fininvest-Previti-Squillante

Per primo verranno esaminati i passaggi finanziari di una somma pari a 500 milioni di lire, avvenuti nei primi giorni del marzo '91, nonché i relativi rapporti tra le persone coinvolte. Saranno poi man mano esaminati nel dettaglio. Dal conto Polifemo parte una somma di 500 milioni, che arriva al conto Ferrido, poi al conto Mercier, poi al conto Rowena. I passaggi finanziari sono stati realizzati nell'arco di pochissimi giorni e hanno interessato ben quattro diverse banche e altrettanti conti correnti, secondo uno schema a cascata, tant'è che la somma ricevuta, come dimostrerò nel prosieguo della trattazione, dal conto precedente era esattamente poi quella bonificata al conto successivo. Quindi nel procedere ora alla ricostruzione cronologica dei movimenti finanziari, verranno presi in considerazione i seguenti riferimenti temporali: data dell'ordine di bonifico all'istituto di credito, data del trasferimento della somma da una banca all'altra, data di registrazione dell'operazione nel conto di partenza ed in quello di destinazione. E quindi esamineremo i movimenti finanziari Polifemo, Ferrido, Mercier e Rowena, ricostruiti, lo dico ancora una volta e lo ripeterò spesse volte, sulla scorta di documenti depositati dai quali come primo dato, abbiamo... risultano i seguenti dati storici.

Conto Polifemo: 7 febbraio 1990, prima operazione sul sottoconto in marchi tedeschi; 4.4.90, prima operazione sul sottoconto in lire sterline; 25 aprile 1990, prima operazione sul sottoconto franchi svizzeri; 2 ottobre 1990, domanda di apertura del conto a firma di Scabini Giuseppino [capo della tesoreria Fininvest]; 2 ottobre 1990, procura illimitata ad operare a favore di Camaggi Candia [responsabile della Fininvest Service di Massagno, Lugano]; 3 ottobre 1990, dichiarazione di Scabini di essere l'unico beneficiario economico; 1° marzo '91, prima operazione sul conto in lire italiane.

Conto Ferrido: aperto da Scabini Giuseppino presso il Credito Svizzero di Chiasso il 15 aprile del 1987.

Conto Mercier: aperto da Cesare Previti presso la Darier Hentsch di Ginevra il 18 giugno del 1974.

Conto Rowena: aperto da Squillante Renato presso la Società bancaria ticinese di Bellinzona il 12 novembre del 1984.

Andiamo ora alla prima ricostruzione dei movimenti bancari, cioè che cosa succede quando la somma dal conto Polifemo viene trasferita al conto Ferrido. Il 1° marzo del 1991, è un venerdí, venivano date istruzioni alla Sbs di Lugano di eseguire un bonifico di 500 milioni di lire dal conto Polifemo al Credito Svizzero di Chiasso, a favore del conto Ferrido. Il 4 marzo del 1991, è un lunedí, con pari valuta la banca dava corso all'operazione aggiungendo all'importo soltanto la commissione bancaria, che era equivalente a 3.475 lire. Il 4 marzo del 1991 la banca contabilizzava l'addebito sul conto Polifemo in lire. L'accredito arriva sul conto Ferrido, il Credito Svizzero quindi riceveva la somma di 500 milioni di lire che venivano contestualmente convertite in 434.407,87 dollari al cambio di 1.151 fissato alla data del 4 marzo del 1991. Dalla relativa contabile si rileva che l'ordinanza era alla società di banca svizzera. Il 6 marzo del 1991 il Credito Svizzero contabilizzava con pari valuta il predetto importo sul conto Ferrido. Prima dell'arrivo, e questo è un dato sempre, lo ripeto, documentale, del bonifico, il saldo del conto Ferrido, conto in dollari, sottoconto in dollari, era di 270 dollari. Addebito sul conto Ferrido. Il 1° marzo del 1991, abbiamo detto un venerdí, venivano date istruzioni al Credito Svizzero di eseguire un bonifico dal conto Ferrido al conto Mercier, cosí come lo si ricava, sempre documentalmente, dalla contabile di accredito nella quale è precisato, «conformemente all'ordine del 1° marzo del 1991». Il 4 marzo del 1991, quindi lunedí, martedí, le due giornate, la banca trasferiva i fondi a favore del conto Mercier presso la Darier Hentsch di Ginevra. Il 6 marzo del 1991, con pari valuta, la banca contabilizzava l'addebito della somma di 434 mila dollari, piú le spese bancarie pari a 3,88 dollari, con la causale «lire 500 milioni al cambio di 1.151 lire». È di tutta evidenza quindi, che venerdí 1° marzo la Sbs di Lugano riceveva l'ordine di bonificare 500 milioni di lire dal conto Polifemo al conto Ferrido, presso il Credito Svizzero di Chiasso. Il Credito Svizzero di Chiasso riceveva l'ordine di bonificare 500 milioni di lire dal conto Ferrido al conto Mercier presso, abbiamo visto, la Darier Hentsch di Ginevra.

Ora è di tutta evidenza che il secondo bonifico era necessariamente correlato e consequenziale all'esecuzione del primo. Prima dell'arrivo del bonifico infatti da Polifemo sul conto Ferrido, vi erano fondi pari a circa 2 milioni di lire e cioè sul conto in franchi svizzeri c'erano franchi svizzeri pari a 1.646, questo il saldo al 1° gennaio del 1991, sul sottoconto in dollari vi era, come ho già detto ma è bene ripeterlo, 270 dollari, saldo al 15 febbraio del 1991. Ovviamente questi dati sarebbero di per sé sufficienti per confermare il nesso di causalità nella catena di transazioni finanziarie. Ma abbiamo un ulteriore elemento che lega indissolubilmente i due passaggi e difatti il conto Ferrido riceveva l'importo in lire convertendoli in dollari, abbiamo detto al cambio di 1.151, lo ripeto, dato che noi ricaviamo dalla contabile bancaria, inviava l'importo in dollari a Mercier precisando però che si trattava pur sempre di 500 milioni di lire, al cambio 1.151 lire. Anche questo dato lo ricaviamo sempre da un documento, c'è la contabile bancaria. Non v'è dubbio quindi che si è in presenza di una somma itinerante proveniente dal conto Polifemo e destinata al conto Mercier.

Operazione-lampo

Per inquadrare però correttamente questa sequenza di bonifici si deve tener conto dell'urgenza e velocità con la quale l'operazione viene realizzata.

Il 1° marzo '91, abbiamo visto, venivano impartite disposizioni sia alla Sbs, sia al Credito Svizzero: ossia prima ancora che la somma partisse dalla Sbs il Credito Svizzero aveva già ricevuto istruzioni di trasferirla alla Darier Hentsch e cioè sul conto Mercier nella disponibilità di Cesare Previti. Andiamo a vedere ora che cosa succede quando l'accredito arriva sul conto Mercier. Abbiamo detto che il 5 marzo del 1991, con valuta 7 marzo '91, la Darier Hentsch registrava, sul conto Mercier sottoconto in dollari, l'accredito pari a 434.407 proveniente dal Credito Svizzero di Chiasso, con la causale «500 milioni al cambio 1.151». Questo accredito era esattamente quello proveniente dal conto Ferrido, anche se l'operazione viene annotata in tempi diversi. Infatti il Credito Svizzero contabilizzava l'uscita il 6 marzo '91, mentre la Darier Hentsch registrava l'entrata il 5 marzo del 1991, ossia con un giorno di anticipo. In effetti dopo avere eseguito materialmente il trasferimento a mezzo telex, le due banche registravano l'addebito e l'accredito nei rispettivi conti secondo ovviamente le metodologie delle singole banche. Darier Hentsch accreditava il conto Mercier lo stesso giorno in cui riceveva il telex, abbiamo detto 5 marzo '91, valuta 7 marzo '91, mentre il Credito Svizzero vi provvedeva solo il giorno successivo, 6 marzo '91 con valuta dello stesso giorno, 6 marzo '91.

Andiamo a vedere ora che cosa succede nel momento in cui arriva questo accredito sul conto Mercier e viene trasferito al conto Rowena. Il 5 marzo del 1991 alle ore 13:25 telefonicamente Previti dava disposizione alla Darier Hentsch di bonificare la somma a favore della Società bancaria ticinese, all'attenzione del signor Resinelli, al conto Orologio, con valuta 7 marzo '91. Tutte queste circostanze venivano annotate dal signor Riva, funzionario della Darier, su apposito modulo sul quale veniva poi stampigliata la data, 5 marzo '91 e l'ora, 13:25. Il 5 marzo '91 la banca Darier Hentsch eseguiva il bonifico trasferendo i fondi con valuta, lo ripetiamo, il 7 marzo, alla Sbt di Bellinzona, a mezzo telex inviato al medesimo giorno alle ore 14:53. Il 7 marzo del 1991 la Darier Hentsch contabilizzava l'importo maggiorandolo di 8 dollari delle spese bancarie. Quindi la stessa situazione che noi abbiamo esaminato per il conto Ferrido, la troviamo anche per il conto Mercier. Cioè il conto Mercier veniva utilizzato come conto di transito. Infatti l'importo addebitato era esattamente uguale a quello accreditato, le spese bancarie erano rimaste a carico del conto di transito, prima ancora che Darier Hentsch contabilizzasse l'accredito Previti già sapeva dell'arrivo dei fondi e ne aveva già disposto il trasferimento al conto successivo. Andiamo a vedere che cosa succede quando l'accredito arriva sul conto Rowena.

Il 5 marzo del 1991 Dionigi Resinelli, dirigente della banca di Bellinzona, annotava l'arrivo della telefonava dal signor Riva della Darier Hentsch che annunciava l'arrivo della somma, 434.404, con valuta il 7 marzo del 1991, riferimento «Orologio». Il 5 marzo del 1991 alle ore 14:53 la banca di Bellinzona riceveva il telex dalla Darier Hentsch con il quale venivano trasferiti i fondi. Su tale foglio veniva manoscritta l'annotazione Rowena e l'indicazione del conto 104610.00, quale identificazione del conto e sottoconto destinatario dell'importo.

Il 6 marzo del 1991 con valuta del 7 marzo, la Sbt registrava l'accredito sul conto Rowena, sottoconto in dollari, specificando quale causale «bonifico Hentsch, Ginevra, d'ordine un loro cliente».

Il 7 marzo 1991 alle ore 9:25 Resinelli annotava l'arrivo della telefonata di Squillante Renato, nella contabile e nella documentazione bancaria troverete Rowena come indicazione del conto, che disponeva la suddivisione dell'importo ricevuto in cinque parti: un quinto al conto 761 di Squillante Fabio, due quindi al conto denominato «Robi» di Aloisio e due quindi da investire a tre mesi. Queste sono le istruzioni che la banca riceveva a prima mattina, abbiamo... ricontrolliamo l'orario: siamo al giorno 7 marzo, arriva la telefonata del proprietario del conto Squillante alle 9:25, dà queste disposizioni. Quindi possiamo descrivere che in quel momento la banca riceve l'ordine del cliente e il 7.3.91 abbiamo 86 mila dollari che dal conto Rowena vengono bonificati al conto 761 di Fabio Squillante. Il 7.3.91 175 mila dollari vengono... c'è un investimento depositario fiduciario a tre mesi. Il 20 marzo del '91, 173 mila vengono da Rowena destinati al conto Robi di Aloisio. Questo è quello che noi ricostruiamo, lo ripeto, esaminando le contabili bancarie.

Un Orologio svizzero

Questa ricostruzione però trova ulteriore conferma nelle seguenti circostanze. Dalla lettera della Società bancaria ticinese, datata 23.10.97, con la quale comunicava che non è mai esistito un conto Orologio, – questa è una risposta che veniva data nel momento in cui la Procura di Milano chiedeva spiegazioni rispetto a queste annotazioni – precisando che il riferimento Orologio era stato dato dalla persona interessata per accreditare alla Rowena il bonifico di 434 mila dollari fatto dalla Hentsch di Ginevra. Questa somma venne poi utilizzata secondo le istruzioni della stessa persona, come risulta dalla documentazione già in vostro possesso, ossia Squillante. Quindi non solo noi leggiamo quelle circostanze da una semplice lettura delle contabili, ma vi è di piú, perché i dirigenti della Società bancaria ticinese ad una richiesta della Procura dicono: «Il riferimento "Orologio" ci viene dato dalla banca di Ginevra e cioè da Cesare Previti».

Ancora, dalle dichiarazioni rese da Dionigi Resinelli, dirigente della Società bancaria ticinese, nella deposizione resa il 26 maggio del 1998. Resinelli, a una domanda del Procuratore federale della Confederazione elvetica, risponde: «Ho esaminato a fondo l'operazione e secondo me posso dire che l'ordine mi è stato dato da Renato Squillante, cosí come lo specifico riferimento "Orologio". Con tutta probabilità l'abbiamo concordato prima. Renato Squillante avrà dato istruzioni lui che avremmo ricevuto l'importo indicato e che andava accreditato sul conto Rowena». Ancora, sempre lo stesso interrogatorio: «Siccome già in precedenza con Renato Squillante si era concordato il riferimento "Orologio"».

A domanda poi dell'avvocato Giannone, uno dei difensori svizzeri dell'imputato Squillante, che io vado a leggere: «È possibile che qualcuno che non sia il dottor Squillante le abbia telefonato prima del colloquio con il signor Riva per darle il riferimento "Orologio" e successivamente la stessa persona le abbia poi specificato la destinazione Rowena?», Resinelli risponde: «Non lo posso escludere, ma lo ritengo molto poco probabile, perché in tal caso questo importo sarebbe stato accreditato prima sul conto della persona, conto transitorio e solo successivamente sul conto Rowena, perché in generale si fa cosí. Propendo per quanto detto prima, ossia che è stato Renato Squillante».

Giova poi sottolineare che anche in questo caso la banca destinataria, la Sbt di Bellinzona, registrava l'arrivo del bonifico prima che la banca emittente, la Darier Hentsch di Ginevra, ne registrasse l'invio. L'esatta sequenza dei fatti non può però essere ricostruita sulla base delle registrazione degli estratti conto, perché tali annotazioni rispondono ovviamente a procedure contabili bancarie diverse da banca a banca.

A questo punto ricostruiamo e rivediamo i dati salienti che escono da questa ricostruzione, che lo ripeto, si basa esclusivamente dalla semplice lettura dei documenti bancari.

L'esatta progressione cronologica dei fatti è la seguente:

5 marzo 1991, ore 13:25, Previti disponeva il bonifico; 5 marzo 1991, ore 14:53, veniva inviato il telex di trasferimento fondi Darier Hentsch, Sbt di Bellinzona;

6 marzo 1991, valuta 7 marzo '91, la banca di Bellinzona contabilizzava l'accredito sul conto Rowena;

7 marzo '91, valuta pari giornata, la Darier contabilizzava l'addebito sul conto Mercier.

Andiamo ora a verificare di nuovo i conti di transito, cioè Polifemo, Ferrido, Mercier. Abbiamo visto che dal conto Polifemo veniva inviata la somma di 500 milioni di lire al conto Ferrido, sul quale veniva accreditato l'importo convertito in dollari, entrambi i conti erano destinati, sappiamo, a Scabini Giuseppino. Il conto Ferrido immediatamente dopo aver ricevuto la somma da Polifemo, bonificava esattamente lo stesso capitale al conto Mercier, circostanza che ancora è piú evidente se si raffrontano i valori al netto delle commissioni bancarie applicate dalla banca: la differenza è di solo 88 centesimi di dollaro. Quindi il conto Ferrido agiva da conto di transito, entrate e uscite erano identiche, le spese bancarie rimanevano a carico del conto di transito, le valute si azzeravano considerato che la provvista vi rimaneva depositata poche ore.

L'ovvia conclusione che il conto Ferrido avesse agito da tramite risulta evidente considerando il dato documentale. Nell'arco di pochissime ore 500 milioni di lire venivano trasferiti dal conto Polifemo al conto Ferrido, da dove poi venivano inviati a Mercier. Peraltro il conto Ferrido non aveva saldi liquidi e l'ordine di bonifico veniva impartito il 1° marzo del 1991, prima ancora che arrivassero i relativi conti, perché arrivano, come vediamo, il 4 marzo del '91 e contestualmente all'ordine di bonifico su conto Polifemo. Il conto Mercier riceveva l'importo da Ferrido e lo trasferiva a Rowena, agendo come ulteriore conto di transito, circostanza agevolmente verificabile dall'estratto conto Mercier, scorporando l'importo bonificato dalle spese bancarie, risulta nuovamente evidente la perfetta equipollenza tra quanto ricevuto e quanto trasferito. La sola differenza è data in questo caso da 8 dollari della commissione. La somma era solo di transito sul conto Mercier, tant'è che le spese di bonifico rimanevano a carico del seguente conto. A ciò si deve aggiungere che la coincidenza delle date delle valute di accredito/addebito risulta che l'ordine di bonifico a Rowena era stato impartito il 5 marzo del 1991 alle ore 13:25, ossia lo stesso giorno in cui arrivavano i fondi da Ferrido. La somma bonificata a Rowena era esattamente quella in arrivo da Ferrido, tant'è che pur dando disposizioni il 5 marzo '91 la valuta del bonifico in uscita era differita di due giorni, ossia parificata a quello dell'accredito a Ferrido. La valuta compensata tra entrata e uscita dimostra che il capitale non si è fermato nemmeno un giorno sul conto Mercier, ma vi rimane soltanto pochissime ore.

Tutti i documenti bancari sin qui esaminati nella loro complessità, sezionando anche nel dettaglio dei vari conti e fatto il confronto tra le varie contabili tra un conto all'altro (quello che c'era su un conto e quello che si riferisce a un altro conto) ci dimostrano inequivocabilmente che la somma di 500 milioni di lire, poi convertite in valuta statunitense, partiva dal conto Polifemo, transitava sui conti Ferrido prima e Mercier dopo, per giungere alla fine sul conto Rowena. L'operazione, come abbiamo detto, veniva disposta di un venerdí, 1° marzo, ed eseguita nelle giornate di lunedí 4 e martedí 5 marzo. Il 5 marzo alle ore 14:53 arrivano via telex i fondi sulla Sbt e quindi sul conto Rowena. Questa ricostruzione storica fatta dalla pubblica accusa non è stata smentita da nessuna delle difese. Nessuna difesa e nessuno dei consulenti tecnici hanno dato una diversa lettura dei documenti che sono stati sin qui esaminati.

La difesa degli imputati

Andiamo ora a verificare come hanno spiegato il bonifico i vari imputati, quali sono state le loro giustificazioni, dicendo in primis che nessuno degli imputati ha potuto smentire l'arrivo di una somma da un conto all'altro. Cioè nessuno, lo ripeto, ha potuto contestare il dato documentale. Abbiamo quindi detto che l'importo di 434 mila dollari veniva bonificato da Previti alla Società bancaria ticinese, con il riferimento «Orologio» e accreditato sul conto Rowena.

Gli imputati Previti e Squillante direttamente interessati all'operazione, non rendevano interrogatorio nel presente dibattimento, a differenza di Pacifico sentito nell'udienza del 21 marzo del 2003 in relazione proprio a questi fatti. Nel presente dibattimento però sono stati acquisiti gli interrogatori di Previti, Squillante e Pacifico che sono stati resi in un altro dibattimento, mi riferisco al dibattimento che si è celebrato innanzi alla IV sezione penale del Tribunale di Milano, meglio noto come Imi-Sir/Lodo Mondadori. Ebbene, nel corso di questi interrogatori, gli imputati fornivano anche in ordine a questa operazione delle spiegazioni. Le riassumiamo.

Previti asseriva di avere eseguito tale bonifico secondo le indicazioni ricevute da Pacifico nella convinzione di rimettere tali somme ad un conto dello stesso Pacifico.

Squillante asseriva di avere ricevuto la somma da Pacifico nella convinzione che i fondi provenissero da un conto di Pacifico.

Entrambi gli imputati non negavano l'operazione, certa ed indiscutibile, lo ripeto, alla luce della copiosa documentazione acquisita, ma sostenevano di avere interloquito non già tra di loro, bensí con Pacifico Attilio. Pacifico si attestata sulle medesime spiegazioni, affermando di aver dato lui a Previti l'indicazione che aveva portato all'accredito sul conto Rowena e di aver concordato con Squillante l'invio dei 500 milioni senza informarlo della provenienza. Il trasferimento quindi Previti, Pacifico, Squillante, veniva compiuto senza farlo transitare su alcuno di conti svizzeri di Pacifico. Esaminiamo nel dettaglio queste dichiarazioni.

Possiamo cosí schematizzarla *in primis*, effettivamente i conti Mercier e Rowena erano entrati in contatto in ragione di un bonifico equivalente a 500 milioni di lire trasferiti dal primo al secondo. L'operazione però veniva intermediata da Pacifico che riceveva e trasferiva l'importo senza utilizzare alcuno dei propri conti.

Previti riferiva di aver ricevuto un compenso dalla Fininvest, 500 milioni di lire, sul suo conto estero e di aver trasferito tale importo ad altro conto svizzero, sulla base di indicazioni fornite da Pacifico, ricevendo in contropartita un equivalente somma di contanti in Italia. Pacifico asseriva di aver consegnato a Previti 500 milioni di lire in contanti in Italia, provenienti da un'altra compensazione tra lui Pacifico e il giudice Vinci, in contropartita di un pari bonifico estero che egli stesso dirottava, senza farlo transitare su alcuno dei suoi conti correnti, sul conto di Squillante.

E come giustificava Pacifico? Perché poi trasferisce questi 500 milioni a Squillante? [Secondo lui] l'importo trasferito a Squillante era connesso all'acquisto, ovviamente [da parte] di Pacifico, di una unità immobiliare presso il golf club di Tolcinasco, in fase di realizzazione, da parte di società di Paolo Berlusconi. Squillante, nello stesso periodo stava trattando per sé e per il figlio Fabio l'acquisto di due unità immobiliari nel medesimo complesso ad un prezzo conveniente in ragione dei rapporti di cordialità con Paolo Berlusconi. In ragione di questa amicizia, Pacifico riteneva che l'intermediazione di Squillante avrebbe determinato una riduzione del prezzo anche per il suo acquisto e per tale ragione aveva trasferito i 500 milioni a Squillante affinché questi li versasse alla società di Paolo Berlusconi per suo conto e interesse. A distanza di qualche mese Pacifico si ritirava dall'affare Tolcinasco e Squillante provvedeva a restituire la somma, in parte autorizzando Pacifico a prelevare 469 mila franchi equivalenti a circa 400 milioni di lire da un conto svizzero «Iberica», sempre di Squillante, e per il saldo consegnando l'importo di 100 milioni in Italia. Squillante nella sua veste di intermediario tra Pacifico e la società di Tolcinasco riceveva la somma di 500 milioni di lire per versarla in conto prezzo dell'unità immobiliare che Pacifico intendeva acquistare. Sfumato l'acquisto, Squillante restituiva 469 mila franchi e cioè 400 milioni di lire, autorizzando Pacifico a prelevarli dal conto Iberica e quindi ulteriori 100 milioni di lire in contanti in Italia a mano del medesimo.

Queste sono le spiegazioni che ci vengono fornite dagli imputati, da cui risulterebbe [che] Previti non sapeva che la somma era finita sul conto di Squillante, né quest'ultimo sapeva che proveniva dal conto del primo, in quanto Pacifico autonomamente e all'insaputa degli altri due aveva ideato e posto in essere tutta l'operazione. Le operazioni si annullavano tra di loro, senza quindi alcun incremento patrimoniale per taluno a scapito dell'altro. Ed invero, Previti bonificava all'estero 500 milioni a Pacifico e ne riceveva dal medesimo altrettanti contanti in Italia; Pacifico consegnava 500 milioni in Italia a Previti ricevendone altrettanti all'estero; Pacifico utilizzava il bonifico proveniente da Previti trasferendolo direttamente al conto di Squillante, quale acconto per l'acquisto di Tolcinasco, somma che gli veniva restituita da Squillante dopo qualche mese essendosi ritirato dall'affare; Squillante riceveva 500 milioni da Pacifico nel marzo '91 per Tolcinasco e ne restituiva altrettanti verso la fine del '91 allorquando Pacifico si ritirava dall'affare. Nella ricostruzione degli imputati si incrociano e si sovrappongono da un altro un rientro di capitale dall'Italia alla Svizzera, compensazione Previti-Pacifico, dall'altra un acquisto in Tolcinasco Pacifico-Squillante.

Le «compensazioni»

Prima di esaminare nel dettaglio le dichiarazioni degli imputati, è opportuno svolgere alcune brevi considerazioni in ordine al significato del termine «compensazione». Proprio nel corso di questo dibattimento, presidente, abbiamo avuto modo di accertare che i conti svizzeri venivano alimentati anche con somme provenienti dall'Italia. Dai conti esteri venivano prelevate somme per farle rientrare in contanti in Italia. In questo contesto l'imputato Pacifico curava tra l'altro il trasferimento di danaro contante da e verso la Svizzera, provvedendovi personalmente, ovvero avvalendosi di uno spallone come, per esempio, Alfredo Bossert. Tale operazioni avvenivano o con il materiale trasferimento del contante attraverso il confine, oppure mediante compensazioni. Il meccanismo della compensazione può essere schematizzato nel modo seguente: due soggetti interessati ad operazioni opposte, da e verso la Svizzera, anziché provvedere ad esportare il primo e importare il secondo capitali attraversando il confine, possiamo definirlo «schema A», potevano ottenere il medesimo risultato compensando le reciproche esigenze, consegnando il capitale in Italia a Y e in contropartita rimetteva una pari somma al primo in Svizzera.

In questo quadro si inserisce quindi la figura del compensatore, ossia dell'intermediario che facendo incontrare domanda e offerta ed avvalendosi dei propri conti correnti, si comporta come una stanza di compensazione bancaria, permettendo cosí contestualmente l'importazione e l'esportazione di capitali senza muovere alcunché attraverso il confine. Questa precisazione era opportuna perché ora verranno esaminati nel dettaglio le versioni fornite dagli imputati e posso sin da ora affermare che le stesse sono totalmente prive di riscontri documentali o/e testimoniali [e che], come dirò, sono smentite categoricamente in radice dalle risultanze processuali. Comunque le dichiarazioni degli imputati saranno ora esaminate sezionandole in ogni loro singolo aspetto e dettaglio.

Una casa dall'amico Paolo B.

Operazione Tolcinasco. Una breve storia, sintesi, di quello che è avvenuto. In Pieve Emanuele, frazione di Tolcinasco, provincia di Milano, veniva realizzato un complesso sportivo per la pratica del golf, con annessi servizi e pertinenze costituito da un campo da golf composto da 27 buche da campionato e 9 buche esecutive, struttura di pratica club house, piscina e campi da tennis e strutture di pertinenza, realizzato dalla Golf Tolcinasco s.r.l. le cui quote societarie erano detenute dalla Finanziaria Tolcinasco s.p.a. Ovviamente, presidente, sto riferendo tutti i dati acquisiti al dibattimento. Costruito e/o strutturato un complesso di unità immobiliari a cura della Società Europea Golf, che a sua volta ne aveva affidato la promozione commerciale e la vendita alla Edilnord Commerciale. Tutte le società che ora ho nominato, presidente, erano riconducibili a Paolo Berlusconi, teste della difesa che abbiamo sentito proprio in merito a questi fatti nell'udienza del 21 giugno del 2002.

– *Versione Squillante*. Esaminiamo prima la posizione di Renato Squillante. Agli atti del dibattimento vi sono i documenti relativi all'acquisto di Squillante Renato, da cui risulta che questi, in proprio e altresí quale procuratore del figlio Fabio, il 13 novembre del 1991 aveva stipulato quattro contratti preliminari per un totale di 187.600.000. Gli acconti riportati in totale non venivano corrisposti però alla sottoscrizione dei preliminari da Squillante, bensí [venivano] versati per suo conto da Aloisio De Gaspari Giorgio a mezzo di assegni bancari nelle seguenti date. Abbiamo da Aloisio assegni [che hanno come] beneficiario la Finanziaria Tolcinasco oppure la Europea Golf, alle date del 4.10.91 primo assegno dell'importo di 20 milioni; il 9 ottobre '91 altro assegno di 20 milioni; il 18.11.91 altro assegno di 21 milioni di lire; il 18.11.91 altro assegno di 21 milioni di lire, il 19 dicembre '91 altro assegno di 61.500.000; il 19.12.91 altro assegno di 60 milioni, per un totale di 203.500.000.

– *Testimonianza Aloisio.* Aloisio De Gaspari aveva provveduto ad emettere tali assegni addebitandoli sui conti di corrispondenza che Squillante Renato e familiari intrattenevano presso di lui essendo il loro agente di cambio borsa. Tali addebiti venivano coperti con pari accrediti derivanti dalla vendita di titoli di Stato che Squillante e familiari avevano in deposito presso l'agente. Queste ultime circostanze sono state ricostruite nel dettaglio, presidente, dal tenente Troisi nell'udienza del 10 marzo 2001. Con riferimento però, ricorderete, alla provenienza dei titoli di Stato il teste testualmente dichiarava: «Non abbiamo trovato l'origine di questi titoli accreditati nei confronti dei figli, abbiamo cercato anche di ricostruirlo, ma non è stato possibile poi raggiungere l'obiettivo». La provenienza però di questi titoli ci viene spiegata dal protagonista, cioè dalla persona che deteneva questi titoli per conto della famiglia Squillante e cioè Aloisio. Abbiamo detto che lo stesso è stato sentito nell'udienza del 25 maggio 2001. A domanda specifica cosí rispondeva il teste: «A una certa data che qui dovrebbe essere evidente, perché è la data in cui piú o meno Squillante mi fa un accredito di dollari anziché di franchi svizzeri, in data marzo '91, Squillante mi prega di rimettere 200 milioni al Golf di Tolcinasco, cosa che io ho fatto. Squillante aveva giustificato questa operazione nel senso cioè che intendeva chiudere il conto in Svizzera perché non era soddisfatto della gestione mobiliare e su consiglio di non so chi aveva deciso di buttarsi sull'immobiliare. Gli avevano proposto l'acquisto di due case versando una caparra pari appunto a 200 milioni sul quale avrebbe guadagnato molto, quindi mi pregò puramente e semplicemente di mandare 200 milioni al Golf di Tolcinasco».

Alla domanda poi del pubblico ministero: «Questi 200 milioni Lei come li ha recuperati?», Aloisio risponde: «me li ha dati in Svizzera e c'è qui la contabile, mi ha dato 173 mila dollari e io ho dato a Squillante 100 milioni, piú 100 milioni dei miei personali in titoli di Stato. Non mi ricordo se erano Cct o Buoni del Tesoro». Non solo, tale ricostruzione, che lo ripeto, si fonda sulle testimonianze della persona che in quel momento storico aveva la gestione del patrimonio in titoli della famiglia Squillante, trova poi corrispondenza anche in un dato documentale e cioè quanto è stato annotato nelle schede contabili dei conti dello studio Aloisio intestate a Squillante Mariano e Fabio. Questi documenti confermano sia l'emissione degli assegni a favore delle società di Tolcinasco, che la copertura finanziaria ottenuta mediante la cessione di titoli di Stato, Certificati di credito del Tesoro e Buoni del Tesoro poliennali.

Quindi fino ad ora noi abbiamo non solo quello che ci viene raccontato da un teste, un teste qualificato, ma addirittura quello che dice un teste noi ancora una volta troviamo conferma in dati documentali e cioè nelle annotazioni delle schede contabili che noi abbiamo ritrovato nello studio di Aloisio De Gaspari quando fu effettuata la perquisizione nel marzo del 1996. In merito ai titoli di Stato si deve osservare, i 100 milioni di Cct di Squillante Fabio erano presenti nel dossier titoli presso Aloisio da epoca precedente al giugno 1986. La circostanza è ampiamente documentata dagli atti sequestrati presso Aloisio, da cui risulta che questi semestralmente provvedeva all'incasso delle cedole il cui importo veniva dapprima accreditato sul conto di corrispondenza intestato a Squillante Fabio e quindi bonificato ai conti correnti bancari presso la Bnl, presso la Banca di Roma, presso la Banca Popolare di Milano, di Squillante Fabio. I 100 milioni di Btp 1.4.92, l'11%, di Squillante Maurizio, comparivano per la prima volta nei documenti di Aloisio il 27 marzo del 1991, data in cui veniva accreditato l'interesse della cedola in scadenza il 1° aprile successivo, lire di 4 milioni circa, titoli dei quali non risulta nulla però in merito all'acquisto.

Parallelamente quindi a questi conti di corrispondenza intestati a Squillante Fabio e Mariano, presso l'agente Aloisio vi era altresí il conto intestato a un altro figlio di Squillante, Mariano. Anche su questo conto di corrispondenza il 27 marzo '91 comparivano per la prima volta 100 milioni di Btp, data in cui veniva accreditato l'interesse della cedola in scadenza il 1° aprile successivo per 4 milioni circa. Nulla risulta in merito all'acquisto, esattamente troviamo la stessa situazione che abbiamo già visto per la posizione di Maurizio Squillante. Sulla base di questi documenti è quindi possibile individuare con assoluta certezza, la compensazione tra Squillante e Aloisio, 173 mila dollari in Svizzera contro 200 milioni di titoli di Stato in Italia.

Ricordiamoci, presidente, che il bonifico di 500 milioni che stiamo esaminando è proprio di quei giorni. Dai documenti svizzeri infatti risulta che il 7 marzo del 1991 Squillante disponeva il bonifico di 173 mila dollari Usa al conto di Aloisio, cifra pari a 200 milioni di lire. Il 20 marzo del 1991 con valuta 22 marzo la banca di Bellinzona eseguiva il trasferimento, dai documenti di Aloisio quindi abbiamo un incontro incrociato di documenti risulta che il 27 marzo del 1991 sul conto di Maurizio Squillante venivano accreditate le cedole semestrali di 100 milioni nominali di Btp. Il 27 marzo del 1991 sul conto di Mariano venivano accreditate le cedole semestrali di 100 milioni nominali di Btp. Questi dati storici, presidente, permettono di datare e ricostruire esattamente la compensazione tra Squillante e Aloisio. Il 7 marzo '91 Squillante disponeva il bonifico a favore di Aloisio e questi in contropartita conferiva sui dossier titoli italiani 200 milioni di Btp che già il 27 marzo '91 determinavano degli interessi che venivano incassati e accreditati sui conti di corrispondenza dei figli di Squillante, Maurizio e Mariano. Abbiamo già detto, ma lo ripeto ancora una volta, che la somma di 434 mila dollari corrispondeva esattamente alla somma di 500 milioni di lire, una vola accreditata sul conto Rowena Squillante ne destinava due quinti, per l'esattezza 173.761 dollari al conto Aloisio, esattamente 200 milioni di lire, ovvero l'equivalente... e quindi i due quinti di 500 milioni, ovvero l'equivalente dei titoli di Stato accreditati in Italia dall'agente di cambio. Non v'è dubbio quindi che i 173 mila dollari del marzo '91 menzionati da Aloisio siano una parte, i due quinti, del bonifico ricevuto dal conto Mercier è altresí la contropartita dei 200 milioni di titoli rimessi in Italia.

Quindi non solo storicamente, ma in maniera incontrovertibile e documentale, risulta che il 7 marzo '91, dopo l'accredito del bonifico pari a 500 milioni di lire, Squillante suddivideva l'importo destinandone 2/5, 200 milioni, al conto svizzero di Aloisio; il 20 marzo 1991 la Sbt eseguiva il bonifico dal conto Rowena al conto Robi di Aloisio; prima del 27 marzo '91 Aloisio depositava, sui *dossier* intestati a Squillante Mariano e Maurizio, Btp per complessivi 200 milioni di lire; il 27 marzo 1991 lo studio Aloisio staccava e metteva all'incasso le cedole in scadenza sui Btp, che scadevano il 1° aprile, accreditando l'importo sui relativi conti di corrispondenza dei figli di Squillante; il 14 giugno del 1991 venivano venduti 100 milioni di Btp, provenienti dalla compensazione, ed il ricavato accreditato sul conto di corrispondenza di Squillante Mariano; il 19 giugno del 1991 il ricavato della vendita del 14 giugno 1991 veniva trasferito mediante un bonifico sul conto del Banco di Santo Spirito di Squillante Mariano; il 13 novembre 1991 Squillante sottoscriveva i preliminari per Tolcinasco; nell'ottobre novembre '91 Aloisio per conto di Squillante versava gli acconti per gli acquisti di Tolcinasco, importi che l'agente di cambio addebitava sui conti di corrispondenza intrattenuti da Squillante Maurizio e Fabio presso il suo studio, coprendoli contestualmente con pari vendite di 100 milioni di Btp, proveniente dalla compensazione fatta dallo stesso Aloisio, e 100 milioni di Cct. Dalla documentazione in atto risulta poi che alla fine del 1992, e quindi un anno dopo, presidente, Squillante Renato e Fabio recedevano dai rispettivi contratti con le società di Tolcinasco, sia per le unità abitative e per le quote associative del golf, ottenendo la restituzione dell'esatto importo versato in precedenza, senza alcuna trattenuta o penale, a mezzo di assegni circolari che venivano versati sui conti correnti italiani cosí come risulta dalla documentazione bancaria dei conti italiani in atti.

Questa è la ricostruzione, presidente, nel dettaglio di quello che è avvenuto per quanto riguarda la vendita di Tolcinasco e il fatto, il primo dato che emerge in maniera incontrovertibile, che Squillante utilizza i due quinti della somma che riceve dal conto Mercier per l'affare Tolcinasco.

– *Versione Pacifico.* Andiamo a vedere ora le dichiarazioni di Pacifico sul punto: Squillante e Pacifico concordemente sostenevano che anche quest'ultimo intendeva acquistare per sé un'unità immobiliare e relativa quota del golf. Nessun documento comprova tale circostanza, né l'audizione di testi della difesa ha potuto individuare in Pacifico un soggetto interessato a tale acquisto.

Ma sul punto, presidente, è proprio significativa la deposizione del teste Ventura, citato dalla difesa, che era il direttore commerciale delle vendite Tolcinasco, teste che come ricordiamo è stato sentito nell'udienza del 21 giugno 2002.

Chi era Ventura? Ventura era il propositore dell'operazione Tolcinasco, ossia la persona che aveva prospettato l'idea a Paolo Berlusconi, a lui era stata affidata la direzione commerciale, lui prendeva gli accordi di massima con i clienti, lasciando poi ai venditori la definizione dei dettagli, in altri termini era la persona giusta con la quale discutere del prezzo. Il teste forniva un quadro estremamente preciso, ricordava infatti che aveva incontrato Squillante e che gli aveva fatto vedere degli appartamenti; che quest'ultimo nell'occasione era accompagnato da due persone; che queste due persone avevano l'età approssimativa di Squillante; che aveva tratto la convinzione che gli accompagnatori fossero golfisti in quanto solo di questo argomento avevano parlato. Il teste, il ricordo del teste è molto preciso, tanto da rammentare anche il contenuto dei colloqui: «Perché parlammo di golf, era lí col dottor Squillante, sicuramente erano golfisti perché parlammo di golf». Però il teste nulla precisava rispetto ad eventuali trattative o un interesse specifico da parte degli accompagnatori sull'intenzione di acquistare un'unità immobiliare di oltre un miliardo, il cui valore era persino superiore ai due monolocali di Squillante, né tantomeno i due accompagnatori gli chiedevano di visionare gli appartamenti.

– *I due imputati mentono*. È proprio alla luce di questa testimonianza che risulta evidente che non vi è alcuna prova che Pacifico fosse stato effettivamente a Tolcinasco; anche ammettendo che Pacifico fosse stato uno degli accompagnatori questi si sarebbe spostato da Roma a Milano solo per parlare di golf con il responsabile delle vendite, ossia non avrebbe chiesto né di visionare appartamenti, né fatto presente le sue esigenze, bilocale, trilocale, non avrebbe chiesto quali erano i tempi di consegna degli appartamenti, né entro quando stipulare il preliminare, né avrebbe chiesto prezzi o preventivi, modalità di pagamento, forte peraltro della presenza di Squillante, amico di Paolo Berlusconi. Pacifico non ha mai avuto la benché minima intenzione o interesse ad acquistare per sé un appartamento di Tolcinasco, e la conferma di ciò emerge proprio dalle dichiarazioni di Pacifico, interrogatorio reso nell'Imi-Sir, pagina 124, il 30 settembre del 2002: l'imputato, che si qualificava come esperto del settore immobiliare per l'acquisto di un appartamento di oltre un miliardo di lire nel 1991, si limitava a dire che aveva visto il posto e gli era piaciuto, non vi è un solo accenno alle persone incontrate, alle trattative, al prezzo iniziale, allo sconto richiesto, al prezzo finale, alle modalità e alle scadenze di pagamento, ai tempi di consegne, e cosí all'infinito. A fronte quindi dell'inesistenza di un qualsivoglia riscontro documentale e testimoniale, rimangono le sole dichiarazioni di Pacifico e Squillante che risultano destituite di fondamento. [...]

La totale inattendibilità delle dichiarazioni di Pacifico e Squillante in ordine alle ragioni sottostanti al trasferimento della somma di 434 mila dollari è vieppiú evidente se si considerano le modalità di impiego della somma da parte di Squillante; l'effettivo utilizzo di questo capitale renderà ancora piú inverosimili le giustificazioni addotte dai due, e cioè che l'operazione fosse stata svolta, attenzione, con urgenza perché dovevano essere sottoscritti i contratti di Tolcinasco. Abbiamo già visto che la somma veniva accreditata al conto Rowena il 6 marzo '91, la mattina dopo, l'ho già accennato ma lo ripeto, alle ore 09:25, quindi devo immaginare la scena, presidente: cioè a prima mattina uno dei primi pensieri di Renato Squillante è quello di telefonare alla banca e dire come impiegare la somma; abbiamo visto, 2/5 da investire a tre mesi, 1/5 al conto 761, 2/5 al conto Robi, difatti abbiamo già visto che la banca immediatamente dava esecuzioni e cosí faceva il 7 marzo, 7 marzo c'è il deposito fiduciario a tre mesi, il bonifico al conto 761, il bonifico a favore del conto Robi. Quindi Squillante una volta ricevuta la somma come suo primo pensiero la mattina dà l'ordine per cui i 500 milioni, riferimento Orologio, vengono ripartiti, 200 milioni conto Rowena, 761 Fabio, pari a 100 milioni, 100 milioni compensazione Aloisio agli altri due figli, perché poi abbiamo il tramutamento in Cct, ancora vediamo che equamente distribuisce i soldi ai tre figli; lo ripeto, investe immediatamente la somma che riceve dal conto Mercier, ripeto, 100 milioni per ciascuno dei tre figli e 200 milioni per sé.

Non solo: sul punto sono rilevanti anche le successive modalità di impiego delle somme, e cioè l'importo di 200 milioni di lire rimasto sul conto Rowena veniva immediatamente investito in un'operazione fiduciaria con scadenza a tre mesi, l'importo 100 milioni di lire destinato a Squillante Fabio veniva investito anch'esso in un'operazione fiduciaria con scadenza a tre mesi, l'importo di Btp, accreditato sul conto di Mariano presso Aloisio in data 14.6.91, veniva venduto e il ricavato trasferito sul conto corrente di Squillante Mariano acceso presso il Banco di Santo Spirito, l'importo di Btp di 100 milioni accreditato sul conto di Maurizio, sempre presso Aloisio, veniva utilizzato nell'ottobre '91 per coprire gli assegni versati per l'acquisto dell'appartamento di Tolcinasco e sottoscritto da Squillante Renato. È evidente che proprio e anche queste modalità di impiego smentiscono in radice la versione fornita dagli imputati.

Perché, presidente? Squillante riceveva e trattava la somma non certo come custode per conto di Pacifico, bensí come il proprietario unico. Tanto è vero che già la mattina successiva, alle ore 09:25, ne destinava l'equivalente di 300 milioni di lire ai figli; immediatamente dopo l'accredito sia sul conto Rowena che sul conto 761 Squillante sottoscriveva operazioni fiduciarie a tre mesi, l'ordine di investimento contestuale all'accredito nonché la scelta di scadenze a tre mesi dimostrano inequivocabilmente che la somma non doveva essere impiegata nei mesi successivi, viceversa sarebbe stata scelta un'altra strada con una scadenza molto piú breve, che poteva essere a 48 ore a vista, a 7 giorni, 15 giorni e via dicendo. Definitiva conferma dell'esclusiva proprietà è data anche dall'impiego della stessa, di parte della somma per il pagamento di una parte delle quote di Tolcinasco di Squillante per il tramite Aloisio. Squillante, Pacifico; non è vero neanche, presidente, che Pacifico rimette 500 milioni a Squillante, Pacifico sostiene però di avere addirittura ricevuto la restituzione di... della somma; secondo infatti le spiegazioni dei due imputati, nel marzo '91 la somma di 500 milioni di lire sarebbe stata trasferita in conseguenza dell'imminente acquisto di Pacifico in Tolcinasco. L'operazione, differita per ragioni non spiegate però da nessuno dei due imputati, non si perfezionava e Pacifico aveva rinunciato all'acquisto. Nell'ottobre-novembre '91 Pacifico asseriva di avere ottenuto da Squillante la restituzione dell'importo con le seguenti modalità: 469 mila franchi, pari a 400 milioni di lire, il 31.10.91 con un prelievo dal conto Iberica di Squillante, e aveva delegato al ritiro lo stesso Pacifico; 100 milioni di lire consegnati a Pacifico in Italia in contanti.

Ritengo di aver dimostrato basandomi, lo ripeto, esclusivamente dalla ricostruzione dei dati contabili che Pacifico non aveva assolutamente l'intenzione di comprare, di acquistare un appartamento a Tolcinasco e che, non solo, e che la somma effettivamente accreditata sul conto di Squillante fosse la sua; se ovviamente questo non è, si è verificato, è ovvio che l'asserita restituzione è destituita di fondamento, non essendovi stati né investimenti immobiliari a cui rinunciare né tantomeno somme in custodia da rendere. L'infondatezza della restituzione, già di per sé evidente da quello che ora ho testé riferito, risulta ulteriormente confermata esaminando ancora di piú nel dettaglio le dichiarazioni degli imputati. Anche in questo caso, devo nuovamente sottolineare che non vi sono documenti o testimonianze a supporto delle loro affermazioni, la restituzione non avviene con un bonifico, ossia con le stesse modalità con cui Squillante aveva ricevuto la somma, bensí a mezzo di un prelievo di contante in Svizzera, il cui importo peraltro nemmeno coincide con l'importo iniziale, e di un saldo in Italia in data imprecisata; non vi sono quindi riscontri diretti ed oggettivi che possono darne conferma a queste dichiarazioni.

In secondo luogo si deve osservare che, qualora Pacifico avesse effettivamente ricevuto tali importi, in qualche modo avrebbe dovuto impiegarli. Ebbene, presidente, nessun versamento è stato riscontrato né sui suoi conti correnti italiani, né su quelli esteri, né vi sono altri documenti o testimonianze che possono individuarne una diversa destinazione. Allo stato quindi non vi sono nemmeno riscontri indiretti che possono avallare l'asserita restituzione sia con riferimento ai 469 mila franchi sia ai 100 milioni di lire. Non solo, un'attenta lettura dei documenti bancari svizzeri permette di evidenziare che i conti di Pacifico al 31 ottobre del 1991 non avevano disponibilità liquide, anzi; particolarmente significativa è la posizione debitoria del conto 771 denominato Pavone, dove risulta una situazione debitoria pari a 257 mila franchi svizzeri, cioè l'equivalente a 220 milioni di lire, dagli atti risulta che tale addebito era il residuo di ben piú consistente esposizione aperta fin dalla metà di agosto. In effetti fin dalla metà dell'agosto '91 il conto era a debito di circa 700 mila franchi svizzeri, cioè l'equivalente di 700 milioni di lire, progressivamente ridotto fino ai 257 mila franchi svizzeri della fine dell'ottobre '91. Quindi proprio i documenti, presidente, permettono di ricostruire esattamente il quadro storico di quel periodo sui conti di Pacifico, nella metà di agosto '91 aveva un'esposizione verso la Società bancaria ticinese che superava i 750 milioni di lire; la posizione debitoria verso la banca veniva parzialmente coperta con il rimborso di un'operazione fiduciaria di 600 mila franchi il 4 ottobre del 1991 e saldata con un ulteriore rimborso di altra operazione fiduciaria il 3 gennaio '92. Per questo scoperto di banca la banca addebitava 9664 franchi il 30 settembre '91 e 7 mila franchi circa il 31.12.'91, ossia in tutto 15 milioni di lire.

Questi sono i dati documentali che risultano da una semplice lettura delle contabili bancarie; in questo quadro generale Pacifico sostiene di aver lasciato 500 milioni di lire nelle disponibilità di Squillante dai primi di marzo fino alla fine di ottobre, ossia perdeva gli interessi su 500 milioni dai primi di marzo fino all'agosto, pagava interessi sul suo scoperto bancario dall'agosto fino all'ottobre, continuava a pagare interessi sullo scoperto dalla fine di ottobre fino a gennaio '92, non avendo versato nulla su quel conto della somma che asseriva di avere avuto in restituzione da Squillante. È evidente che anche alla luce di questa ricostruzione storica della situazione debitoria in Svizzera di Pacifico risulta vieppiú smentita l'asserita restituzione del capitale da parte di Squillante. Ma non solo, sempre dai documenti bancari risulta che il 31 ottobre '91 sono avvenute delle operazioni, il... Squillante, abbiamo un importo prelevato al 31.10.91 di 400 mila pari a lire... una somma di 469 mila franchi pari a 400 milioni, abbiamo detto; lo stesso giorno, lo stesso giorno noi abbiamo due, due prelievi fatti da Pacifico presso la stessa banca, cioè il 31.10.91 abbiamo l'importo prelevato dal conto Iberica pari a 469 mila, e noi vediamo che sulla stessa banca, su conti di Pacifico però, per l'esattezza sul conto Qasar, Pacifico preleva 400 franchi, l'equivalente di 341 mila lire; sempre lo stesso giorno alla Banca del Sempione, conto Pavoncella Lugano, la prima banca sapete che è Bellinzona, il 31.10 preleva 2500 franchi, cioè l'equivalente di 2 milioni circa di lire. Ora, è certo che il 31.10.91 Pacifico fosse in Svizzera, dove eseguiva quantomeno due prelievi da altrettanti suoi conti correnti, a Bellinzona abbiamo visto presso la Sbt e a Lugano presso la Banca del Sempione, cosí come è evidente che lo stesso giorno venivano prelevati 469 mila franchi dalla Banca Commerciale di Lugano; è di tutta evidenza che i due prelievi, abbiamo detto poco piú superiori ai 2 milioni di lire, eseguiti presso due banche di due diverse città, Bellinzona e Lugano, escludono che Pacifico quello stesso giorno avesse la disponibilità di 469 mila franchi prelevati dal conto di Squillante. Volendo seguire il ragionamento di Pacifico, questi sarebbe partito da Roma per andare in Svizzera a riprendersi i suoi 400 milioni in contanti, somma che però non veniva usata per coprire la sua posizione debitoria verso la Sbt né veniva versato su alcuno dei suoi conti svizzeri; non solo, pur avendo l'asserita disponibilità di una tale somma di denaro eseguiva due prelievi di poche centinaia di franchi da due conti correnti di due banche diverse di due città diverse, Bellinzona, Lugano. Ma vi è di piú, anche a voler credere che Pacifico avesse ricevuto e riportato in Italia la somma, non v'è alcuna traccia sui suoi conti correnti italiani né, lo ripeto, Pacifico ha spiegato un diverso utilizzo, tant'è che questa somma è svanita nel nulla.

500 milioni fantasma a Previti

Andiamo ad esaminare le dichiarazioni degli imputati secondo un'altra angolazione, cioè: rientro in Italia di 500 milioni per conto di Previti. L'operazione Tolcinasco tra Squillante e Pacifico, secondo gli imputati, si sviluppava e si realizzava incrociandosi con quella tra Pacifico e Previti, ossia con la richiesta di quest'ultimo di riportare in Italia una somma di 500 milioni di lire. In sintesi, Previti bonificava una somma secondo le istruzioni di Pacifico, nella convinzione di trasferire la somma ad un conto di Pacifico, ed in contropartita riceveva 500 milioni di lire in contanti in Italia. Pacifico consegnava a Roma 500 milioni in banconote, in contropartita, anziché indicare il riferimento del suo conto corrente, dava indicazioni a Previti del conto di Squillante. Anche questa ricostruzione, come vedremo, è destituita di fondamento e ancora una volta bisogna prima evidenziare che anche in questo caso le dichiarazioni dell'imputato sono prive di riscontri documentali e testimoniali. Ora, presidente, noi abbiamo verificato sempre in dibattimento che Pacifico, lo abbiamo già detto, provvedeva fra l'altro a far rientrare in Italia somme depositate all'estero agendo o personalmente o a mezzo di spalloni; Pacifico quindi dopo aver ricevuto somme da riportare in Italia mediante un bonifico su uno dei suoi conti svizzeri, prelevava e riportava personalmente il capitale in Italia, oppure lo trasferiva al cambista svizzero Bossert che provvedeva al trasporto in Italia delle somme consegnandole nelle mani esclusive di Pacifico. Noi sappiamo, ed è nostro dato documentale perché ci emerge dai documenti, che questa attività Pacifico l'ha svolta anche per conto di Previti, cosí come risulta, lo ribadiamo, dai documenti acquisiti per rogatoria e peraltro confermati dagli stessi imputati.

Ora noi sappiamo, ricostruendo e mettendo in evidenza tutte le operazioni che compaiono sui due conti, cioè le somme che dal conto Mercier di Previti sono state bonificate ai conti di Pacifico, noi vediamo che sin dal 1987, la prima operazione che ci risulta, ed appunto è il 14.1.87, noi abbiamo fino al 1995 una serie di questi rapporti dove per somme variabili, 50 mila... 50 mila... 50 milioni, 80 milioni, 300 milioni, dove vi sono beneficiari sempre, l'indicazione è tra il conto Mercier e conti di Pacifico: Qasar, Pavoncella, Pavoncella, Cenacolo, Pavone, Giovanni 851, conto Cock; ebbene, presidente, da questa tabella risulta chiaramente che l'unica volta che l'anomalia del bonifico Orologio rispetto alle modalità operative che sovrintendono a tutte le altre operazioni tra Pacifico e Previti. E infatti l'operazione del 7 marzo '91 è unica nel suo genere, nel senso che per tutte le altre veniva impiegato come conto di riferimento il nome del conto di Pacifico su cui fare accreditare la somma; inoltre tutte le operazioni sia precedenti che successive transitavano sempre su un conto di Pacifico. Presidente – ho detto – la prima operazione [è] del 1987, le ultime operazioni che abbiamo risultano 1995, quindi per ben 33 volte Pacifico nel suo ruolo di compensatore aveva utilizzato i suoi conti o quelli di Bossert; esempio, il 7 marzo '90 abbiamo un bonifico dal conto Pavoncella al conto Previti, entrano soldi, escono soldi dal conto Pavone al conto Darier) Bossert. Quindi lo stesso giorno in cui arrivavano le somme sul suo conto, Pacifico ne disponeva l'immediato trasferimento a Bossert per il materiale trasporto del contante in Italia; in nessun altro caso Pacifico aveva dirottato la somma in arrivo ad un altro conto prima che venisse accreditato su un suo conto, questo è un altro dato documentale. Noi sappiamo poi da Bossert che le somme venivano portate in Italia nel giro di uno o due giorni massimo, quindi, ricapitolando, da quello che risulta dall'analisi delle operazioni fatte dagli imputati che denotano, soprattutto se si parte dall'87 e si arriva al '95, quindi per anni, una metodologia certa, chiara e univoca. Soltanto per il bonifico cosiddetto Orologio del marzo '91 noi abbiamo questa anomalia [...]: e cioè abbiamo che invece di far transitare la somma su un conto di Pacifico questa volta viene accreditata al conto Rowena di Renato Squillante [...].

Dalla documentazione bancaria e dalle testimonianze dibattimentali si è accertato che Previti si avvaleva, oltre che di Pacifico, anche di altre persone per far rientrare somme in Italia, circostanza peraltro che ci viene confermata dallo stesso imputato nel corso dell'interrogatorio: «Pacifico era caro?», Previti risponde: «Ho detto che erano meno costosi degli altri». Una di queste persone era Carlo Eleuteri, questi riceveva somme sul suo conto estero acceso presso una banca di Ginevra e riconosceva pari importi in Italia a mezzo di contante o per assegni, modalità peraltro che trovano conferma nei numerosi assegni bancari girati da Eleuteri e Previti e da quest'ultimo versati sui propri conti correnti italiani, cosí come abbiamo verificato nel momento in cui è arrivata la documentazione anche dei conti in Italia. Possiamo dire quindi che a partire dal 1990 e fino al 1993 sia stato proprio Eleuteri a diventare il compensatore di Previti. Anzi possiamo dire che per gli anni '91 e '92, e quindi per l'anno in questione ricordiamoci il bonifico risale al marzo '91, Previti utilizzava Eleuteri in maniera pressoché esclusiva. Proprio nel mese di marzo '91 – come emerge sempre dall'esame della documentazione bancaria – Previti faceva rientrare una prima volta 110 milioni di lire il 1° marzo '91 e, a distanza di soli 12 giorni, il 12 marzo '91 altri 70 milioni di lire proprio tramite Eleuteri; nel mezzo noi troviamo l'operazione Orologio che invece questa volta, secondo le dichiarazioni di Previti, sarebbe stato fatto tramite Pacifico. Quindi, secondo le dichiarazioni di Previti, Pacifico avrebbe riportato in Italia 500 milioni di lire pochi giorni dopo un'analoga operazione fatta da Eleuteri; non solo: dopo aver ricevuto 500 milioni di lire Previti eseguiva un'altra operazione nuovamente con Eleuteri, e cioè la prima abbiamo detto il 1° marzo '91 100 mila dollari Usa e cioè l'equivalente di 110 milioni di lire (il 5 marzo i famosi 500 milioni da Pacifico), il 12 marzo, pur avendo queste somme, si fa riportare in Italia 70 milioni da Eleuteri. Andiamo ora a vedere come Pacifico spiega questa compensazione.

– *Versione Pacifico*. Soltanto nell'interrogatorio reso in dibattimento il 31 marzo del 2003 Pacifico precisava di aver consegnato 500 milioni in contanti, che deteneva in Italia a seguito di un'altra compensazione di pari importo realizzata però per conto di Vinci Antonino. Ricordiamo che Vinci Antonino nel 1991 aveva le funzioni di sostituto procuratore presso la Procura della Repubblica di Roma: era cioè un magistrato in servizio.

Secondo quanto spiegato da Pacifico, Vinci Antonino gli aveva chiesto di aprire un conto in Svizzera e di farvi affluire una cifra pari a 500 milioni di lire, che consegnava al medesimo in Italia. Veniva quindi aperto, presso la Sbs di Lugano, il conto Anatra con delega ad operare a favore di Attilio Pacifico. Pacifico anziché esportare materialmente la somma provvedeva ad accreditare sul conto Anatra gli importi di 420 mila e 90 mila franchi svizzeri traendoli da proprie disponibilità finanziarie depositate sul contro Qasar Business aperto anch'esso presso la Sbs di Lugano; nel momento in cui Previti chiedeva a Pacifico di far rientrare 500 milioni quest'ultimo aveva già a disposizione i 500 milioni di Vinci che consegnava al primo, fornendogli l'indicazione Orologio, quale contropartita estera. A supporto di tale ricostruzione Pacifico nell'interrogatorio recentissimo dichiarava: «Contemporaneamente a Roma Previti, io do i soldi che già ho, e a questo proposito io ho qui due contabili che risultano agli atti del processo che sono 28 mila... 280898, 280897, 280896, 280895 dalle quali risulta che dal conto Qasar Business in data 13 febbraio '91 io accredito all'Anatra, cioè Vinci, 420 mila franchi e poi 90 mila franchi il 1° marzo».

Le contabili richiamate da Pacifico sono quelle relative ai due bonifici dal conto Qasar al conto Anatra; è accertato documentalmente che la compensazione Pacifico Vinci non avveniva né il 13 febbraio '91 né il 1° marzo 1991, infatti i due ordini di bonifico di 420 mila franchi e 60 (*sic*) mila franchi venivano disposti da Pacifico sin dal 25 gennaio del 1991 con esecuzione differita, cosí come risulta proprio da quelle contabili richiamate dall'imputato. Dalla lettura dei documenti risulta evidente che, il 25 gennaio '91, Pacifico dava disposizione alla Sbs di Lugano di eseguire due bonifici a favore del conto di Vinci differendone l'esecuzione in quanto il conto destinatario non era ancora stato aperto; il 28 gennaio 1991 Vinci apriva presso la Sbs di Lugano il conto Anatra, la Sbs di Lugano, presso la quale erano aperti sia il conto di Pacifico che il conto di Vinci, registrava solo ai primi di marzo i due bonifici con valute al 13 febbraio '91 e 1° marzo '91, cosí come disposto da Pacifico fin dal 25 gennaio del 1991 [...].

È evidente, quindi, ed è documentale, che non vi è contestualità tra la compensazione Pacifico-Vinci e quella Pacifico-Previti, essendovi un lasso temporale di almeno 40 giorni durante i quali Pacifico avrebbe tenuto 500 milioni in Italia in contanti senza impiegarli in alcun modo. Giova poi evidenziare che gli importi di 420 mila e 90 mila franchi al cambio dell'epoca corrispondevano a circa 450 milioni, quindi 50 milioni in meno rispetto ai 500 milioni che l'imputato asserisce aver consegnato a Previti il 5 marzo del 1991.

Ma vi è di piú: dall'esame dei conti correnti italiani non risultano prelievi pari a 50 milioni di lire. Anzi, proprio in quel periodo, Pacifico anziché prelevare versava somme di contanti sui propri conti correnti: 4 marzo '91, 20 milioni di lire; 5 marzo '91, 20 milioni di lire; 6 marzo '91, 20 milioni di lire; 11 marzo '91, 20 milioni di lire; 13 marzo '91, 20 milioni di lire; 14 marzo '91, 20 milioni di lire; 15 marzo '91, 16 milioni di lire. Pacifico, ai primi di marzo, non aveva la somma in contanti pari a 500 milioni di lire da poter consegnare a Previti in contropartita dell'asserito bonifico Orologio.

– *Versione Previti*. Vediamo le spiegazioni fornite da Previti. Abbiamo visto che in quel periodo era Eleuteri il compensatore utilizzato abitualmente da Previti e non certo Pacifico; proprio in quel periodo Previti aveva fatto rientrare altre somme attraverso Eleuteri con una cadenza molto ravvicinata, si attribuisce a Pacifico un bonifico estero estraneo alle costanti metodologie utilizzate dai due [...].

A ciò aggiungiamo le dichiarazioni di Previti rese nel dibattimento Lodo Mondadori/Imi-Sir: «Questi 500 milioni, come è accaduto per tutte le altre cifre che ho ricevuto in contanti in Italia, sono stati da me utilizzati per pagamenti in contanti in Italia; nell'altro processo, Ariosto Sme... sono in grado di dimostrare anche come ho immediatamente speso questi soldi in Italia, in quel processo lo farò». Stiamo ancora aspettando.

La difesa Previti però produceva documentazione attestante spese pagate per contante per un complessivo di 16 milioni di lire nel periodo 1° aprile 1991 28 maggio 1991; da tali atti risulta che nel mese di aprile '91 Previti pagava i seguenti importi, andiamoli a vedere: 5 aprile '91, Italgas, 3 milioni 284 mila; 5.4.91, Italgas, 750 mila; 5.4.91, Acea, 353 mila; 5.4.91, Acea, 750; 29.4.91, dottor Mauro Virilli, 30 mila; 20... 29.4.91, Mondialpol, 119, per un totale di 3 milioni 787 500 lire, gli ulteriori 13 milioni venivano spesi nel successivo mese di maggio. Cioè, la dimostrazione che ci viene data, lo si ripete, dopo tre anni di dibattimento, due... un anno e mezzo di udienza preliminare, di come sono stati impiegati i contanti in Italia abbiamo documentazione che ci fa vedere che in quel periodo, e abbiamo esaminato anche quello successivo, ci sono impieghi di 3.787.500 [lire].

Non v'è quindi, presidente, alcuna dimostrazione dell'impiego di contante nel mese di marzo '91 che possa confermare l'effettivo rientro dei 500 milioni riferimento Orologio; analogamente nessun positivo riscontro può trarsi dai conti correnti italiani di Previti. Su questi conti, dall'analisi dei documenti, risultano a far data dal 1° gennaio 1991 i seguenti versamenti di contante: 23.4.91, 50 milioni; 26.4, 50 milioni; 2.5.91, 50 milioni; 3.5.91, 50 milioni; 10.5.91, 45 milioni; 21.5.91, 50 milioni; 31.5.91, 10 milioni; nel mese di marzo quindi non v'è alcun versamento che possa indirettamente confermare l'asserito rientro di 500 milioni.

Ma v'è di piú, presidente: per una compiuta valutazione dei contanti spesi, nonché di quelli versati sui conti correnti a partire dall'aprile '91, si deve tener conto non solo dell'asserita operazione Orologio, ma anche dei rientri certi e documentali eseguiti da Eleuteri, e cioè il 15.1.91, il 25.1.91, il 28.2.91, l'11.3.91 rientrano complessivamente in Italia 412 milioni 740 mila; i riscontri documentali della difesa Previti confermano semmai le operazioni di Eleuteri e non certo il rientro in Italia di 500 milioni la cui urgenza e velocità di esecuzione, addirittura è avvenuta senza transitare sul conto di Pacifico, non trova alcuna conferma di un impiego di contante né contestuale né successivo in Italia nel mese di marzo '91. Possiamo arrivare quindi alle considerazioni finali, presidente, possiamo trarre da tutto quello che ho illustrato finora le seguenti conclusioni: gli imputati non hanno minimamente posto in dubbio il fatto che sul conto di Squillante ai primi di marzo '91 sia stata accreditata una somma pari a 500 milioni proveniente dal conto di Previti.

– *I due imputati mentono.* A fronte dell'ipotesi accusatoria fondata sulla copiosa documentazione bancaria, estratti conto, contabili di addebito e di accredito, ordini interni, telex, gli imputati hanno fornito una serie di spiegazioni prive di riscontri diretti, indiretti o anche solo logico deduttivi, non supportate da alcun documento e/o testimonianza. Dalla loro ricostruzione dovremmo ricavare che Previti bonificava all'estero 500 milioni a Pacifico e ne riceveva altrettanti in Italia in contanti, Pacifico consegnava 500 milioni in Italia a Previti ricevendone altrettanti all'estero che dirottava sul conto di Squillante per Tolcinasco, somma che gli veniva restituita dopo essersi ritirato dall'affare; Squillante riceveva 500 milioni da Pacifico nel marzo '91 per Tolcinasco e ne restituiva altrettanti dopo la rinuncia all'affare di Pacifico. La differenza appare evidente dal raffronto tra l'ipotesi accusatoria e le tesi difensive, ogni singolo passaggio, presidente, che compone il quadro complessivo delle spiegazioni difensive è stato oggetto, è stato già oggetto di specifica trattazione ed ognuno di questi è risultato destituito di fondamento.

In questa sede si intende invece porre l'attenzione sul quadro complessivo che gli imputati hanno tracciato, che può sinteticamente essere definito come un sistema incrociato di compensazioni reciproche, al termine delle quali ciascuno dei tre avrebbe corrisposto e ricevuto pari somme, parte in Italia e parte all'estero, non ottenendone alcun incremento patrimoniale a scapito di un altro. Le spiegazioni cosí offerte sono in definitivo un unico sistema finanziario in pareggio, legandosi ogni movimento ad altri in un tutto inscindibile; è evidente che trattandosi di transazioni concatenate tra di loro e legate a filo doppio le une con le altre dimostrando l'inattendibilità di un solo passaggio viene meno anche l'operazione in contropartita, e con un effetto domino viene meno tutta la ricostruzione dell'intero sistema prospettato dagli imputati.

A titolo di esempio si può valutare il sistema finanziario difensivo secondo diverse angolazioni; esempio, il primo esempio, partendo dal fatto che Pacifico non otteneva la restituzione dei 500 milioni da Squillante alla fine di ottobre '91 viene meno anche l'operazione uguale e contraria precedente, bonifico da Pacifico a Squillante del marzo '91, avendo come ulteriore conseguenza che anche il bonifico tra Previti e Pacifico non aveva ragione di essere, e cosí all'infinito.

Esempio numero due: partendo dal fatto che Pacifico non aveva alcuna intenzione d'acquistare unità immobiliari a Tolcinasco viene meno anche il trasferimento fra Pacifico e Squillante di 500 milioni nel marzo '91, e quindi non corrisponde al vero la circostanza che sia stato Pacifico a dare il riferimento Orologio a Previti per fare arrivare la somma a Squillante. Appare poi evidente e consequenziale che Pacifico non ha versato alcuna somma in contante in Italia a Previti, e cosí all'infinito.

Esempio numero tre: partendo dal fatto che Squillante la mattina successiva all'accredito investiva a tre mesi parte dei fondi ricevuti, viene meno la spiegazione dell'imminente sottoscrizione dei contratti di Tolcinasco e quindi è destituita di fondamento anche la spiegazione di Pacifico che, proprio in ragione di un impiego immediato dei fondi, sosteneva di aver girato al volo le somme provenienti da Previti, di conseguenza viene meno anche l'interposizione di Pacifico nel bonifico tra Previti e Squillante, e cosí all'infinito. E quindi, presidente, da qualsiasi punto di partenza si vogliono esaminare le spiegazioni degli imputati, il venir meno di un solo passaggio determina il crollo di tutta la loro ricostruzione.

– *Conclusioni*. Le dichiarazioni degli imputati sono state esaminate sotto molteplici profili verificando i riscontri documentali o testimoniali, i riscontri diretti, indiretti, logici e anche solo semplicemente deduttivi e/o induttivi, la compatibilità storica con quanto effettivamente è avvenuto, ogni singolo passaggio finanziario, l'insieme di tutte le spiegazioni offerte; ebbene, il quadro complessivo porta al medesimo risultato, le dichiarazioni degli imputati sono inattendibili.

La ricostruzione dell'ipotesi accusatoria invece che si fonda, lo si ribadisce, su dati documentali, dimostra ogni oltre ragionevole dubbio che Pacifico non ha mai avuto intenzione di acquistare a Tolcinasco un appartamento; Pacifico non ha mai rimesso una somma a Squillante in ragione di tale acquisto; Pacifico non ha avuto alcuna restituzione né con somme in Italia né con prelievi all'estero; Pacifico non aveva in Italia una somma di 500 milioni da poter compensare con il bonifico estero di Previti; Squillante nel ricevere questa somma si è comportato come il proprietario e non già come un custode temporaneo; Squillante ha disposto della somma in piena autonomia e parte di questa l'ha subito destinata ad Aloisio in contropartita di una pari somma in titoli di Stato, mediante i quali ha poi pagato i suoi acquisti in Tolcinasco; Squillante non ha mai restituito alcunché a chicchessia; Previti non ha ricevuto la somma di 434 mila dollari come pagamento di prestazioni professionali; Previti ricevuta la somma di 500 milioni di lire dai conti Polifemo e Ferrido la trasferiva nel giro di pochissime ore al conto di Squillante, sapendo che tale somma era destinata proprio al giudice romano e quest'ultimo sapeva che il bonifico gli proveniva da Previti.

Presidente, ovviamente mi riferisco all'operazione del 1991, questa [...] non è una deduzione del pubblico ministero, il pubblico ministero nella ricostruzione, come ho spiegato sin qui, si è attestata alle carte, ai documenti, alle dichiarazioni degli imputati che sono state valutate nel dettaglio, sono state sezionate, è stato anche partendo da un'idea ben precisa che risulta da una carta, rigo 990, «Entrata bonifico 434 mila dollari del 6 marzo 1991». E vorrei leggere anche le conclusioni a cui arriva il consulente tecnico [di Squillante]: «Dalla contabile risulta bonifico Hentsch Ginevra d'ordine un loro cliente, da istruzioni telefoniche del 5 marzo '91, risulta Hentsch Ginevra parlato con il signor Riva, ci bonificano dollari 434 mila valuta 7,3, Rowena, riferimento Orologio; da una contabile Hentsch su cui risulta apposto il timbro Riva del 5 marzo '91 risulta un ordine di addebito del conto H8545, identificativo numerico del conto Mercier, per 434 mila dollari Usa per bonifico a favore della Società bancaria ticinese beneficiaria conto Orologio; su un telex del 5 marzo '91 riferito alla medesima operazione e annotato a penna "Signor Tarilli 5.3.91, chiave esatta"»; da una contabile della Hentsch risultano addebitati sul conto 8545 Mercier dollari Usa 434 mila 412, di cui 8 dollari per commissione per versamento telegrafico alla Società bancaria ticinese».

Presidente, queste sono le parole del consulente tecnico che ha fatto lo stesso lavoro del pubblico ministero: ha esaminato le carte, ha evidenziato tutto quello che emergeva dalle carte, addirittura le firme, il funzionario, gli orari, l'esatto equivalente del cambio in quella tale giornata. Quindi queste non sono, lo ripeto, le conclusioni del pubblico ministero, sono le conclusioni del dottor Francesco Anselmo, dottore commercialista nonché consigliere dell'Ordine dei dottori commercialisti, consulente tecnico della difesa Squillante. Questi fatti, presidente, non possono essere messi in discussione, quando sono iniziate le indagini queste notizie non erano note all'Ufficio della Procura.

Il processo, lo abbiamo detto all'inizio, s'incardina nel settembre del 1995, un teste riferisce e decide di raccontare un pezzo della propria vita: consegna agende, fotografie, appunti, altri fatti, altre storie di documenti. La teste parlava di un'amicizia con Cesare Previti [...], riceveva delle confidenze dal Cesare Previti che riguardavano il giudice Squillante e la figura dell'avvocato Pacifico. Dai documenti che sono stati acquisiti agli atti possiamo dire che la signora Ariosto conosceva Cesare Previti? Sí, presidente, che c'era tra i due un rapporto di amicizia, che questo rapporto di amicizia era di vecchia data? Andiamo a prendere altri documenti, presidente, le agende che l'Ariosto ha consegnato che risalgono al 1985, leggiamo sin dal 1985 delle annotazioni che riguardano l'avvocato Previti «Previti; Milano Previti; telefonare Previti; telefonare Previti per appuntamento...» – siamo al 1985, presidente – «... 15:30, Casiraghi piú Previti; avvocato Previti ore 10:00; telefonare Previti». Ed è costante, perché poi andiamo all'86: «Cesare Previti; ore 10:00 Previti; Previti piú Confalonieri; Previti; telefonare Previti; Previti a Milano; Aurelio piú Cesare; avvocato Previti; Cesare Previti; avvocato Previti; Casoli piú Previti; Previti ore otto; telefonare Previti; Carlo Eleuteri piú Marta Marzotto, Franco Carraro, Cesare Previti; Roma Cesare; telefonare Previti per appuntamento Caprotti; Previti richiamare; scrivere a Previti; Roma Previti; Previti», siamo al 1986.

Andiamo a vedere anche se anche nell'87. Sí, presidente: «Cesare Previti; *book* da Previti; Previti; telefonare Previti; telefonare Cesare; Roma Previti; cena Cesare...» – siamo nel 1987, presidente – «... Cesare Previti per assessore; Cesare Previti; Roma Previti; telefonare Previti; Cesare Previti piú Paolo Berlusconi, Bettino, Roma; telefonare Adriana conferma Previti; Ricotti piú Previti; incontro a Roma; Cesare Previti; Efibanca per lettera Cesare; Roma Cesare; cena Roma...» – siamo sempre nel 1987 – «... Roma; Roma Cesare». 1988, continua sempre «Previti»: documenti, non testimonianze. Si conoscevano. Abbiamo un dato storico di anni e anni fa a partire dal 1985.

Abbiamo altri documenti che attestano un fatto che si verifica sempre in quegli anni, '88, un viaggio a Washington, Niaf, premiazione dell'uomo dell'anno. Quell'anno fu premiato l'allora presidente del Consiglio Bettino Craxi, dalle foto rileviamo la presenza di numerosi magistrati del distretto di Roma; un dato, un *flash*, c'è Squillante, c'è Vinci, c'è l'avvocato Pacifico, ci sono altri magistrati. Abbiamo altri testi che ci parlano della conoscenza; Casoli, conosce l'Ariosto da anni, si è incontrato anche con Cesare Previti, la signora Ariosto, la signora Carla Ariosto [sorella di Stefania] è con Previti, in un'occasione la signora Ariosto, Carla Ariosto e Previti sono in via Cicerone numero 60; altra circostanza altro fatto, sappiamo che, altro dato storico, le dichiarazioni dell'Ariosto sono datate 1995 o sono precedenti? Sono precedenti, presidente, abbiamo due testi che ammettono in dibattimento che sin da quegli anni, sono Dotti e Casoli, avevano ricevuto confidenze dell'Ariosto che parlava del ruolo di Previti e del fatto che quest'ultimo fosse legato a magistrati e che ci fossero degli scambi di danaro.

Due testi confermano

Casoli che cosa ci dice? A proposito conferma che in anni passati, e non certo nel 1995, e non certo nel 1996, l'Ariosto gli aveva riferito di queste circostanze, ma negli anni passati; come, come ce lo racconta Casoli? Dice: «Mi sembrava assurdo che un magistrato prendesse in maniera cosí sfacciata dei quattrini, quindi la notizia mi sembrava inverosimile, perciò pur non godendo Cesare Previti della mia incondizionata considerazione, cercai di autoconvincermi che l'episodio non fosse vero; con ciò non intendo però dire che io abbia mai inteso dubitare dell'assoluta buona fede di Stefania Ariosto», altro dato documentale, non entriamo nel merito in questo momento, mi interessa soltanto focalizzare la vostra attenzione su un altro dato documentale, in un tempo precedente, di gran lunga precedente al 1995 o 1996 la signora Ariosto aveva fatto le stesse confidenze a Giorgio Casoli. E non solo a lui, ma anche a Dotti, questo ovviamente in un periodo successivo perché sappiamo, altro dato documentale, che la relazione tra l'avvocato Dotti e la signora Ariosto comincia nel novembre del 1988.

Che cosa ci dice Dotti in dibattimento? «È capitato piú volte che l'Ariosto parlando dell'avvocato Previti alludesse a una sua particolare capacità di intrattenere rapporti, diciamo, di confidenza con i magistrati [...] ma quella era una voce corrente sulla piazza di Roma, mi spiace dirlo, non voglio essere offensivo nei confronti di Previti, però questa è la realtà, circola questa voce, che sia vera, non sia vera, a torto o ragione purtroppo per Previti, ma circola proprio questa voce che non è mai accompagnata da riferimenti specifici; il fatto che l'Ariosto me lo dicesse mi lasciava abbastanza indifferente».

Da questa testimonianza rileviamo due dati, abbiamo un altro teste che conferma che l'Ariosto queste confidenze che ebbe a ricevere da Previti le fa in tempo non sospetto a Dotti. Dotti ci dice una cosa in piú, dice: «Perché io non ho dato credito oppure mi sono scivolate addosso? Perché in fondo circolavano queste voci su Cesare Previti».

Nel 1997, userò dei flash, ritorno al momento delle indagini, nel 1997 arrivano i conti, abbiamo illustrato nel dettaglio quello che succede nel 1991, in questa ricostruzione noi troviamo tre protagonisti, presidente: Renato Squillante, Cesare Previti, Attilio Pacifico; non è questa l'unica occasione, sarà oggetto della prossima giornata di requisitoria, però noi riportiamo un dato certo, un fatto documentale, che quelle persone che l'Ariosto, lo ripeto, indicava per confidenze ricevute da Previti, per la sua amicizia con Cesare Previti, le aveva riferite in tempo non sospetto ad altre persone che ve lo hanno confermato in dibattimento, e noi facendo un *flash* e ripercorrendo un percorso di anni e andiamo avanti, vediamo che il dato storico emerge dalle carte documentali, e addirittura dal dato documentale, dalla ricostruzione che vi ha fatto il pubblico ministero sappiamo che quei personaggi avevano consistenze patrimoniali prima che addirittura l'Ariosto facesse queste confidenze a Casoli e a Dotti.

Vi ricordo che Renato Squillante ha aperto il conto Rowena nel 1984. Vi ricordo che il conto di Cesare Previti era aperto dal 1974, vi ricordo che i numerosi conti correnti trovati nella disponibilità di Pacifico risalivano agli anni '70; quindi noi abbiamo una confidenza tra due persone in cui è acclarato che vi fosse un rapporto di amicizia, basta ricordare il bigliettino con cui Cesare Previti ringrazia la Stefania Ariosto per un regalo molto, molto bello che gli aveva fatto in cui dice: «Non lo dovevi fare perché il nostro affetto e l'affetto che io ti porto non ha bisogno di regali», e questo biglietto è datato 1987, è un altro dato storico. Quindi nel mille... in quegli anni è provato che Stefania Ariosto era una cara amica di Cesare Previti, quindi era piú che ragionevole, plausibile, logico che potesse ricevere confidenze che peraltro, dice Dotti, circolavano negli ambienti romani, cioè la voce che Previti fosse non solo e non amico dei magistrati ma che pagasse dei magistrati era una voce circolante di Roma.

Dico questo soltanto per sottolineare un altro dato che mi emerge dalla testimonianza: non ho bisogno di chiacchiericcio di corridoio, perché vi ho detto nella prima ricostruzione, e non sarà l'ultima, presidente, che noi troviamo che nel 1992 vi è un intreccio dei tre personaggi nominati dall'Ariosto: Pacifico, Squillante, Previti, e lo ripeto, in questo abbiamo una somma di danaro che nel giro di pochissime ore transita da due conti esteri di transito, Ferrido, Polifemo, va al conto Mercier e nel giro di pochissime ore dal conto Mercier arriva al conto di Squillante. Squillante, ed è un dato incontrovertibile, riceve questa somma e la custodisce e la amministra come propria, da buon padre di famiglia destina 100 milioni a testa ai tre figli, il rimanente per sé e fa investimenti fiduciari; questo è un fatto, questa è una realtà.

Pedinamenti e cimici

Ritorniamo al '95: comincia l'indagine sulla base delle dichiarazioni, personaggi, personaggi vengono posti all'attenzione degli inquirenti e delle forze investigative delegate alle indagini, vengono effettuati servizi di osservazioni supportati in un momento successivo da intercettazioni telefoniche e anche l'ausilio in alcuni casi di ambientali. Primo dato, a fronte di un teste che riferisce comunque fatti passati si verifica nella concretezza, nella realtà, ritorniamo al '95, che effettivamente Pacifico e Squillante si frequentano, situazione peraltro che allo stato non porta piú di tanto. Le indagini nascono in una fase di estrema segretezza, il Procuratore della Repubblica di Milano decide di criptare i nomi degli indagati, quindi l'indagine addirittura non poteva, i nomi vengono segretati, cosí come prevede il codice. Dicembre '95, siamo in corso delle indagini, sono partiti i controlli telefonici, abbiamo un altro fatto, siamo sotto Natale, 24, 23, non mi ricordo, viene depositato vicino all'abitazione dell'Ariosto dietro la sua porta un coniglio spellato in una confezione regalo, siamo sotto Natale, viene depositato questo pacco, portato su dal portiere, l'Ariosto entra in casa e apre questo pacco, anche se era anonimo, non vi era l'indicazione, e scopre all'interno, fatto, voi avete, e sono state acquisite agli atti le fotografie, un coniglio spellato.

In quel momento – ma la Procura lo saprà in un momento successivo – qualcuno sapeva che Milano stava indagando: questo ce lo dice Pacifico dopo gli arresti; facciamo un altro salto e arriviamo al '96, qui siamo al dicembre '95, Pacifico ci dice che aveva saputo da Previti che vi era un'indagine a Milano e che era condotta dalla dottoressa Boccassini. Io ricordo che ero appena tornata a Milano perché ero stata applicata a Palermo, quindi la mia presenza a Milano era recentissima, la mia riapparizione a Milano era recentissima; questo è un altro fatto, ci viene riferito da... un imputato.

Missione in Svizzera

Torniamo alle indagini: 15 gennaio 1996, Squillante è sotto pedinamento, è sotto intercettazione telefonica, dai telefoni si appura che lo stesso deve fare un viaggio a Milano, gli investigatori e il pm erano convinti che andasse a Milano perché non vi era motivo di dubitare del contenuto delle telefonate non solo fatte da Squillante, ma anche dalla moglie ai parenti «Va a Milano». Chiaramente viene seguito, quindi due ispettori dello Sco salgono su quel treno, e però soltanto sul treno e questo al confine si rendono conto che Squillante non doveva scendere a Milano, ma doveva proseguire per la Svizzera; lí succede un inconveniente, nel senso che i poliziotti avevano con sé una pistola proprio perché si immaginava che la destinazione finale di Squillante fosse Milano e quindi per un disguido con la Polizia svizzera e la consegna delle armi, insomma nel giro dei pochi minuti a disposizione hanno visto il treno che ripartiva per destinazione Zurigo.

Siamo al gennaio '96, 15 gennaio, siamo prima del bar Tombini. Noi sappiamo soltanto in quel momento che Squillante va a Zurigo, non sappiamo perché, sappiamo dalle indagini che chiediamo, dagli accertamenti che chiediamo all'autorità elvetica che quello stesso giorno c'è anche Mariano Squillante, abbiamo solo questo dato. [...]. Scopriremo molto dopo, addirittura nel 2001, con le carte che ci provengono dal Liechtenstein, perché sono andati in Svizzera, perché Squillante era in compagnia del figlio: perché avevano preso appuntamento con la signora Cornelia Ritter, fiduciario. L'appuntamento era per il 16 gennaio '96, andiamo a vedere, è negli atti, la relazione della signora Ritter che ci fotografa, abbiamo un'altra fotografia di un particolare momento che, lo ripeto, noi non conoscevamo, lo conosciamo a distanza di anni, però questa è una fotografia storica di quello che è successo nel gennaio '96; visita del signor Squillante e di suo figlio Mariano Squillante «Visto che terzi sanno dell'esistenza di Laoro Anstalt [la società di Squillante e Pacifico], il signor Squillante vuole ritirare il patrimonio della fondazione, dice che si tratta di una misura preventiva e non e non significa che non si fida del suo amico...» – il suo amico è Pacifico – «... a seguito delle istruzioni telefoniche del signor Squillante abbiamo istituito la Telino [la nuova società di Squillante aperta per occultare i capitali alla polizia], il signor Squillante rilegge i patti aggiuntivi allo statuto, bla bla bla, 15 gennaio 1996, Vaduz». Che fosse presente anche Mariano Squillante, lo ripeto, lo ricaviamo dalla permanenza lí e dal fatto che la Zindel certifica che in quel momento era presente anche Mariano.

Allora che cosa era successo? Noi sappiamo da Pacifico che nel gennaio, siamo prima del bar Tombini, si sapeva che vi era un'indagine a Milano. Viene quindi il primo contatto con il patrimonio, perché noi sappiamo che sulla Laoro erano stati, alla data del '96, erano stati, erano arrivati le somme ricevute da Pacifico da Rubino Mensch, l'avvocato della famiglia Rovelli, quindi i circa 30 miliardi che erano destinati a Pacifico vengono da quest'ultimo poi fatti confluire nella Laoro; dopodiché nell'ottobre '95, siamo prima del gennaio '96, nel momento delle indagini, questi fondi vengono trasferiti nell'assoluta e unica disponibilità di Renato Squillante, quindi il 15 gennaio ['96] lui va a Zurigo in compagnia del figlio e quel patrimonio che in quel momento era già nella sua disponibilità cambia, cioè Laoro era conosciuta, siamo a una prima fase, è vero, perché Pacifico sapeva che i fondi erano sulla Laoro e quindi chiede che vengano messi su un'altra fiduciaria, cioè viene fondata la Telino, quindi sparisce quella fiduciaria e se ne crea una nuova.

Proseguiamo le indagini, come dicevo soltanto molto tardi, nel 2003, noi scopriremo che [...] Pacifico nell'ottobre del '94 apre la società Laoro facendovi confluire questi 10 milioni di franchi svizzeri, che dichiara all'epoca suoi soldi privati, provenienti in parte da onorari incassati per alcuni procedimenti arbitrali e parzialmente da altri onorari professionali pagati in Svizzera. Nell'ottobre '95 Pacifico gira le quote della società a Squillante che ne diviene il titolare unico. Quindi, questo lo sappiamo soltanto, lo ripeto, da pochissimo tempo, il 15 gennaio sa che c'è un'indagine e toglie di mezzo la Laoro: [...] quel patrimonio cambia denominazione, sparisce Laoro, sparisce la traccia Pacifico-Laoro.

Domenica al bar Tombini

21 gennaio '96, bar Tombini. Perché il bar Tombini? Perché nel corso dei servizi di osservazione si era appurato che era un luogo dove si incontravano Squillante e Pacifico. Sappiamo tutti, devo ripeterlo seppur sommariamente, quello che è successo il 21 gennaio '96. Quel giorno al bar oltre Squillante (Pacifico arriverà in un momento successivo quando già era stata scoperta la... l'ambientale [cimice]), vi era il giudice Roberto Napolitano, il giudice Augusta Iannini e l'avvocato Virga Vittorio. A un certo punto nel posacenere dove era stata collocata dallo Sco, la microspia – perché si sapeva che quel giorno ci sarebbe stato l'incontro tra Pacifico e Squillante, entrambi oggetto di indagini – viene scoperta e a questo punto cambia tutto, cambia la metodologia di Squillante. Ma, attenzione, vediamo che il 15 gennaio già va a Zurigo ad assicurarsi una non possibilità di individuazione con un altro patrimonio, 10 milioni di franchi che in quel momento aveva. Da questo momento vedremo che l'atteggiamento di Squillante cambia entrando completamente nel panico: [...] da un primo momento di timore e di paura (perché a gennaio si tutela con la Telino), diventa assolutamente panico.

Perché dico questo? E che cosa fa? La prima cosa che viene fatta – che naturalmente noi sapremo in una fase successiva, presidente, lo sapremo soltanto dopo gli arresti – il 7 e l'8 febbraio tutti i fondi depositati presso la Società bancaria ticinese (ricordiamoci che è la banca dove abbiamo individuato il bonifico cosiddetto riferimento Orologio, ricordiamoci il conto che Squillante ha aperto sin dal 1984) vengono prelevati per contante in una valigia da Squillante Fabio e dalla moglie [Olga Savtchenko] tutta la somma. E fino al momento successivo dell'arrivo della documentazione (solo nel '97), noi sapevamo che i soldi si erano... spariti nel nulla, perché trattandosi di un prelevamento in contanti non si sapeva, né ovviamente gli imputati nulla hanno detto sul perché [di] quella consistenza patrimoniale, dove erano stati portati e quant'altro.

I soldi in Liechtenstein

E ancora una volta noi dobbiamo rifarci a quello che abbiamo saputo nel 2001, e cioè soltanto quando arrivano gli atti dal Liechtenstein noi sappiamo che questo denaro prelevato in contanti, siamo a circa 9 miliardi di lire prelevati in contanti [dal conto svizzero Forelia], vengono trovati in Liechtenstein, e dove, presidente? Si mischiano, cioè nel senso che vanno a confluire sulla Telino, e cioè presso quella società che Pacifico, il 15 gennaio '96, si era fatto costituire dalla Ritter dicendo: «Siccome la Laoro è conosciuta, tu mi devi dare un'altra cosa». Quindi questa somma va ad aggiungersi all'altro danaro che già lí c'era dal 1995. Andiamo a vedere dai documenti: estinzione del conto Forelia, 9 miliardi di lire con quattro operazioni [...]: esattamente 6 mila 813 milioni di franchi svizzeri, tutto viene ritirato dai conti correnti.

Ora, il dato documentale, e cioè il trasporto materiale dalla banca [svizzera] e poi il ritrovamento in Liechtenstein, viene confermato anche dal teste Resinelli. Che cosa ci dice Resinelli nell'interrogatorio acquisito agli atti del 12 febbraio '97? «I soldi sono stati portati via fisicamente dalla banca, la signora Olga era accompagnata dal marito, sono usciti insieme dal mio ufficio, dove erano... dove avevano preso in consegna il danaro della banca, il fattorino della banca li ha accompagnati fino alla loro vettura; il padre Squillante Renato e poi anche i figli dicevano che le banche svizzere non offrivano piú la sufficiente sicurezza e segretezza, era questo il motivo per cui li portavano via». Allora la circostanza del prelievo trova conferma proprio dal protagonista della situazione perché Resinelli era il direttore di questo istituto bancario, la persona che materialmente doveva fare e su disposizione del cliente, quindi mettere in esecuzione l'operazione stessa; tant'è che voi ricorderete che c'è stata un preavvertimento a Resinelli da parte di Squillante il quale ci ha messo due o tre giorni per la cifra, perché noi sappiamo benissimo che i soldi non sono depositati da contante e quindi sono stati raccolti, e quando era pronto per la consegna Resinelli ha telefonato a Squillante e quindi si sono... è andato il figlio e lí sono stati ritirati.

Attenzione, allora: Squillante non va. Bar Tombini, pedinamento... Il figlio Fabio lavorava in Belgio, lí, e quindi la cosa migliore era coinvolgere, purtroppo è stato coinvolto un figlio, a fare un'operazione che doveva rimanere segreta e occulta per due ragioni, presidente: la prima è che veniva. spostato un ingente patrimonio, dall'altro che bisognava evitare qualsiasi collegamento con Squillante e con l'estero. Quindi dopo il bar Tombini, il panico. Che cosa fa? La prima cosa che fa Squillante si assicura che non si arrivi al patrimonio, a quello che aveva depositato con... su un conto che, lo ripeto, era in essere sin dal 1984. Quindi alle prime avvisaglie, alle prime confidenze che lui riceve mette a posto la situazione Laoro-Telino. Il fatto macroscopico del bar Tombini che rende evidente i mezzi, le ambientali, eccetera eccetera. Entra nel panico, la prima cosa che fa, assicurare la copertura e la sparizione del capitale che aveva in Svizzera. E dopo quel fatto abbiamo anche un cambiamento dei programmi, di metodologia di Renato Squillante: abbiamo sentito qui chi materialmente eseguiva i pedinamenti, abbiamo sentito di contropedinamenti, attentissimo a verificare se veniva seguito o meno da autovetture, addirittura controllava in un'occasione se nelle macchine c'era qualcuno, eccetera eccetera. E da quel momento gli incontri tra Pacifico e Squillante avvengono per strada, cioè si parlano per strada.

Due uomini in strada

Siamo in inverno, siamo al mese di febbraio, sicuramente Roma ha un clima meno rigido di Milano, però abbiamo due persone non certo giovanissime, eppure anche alle otto di sera, in ora tarda loro parlano per strada, nell'atrio dell'abitazione di Squillante. Squillante comincia a usare i telefoni pubblici, si presenta come «Lauro», abbiamo una ambientale incomprensibile del 4 febbraio, cosiddetta «ambientale giardino», dove non si capisce una parola: documenta un fatto preciso, e cioè sono lí che passeggiano avanti e indietro Squillante e Pacifico. Questo attesta il fatto, cioè il comportamento di due persone di una certa età, uno è un avvocato del Foro di Roma, l'altro ricopre una carica, presidente dell'ufficio Gip, che invece di parlare al caldo di una casa preferiscono e sono costretti a farlo per strada.

Sappiamo sempre, altro dato documentale, che in quel periodo Squillante vuole saperne di piú, di piú di quello che già immagina da tempo [...]. Aloisio, l'agente di Borsa, quello che nel 1980 presenta Squillante alla banca di Bellinzona, è il suo agente di Borsa, è la persona che, come vi ho precisato poco fa, dà gli assegni per Tolcinasco, gestisce il dossier titoli della famiglia, è la persona che conosce Squillante da una vita; e andiamo a vedere che cosa ci dice di questo periodo buio, e cioè quello che succede con piú certezza dalla individuazione del bar Tombini: «So che il dottor Squillante mi aveva telefonato diverse volte chiedendomi di incontrarmi, io non avevo nessuna buona ragione per andare a Roma apposta, però siccome dovevo andare a Roma per delle faccende di lavoro e incontrare dei clienti di Roma io in quell'episodio, è stato abbastanza curioso, racconto un episodio [...] non avevo intenzione di andare a Roma, però poi capita che io effettivamente devo andare a Roma». Che cosa succede? Che lui arriva all'aeroporto con l'aereo, sto parlando di Aloisio, aveva già il suo autista ad aspettarlo con la macchina e trova lí all'aeroporto il dottor Squillante che lo aspettava. «Io sono rimasto abbastanza sorpreso perché non me l'aspettavo, ho congedato il mio autista, un po' seccato, e il dottor Squillante mi ha accompagnato a Roma con la sua macchina. Il dottor Squillante mi aveva offerto la sua macchina per accompagnarmi all'aeroporto, ma era una macchina di servizio, era una macchina blindata e allora ho detto che non mi sembrava corretto usare una macchina di servizio per andare all'aeroporto, mi sono fatto accompagnare a un parcheggio da un taxi».

Sul perché addirittura Squillante, sapendo che comunque Aloisio andava a Roma, si è fatto trovare lí all'aeroporto, dice: «Furono essenzialmente due gli argomenti, il primo era l'effetto di un'eventuale rogatoria sulla banca svizzera dove il dottor Squillante aveva il conto, cioè che cosa avrebbe fatto la banca svizzera se fosse stata oggetto di una rogatoria da parte dell'autorità giudiziaria italiana, io risposi eccetera, eccetera». Allora noi vediamo che in questa fase il primo obiettivo è quello di fare in modo che non si arrivi al capitale, dall'altro [...] chiede e si informa con varie persone [...]. Vedremo che poi c'è dell'altro.

Si apre l'udienza del 30 maggio 2003. Viene data la parola al pubblico ministero per il prosieguo della requisitoria.

P.M. Nella scorsa udienza, presidente, abbiamo percorso una prima tappa e cioè il bonifico che nel 1991, concludendo per quello che il pubblico ministero aveva evidenziato sia da quanto risultava dall'analisi della documentazione bancaria, sia dalle giustificazioni addotte dagli imputati, nonché le argomentazioni fornite dai consulenti tecnici: si arrivava alla conclusione – unica conclusione possibile oltre ogni ragionevole dubbio – che Previti, ricevuta la somma di 500 milioni di lire dai conti Polifemo e Ferrido, la trasferiva nel giro di pochissime ore al conto di Squillante, sapendo che tale somma era destinata proprio al giudice romano, avendo concordato con quest'ultimo il riferimento Orologio.

Un giudice fuorilegge

Poi abbiamo percorso e stavamo percorrendo quello che è successo nel 1995 quando le indagini sono cominciate. E abbiamo fatto dei flash che ci riportavano man mano alla situazione storica cosí come è stata documentata, ma soltanto in un momento successivo. E facendo questo percorso abbiamo già visto che il giudice Squillante aveva aperto in Svizzera un proprio conto corrente sin dal 1984. Ora voi ricorderete, tutti ricordiamo, che in quel periodo era in vigore la legge sul reato valutario. Io voglio ricordare a me stessa che cosa prevedeva il codice. Il codice diceva: «Chiunque con una sola azione o piú azioni realizzate nel corso di un triennio in violazione di un divieto legalmente dato, esporta con qualsiasi mezzo fuori dal territorio dello Stato valuta nazionale od estera, titoli azionari od obbligazioni, titoli di credito o comunque mezzi di pagamento, ovvero essendo residente costituisce con qualsiasi mezzo o comportamento fuori dal territorio dello Stato a favore proprio o altrui, disponibilità valutarie e utilità di qualsiasi genere, è punibile con la reclusione da sei anni a sei mesi, multa dal doppio al quadruplo del valore dei beni esportati o della disponibilità e attività costituite qualora il loro effettivo valore al momento del fatto superi complessivamente nel corso di un triennio, la somma di 100 milioni di lire».

Addirittura ricordiamo tutti che si prevedeva per questo tipo di reato il giudizio direttissimo. Quindi, nel 1984, un giudice che era nel pieno esercizio delle proprie funzioni, violava comunque la legge che era quella valutaria, che prevedeva – lo ripeto – una pena altissima. In paradosso in quegli anni il reato di corruzione era punito con una pena inferiore al reato valutario [...] Quindi Squillante nel 1984 non è [solo] un evasore fiscale: è una persona che ha violato la legge. Facendo ancora il percorso investigativo, abbiamo visto che nel 1995 vi è un primo viaggio all'estero di Squillante. Vi ho già detto che il motivo di quel viaggio, anche se si era intuito che potesse essere riferibile alla consistenza, all'esistenza di conti esteri il viaggio a Zurigo, perché – lo ripeto – dai telefoni il viaggio era finalizzato solo a Milano, e soltanto nel momento in cui era già sul treno, accertiamo che era destinato quel viaggio a proseguire oltre i confini nazionali, per la Svizzera. Vi ho detto che nel 1996, nel gennaio, sappiamo dopo che Squillante Mariano e Squillante Renato erano andati in Liechtenstein per cambiare la denominazione, far sparire la Laoro e creare una nuova società, Telino. Vi ho già detto che in quel periodo [...] si sapeva che vi era un'indagine a Milano che riguardava il giudice Squillante. Vi ho già riferito sulla individuazione del bar Tombini e il comportamento assolutamente diverso che assume lo stesso Squillante. Vi ho già riferito che a seguito della individuazione del bar Tombini, noi abbiamo un nuovo viaggio in Svizzera, questa volta fatto da Fabio Squillante e la moglie, dove dalla banca dove erano depositate le consistenze patrimoniali di Squillante Renato, viene prelevata in contanti tutta la somma. E soltanto nel 2001-2002 noi accertiamo che quella somma va a confluire nel Liechtenstein nel patrimonio che lí già giaceva presso la Telino.

Il 1° marzo del 1996 viene captato un altro segmento. Mi riferisco alla intercettazione ambientale nello studio di Pacifico. Sono presenti due personaggi: Squillante, Pacifico. Ebbene, cosa noi capiamo dal contenuto? Capiamo che Squillante è agitatissimo, tanto che deve essere calmato dallo stesso Pacifico. Andiamo a vedere che cosa ci dirà dopo l'arresto Pacifico, proprio sullo stato psicologico del giudice Squillante: «Leggendo questa intercettazione, vi rendete conto che è una specie di incubo per me questo personaggio [Squillante] in questi ultimi giorni. Voi che avete fatto tutte le intercettazioni e soprattutto i pedinamenti sapete che una domenica, che non era l'ultima ma quella precedente, è venuto a casa mia due volte. Dopo la prima volta che è salito, lui è sceso, è stato 5 o 10 minuti ed è tornato, perché io l'ho messo alla porta, perché quando lui sulla mia terrazza mi ha detto: "A me non mi rimane che ammazzarmi". Voi sappiate che razza di problema era 'sto personaggio in questi ultimi tempi. Per cui io ad un certo punto ho assunto questa posizione dura, perché se no questo discorso non finiva piú». Quindi ce lo dice lo stesso Pacifico, ma lo si arguisce in maniera certa da tutta l'[intercettazione] ambientale, che Squillante era agitatissimo, preoccupatissimo. Eppure a quella data il suo patrimonio era già in salvo. Aveva – lo ripeto – cambiato nel Liechtenstein da Laoro a Telino, aveva fatto sparire dalla Banca di Bellinzona il patrimonio che era lí depositato, ammontante a 10 miliardi di lire. Nonostante questo, la sua preoccupazione raggiunge picchi incredibili.

Il bar Mandara

Che cos'altro capiamo dalla [intercettazione] ambientale? Abbiamo la certezza che Squillante ha un conto all'estero, ma non si sa dove. Noi [in quel momento] non lo sappiamo. Si capisce che sono coinvolti i familiari e la nuora, perché fa riferimento ai figli e soprattutto alla nuora. Questa preoccupazione, il fatto ormai di parlare solo di questo, abbiamo un'altra certezza che ci deriva il 2 marzo, e cioè quando si incontra con Francesco Misiani nel bar Mandara. Anche qui tra le argomentazioni si fa di nuovo il discorso del patrimonio. E dal contenuto dell'appunto dell'ispettore Vardeu, professionista che da anni era in servizio presso il Servizio centrale operativo della polizia di Stato [...], che quel giorno si trovava all'interno del bar Mandara, tra le cose che sente appunto ci sono anche frasi del tipo: «Lo stanno cercando. Non lo trovano. C'è questo conto. Ma all'avvocato devi dire che c'è, quando c'è, come li hai divisi». Squillante dice: «Ci sono quattro firme». Ebbene, signor presidente, noi non sapevamo nulla di questo conto. Soltanto la certezza che da qualche parte all'estero c'era. Non sappiamo com'era diviso, non sappiamo chi erano i beneficiari economici. Ebbene, soltanto nel 1997 quando arrivano le prime rogatorie svizzere, noi dai documenti e quindi da un dato storico accertiamo che effettivamente non solo vi era il conto presso la Sbt di Bellinzona, ma era suddiviso in quattro sottoconti: Squillante e i tre figli. Delle due l'una, presidente: o Vardeu era in concorso a quell'epoca con Resinelli, e cioè il dirigente della Banca di Bellinzona che curava i rapporti bancari di Squillante; oppure Vardeu era in concorso con il giudice Squillante. Perché le uniche persone che potevano sapere non solo l'esistenza del conto, ma come addirittura questo era suddiviso all'interno, erano il direttore della banca e l'imputato Renato Squillante. Ripeto ancora che soltanto quando Pacifico viene interrogato noi scopriamo che si sapeva delle indagini, addirittura prima del bar Tombini: Pacifico ci dice di avere appreso queste circostanze da Cesare Previti, siamo al 2 marzo.

Pacifico in Svizzera

L'8 e il 10 marzo è Pacifico che ci porta nelle banche. Noi sappiamo dai servizi investigativi che Pacifico, come faceva spesso perché andava a giocare al casinò, si doveva recare in Svizzera. Viene avviata una collaborazione ovviamente tra la polizia italiana e la polizia svizzera, e Pacifico viene anche pedinato oltre frontiera. Viene seguito. E vediamo... non io, chi c'era lí vede che il giorno 8 marzo alle ore 11:14 Pacifico entra nella società di Banca Svizzera di Bellinzona, e esce alle 1:10. Dopodiché si sposta sempre in macchina, e alle 14:12, in territorio di Camorino, uscita Bellinzona Sud, escono dall'autostrada e proseguono sulla cantonale in direzione Giubiasco. Alle 14:20, dopo aver percorso via Zorzi, viale Portone e viale Stazione a Bellinzona, si fermano in piazza Collegiata. Mentre l'autista resta nel veicolo, Pacifico entra nell'istituto Società bancaria ticinese, al numero civico 3 di piazza Collegiata a Bellinzona. Uscirà dall'istituto alle ore 15. Quindi individuiamo cosí due banche.

Il 12 marzo del 1996 vengono eseguite le misure cautelari nei confronti di Renato Squillante e Attilio Pacifico. Andiamo a vedere che cosa noi troviamo nelle loro abitazioni. Devo ripercorrere seppur sommariamente le tappe che fino a qui ho illustrato, presidente.

Sanno che ci sono delle indagini. Viene spostato il capitale. Sappiamo che qualcosa è in Svizzera. Ce lo dice Pacifico, perché ci porta in due istituti. Noi sappiamo quello che emergeva dalle investigazioni. E io vi voglio leggere il decreto di perquisizione che fu fatto dalla Procura della Repubblica di Milano, cioè che cosa la Procura di Milano chiede agli investigatori di andare a cercare a casa di Squillante: [...] «Presso l'abitazione di Squillante Maurizio oltre che dei figli, possono rinvenirsi tracce di reato di cui in epigrafe rappresentate da documentazione varia (appunti, agende, note spese, missive, foto e album fotografici o similari, documenti bancari e altro)». Cioè il pubblico ministero, che tra le investigazioni [ha raccolto] anche le dichiarazioni di Stefania Ariosto, dà delle indicazioni precise ai verbalizzanti. Io penso – presidente, giudici, voi avete una grossissima esperienza di processi, sono anni – io non so quante volte è capitato che in un decreto di perquisizione si dicesse che bisognava ritrovare delle foto o album fotografici. Questo è stato fatto, perché la Procura aveva anche su questo un obiettivo ben preciso. Ebbene, andiamo a vedere noi che cosa troviamo a casa Squillante. [...]

Blitz in casa Squillante

Dal verbale di sequestro, che è acquisito agli atti, vediamo al numero 4: due fogli in fotocopia, datati 11.11.88 e 15.11.88, su carta intestata Meridiano Viaggi e Turismo S.r.l., indirizzato ad Antonino Vinci, concorrente spese relativo a viaggio Usa. Al punto 5, una ricevuta della Meridiano Viaggi e Turismo relativa alle quote di partecipazione al viaggio Usa. E nello studio troviamo anche degli appunti – appunti quindi che ritroviamo da Squillante, e di pugno suo – che è una ricostruzione di quella che era asseritamente da Squillante in quel momento [...] sulla sua situazione patrimoniale. «Io, Liliana e Mariano il 20.5.80 acquistiamo [...] in via Vespasiano, per 45.320.000, 35 in contanti e 10 di mutuo. Rivendiamo poi a Fabio il 18.11.83. E Fabio quindi vende a De Cosmo il 20.12.88, per 110 milioni, acquistando via Calderini». Ancora si legge nell'appunto: «Il 20.12.88 si acquista Calderini per Fabio, 106 milioni. Prendiamo io e Fabio, Tolcinasco. Me ne occupo io anche a nome di Fabio, di cui sono procuratore e gestisco affari. Il 19.11.91, con i soldi presso Aloisio di Maurizio e Fabio, pagato con assegni tratti sulla Banca Rasini. Il tutto tra quote, monolocali e box, per complessivi 203 milioni, che per nostro recesso ci vengono senza interessi restituiti il 16.12.92, assegni Banca Popolare Milano versati su sede centrale Banco Roma, conto dal quale di tanto in tanto restituiamo a Maurizio, Fabio, e in parte a Mariano su ordine Fabio». Poi troviamo appunto una ricevuta dove la Meridiano Viaggi e Turismo... sono delle fatture indirizzate a Antonino Vinci, in cui si legge che: per servizi resi, hotel Usa, Vinci, Napolitano, Squillante, 9.558.000», ed è una fattura. E un'altra, ottobre '88, sempre Vinci, Napolitano, Squillante, per 14.264.500.

In una casa di due persone anziane che hanno dei nipoti – che dovrebbe essere l'unica gioia che rimane a una certa età di quello che si è costruito, di quello che si è fatto nella vita – [e] figli, non c'è una fotografia dei figli, dei nipoti, album fotografici. Non troviamo nulla, presidente. Ma troviamo queste carte. Che cosa sono queste ricevute della Meridiano? Sono le ricevute del cosiddetto viaggio Niaf. Poi ci ritorneremo, ma noi sappiamo – perché è la Ariosto che ci fornisce documentazione – che cosa? Fotografie dove vengono ritratti magistrati in servizio in quel momento, in quell'epoca – siamo nell'ottobre '88 – nel distretto di Roma: uffici Istruzione, Procura della Repubblica, Tribunale civile. E tra questi effettivamente ci sono Squillante, Napolitano, Vinci. Ci saranno altri magistrati, ma su questa circostanza ci ritorneremo. E, come accerteremo successivamente [...], fu la Meridiano Viaggi ad occuparsi della gestione materiale, cioè spese di viaggio. E noi sappiamo che tutte le spese furono pagate da Cesare Previti per i magistrati, compreso all'epoca Baldassarre, che era giudice costituzionale. Da questa documentazione che troviamo a casa dei magistrati, Squillante, Napolitano e Vinci rimborsano le loro quote. Allora io vi chiedo: perché Squillante, che sicuramente [...] sapeva che vi erano delle indagini a suo carico non conserva, fa sparire fotografie, album fotografici che raccontano la storia della propria vita, e si conserva documentazione del 1988 di un viaggio in Usa, dove peraltro veniva premiato l'allora presidente del Consiglio Bettino Craxi, e quindi per tanti anni conserva documentazione? È questo il primo punto di domanda, a cui è facile pervenire ad una risposta nel prosieguo della trattazione. Perché conserva questa documentazione, e perché la fa trovare in evidenza – guarda caso – di un qualcosa, di una circostanza che ci viene riferita e documentata dalla signora Ariosto? [...]

Quel giorno viene perquisito anche lo studio e l'abitazione di Pacifico. All'ufficio di Pacifico sono presenti i pubblici ministeri, cosí come la legge prevede. Ebbene, che cosa troviamo? Troviamo dei bloc notes, agende, dove venivano riportate diligentemente dalle segretarie tutte le telefonate, i contatti delle persone che cercavano Pacifico quando evidentemente questi era fuori ufficio. E le troviamo dal 1989-90 fino al 1996, momento della perquisizione. Ricordo di averli trovati proprio io questi appunti, questi bloc notes. Erano custoditi in fondo ad un cassetto, nella stanza dove erano le segretarie. E che cosa emerge dalla analisi che poi viene fatta? [...]. I contatti costanti, frequenti tra Pacifico e Squillante, cosí come con altri magistrati: Vinci, Metta, Verde, Izzo, Vitalone, tanti magistrati. Quello piú in contatto è sicuramente Renato Squillante. E Vittorio Metta. Troviamo un'altra annotazione che conforta quello che gli investigatori avevano intuito dalla investigazione pura, cioè da intercettazioni telefoniche. Cioè l'esistenza di un «telefono nero», che riceveva pochissime telefonate. E dopo sapremo che non solo esiste questo apparecchio che abbiamo visto, che doveva essere usato esclusivamente da Pacifico, che le segretarie avevano l'ordine di non rispondere, lo dovevano fare squillare. [...]

Ovviamente dallo sviluppo e l'analisi del bloc notes risulteranno anche costanti e frequentissimi contatti con Cesare Previti, e con persone che lavoravano presso lo studio Previti, per esempio Marco Iannilli. Ecco, nella elaborazione di quello che è il dato documentale, [...] noi troviamo per esempio le annotazioni: «20.1.96, ore 12:10, squilla. 31.1.96, 10:05, squilla. 15.2.96, 11 e 11:50, squilla. 21.2.96, ore 17:45, squilla. 22.2.96, 16:30, squilla». Sapremo poi, una volta interrogate le segretarie, che [«squilla»] non era una abbreviazione di Squillante, ma era l'annotazione rispetto alle volte che quel telefono squillava e che nessuno poteva rispondere. Dalle intercettazioni telefoniche noi quel numero di telefono sappiamo che era utilizzato da Squillante. E sappiamo, altro dato documentale di cui vi hanno riferito gli ispettori dello Sco, che dopo il bar Tombini addirittura Squillante si qualificava «Lauro», cioè usa uno pseudonimo. Come – per chi si è occupato di un determinato tipo di processi in tema di criminalità organizzata – abbiamo verificato tante volte che gli interlocutori, cioè i trafficanti di droga erano usi ricorrere a pseudonimi. Questo nella nostra storia professionale, mia, degli investigatori dello Sco, che lo ripeto, erano persone preposte ad occuparsi di questo, cioè di indagare sui mafiosi, su Bagarella, su Salvatore Riina e su Bernardo Provenzano, perché per questo fatto è stato costituito lo Sco, verifichiamo che questa metodologia veniva anche adoperata da un magistrato che all'epoca – lo ripeto – era il presidente dell'ufficio Gip di Roma.

Che cosa noi troviamo come indicazione in quell'appunto che vi ho letto poc'anzi su come era nato il patrimonio? Aloisio. Aloisio quindi ci viene indicato da Squillante. Ci viene indicato in un documento storico che lui ci fa trovare. Ci viene indicato da Squillante nell'interrogatorio che lo stesso rende al Gip il 12.3.96. La Procura quindi si muove nei confronti di Aloisio.

Blitz in casa Aloisio

Aloisio viene interrogato, viene perquisito e ci racconta perché e percome entra in contatto con Squillante e che cosa faceva per conto di Squillante. Che cosa ci dice in particolare? Che seguiva false operazioni di Borsa, ossia realizzava operazioni nelle quali Squillante otteneva un utile di Borsa, e lui Aloisio una perdita. L'utile veniva contabilizzato e trasferito sui conti italiani di Squillante e familiari. Contestualmente Squillante trasferiva pari valore dal suo conto svizzero Rowena al conto svizzero dell'agente di cambio. Anche su questo non solo avete le dichiarazioni di Aloisio, confermate sul punto in dibattimento. Avete addirittura una sentenza passata in giudicato, dove viene certificato da un giudice proprio il ruolo svolto da Aloisio. Che cosa però scopriamo anche tra le carte di Aloisio, quando facciamo la perquisizione? Delle lettere fotocopiate, delle lettere inviate da Squillante a Aloisio. «Roma, 13 gennaio 1986. Ho provveduto con Didi secondo gli accordi. Attendo quindi nei tempi che riterrai piú opportuni tue notizie. Eccoti intanto i conti correnti di Liliana e Maurizio». Liliana sappiamo che è la moglie di Squillante, Maurizio sappiamo che è il figlio. Didi è Dionigi Resinelli, il funzionario della banca svizzera [Società bancaria ticinese]. Aloisio ci dice che è stato lui a presentare Squillante a Resinelli agli inizi degli anni '80. Cioè noi possiamo quindi nelle investigazioni e quindi immediatamente dopo gli arresti, ricordo che il 13 marzo partono immediatamente le rogatorie in Svizzera anche mirate, perché noi vedendo Pacifico andare in Svizzera, possiamo dire alla Svizzera: «Guardate, andate su queste banche perché abbiamo il sospetto che lí c'è qualcosa».

Il banchiere e lo spallone

Ecco, Resinelli. Resinelli quindi è «Didi». E a questo punto possiamo legare già vari episodi. Vi ho già detto nella ricostruzione del bonifico nel '91, che Resinelli è la persona che ci parla del riferimento Orologio. Ricordate? Resinelli ci dice: «È stato Squillante a dirmi: riferimento «Orologio». Cosa ci dice Aloisio? Ve l'ho già riferito la scorsa volta, e quindi leghiamo quello che noi riusciamo man mano a costruire nell'indagine e quello che poi scopriamo dopo. Squillante cerca disperatamente di mettersi in contatto con Aloisio – vi ricordate – quando lui deve fare un viaggio a Roma, rimane stupito nel vedere che Squillante addirittura è andato a prendere all'aeroporto, quale è stato l'argomento: «Rogatorie, rogatorie, che cosa succede se io vengo attinto da una rogatoria?», eccetera. Aloisio vi ha confermato tutte queste circostanze, che sono state ricostruite nelle indagini, nel dibattimento.

Siamo quasi a luglio '96. Resinelli viene individuato come soggetto. Le investigazioni accertano che Resinelli ha una casa in Italia. Si decide – eravamo in prossimità dell'estate – di verificare con un controllo mirato sul territorio: [...] con l'arresto di Squillante, Resinelli sapeva benissimo che erano già arrivate le rogatorie [...]. Le banche sanno che c'è una richiesta da parte di un'autorità giudiziaria che chiede i documenti. [Resinelli] viene in Italia. Viene in Italia, viene sentito come teste. Non risponde. Verrà arrestato, e alla fine dice quello che voi avete in atti. Siamo nel luglio '96, non abbiamo ancora le rogatorie, non abbiamo ancora la consistenza patrimoniale. Non sappiamo ancora che su quel conto il patrimonio era sparito. Ebbene, Resinelli conferma che Squillante e Pacifico hanno conti correnti in Svizzera, presso l'istituto da lui gestito. Andiamo a vedere – facciamo un passo indietro – quello che ci dice Aloisio durante la deposizione resa il 25.5.2001: «Il conto in Svizzera era – come posso dire – illegale all'epoca. Cercava Squillante la giustificazione di eventuali accrediti che io gli facevo. Cioè in poche parole lui mi dava dei soldi in Svizzera, e io gli davo dei soldi in Italia. Il problema era come giustificare questi soldi che io gli davo. Per fare questo, io avevo impostato delle operazioni di Borsa nelle quali guadagnava Squillante e io perdevo. Quindi lui aveva diritto diciamo cosí a ricevere queste somme come guadagno di Borsa. Erano operazioni evidentemente fittizie. Io ero la controparte che perdeva. È ovvio che la mia perdita veniva poi ricoperta da lui in Svizzera».

Siamo nel luglio '96. Non sappiamo ancora l'esistenza di Alfredo Bossert. Come viene individuato Bossert? Perché, a seguito delle notizie di stampa delle indagini che riguardavano Pacifico e Squillante – ma in questo caso particolarmente Pacifico – i colleghi di Modena inviano degli atti di un'indagine che avevano presso quella Procura. [...] Nella richiesta di rogatoria su Bossert, 17 luglio, [...] la Procura scrive: «La Procura della Repubblica presso il Tribunale di Modena ha trasmesso a questo ufficio copia degli atti relativi al procedimento penale numero... a carico di Bossert Alfredo. Dall'esame degli atti si può rilevare che Bossert ha avuto contatti con Pacifico Attilio, documentati dal traffico telefonico tra i due personaggi» [...]. A questo punto noi chiediamo l'interrogatorio di Bossert, chiediamo di essere presenti, accertamenti sul conto Okapi [...]. Chiediamo di reperire, di avere tutta la documentazione di Bossert. Bossert si materializza, nel senso che viene interrogato [...]. E spiega i suoi rapporti con Pacifico. E consegna, oltre a spiegarli, una serie di documenti e contabili bancarie da cui emerge tutto il lavoro che lui, che aveva una società di cambi, aveva fatto per conto di Pacifico. 1988, riporta in Italia per conto di Pacifico 912 milioni di lire; nel 1989, 1.359.000.000 di lire; nel 1990, 1.373.000.000; nel 1991, 298 milioni; nel 1992, 50 milioni; nel 1993, 6.090.000.000; nel 1994, 4 miliardi; nel 1995, 6 miliardi. Appuriamo quindi che Bossert riportava per conto di Pacifico danaro in Italia. Ci dirà qual era il prezzo della sua provvigione. Ci dirà che su disposizione del cliente, quindi Pacifico, le consegne dei suoi spalloni dovevano essere fatte esclusivamente nelle mani di Pacifico, presso lo studio di Pacifico o presso l'abitazione. Ci dirà, ma viene confermato da documenti, che gli arrivi in Italia rispetto all'ordine che partiva dal cliente venivano fatti nell'arco di 24 ore, massimo 48 ore.

Quindi noi sappiamo che Pacifico porta soldi in Italia, e sappiamo che Pacifico porta soldi in Svizzera [...]. Pacifico ha grandi disponibilità di danaro contante in Italia. Ce l'ha almeno dal 1987 [...]. Ci dobbiamo chiedere: Previti è stato accertato in dibattimento oltre ogni ragionevole dubbio che avesse consistenze di danaro contante in Italia, a partire dagli anni '86-87 in poi? La risposta è sí, presidente. Dalla tabella che noi abbiamo, ricostruita su documenti bancari [...] – tot questo, tot questo, tot questo – in generale noi vediamo che a partire dal 1986 fino al 1991 troviamo in Italia depositati sui conti correnti dell'avvocato Pacifico [lapsus: si tratta di Previti] la somma complessiva di 17.800.000.000. Nello studio poi, e voi avete queste tabelle, che vi erano versamenti di contante fatti non da Pacifico [lapsus: il pm intende dire Previti], dal suo uomo di fiducia, Iannilli Marco [...] Vediamo per esempio che venivano effettuati piú bonifici nel corso della stessa giornata, nella stessa banca. Vediamo, il 29.4.86 abbiamo un versamento di contante – tutti fatti da Iannilli – di 19.900.000; il 29.4.86, 19.900.000; il 29.4.86, 19.900.000; Il 29.4.86, 19.900.000; il 29.4.86, 19.900.000; il 29.4.86, 19.900.000. Noi sappiamo che in quel periodo vigeva la legge antiriciclaggio, la prima, quella riferibile ai sequestri di persona, e sappiamo che da 20 milioni in poi bisognava fare la segnalazione. Ora, vi chiedo: ma perché un avvocato del Foro di Roma, che ha questa consistentissima disponibilità di contante, deve depositare nel corso della stessa giornata, o dare istruzioni – perché poi Iannilli ci dirà che lui riceveva ordini da Previti – questi depositi di 19.900.000? E badate bene, ci dice Iannilli che il danaro si materializzava per lui allo studio di via Cicerone [...] sede dello studio di Previti. E poi venivano date già le banconote suddivise, 19.900.000. Era un compito che spettava ad un'altra collaboratrice di Previti, la signora Rita Passaro. E lui le portava in banca. E lui ci dice: «Guardate, mi dicevano: «Vai allo sportello e fai piú versamenti. Spostati a un altro sportello» – perché noi qua abbiamo anche le contabili progressive, da cui si capisce che all'interno della banca poi cambiava anche cassiere, ma rimaneva nell'ambito della stessa banca. Poi dalle banche sappiamo che lo stesso giorno Iannilli (quindi immaginiamo lo Iannilli con una valigia piena di soldi contanti già suddivisa) andava per esempio prima alla Bnl di Roma, e poi si spostava a un'altra banca sempre di Roma e depositava il contante. Tutto questo, lui diceva: «Io usavo la motoretta oppure andavo in taxi».

Ancora: il 30.4.86 ancora vediamo: 1, 2, 3, 4, 5, 6. Sei versamenti di 19.900.000. Abbiamo anche dei versamenti piú consistenti. Per esempio il 26.4.88 vengono versati 500 milioni di lire in contanti. E voi ricorderete le domande che sul punto si sono poste a Iannilli. Dice: «Ma 500 milioni in banconote?». Perché poi abbiamo anche il tipo di banconote. Cioè la banca annota tutto, nella contabile abbiamo: tot banconote da 50 mila, tot banconote da 100 mila, tot banconote da 10 mila. Ho detto: «Ma 500 milioni in una sola volta sono tanti!». Non si ricordava. Ma si ricordava, dice, che «sono soldi che io ho ricevuto allo studio Previti». 500 milioni di lire, presidente! E il 13.4.88, quindi pochi giorni prima, versa 350 milioni. Il 31 aprile '88, quindi pochi giorni prima, versa 280 milioni. Il mese prima, a distanza quindi di 15-20 giorni, versa il 9 febbraio '88 300 milioni di lire. Il 12 febbraio '88, 300 milioni di lire. Il 3.3.88, 300 milioni di lire. E allora Previti a partire dagli anni '86 fino al '91 aveva la disponibilità di danaro contante in Italia? Sí.

E allora, signor presidente, Pacifico ha tanto denaro contante che arriva in Italia. Previti ha disponibilità di contante in Italia. Poi affronteremo e vedremo qual è la giustificazione. E allora vi sembra una circostanza irreale che a casa Previti – che in quegli anni aveva lo studio in via Cicerone, sopra l'appartamento – la Ariosto abbia potuto vedere su un tavolo danaro contante, e intorno a quel tavolo c'era Renato Squillante, Attilio Pacifico e Cesare Previti? Signor presidente, no.

I rapporti Previti-Verde

E ora abbiamo visto che Squillante è amico di Previti, è amico di Pacifico, ed è in contatto con queste persone da vecchia data. Filippo Verde è un amico di Squillante? Conosce Cesare Previti? Che sia amico di Pacifico, ce lo attesta piú di una volta lo stesso Filippo Verde. È un'amicizia di anni, fraterna, si conoscevano fin da piccoli. Conosce Previti? È vero quello che ci dice Verde, che l'imputato l'ha frequentato solo occasionalmente? No, presidente. Noi sappiamo che nell'88 è stata documentata una presenza anche di Filippo Verde dalla Ariosto al viaggio Niaf. Noi sappiamo che la signora Ariosto ci dice che magistrati frequentavano l'abitazione di Previti. Filippo Verde ha frequentato l'abitazione di Previti? Sí, signor presidente. Non solo ci è stato confermato dallo stesso Filippo Verde, anche se lui dice: «In una o due occasioni». Ma ci viene confermato da numerosi testi, a partire da via Cicerone. Ce lo dice Casoli, altro magistrato. Ce lo dice l'avvocato Carmine Ponzi: «Io conosco Previti da tempo. Io frequentavo casa Previti e ho avuto anche occasione di incontrare in quella casa dei magistrati». Fra questi indica Verde. Verde ha mai frequentato il Circolo Canottieri Lazio? [...] Non è un socio. Non è nell'elenco che voi avete, presidente. Altro documento, noi vediamo, sappiamo che è vero che alcuni magistrati erano iscritti al circolo – De Luca Comandini, Ettore Torri – ma non lo era Verde, come non lo era Squillante. Verde è stato visto al Circolo Canottieri Lazio? Sí, presidente, ci viene detto da un altro amico di Previti, che è Aurelio Lai. Quindi in quel periodo noi sappiamo che il presidente del circolo era Verde [lapsus: vuol dire Previti]. Noi abbiamo accertato e dimostrato documentalmente che le persone che venivano invitate non venivano annotate sul registro, e ce lo dice lo stesso Squillante. Squillante ammette di essere stato non una volta ma piú volte lí, perché? Perché giocavano a calcetto. Ebbene, voi avete trovato una sola volta in cui Renato Squillante compare come ospite? No. Filippo Verde, dicevamo, ha partecipato al viaggio Niaf? Sí. Ha pagato le spese di viaggio? Ha pagato la quota che solo per la cena quella sera era di 250 dollari (siamo nel 1988)? No. Chi ha pagato le spese di viaggio? Cesare Previti [...]. Nicotra, rappresentante italiano della Niaf, che cosa ci dice? «Previti mi chiese di invitare dei magistrati. Mi diede un elenco e io quindi mi limitai a spedire l'invito a questi magistrati i cui nominativi, lo ripeto, li ho ricevuti da Previti. La mia è una associazione no-profit, quindi in nessun caso le spese potevano essere addebitabili alla Niaf». [...] Magistrati quindi frequentavano l'abitazione di Previti in quegli anni, cioè gli anni in cui la Ariosto ci dice che l'abitazione era frequentata da magistrati? Sí, presidente, ce lo dicono gli stessi magistrati. Ce l'ha detto Marvasi, anzi Marvasi dice: «Io sapevo che le spese erano mie. Oggi voi mi dite che le spese sono state fatte da Previti. Ma io anche sapendo questo ci sarei andato lo stesso, primo perché sto in pensione, mi facevo un viaggio gratis. Seconda cosa, perché sono amico di Previti». Questo ve lo dice Marvasi. Frequenta la casa di Previti? Sí. Ce lo dice Santacroce. Ce lo dice Casoli. Ce lo dice Baldassarre. Ce lo dice Manca. Sammarco era una delle persone presenti fisse... Sammarco all'epoca era il presidente della Corte d'Appello di Roma. Era fisso a casa Previti. Vinci era una delle persone che frequentavano casa.

Tutti insieme, avvocati e magistrati

Che cosa ci dice Savia [magistrato romano che sarà arrestato e patteggerà per corruzione a Perugia]? Perché anche Orazio Savia però fa una premessa a cui io – che credo fermamente alla distinzione dei ruoli e al fatto che un magistrato deve apparire anche oltreché essere nel Dna autonomo e indipendente – ...cosa ci dice Savia? «Nessun rapporto avvocato-magistrato» – è quella la sua opinione, di Orazio Savia – «perché come modello della mia vita» – e stiamo parlando di Orazio Savia – «ho sempre evitato, essendo pubblico ministero in una città come Roma, di avere frequentazioni con avvocati». Poi ci dirà: «Nel '94» – quando [Previti] diviene ministro della Repubblica – «ho cominciato a frequentare casa Previti anch'io». Cioè Orazio Savia... Come non condividere, presidente, il principio che traspare dalle parole di Orazio Savia? In una città come Roma, dove è la sede istituzionale del potere: ministeri, sede di ministeri, sede del Parlamento, sede della Corte costituzionale, sede della Suprema corte di Cassazione, sede del Quirinale. Dice: «No, un magistrato non può frequentare case di avvocati, perché io in quel periodo svolgevo le mie funzioni alla Procura di Roma». Gli altri suoi colleghi non la pensavano cosí. [...]. Peraltro Dotti dice: «Il chiacchiericcio su quello che era Previti e sui rapporti sui magistrati poco chiari, era noto in tutta Roma, ma è chiacchiericcio». Pacifico quindi curava i rapporti economici dei magistrati? Che cosa abbiamo appurato nelle indagini, presidente? Sí. Renato Squillante [aveva conti gestiti da Pacifico]... Verde Filippo: apertura del conto Master il 30.4.1991. Vinci Antonino, apertura del conto Anatra il 28.1.1991. Zucchini Paolo, conto Banca di Roma a Montecarlo, si avvale di Pacifico, perché troviamo su un conto di Pacifico un bonifico di 200 milioni di lire dell'1.4.93. Le carte, i documenti hanno testimoniato, hanno certificato oltre ogni ragionevole dubbio che Pacifico intratteneva e curava rapporti economici per magistrati? Sí, signor presidente, questa è la risposta. Questo è quello che ci hanno detto le carte. Allora, presidente, noi abbiamo visto che nel 1988 un fiume di danaro contante era nella disponibilità di Pacifico e Previti. Abbiamo visto che il giudice Filippo Verde era un amico fraterno di Pacifico, era una persona che conosceva Previti, che frequentava casa Previti, che frequentava il Circolo Canottieri Lazio, che era al viaggio Niaf insieme ad altri suoi colleghi nell'ottobre 1988.

Verde padre e Verde figlio

Ora esaminerò [...] quello che emerge dai conti bancari di Filippo Verde rispetto al capo di imputazione. Quindi ricostruirò i movimenti finanziari registrati sui conti correnti italiani ed esteri dell'imputato Verde Filippo. Verranno prima esaminati i versamenti di contante sui conti italiani, e successivamente il conto corrente svizzero acceso presso la Società bancaria ticinese di Bellinzona, e denominato Master 811 [...] gestito da Pacifico dal 1991. Esamineremo quindi i conti italiani presso la Bnl, intestato a Verde Filippo e Cappetta Annamaria, che è la moglie; il conto 105056/76 presso la City Bank, filiale di Roma, intestato a Verde Filippo e Cappetta Annamaria; il conto 144/51 Banca di Roma, filiale del palazzo di Giustizia di Roma, intestato a Verde Filippo; il conto 5335/30 su Banco di Roma, intestato a Verde Filippo e Verde Camillo. Dall'esame dei conti italiani nella disponibilità di Verde Filippo nel periodo compreso tra il 1988 e il 1990, sono stati rilevati i seguenti versamenti di denaro contante [...]. Nell'anno 1988 vi sono versamenti in contanti ammontanti a 297.500.000; nell'anno 1989, 201.500.000; nell'anno '90, 185.600.000. [...] Gli importi erano sempre inferiori a 20 milioni di lire. Soglia oltre la quale, lo ripetiamo, venivano annotati nell'apposito registro. I versamenti si ripetevano a distanza di pochissimi giorni. In alcuni casi nella stessa giornata venivano eseguiti piú versamenti su conti o banche diverse [...].

In relazione ai versamenti di contante contestati nel capo di imputazione, Verde non rendeva interrogatorio, affidando alla professoressa Saitta, consulente della difesa, il compito di spiegare tali operazioni. Il consulente tecnico, attraverso la documentazione acquisita agli atti del dibattimento, nonché sulla base di una lettera speditale da Camillo Verde, figlio dell'imputato [nato nel 1960], arrivava alla conclusione che quei versamenti di danaro erano stati fatti da Camillo con somme che gli appartenevano, e che pertanto non potevano essere ricondotte al padre Filippo. Allo stato quindi le uniche spiegazioni in ordine ai versamenti di contante sono quelle del consulente della difesa. Questi, sentito nell'udienza del 23 settembre 2002, presentava un apposito elaborato con il quale ricostruiva le operazioni del conto 5335 della Banca di Roma, intestato a Verde Filippo. All'esito della quale concludeva che tutte le somme ivi movimentate erano da ricondurre alla esclusiva proprietà di Camillo, essendovi accreditati i redditi da lavoro dipendente, i compensi da prestazioni personali nonché le somme anticipate per conto dell'associazione Master [...]. Il contante versato proveniva dalla associazione sportiva Master, che li aveva corrisposti a Camillo Verde per due distinti ordini di motivi. Il primo: 150 milioni di lire da prelevare nel corso della gestione – e qui riporto parole di Camillo Verde – quale «corrispettivo per avere organizzato e assistito la cessione da parte di Turchetta dell'associazione, 1986», cosí come precisato appunto da Camillo Verde nella lettera indirizzata al consulente. Le ulteriori somme quale restituzione di anticipi fatti da Camillo Verde per conto dell'associazione [sportiva di basket «Master»]. Circostanza che emerge dalla citata lettera nella quale si affermava: «Devo precisare che la gestione» – sta parlando dell'associazione – «richiedeva spesso un apporto finanziario personale dei soci, e spesso io» – Camillo – «e talvolta Celebrano [Giulio Celebrano, amministratore della Master con Camillo Verde] anticipavamo spese per stipendi ai giocatori, allenatori, affitto palestre, che nel mio caso gravavano sul mio conto personale 5335».

Verde jr: un povero ricco

Tenuto conto quindi che i versamenti venivano collegati direttamente alla attività della associazione Master, preliminarmente è opportuno delinearne il quadro storico. [...]

1988, Camillo Verde e Giulio Celebrano diventavano unici amministratori dell'associazione sportiva. 9 settembre 1988, Verde e Celebrano aprivano il conto numero 6834/34 intestato alla

Master Basket. 31 gennaio 1989, veniva chiuso il conto corrente 6239/03. Tutti questi dati, presidente, sono stati rilevati dalla consulenza tecnica fatta dalla professoressa Saitta. In punto di ricostruzione storica si deve evidenziare che il consulente tecnico, citando la lettera di Camillo Verde, sosteneva che all'inizio del 1988 Camillo Verde e Giulio Celebrano divennero unici amministratori della associazione. In realtà nella predetta missiva Camillo Verde testualmente affermava: «Nel 1988 io e Celebrano diventammo unici amministratori della associazione». Il consulente tecnico quindi collocava erroneamente il passaggio dell'amministrazione all'inizio del 1988, richiamando un'affermazione assolutamente generica di Camillo Verde, tralasciando invece un dato documentale, peraltro contenuto nella consulenza, da cui risultava che la nuova associazione aveva aperto il conto 6834 solo nel settembre del 1988. Questo fatto documentale permette di datare il passaggio verso la fine del 1988 e non certo all'inizio, come sostenuto dal consulente. Questa errata collocazione – come vedremo nel prosieguo, presidente – temporale, diverrà significativa in relazione all'asserito compenso di 150 milioni, riconosciuto a Camillo Verde. [...]

Ora, prima di entrare nel dettaglio delle considerazioni svolte dal consulente tecnico, è opportuno esaminare il conto 5335 [intestato a Filippo e Camillo Verde]. Dall'analisi del conto si rileva agevolmente che dal 1986 ai primi mesi del 1988, il conto presentava un saldo oscillante intorno ai 20 milioni di lire. Dal maggio '88 la operatività del conto mutava radicalmente, registrando un progressivo continuo e costante incremento. Il patrimonio finanziario di Verde Camillo fino ai primi mesi dell'88 era di circa 20 milioni di lire. Dal mese di marzo '88 si incrementava fino ad arrivare a circa 500 milioni di lire, parte sul conto e parte investito in titoli. Tenuto conto dei redditi menzionati da Camillo Verde nato il 21.3.60, e delle operazioni bancarie registrate negli anni '86-90, possiamo rilevare la seguente situazione. Abbiamo visto i redditi, abbiamo visto gli accrediti. Nel 1986 il reddito era di 22.462.000; l'accredito sul conto 5335 era di 21.981.000. Nel 1987 abbiamo redditi per 54.420.000, accrediti per 62.397.000. Nel 1988 abbiamo un reddito di 36.543.000 e un accredito su questo conto di 401.212.000 e rotti. Nel 1989 abbiamo un reddito di 44.490.000, e abbiamo degli accrediti pari a 214.895.000. Nel 1990 abbiamo un reddito di

84.951.000, e abbiamo degli accrediti per 207.725.000. Ora, da questo raffronto di dati documentali è evidente che, per gli anni '86 e '87, vi è una sostanziale conformità tra quanto dichiarato e quanto accreditato sul conto. A partire dal 1988, affluiscono sul conto somme rappresentate quasi interamente da versamenti di contante, assolutamente sproporzionate rispetto ai redditi dichiarati, che non possono essere minimamente giustificati con l'attività dell'associazione sportiva, come sarà precisato da qui a poco, presidente.

150 milioni per sport

I redditi di Camillo Verde costituiscono una parte minima rispetto all'ammontare complessivo dei movimenti bancari. Le spiegazioni fornite dal consulente tecnico sono destituite di fondamento nella parte in cui, in base proprio ai redditi di Camillo Verde, attribuisce a quest'ultimo la titolarità di tutti i capitali transitati su quel conto. Camillo Verde nel 1988 aveva 28 anni, era un procuratore legale con studio presso l'abitazione del padre in Roma, in via Mogadiscio numero 4. Andiamo ora a esaminare il compenso di 150 milioni di lire come è stato giustificato. Camillo Verde, con la lettera indirizzata al consulente tecnico asseriva che aveva concordato con Celebrano un compenso di 150 milioni di lire a suo favore, in ragione di prestazioni professionali rese per avere organizzato ed assistito la cessione dell'associazione da parte di Turchetta a Ghia, Celebrano e Verde, somma da prelevarsi nel corso della gestione. In relazione all'asserito compenso si deve considerare il seguente quadro storico: [...] il compenso di 150 milioni di lire sarebbe stato concordato in epoca successiva al settembre '88, in relazione al trasferimento dell'associazione da Turchetta a Ghia, Celebrano, Verde, avvenuta prima del settembre '86, ossia ben due anni prima. Rimangono sconosciute le ragioni per le quali le asserite prestazioni professionali, rese evidentemente anche nell'interesse di Ghia, non sarebbero state minimamente riconosciute per ben due anni.

La Master era un'associazione senza scopo di lucro, la cui finalità era di propagandare e promuovere iniziative sportive e di sviluppare la pratica della pallacanestro. Inoltre l'articolo 6 dello statuto precisava che tutte le cariche sociali sono onorifiche e non danno diritto ad alcun compenso. L'attività svolta da Camillo Verde non viene né documentata né descritta. Non ci sono atti redatti, né alcun riferimento che possa anche solo individuarla.

Non vi è alcuna indicazione che possa anche solo minimamente fare immaginare quale attività valutabile in 150 milioni di lire possa avere svolto nel 1986. Non vi sono quietanze che possono costituire dimostrazione dell'avvenuto pagamento dei 150 milioni di lire, né l'indicazione di quali somme versate per contanti sul conto di Verde siano da ricondurre a tale compenso, né è spiegato per quale ragione Camillo Verde abbia rinunciato a far valere la propria pretesa per ben due anni. L'asserito compenso non è indicato nella dichiarazione dei redditi. L'importo rappresenta l'insieme dei redditi di Camillo Verde per gli anni '85, '86, '87, '88 e '89. L'importo della parcella di 150 milioni di lire appare sproporzionato anche rispetto al valore dell'associazione [retrocessa in serie B e piena di debiti].

[...] In sintesi, l'asserito compenso non solo non è confermato da alcun tipo di documento né supportato da alcuna testimonianza, ma viene addirittura smentito dal quadro storico delineato – lo si ripete – dalla documentazione che ci è stata fornita dallo stesso consulente tecnico.

Gli strani anticipi del basket

Ora, andiamo a vedere in generale la giustificazione che è stata data: cioè che sono anticipi, nel senso che le somme che noi rivediamo poi che si materializzano in un certo momento sul conto 5335 erano anticipi che Camillo Verde aveva fatto all'associazione. Secondo quanto indicato appunto da Camillo Verde nella sua lettera indirizzata (questo è un pezzo di suo pugno): «La maggior parte dei versamenti in contanti sul mio conto 5335, compresi quelli dell'88, proviene dal conto 6834 ed è relativo a reintegrazioni per le spese sostenute per la squadra, ovvero a incassi della stessa spesso relativi a vendite di giocatori ad altre società sportive». Sulla base di queste spiegazioni il consulente tecnico, per il periodo '86-90 individuava i seguenti addebiti sul conto 5335, relativi ad anticipazioni per conto della Master: assegno di 2.500.000 emesso a favore di Giancarlo Primo, allenatore di basket; assegno di 30.000.000 di lire emesso da Camillo Verde in favore della squadra di basket; assegno di 4.350.000 all'ordine di Sauro Rossetti, giocatore della squadra di basket; addebito di 15.000.000 di lire per il pagamento di 3 effetti, il cui debitore è la società Master; addebito di lire 27.450.000 relativo alla richiesta di 21 assegni circolari intestati ai giocatori della squadra. In relazione all'assegno di 30.000.000 di lire si evidenzia che lo stesso risulta incassato allo sportello da Camillo Verde, ma non v'è alcuna prova documentale che possa confermare l'effettiva destinazione dell'importo. Le somme quindi individuate dal consulente tecnico possiamo schematizzarle nella maniera seguente: cioè per l'86 abbiamo un importo di 2 milioni e mezzo; per l'87, 49 milioni e dispari; per un totale complessivo per 3 anni di 51.853.000. A fronte degli anticipi menzionati, cioè di quelli che ci vengono indicati come anticipo, relativi agli anni '85-90, nel medesimo periodo risultano – abbiamo detto ma lo ripeto – i seguenti versamenti di contanti: 1988, 271.200.000 (contanti ovviamente): 1989, 117.000.000 di lire; 1990, 62.350.000. Il semplice raffronto tra anticipi individuati dal consulente e versamenti di contante, permette di smentirne in radice le conclusioni. Nell'88, a fronte di 270 milioni di lire versate in contanti, non viene individuato alcun anticipo. Nel 1989, a fronte di versamenti per 117 milioni di contante, vengono documentati solo 27.450.000 come anticipi.

In sostanza il consulente tecnico, per giustificare la presenza dei contanti si basa esclusivamente sulle dichiarazioni di Camillo Verde, senza sottoporre tali affermazioni al benché minimo vaglio critico. È ovvio che se vengono restituite delle somme, in precedenza devono essere state prestate. Se si sostiene di aver prestato delle somme, è evidente che si deve poter disporre di adeguate risorse finanziarie dalle quali poter attingere. Quanto al primo punto, si è già detto che sono stati documentati modestissimi anticipi a fronte di ingenti restituzioni rappresentate nei versamenti di contante. Quanto al secondo punto, è lo stesso consulente ad evidenziare una modesta situazione reddituale finanziaria di Camillo Verde. Quindi questi avrebbe ottenuto la restituzione di capitali che non solo non ha mai anticipato, ma nemmeno avrebbe potuto farlo, per mancanza di adeguate risorse finanziarie. Ulteriore smentita delle conclusioni del consulente tecnico si ricava dall'esame del conto 6834 dell'associazione. Dal raffronto dei movimenti bancari dei due conti, e cioè il 6834 Master, e 5335, Camillo Verde e Filippo Verde, risulta che l'associazione disponeva di mezzi finanziari. Infatti, da un grafico che poi potrete vedere nella memoria, solo per brevi periodi il saldo è sceso sotto i 50 milioni di lire. La premessa sulla quale quindi poggia l'ipotesi del consulente tecnico, ossia le precarie condizioni dell'associazione che imponevano continui anticipi da parte dei soci, non solo non è dimostrata, ma smentita dai documenti che attestano l'esatto opposto [...].

Dall'esame dell'ulteriore documentazione bancaria del conto 6239 si rileva che anche il vecchio conto dell'associazione sportiva disponeva di ampie liquidità, sicuramente superiori rispetto a quelle di Camillo Verde. Dall'esame dei documenti bancari si deve concludere: la comparazione dei movimenti bancari dei primi quattro mesi del 1988 tra i conti 6239 Master e 5335 Verde, dimostra che non vi è alcuna correlazione tra i due. Mentre il conto Master registrava una continua e costante movimentazione, anche a mezzo di ripetuti prelievi di contante, il conto di Verde non registrava variazioni significative, ossia non traeva alcuna somma per conto dell'associazione, né versava alcunché di contante in conto restituzione. Quanto precisato quindi da questo che ho poc'anzi letto, risulta ovvio, se si considerano i saldi dell'estratto conto 6239 Master, che dimostrano inequivocabilmente che l'associazione disponeva di risorse finanziarie superiori a quelle di Camillo Verde, non necessitando di alcuna anticipazione da parte del medesimo, che peraltro – lo ripeto ancora una volta – non aveva adeguata capienza finanziaria. Volendo ipotizzare una disponibilità finanziaria iniziale di Verde Camillo pari a 100, ammettendo che ne abbia prestate 50 e riavute 50 in restituzione, è evidente che al termine si torna alla situazione iniziale. In questo caso però non ci sono uscite dal conto 5335, che invece resta costantemente in crescita e pressoché mai in calo. Dopo avere ottenuto la restituzione delle anticipazioni, il conto passa da una situazione iniziale di 20 milioni a gennaio '88, a quella finale di 350 milioni del dicembre 1988. Incrementi del conto 5335 si verificano a partire dal maggio '88.

Risulta dimostrato quindi oltre ogni ragionevole dubbio che il contante che si materializzava sul conto 5335 intestato a Filippo e Camillo Verde non proveniva dal conto Master, non essendovi né anticipi da restituire né compensi per prestazioni professionali arretrate da retribuire. Peraltro l'ammontare del contante versato non può essere nemmeno ricondotto agli altri redditi di Camillo Verde. Questa è la situazione che emerge documentalmente dai conti italiani. [...] Ricordo che Camillo Verde si è avvalso della facoltà di non rispondere. Quindi la storia dei contanti è stata affidata a un consulente tecnico. Io ritengo, anzi sono certa che si è dimostrato – lo ripeto – oltre ogni ragionevole dubbio che i numerosi versamenti di contante che partono dal 1988, oggetto del capo di imputazione, non possono essere addebitati in alcun modo a Camillo Verde.

Il conto Master 811

P.M. Dicevamo, presidente, che Filippo Verde è risultato essere anche l'intestatario del conto Master 811, acceso nell'aprile del 1991 presso la Società bancaria ticinese di Bellinzona. All'atto dell'apertura, sul conto veniva bonificata la somma di 500 milioni di lire [...]. Dalle carte che ci sono arrivate si rilevava che il conto era stato aperto il 30 aprile '91, con un bonifico di 500 milioni proveniente da un conto di Pacifico. Nel presente dibattimento – lo ripeto – Filippo Verde si è avvalso della facoltà di non rispondere.

– *Il presunto arbitrato*. Sono state acquisite ai sensi dell'art. 507 delle dichiarazioni rese dal medesimo, tra le quali si legge: «Il rapporto di fiducia con l'avvocato Pacifico dovuto all'amicizia fraterna, era tale che allorquando mi venne liquidato in lire 700 milioni dal presidente del Tribunale di Frosinone l'onorario per un arbitrato da me presieduto, mi rivolsi all'amico per la gestione di tale somma». Rispetto a tali arbitrati, ed in particolare a quello conferito dal presidente del Tribunale di Frosinone, non è mai stato prodotto alcun documento, né fornita alcuna precisazione. L'incarico si deve quindi collocare negli anni '76-79, ossia nel periodo in cui l'imputato prestava servizio presso la Corte d'appello di Roma [...]. Tenuto poi conto che l'imputato ebbe a ricoprire l'incarico di capo di gabinetto presso il ministero di Grazia e Giustizia dall'88 fino al 1992, necessariamente si deve collocare l'arbitrato in epoca precedente al 1988. Dall'esame dei conti correnti italiani a partire dal 1988 e soprattutto in concomitanza con il bonifico estero – lo ripeto – nel '91, non risultano prelievi collegabili all'accredito estero, anzi è documentato l'esatto contrario. E cioè non solo non vi sono prelevamenti, ma risultano in quegli anni numerosi continui e costanti versamenti di danaro contante.

Dall'esame quindi della documentazione bancaria che esclude il prelievo di somme equivalenti a quanto versato in Svizzera nell'aprile '91, appare dimostrata oltre ogni ragionevole dubbio l'inverosimiglianza delle giustificazioni addotte dall'imputato in ordine all'origine della somma, il cui *iter* ora andrò a esaminare. Quindi basterebbe però, presidente, questo: perché, vedete, sono 700 milioni di lire che vengono ricevuti quale compenso di un arbitrato. L'unica spiegazione che noi possiamo dare è che a un certo punto l'imputato monetizza quello che riceve con un arbitrato, se lo tiene custodito presso la sua abitazione, in un altro luogo, e poi improvvisamente nel 1991 utilizza questa somma per aprire il conto estero. Questa è l'unica spiegazione a cui voi potete accedere, se non credete plausibile invece la ricostruzione che sul punto vi viene fatta dalla pubblica accusa, attenzione, partendo dalle giustificazioni che mi dà l'imputato, perché è lui che giustifica quel bonifico di 500 milioni come danaro riferibile ad un arbitrato avuto dal presidente del Tribunale di Frosinone. Ora, questa è la ricostruzione invece di quello che succede nella somma di 500 milioni quando viene accreditata poi in finale sul conto Master.

– *La prima provvista*. Nell'aprile del 1991 il conto Mercier di Cesare Previti registrava due bonifici di 500 milioni ciascuno, a favore di due conti di Pacifico. Il 19.4.91 veniva disposto il bonifico di 500 milioni di lire a favore del conto Oceano, presso la Sbt di Bellinzona. L'addebito veniva contabilizzato con valuta 19.4.91. Il 22.4.91 veniva disposto il bonifico di 500 milioni di lire a favore del conto Pavoncella [Pacifico], della Banca del Sempione di Lugano. L'addebito veniva contabilizzato con valuta 26 aprile 1991. La provvista di tali bonifici è da ricondurre al maggior bonifico di 1.800.000.000 di lire che il conto Mercier [Previti] aveva ricevuto dal conto Polifemo [Fininvest], che a sua volta aveva ottenuto le coperture grazie ad un pari bonifico proveniente dal conto All Iberian [Fininvest]. Nel conto 771 Pavone, il 22 aprile '91 venivano accreditati – abbiamo detto – 500 milioni di lire provenienti dalla Darier Hentsch [Previti]. Pacifico sin dal 15 aprile 1991 aveva preavvertito la banca dell'arrivo del bonifico, disponendone anche l'impiego. In particolare risulta annotato sulla contabile della banca: «Arriverà, riferimento Oceano, controvalore di lire 500 milioni. Accreditare 771 Pavone e investirlo a 48 ore». Effettivamente il bonifico arrivava e veniva investito in un'operazione fiduciaria a 48 ore a vista. Previti disponeva il bonifico a favore di Oceano solo il 19.4.91. Pacifico però sin dal 15 aprile 1991, ossia 5 giorni prima, sapeva che gli sarebbe arrivata quella somma. Il 15.4.91 il conto Polifemo bonificava la somma a favore di Mercier. E cioè lo stesso giorno in cui Pacifico dà disposizioni alla banca che arriverà la somma di 500 milioni e che cosí andava investita in un investimento a 48 ore, è la stessa giornata in cui muove la somma dal conto Polifemo, che arriverà al conto Mercier soltanto il 19.4.91.

Quindi lo stesso giorno in cui il conto Polifemo fa partire il bonifico per il conto di Cesare Previti, quello stesso giorno l'avvocato Pacifico dà disposizioni alla banca: «Arriverà questa somma, voi me la dovete investire cosí». Effettivamente – lo ripeto – la somma arriva il 19 aprile del 1991. Il 30 aprile 1991 Pacifico chiedeva il rimborso dell'investimento. L'operazione veniva contabilizzata il giorno lavorativo successivo, il 2 maggio, con valuta al 6 maggio '91, data quest'ultima determinata dalla scadenza a 48 ore a vista, e dai giorni festivi 4 e 5 maggio. Disponeva il trasferimento di 500 milioni a favore del conto 811 Master [Verde]. L'operazione veniva contabilizzata il giorno lavorativo successivo, 2.5, ma con valuta 6.5.91, ossia – abbiamo visto – la stessa data del disinvestimento. Pacifico quindi utilizzava proprio la somma che gli era pervenuta dal conto Mercier. Con quella somma viene aperto il conto Master. Somma che – lo ripeto – arriva al conto Mercier proveniente da Polifemo in pari data, 15 aprile 1991. Questa circostanza viene confermata ancora una volta da risultanze documentali [...].

La somma cosí accreditata secondo le istruzioni impartite il 30.4.91, veniva suddivisa in due importi e trasferita ai sottoconti in franchi svizzeri e marchi tedeschi, ove i capitali venivano totalmente investiti in operazioni fiduciarie con scadenza in sei mesi. Quindi Verde agisce e amministra la somma come propria, come unico protagonista della somma ricevuta. Peraltro anche lui dice che la somma era sua. L'unica differenza è che da un lato abbiamo una somma ricevuta in epoca imprecisata e di gran lunga precedente al 1991, di un arbitrato. Dall'altro abbiamo la ricostruzione contabile di questa somma, che ci fa vedere il flusso che parte da Polifemo [Fininvest], arriva a Mercier [Previti], arriva a Pacifico, arriva a Verde.

– *La seconda provvista.* L'ulteriore bonifico di 500 milioni di lire ricevuto da Pacifico nell'aprile del 1991 veniva accreditato sul conto Pavoncella in data 24.4.91, con valuta 26.4.91. La somma veniva investita in un'operazione fiduciaria rimborsata il 30 aprile '91, data in cui Pacifico eseguiva un prelievo di contanti pari a 500 milioni di lire. Dai documenti bancari risulta che il 30 aprile '91 Pacifico a Bellinzona, presso la Sbt, apriva unitamente a Verde il conto Master, bonificandogli la somma di 500 milioni di lire. A Lugano lo stesso giorno presso la Banca del Sempione prelevava contanti pari a 500 milioni di lire, dal conto Pavoncella. Ora andiamo a vedere, apriamo una finestra sul 1991. Noi abbiamo visto nella scorsa udienza la ricostruzione del bonifico che, nel giro di pochissime ore, dal conto Mercier arriva al conto Rowena di Renato Squillante. Abbiamo visto ora il conto Master.

1991, anno cruciale

Andiamo a vedere qual è la situazione che ci appare nel 1991, andando a leggere le carte.

28 gennaio '91. Vinci apre il conto corrente Anatra. Attenzione, ricordatevi che alla scorsa udienza ho dovuto fare accenno al conto Vinci perché Pacifico, che per giustificare la compensazione delle compensazioni tira in ballo il conto Vinci.

13 febbraio '91. 2.732.868 parte dal conto All Iberian, va al conto Ferrido e arriva al conto Mercier. Quindi a Cesare Previti arrivano 2.732.000 dollari Usa.

5 marzo '91, abbiamo l'operazione Orologio, e cioè dopo solo tre settimane dall'arrivo di questa somma dai conti All Iberian, Ferrido e poi Mercier – sono 3 miliardi di lire – si sviluppa l'operazione poi Orologio. Cioè arrivano altri 434.404 dollari, conti Polifemo, Ferrido, Mercier, Rowena. Quindi nel giro di pochissimi giorni Previti riceve sui suoi conti somme superiori ai 3 miliardi di lire, da conti Fininvest.

15 aprile 1991, abbiamo la somma di 1.800.000.000 che da All Iberian, Polifemo, Mercier. Previti girava parte di queste somme,

500 milioni a Pacifico, che li girava a Verde. Previti girava parte di queste somme, abbiamo visto altri 500 milioni a Pacifico, che la prelevava in contanti. Queste due operazioni si verificano tra la fine di aprile e i primissimi giorni del mese di maggio.

30 aprile, Verde apre il conto Master, e contestualmente riceve da Pacifico 500 milioni di lire.

4 giugno, abbiamo altri rapporti tra gli imputati, Previti, Pacifico, Squillante, cioè le persone che ci vengono indicate, da confidenze ricevute dalla Ariosto, come persone che gestivano e davano soldi a magistrati, gestivano e davano soldi. Il 24 giugno abbiamo la somma di 1 miliardo di lire che dal conto Dorian Investment dei Rovelli va al conto Pavoncella [di Pacifico]. Pacifico preleva in contanti parte di questa somma, 450 milioni di lire. Pacifico gira parte di questa somma, 500 milioni di lire, a un suo conto Pavone e lo amministra come se fosse proprio, perché fa investimenti a lunga scadenza. Da cui dispone però due bonifici nello stesso giorno di 133 milioni ciascuno, destinati al conto Mercier di Cesare Previti, e 133 milioni al conto Rowena di Squillante. Questa è la situazione che noi abbiamo nel 1991. Lo ripeto, ricostruzione che noi possiamo fare da una semplice lettura dei documenti bancari.

La sentenza Sme

Il giudice Verde ha avuto un ruolo nella vicenda Sme? Sí, noi sappiamo dalla lettura delle sentenze che sono acquisite agli atti del dibattimento, che nel 1986 il collegio presieduto dal giudice Verde, composto [da] Verde, Carmenini Secondo, Zucchini Paolo, era il collegio investito del primo grado della vicenda giudiziaria. La decisione veniva presa il 23 giugno del 1986, veniva depositata il 19 luglio del 1986. Con questa sentenza venivano rigettate tutte le domande avanzate dalla Buitoni nei confronti dell'Iri. Quindi fermiamoci a un primo dato storico: Filippo Verde si è occupato della vicenda Sme.

Andiamo a vedere che cosa poi si è materializzato anche, si è verificato in quel periodo. Abbiamo detto che il 26 giugno '86 veniva deciso in camera di consiglio e il 19 depositata [la sentenza]. Lo ripeto a me stessa, ricordo a tutti che le decisioni che venivano prese in camera di consiglio erano segrete e tali dovevano rimanere fino al momento in cui le sentenze venivano depositate nelle cancellerie. Questo perché si poteva verificare e si verifica spesso che i membri dei vari collegi possono rivedere quello che hanno deciso, riunirsi e cambiare la propria decisione.

Questo succede, succederà e quindi l'unica garanzia a che delle notizie potessero uscire fuori è quello che rimaneva tutto segreto e quindi soltanto nel momento definitivo del dispositivo nella cancelleria pubblicamente gli estranei, a parte le tre persone che fanno parte del collegio, devono sapere qual è stata la decisione dei giudici, quindi è importante il momento della pubblicazione, non è importante il giorno della decisione. In questo caso che ora andrò a riferire è importante invece memorizzare quando c'è la decisione e quando viene resa pubblica la sentenza [...].

Sme, odore di «insider trading»

Che cosa ci dice Aloisio? Che nel 1986 tramite Squillante conosce l'avvocato Pacifico e l'avvocato Pacifico, a lui operatore di Borsa Aloisio, propone di fare un'operazione, un'operazione che lui stesso dice: «Io l'ho fatta perché, quando i clienti mi dicono di fare una cosa, la faccio, quindi [*pronuncia affrettata*]. Certamente è un'operazione che io in quel momento non avrei fatto».

Però ci ha guadagnato Pacifico. Che cosa succede? Pacifico dà ordine ad Aloisio di vendere azioni Sme equivalenti all'importo che consegnava in garanzia, 400 milioni in contante. Cioè Pacifico arriva da Aloisio presentato da Squillante [...] e dà questo incarico, consegnando in garanzia la somma di 400 milioni in contante, somma peraltro che non sappiamo ovviamente da dove la prende [...].

Aloisio vende le azioni per conto di Pacifico per 407 milioni di lire [...]. Nel mese successivo Pacifico acquista, sempre tramite Aloisio, 170 mila azioni Sme pagando 350 milioni e chiude la sua posizione di Borsa, quindi 170 mila azioni acquistate e 170 mila azioni vendute. Quindi comprando a 350 milioni e vendendo a 407 milioni, la differenza di utili di Borsa è pari a 50 milioni di lire.

Quindi le date: il 23.6.86 i giudici si riuniscono in camera di consiglio, uno dei tre giudici è Filippo Verde, gli stessi imputati ci dicono che Pacifico e Verde sono amici da vecchia data, amici fraterni, al punto che Filippo Verde al suo carissimo amico affida il suo patrimonio. Il 9.7.86 c'è la prima operazione, Aloisio per conto di Pacifico vende 60 mila azioni Sme; il 10.7.86 Aloisio per conto di Pacifico vende 50 mila azioni Sme; l'11.7.86 Aloisio per conto di Pacifico vende 50 mila azioni Sme; il 15.7.86 Aloisio vende 10 mila azioni Sme per un totale di 407 milioni e 820 mila; il 19.7.86 abbiamo visto che c'è il deposito della sentenza; il 21.7.86 Aloisio per Pacifico acquista 170 milioni azioni Sme per 349 milioni. L'utile di guadagno è pari a 58 milioni e 640 mila.

Pacifico quindi fa un'operazione che nessun'altra persona in quel momento avrebbe fatto perché, alla luce di tutto quello che stiamo ricostruendo, possiamo affermare che sapeva che l'esito della sentenza di primo grado Filippo Verde dava torto alla Sme e ragione all'Iri. Questo può essere affermato perché [...] appare indubitabile che Verde aveva un rapporto con Pacifico di tale natura al punto, lo ripeto, di ricevere somme per suo conto, di aprire un conto estero e di depositare su un conto di Verde una somma che non era di Filippo Verde, che non era il ricavato di nessun arbitrato, ma che è una somma pari a 500 milioni di lire che proviene dal conto di un altro imputato, Cesare Previti.

I giudici del venerdí

Che cosa ci dice il giudice Carmenini che faceva parte del collegio [della causa Sme]? In quell'epoca, nel 1985, la prima sezione civile aveva due collegi, uno dei quali era presieduto dal giudice Verde e c'erano i giudici fissi, che facevano parte sempre del collegio che in altro processo [Imi-Sir]è stato denominato «il collegio del venerdí». Chi erano i giudici fissi di questo collegio? Il giudice Mondello, il giudice Izzo, il giudice Campolongo, il giudice Zucchini. Zucchini ce lo ricordiamo perché è un'altra persona che si avvale dell'avvocato Pacifico per far ritornare una somma in Italia, è un altro magistrato nel pieno esercizio delle proprie funzioni che – avendo un conto all'estero non dichiarato, evasore fiscale – utilizza l'avvocato Pacifico, cioè affida una parte segreta della propria vita ad un avvocato che esercita nello stesso distretto. Attenzione, stiamo parlando di cause civili, stiamo parlando di magistrati che svolgono addirittura la professione civile in questi anni, l'avvocato Pacifico è un avvocato civile [...].

Verde, oltre a essere il presidente del collegio, è anche relatore. Cosa di dice Carmenini su questo? Ci dice che i presidenti avevano necessariamente un ruolo ridotto, che quindi non era un fatto che si verificava sempre che il presidente fosse anche relatore, era il presidente e gli altri sono relatori e quindi in questo caso abbiamo un'anomalia secondo la metodologia, cioè Verde ritiene di assegnarsi la causa, ma vi è di piú, è relatore della causa. Qual è la situazione di Carmenini? Dice: «Come sempre succede nel civile, quando ci sono le udienze collegiali ogni giudice porta i propri processi, cioè le pratiche che gli vengono assegnate, quindi quel giorno io ero preparato sulle mie, non si sa neanche... a meno che non si tratti di una cosa eclatante, che ci sono altri ricorsi, quindi noi non facciamo altro che ascoltare le relazioni degli altri colleghi».

Quindi Carmenini ci dice: «Io non avevo letto nulla». Si ricorda soltanto della discussione fatta dal professor Nicolò [Rosario Nicolò, legale della Barilla], il piú grande avvocato che in quegli anni poteva contare l'Italia, il professor Nicolò, e dice: «Mi è rimasto in testa questo perché era il mio professore universitario, avevo fatto l'esame con lui, era una persona che stimavo molto», dice. «Non ho mai letto la sentenza»: prima, dopo, durante la sua vita professionale.

Dove c'è Barilla, c'è mazzetta

Cosa succede? Questa sentenza diventa definitiva nel 1988. Abbiamo la discussione [in Cassazione] il 19 aprile 1988, la camera di consiglio il 7.7.88, il deposito in cancelleria l'11.7.88. Diventa definitiva quindi l'Iri nei confronti della Buitoni. Nell'88, sempre dalla documentazione bancaria, verifichiamo un'altra circostanza che si muove proprio nel 1988, che ora andrò a ricostruire. Quindi abbiamo visto che nel 1988 sul conto di Filippo Verde vi sono consistenti, costanti versamenti di danaro contante [...]. Cioè nel 1988 un conto che era costante fino a un certo punto vede coinvolgere, far arrivare somme di danaro contante, nel 1988.

Ora andiamo a vedere che cosa le carte bancarie ci hanno permesso di ricostruire. Noi sappiamo, poi lo vedremo nel dettaglio, che prima della vicenda giudiziaria, viene costituita una cordata, nella quale fanno parte Pietro Barilla per la Barilla, Michele Ferrero per la Ferrero e la Fininvest. Andiamo a vedere che cosa ci hanno portato le carte. Sono due operazioni dell'anno 1988, una nel maggio e l'altra del luglio 1988, siamo quindi nel periodo della sentenza definitiva. Arriviamo ovviamente a questa documentazione partendo dai conti di Pacifico e quindi dalle rogatorie che sono state fatte. [...]

Il conto della società Bitter International Corporation era stato aperto nel 1987 presso la Inter Allianz Bank di Zurigo, il beneficiario economico è indicato nella famiglia Barilla. Dall'estratto conto del primo semestre del 1988 dal conto Vitna veniva rilevato l'addebito datato 29 aprile 1988, valuta 2.5.88, per il pagamento di marchi tedeschi 1.011.775 a favore della Società bancaria ticinese.

Dalla contabile bancaria riportante l'ordine telefonico del cliente risulta che la somma, pari a 750 milioni di lire, era destinata alla Società bancaria ticinese di Bellinzona all'attenzione del signor Resinelli, somma che veniva accreditata il 2 maggio 1988, stessa valuta, sul conto Qasar di Attilio Pacifico. Contestualmente alla data di contabilizzazione dell'accredito, 2.5.88, la somma di 750 milioni proveniente dal conto di Pietro Barilla Vitna International veniva investita, con valuta 4.5.88, in un'operazione fiduciaria a 48 ore a vista, rimborsata il giorno 6 maggio 1988.

La scelta di tale investimento fiduciario prontamente esigibile è sintomatica della necessità di Pacifico di mantenere immediatamente disponibile il capitale, in ragione di ulteriori operazioni da realizzare in tempi brevi, circostanza poi effettivamente avvenuta in data 9 maggio '88 con il prelievo in contanti di biglietti di banca in lire italiane per un importo complessivo di 745 milioni e 800 mila al netto delle spese bancarie. La provvista del prelievo in contanti era esattamente quella ricevuta dal conto Vitna di Pietro Barilla. [...] Quindi noi abbiamo il primo bonifico che parte dal conto Barilla, sono 750 milioni di lire, che viene immediatamente prelevato in contanti e fatto riportare in Italia da Pacifico. Pacifico, con riferimento al bonifico disposto da Barilla, nell'interrogatorio reso nelle indagini preliminari il 7.4.98, a fronte di specifica contestazione corredata dalla relativa documentazione bancaria, si avvale della facoltà di non rispondere.

Questo lo voglio sottolineare, presidente: ogni volta che la Procura aveva ulteriori elementi a carico degli imputati, sui quali era opportuno e doveroso chiedere spiegazioni e dare la possibilità agli imputati di difendersi, è stato fatto. [...]

Che cosa succede? Che soltanto il 31 marzo 2003, l'altro giorno, Pacifico è l'unico che si fa interrogare in questo procedimento e dichiara: «Previti mi avverte che io riceverò sul mio conto 750 milioni che devo dare a lui. No, io l'ho scoperto dopo, durante il processo, che questo conto era intestato a Barilla, io non ho mai conosciuto né Barilla né i figli di Barilla». Quindi nel 2003 Pacifico ci dice: «Guardate, io non conosco Pietro Barilla. [...] Era Previti, cioè questi soldi Previti mi aveva detto che mi sarebbero arrivati sul mio conto e io li dovevo ridare».

Allora, prima riflessione che io voglio fare al collegio: siccome è pacifico ed è documentale nelle carte che vi erano dei rapporti di compensazione, cioè Pacifico faceva anche il compensatore, e che questo tipo di rapporto aveva anche con Previti, ma perché nel 1998 non ci ha detto che quella somma era destinata a Previti? Non scopriva nulla, cioè non mi si venga a dire: «Non ho risposto perché qualcosa si poteva ritorcere contro di me». Anzi, il contrario. [...]

750 milioni a Previti o a Verde?

Ora non v'è dubbio che la somma sia stata ritirata in contanti e che la stessa sia stata riportata in Italia, cosí come si evince dalla relativa contabile bancaria del prelievo. Il fatto però che la somma pari a 750 milioni di lire fosse destinata a Cesare Previti è destituito di fondamento. Pacifico collocava l'operazione nel contesto degli altri rapporti con il coimputato relativi al rientro di somme in Italia di capitali depositati sui conti esteri. Noi vediamo che il 14.1.87 arrivano 50 mila dollari sul conto Qasar, che poi ritornano in Italia; il 5.6.87 abbiamo altri 50 mila dollari; l'8.12.87 abbiamo altri 50 mila dollari; il 19.7.89 80 mila dollari; il 18.9.89 80 mila dollari.

Quindi da questa tabella riepilogativa si può constatare che nell'anno '88 non vi erano stati bonifici da Previti a Pacifico finalizzati al rientro di pari somma in Italia. L'importo di 750 milioni relativo al rientro della provvista risulta anomalo rispetto alle altre operazioni svolte negli anni precedenti e successivi: in nessun altro caso infatti si verificava un rientro di contanti d'importo cosí elevato: abbiamo visto, 50 mila dollari, 80 mila dollari.

A fronte di tali operazioni l'analisi dei conti correnti italiani intestati a Previti consentiva di accertare che in quegli anni su tali conti affluirono ingentissime somme di contante, l'abbiamo già visto, presidente, e lo ripeto. Nell'anno 1987 abbiamo il deposito, solo nel febbraio '87, totale finale di 3 miliardi 122 milioni; nell'88 abbiamo 5 miliardi 930 milioni, nell'89 abbiamo 1 miliardo 721 milioni.

Dal raffronto quindi tra i versamenti di contante in Italia e le somme provenienti dal conto Mercier fatte per mezzo di Pacifico, risulta evidente che gli importi versati in Italia non trovano alcuna corrispondenza con quelli provenienti dal conto Mercier. In particolare nel 1987 Previti faceva rientrare dal conto Mercier meno di 200 milioni di lire a fronte di versamenti in Italia di oltre 3 miliardi di lire. Nel 1988, in assenza di rientri provenienti dal conto Mercier, assenza di rientri, Previti versava sui suoi conti italiani 6 miliardi di lire. Nel 1989 Previti faceva rientrare dal conto Mercier poco piú di 210 milioni di lire, a fronte di versamenti in Italia superiori ai 3 miliardi di lire.

Per gli anni presi in esame quindi non esiste alcuna correlazione tra le operazioni di rientro e i versamenti di contante in Italia. Addirittura sul conto 9363 della Bnl intestato a Previti il 13 e il 26 aprile dell'88, ossia pochissimi giorni prima dell'asserito rientro Barilla, Pacifico, Previti, venivano eseguiti due versamenti di contante per complessivi 850 milioni di lire.

Tenuto conto quindi delle ampie disponibilità finanziarie già depositate sui conti italiani di Previti, dei versamenti di contanti del 13 e 26 aprile '88, pari a 850 milioni di lire, di poco precedenti al rientro del 9 maggio 1988, delle altre operazioni di versamento di contante avvenute nell'88 di circa 6 miliardi di lire, non vi era ragione per Previti di far rientrare in Italia la somma pari a lire 750 milioni e quindi non era Cesare Previti il destinatario finale della somma fatta rientrare da Pacifico in Italia [...].

Questo quindi è il quadro storico di quello che emerge dal primo bonifico: quindi, 750 milioni da un conto di Barilla arrivano a Pacifico, Pacifico li porta in Italia, Previti non è il destinatario. Ricordatevi quello che vi ho detto prima nella ricostruzione dei versamenti di contante che sono sul conto 5335, oggetto del capo di imputazione che riguarda l'imputato Verde.

850 a Previti, 100 a Squillante

Operazione del luglio '88. Il conto Corporation era stato acceso nel 1979 presso la Inter Allianz Bank di Zurigo, il beneficiario economico era sempre Pietro Barilla, su questo erano autorizzati ad operare Aldo Sabelli (che è l'avvocato del gruppo Barilla) e Pietro Barilla. Dall'estratto conto del terzo trimestre '88, con valuta 27.7.88, da questo conto partiva un bonifico di 1 miliardo di lire a favore del conto Qasar di Pacifico Attilio. Contestualmente all'accredito la predetta somma veniva investita in un'operazione fiduciaria a 48 ore rimborsata il 27 luglio del 1988 valuta 2.8.88.

Lo stesso giorno del rimborso Pacifico ordinava alla banca di bonificare la somma di 850 milioni a favore del conto Mercier [Previti], operazione contabilizzata in pari data con valuta 3.8.88 [...]. Sempre lo stesso giorno, il 29.7.88 Pacifico disponeva anche il bonifico contemporaneamente di 100 milioni di lire a favore del conto di Squillante Renato, anche questo con valuta 3.8.1988. Risulta quindi che Pacifico disponeva lo stesso giorno, 29.7.88, due bonifici a favore di Previti e di Squillante [...].

La consequenzialità tra l'arrivo del miliardo da Barilla e i due bonifici usciti è altresí dimostrata dai documenti bancari, da cui risulta che il saldo liquido del conto Qasar alla data del 30 giugno '88 risultava a debito di 331 mila lire. Nel mese di luglio le uniche operazioni registrate sul conto erano quelle connesse all'arrivo dei fondi dalla Inter Allianz Bank. Dopo le predette operazioni risultavano registrati quei bonifici a Previti e Squillante e l'investimento della somma residua di lire 50 milioni in un'operazione fiduciaria con scadenza a 30 giorni [...]. Cioè Pacifico trattiene per sé la somma solo di 50 milioni di lire.

Il bonifico proveniente dal conto Qasar veniva registrato sul conto Mercier in data 3 agosto 1988, stessa valuta, la somma accreditata sul conto Mercier veniva investita in data 4.8.88 in un'operazione fiduciaria con scadenza il 6 settembre '88, poi ulteriormente investita in altra analoga operazione fiduciaria. È ovvio quindi che Previti era il destinatario finale della somma pari a 850 milioni di lire. Anche il bonifico di 100 milioni destinato al conto Iberica di Squillante, una volta accreditato sul conto, è stato investito in un'operazione fiduciaria, è evidente quindi che Squillante Renato era il destinatario finale della somma.

– *Versione Pacifico.* Pacifico, con riferimento anche a questo ulteriore bonifico Barilla, mentre nell'interrogatorio abbiamo detto si è avvalso [della facoltà di non rispondere], che cosa ci dice nell'interrogatorio reso il 31 marzo 2003? «Previti mi dice che arriva 1 miliardo e che è una somma che lui deve ricevere. Io la ricevo e poi faccio un prelevamento e credo che in questo caso gli mando i soldi a Ginevra invece che in Italia perché gli servono lí, non so per fare che cosa. Ho fatto il bonifico a Squillante perché è una delle quattro operazioni in cui mi ha dato i soldi in Italia perché io li mandassi lí. Io non sapevo che quel conto fosse intestato a lui. Lui mi ha detto di mandare 'sti soldi su quel conto. Mi ha detto di mandare questi 100 milioni su un conto che si chiamava Antares alla Banca Commerciale Italiana».

– *Versione Squillante.* Renato Squillante non ha mai inteso sottoporsi all'esame dibattimentale, né nel corso delle indagini preliminari si presentava a rendere interrogatorio a seguito dell'invito a comparire. La difesa Squillante depositava una serie di documenti, dai quali risulta che l'imputato, nel mese di luglio '88, ebbe a ricevere una somma pari a 90 milioni di lire a seguito di una vendita immobiliare [...] avente ad oggetto l'immobile sito in Roma via Vespasiano 12. È importante che io vi indichi le strade e gli appartamenti perché capirete, presidente, risulta importante un atto che ci ha fatto trovare Squillante, quando facevamo la perquisizione.

Da tali documenti risulta che nel luglio '88 Squillante Renato riceveva da De Cosmo Vittorio 90 milioni in contanti a titolo di caparra connessa al compromesso di compravendita dell'immobile di via Vespasiano di Squillante Fabio. In data 20.12.88 veniva redatto il rogito di compravendita tra Squillante Renato, quale procuratore del figlio Fabio, e De Cosmo Vittorio. In tale atto veniva dichiarato il prezzo in 110 milioni cosí regolato: «Quanto a lire 10 milioni dichiara la parte venditrice di aver ricevuto prima d'ora dalla parte acquirente alla quale rilascia quietanza, quanto a lire 100 milioni verranno pagate in unica soluzione senza interessi compensativi non prima del 20 marzo '89 ed entro il 31 marzo

’89, a richiesta della parte venditrice con un preavviso di 5 giorni e contestualmente all’emissione dell’acquirente nel possesso dell’immobile libero da cose...» e va be’.

In data 29.5.89, in considerazione dell’inadempienza del pagamento della residua parte del prezzo, 100 milioni, da parte di De Cosmo a favore di Squillante, gli stessi addivenivano ad un accordo transattivo regolato con un’ulteriore successiva compravendita immobiliare avvenuta nel successivo mese, settembre ’89. In relazione a tale vendita si deve evidenziare che agli atti del dibattimento vi è l’appunto dattiloscritto da Squillante e sequestrato nel corso della perquisizione in cui erano riepilogati tutti i trasferimenti di immobili inerenti la sua famiglia. L’appunto annota in particolare: «Io, Liliana e Mariano il 20.5.80 acquistiamo [con la] liquidazione Consob [un immobile] in via Vespasiano per 45 milioni e 320 mila, 35 in contanti e 10 di mutuo, rivendiamo poi a Fabio il 18.11.83 e Fabio quindi vende a De Cosmo il 20.12.88 per 110 milioni acquistando via Calderini. E cosí il 6.7.88 si acquista Calderini per Maurizio 100 milioni, il 20.12.88 si acquista Calderini per Fabio, un altro appartamento» [...].

Dall’appunto sequestrato e da documenti prodotti dalla difesa risulta quindi che nel luglio ’88 Squillante Fabio vendeva a De Cosmo, ricevendo 90 milioni di caparra, per acquistare dall’Immobiliare Romana Calderini un appartamento del valore di 106 milioni. Squillante Maurizio acquistava un altro appartamento, sempre dall’Immobiliare Romana Calderini per il valore di 100 milioni. Rispetto a tale compravendita l’esame dei conti correnti italiani nella disponibilità della famiglia Squillante non registrava alcuna operazione collegabile. L’esame complessivo dei documenti, ivi compresi quelli prodotti dalla difesa, non consentiva di individuare una somma in Italia, nelle disponibilità di Squillante, nel mese di luglio ’88 che possa essere stata eventualmente consegnata a Pacifico in contropartita del bonifico estero accreditato sul conto Iberica.

Barilla: il conto della spesa

Complessivamente quindi le somme bonificate da Barilla nel luglio ’88 – 1 miliardo 750 milioni di lire – venivano cosí impiegate da Pacifico: 750 milioni venivano prelevati per contanti e riportati in Italia (vi ripeto abbiamo spiegato i versamenti di denaro contante che abbiamo in quel periodo sul conto di Filippo Verde); 850 milioni venivano bonificati a Cesare Previti sul conto Mercier; 100 milioni venivano bonificati al conto Iberica di Squillante; 50 milioni rimanevano sul conto Qasar di Pacifico.

I conti di Pietro Barilla sono stati scoperti soltanto alla morte di Pietro Barilla, che si colloca nel '94 [1993]. Abbiamo sentito i figli in dibattimento, avete la documentazione bancaria in atti e quindi è un altro dato incontrovertibile, l'esistenza di questi conti emerge soltanto in quella fase. Barilla c'entra con la vicenda Sme, è stato un protagonista della vicenda Sme, aveva interesse nella causa giudiziaria che si è instaurata a partire dal 1985 dalla Cir? Sí presidente. Anzi noi sappiamo qualcosa in piú, nel senso che soltanto poco tempo fa ci è stato detto da Silvio Berlusconi che è stato proprio Barilla ad attivarsi perché si formasse questa cordata.

Allora andiamo a vedere quali sono stati i passaggi, ma prima devo fare una premessa: noi abbiamo questo dato documentale, Barilla-Pacifico, quindi abbiamo delle consistenze patrimoniali all'estero che si materializzano da Barilla su un conto di Pacifico; abbiamo le dichiarazioni di Pacifico sul punto, che penso, anzi sono certa che sono state scardinate, facendo proprio una ricostruzione che si basa sui documenti. Che cosa ci dice? Lo ripetiamo. «Erano soldi di Previti, cioè io non conosco Pietro Barilla, ho saputo l'esistenza di questo conto, di questa persona [...] soltanto quando è iniziato il processo. Questi soldi quindi sono di Previti, sia i 750 milioni sia il miliardo».

Abbiamo visto che non sono vere le sue giustificazioni, che non è vera la ricostruzione che fa sul ritorno, 850 milioni, 100 milioni a Squillante. Noi non sappiamo ancora per quale motivo l'imputato Previti ha ricevuto questa somma perché non si è fatto interrogare, non è stata prodotta una memoria, questo bonifico è conosciuto all'imputato e alle difese dal 1998 e siamo nel 2003, e abbiamo l'interrogatorio, che voi avete in atti presidente, l'unico del settembre '97, dove c'è un accenno, nel senso che la domanda viene fatta, ma non risponde, non ci dice nulla.

Eppure sia Previti che Pacifico sapevano di essere imputati, sapevano di essere imputati di un reato grave perché è corruzione di un atto giudiziario, avevano forse tutto l'interesse di difendersi nel processo con le carte, con le spiegazioni, portandoci altro materiale che sarebbe stato vagliato, valutato dalla pubblica accusa, come ha fatto sempre e come ora dalle consulenze tecniche... Addirittura la ricostruzione per quanto riguarda la parte di Squillante rispetto all'investimento immobiliare viene fatta dal pubblico ministero anche in assenza di una consulenza tecnica, anche in assenza delle dichiarazioni dell'imputato [...].

Allora perché Cesare Previti ha ricevuto questi soldi da Barilla? E poi nel pomeriggio affronteremo la vicenda Sme, vedremo quali ruoli hanno avuto i singoli personaggi [...] che sono oggi coimputati. Ha avuto un ruolo Cesare Previti? Ha avuto un ruolo Attilio Pacifico? Ha avuto un ruolo Squillante Renato? Hanno avuto un ruolo? Un ruolo l'abbiamo già visto, è quello di Filippo Verde. Abbiamo visto che questo magistrato... abbiamo trovato danaro contante, abbiamo trovato in un momento successivo, nel '91 addirittura, un conto estero, abbiamo trovato e provato che Filippo Verde, fino al momento dell'arresto, ha mantenuto costanti rapporti con tutti gli imputati [...].

L'affare Sme

Andiamo ora a verificare le tappe piú salienti di quella che è stata la vicenda Sme. Il 30 aprile del 1985 nel corso di una conferenza stampa il presidente dell'Iri Prodi e l'ingegner De Benedetti, presidente della Cir, annunciano pubblicamente un accordo avvenuto tra le parti per la privatizzazione della Sme al prezzo concordato di 497 miliardi, prezzo stabilito a seguito di due perizie affidate a due professori della Bocconi da parte dell'Iri: la perizia quindi stabilisce – non le parti – che quella era l'offerta congrua a quello che era il valore sul mercato della Sme. [...]

Evidentemente la segretezza [nella trattativa del 1985] ci viene confermata dallo stile di Mediobanca. Abbiamo sentito Salteri, dice: «Siccome De Benedetti si era rivolto a Mediobanca per le trattative, costume Cuccia era di segretare nella maniera piú è possibile le trattative, fin quando non si arriva ad un accordo». C'è e quindi il fatto che Mediobanca avesse la gestione per conto di De Benedetti ovviamente la prima notizia pubblica ufficiale arriva solo il 30 aprile del 1985. Diversa cosa, se pur non aveva nessun obbligo il presidente Prodi di informare chicchessia, perché c'è l'autonomia dell'Iri ente di Stato, ne informa correttamente – nella sua trasparenza di uomo delle istituzioni – il ministro Darida, che ce l'ha confermato perché di una trattativa della Sme Darida lo sapeva. [...]

Il 7.5.1985 il consiglio di amministrazione dell'Iri all'unanimità e quindi con il parere favorevole dell'allora direttore finanziario Rastelli, del capo dell'ufficio legale Savarese, del direttore generale Zurzolo e del vicepresidente dell'Iri [Armani], quindi all'unanimità, approvano l'operato del presidente Prodi che ratifica l'accordo intervenuto tra l'Iri e De Benedetti. L'8.5.1985 anche il Consiglio dei ministri fa una dichiarazione con la quale aderisce alla privatizzazione della Sme, salvo a verificarne la congruità del prezzo. L'accordo doveva entrare in vigore il 10 maggio del 1985 e il 9 maggio del 1985, cioè un giorno prima rispetto alla scadenza del 10, cioè alla data stabilita perché l'accordo diventasse operativo, Prodi chiede la prima proroga a De Benedetti: di spostare l'esecuzione al 28 maggio 1985, perché nel frattempo bisognava attendere la delibera del Cipi.

Questa prima proroga, come – vedremo – la seconda, viene chiesta a Prodi dal ministro Darida, che all'epoca era il ministro per le Partecipazioni Statali. Il 27 maggio del 1985 arriva la delibera del Cipi. Il Cipi, quindi altro organo istituzionale dopo il Consiglio dei ministri, dopo l'assemblea del consiglio di amministrazione dell'Iri, delibera che la vendita poteva avere luogo. Guarda caso però quello stesso giorno, il 25 maggio del 1985 (il termine, lo ripeto, era stabilito al passaggio delle azioni al 28 maggio del 1985: il 27 quindi c'è la delibera del Cipi, e cioè il motivo per il quale Prodi chiede la prima proroga su richiesta di Darida e Darida dirà che era un'istanza fatta dal presidente del Consiglio dell'epoca Craxi) viene presentata un'altra offerta dall'avvocato Scalera per 550 miliardi e quindi soltanto il 10% in piú, un'offerta generica, un'offerta in cui non vengono svelati il nome degli imprenditori per i quali Scalera agiva.

Il 28 maggio anche la commissione Bilancio, presieduta da Pomicino, approva l'intera operazione Iri, un altro organo istituzionale all'uopo demandato, l'ultimo, approva l'operato dell'Iri e cioè dice sí alla prima privatizzazione in Italia che avrebbe previsto il passaggio dell'intera Sme al gruppo De Benedetti. Ma il 28.5.85, quindi lo stesso giorno che cade l'ultimo ostacolo, che era quello della commissione Bilancio (che, lo ripeto, approva l'operazione), Prodi chiede un'ulteriore proroga a De Benedetti: di spostare il termine di 13 ore.

Quali sono le ragioni di questa seconda proroga? Perché Prodi voleva incontrare Scalera per saperne di piú rispetto a questa generica offerta, sapere il nome e per conto di quali imprenditori agiva Scalera, non riusciva a trovarlo e quindi chiede un'ulteriore proroga. Anche in questo caso è il ministro Darida che, su richiesta di Bettino Craxi, all'epoca presidente del Consiglio, chiede questa seconda proroga. Il termine quindi scadeva alla mezzanotte del 28 maggio del 1985 e il 29 maggio alle ore 8.00 Prodi comunica a De Benedetti che era arrivata prima della mezzanotte, allo scadere della mezzanotte del 28, un'altra offerta organizzata da Pompeo Locatelli per conto di Barilla-Ferrero-Fininvest per 600 miliardi. Questa è la cronistoria di quello che succede in quel periodo.

Il no di Barilla e Ferrero

Andiamo a vedere ora, secondo la ricostruzione che è stata fatta qui dalle testimonianze, che cosa succede. Il presidente Prodi prima dell'accordo con De Benedetti interpella l'imprenditore che lui riteneva piú congeniale alla privatizzazione Sme, l'unico imprenditore italiano, che era la Barilla. Barilla non è interessato a tutta la Sme, ricordiamo che la Sme non conteneva soltanto cioccolata e biscotti, conteneva tante cose, tra cui olio, tra cui la Cirio, quindi tutte particelle importanti di un patrimonio complessivo che non interessava nel suo insieme a Pietro Barilla, cosí come non interessava alla Ferrero. E cioè i due piú grandi imprenditori italiani del momento – da un lato cioccolata, merendine Ferrero e dall'altro la pasta, quindi Barilla – non erano interessati a prendere tutta la Sme. Prodi intendeva dismettere tutta la Sme nel suo complesso per la prima privatizzazione italiana, scelta rivoluzionaria che si colloca nel 1985. La storia ci dirà poi che la prima privatizzazione, sfumata questa per le ragioni che sappiamo, si avrà soltanto dieci anni dopo.

Che cosa ci dice De Benedetti, quando l'accordo viene reso pubblico? Riceve congratulazioni da tutti, anche dal presidente della Fininvest, ci riferisce di contatti telefonici – prima dell'accordo e dopo – con Grande Stevens, l'avvocato del gruppo Ferrero[...], il presidente della holding italiana della Ferrero, quindi una delle persone piú vicine, se non la piú vicina, a Michele Ferrero. Ebbene Grande Stevens comunica a De Benedetti che Michele Ferrero non ha nulla a che ridire rispetto a questo accordo.

E ci dice un'altra cosa Grande Stevens: che nel momento in cui viene resa pubblica poi l'offerta Iar, dove si sa che è presente anche la Ferrero, l'avvocato Stevens ne parla con Ferrero e per questioni di correttezza [...] chiede a Ferrero di poter telefonare a De Benedetti per comunicargli appunto questa diversa impostazione della famiglia Ferrero. Altri testi ci dicono qual è stato l'atteggiamento della Ferrero dopo che l'accordo tra l'Iri e De Benedetti è reso pubblico: ce lo dice Boeris, che è una delle persone piú vicine a Michele Ferrero, è un dirigente della Ferrero, da una vita nella Ferrero. Ferrero – dice – reagí piú o meno: «La cosa è fatta, lasciamola cosí».

Ora, la situazione di Barilla prima, e cioè del perché non era interessata la Barilla ad acquistare l'intera Sme, ci viene confermata da tutti i dirigenti della Barilla: da Allodi, da Manfredi. Anzi Allodi ci ha detto che... esclude nella maniera piú tassativa che Barilla fosse interessato all'acquisto di tutta la Sme. Stessa circostanza, lo ripeto, viene riferita in dibattimento dall'ingegner Manfredi. Attivazione... Che cosa succede quindi tra l'approvazione del Cipi lo stesso giorno di Scalera? Chi è l'avvocato Scalera? Chi lo chiama in causa? E qui torniamo a persone imputate in questo processo.

Il fantasma Scalera

Scalera [viene] sentito una prima volta nel 1985, quindi nell'immediatezza dei fatti, dal giudice Infelisi, che aveva aperto un fascicolo a modello 45 [contro ignoti] [...] a seguito di una denuncia sulla incongruità del prezzo dall'onorevole Staiti Di Cuddia [del Msi-An], senza elementi, senza altro, perizie, eccetera, soltanto riportate notizie stampa [...]. Viene aperto questo fascicolo a modello 45, vengono effettuate indagini, la piú eclatante, siamo proprio nella fase, non c'è stata ancora l'offerta Iar, viene fatto un ordine di esibizione, che ha lo stesso valore di un sequestro, di tutte le azioni Sme, è lo stesso giudice Infelisi, cosí come ci ha riferito in dibattimento, a recarsi a Napoli, oltre a farsi dare tutto l'incartamento dall'Iri rispetto all'offerta. Quindi storicamente noi dobbiamo collocare anche questa operazione giudiziaria, che viene effettuata proprio in quei giorni (processo che poi nel 1986, un anno dopo, verrà archiviato).

Il reato è paventato, ma non viene iscritto un abuso del presidente Prodi, non viene mai fatta una perizia, non viene mai personalmente letta e studiata dal pubblico ministero, né tantomeno dall'organo investigativo delegato alla Guardia di finanza, tutta la documentazione acquisita e alla fine si arriva, ma nell'86, alla chiusura. Racconto questo episodio perché lo dobbiamo collocare in quel contesto storico. Scalera quindi viene interrogato dal giudice Infelisi, dal pubblico ministero, non rivela le fonti, appellandosi gli imprenditori al segreto professionale, stessa cosa che farà alla Procura della Repubblica di Milano dopo anni, nel '97 o '98, ora non ricordo, e in quella sede – fatto riferimento la Procura al codice di procedura penale che, nel caso si ritenesse che il teste non potesse avvalersi del segreto professionale, si faceva intervenire il Gip [per obbligarlo a rispondere]. Scalera decide di rivelare chi era l'imprenditore per il quale aveva fatto l'offerta: quindi nel 1998 sappiamo che era Silvio Berlusconi.

Che cosa ci dice Scalera? Scalera ci dice che è un amico da sempre di Cesare Previti, che in quel periodo, in quel contesto, viene avvicinato da Cesare Previti, il quale gli chiede di rendersi operativo per questa offerta. Scalera si mette in contatto con Silvio Berlusconi e Silvio Berlusconi chiede a Scalera di fare questa offerta generica per quel prezzo, senza indicare gli imprenditori per conto dei quali lo faceva. Scalera si presta a fare questa attività, lo fa gratuitamente [...]. «L'ho fatto gratis, ero amico di Cesare Previti, mi veniva chiesto da Silvio Berlusconi, all'epoca presidente della Fininvest, non avevo motivo di rifiutarmi».

Siamo al 27 maggio [lapsus: in realtà l'offerta Scalera è del 23 maggio], quindi c'è un'attivazione di Previti, che è il protagonista perché è la persona che conosce Scalera, vi è un'attivazione di Silvio Berlusconi, che chiede e ottiene da Scalera di presentare questa offerta fantasma, offerta fantasma che consentirà di avere piú tempo, nel senso che Darida, una volta presentata l'offerta, su richiesta del presidente del Consiglio Bettino Craxi chiede a Prodi di verificare questa offerta e quindi di entrare in contatto con Scalera. Sapremo poi appunto da Prodi che viene accolta questa richiesta di Darida, si fa di tutto per rintracciare Scalera, ma Scalera non si fa trovare.

Che cosa succede in quel periodo tra Barilla, Ferrero, Fininvest? Ci sono dei contatti. Pompeo Locatelli prende contatti con la Ferrero e dice... li convince... li vuole convincere che è opportuno fare una cordata per impedire che vinca l'accordo che era già in atto, già ratificato, già tutti gli organismi istituzionali avevano detto che era fatto secondo i criteri, i crismi, la privatizzazione da Prodi, interviene, lo ripeto, la commissione Bilancio, interviene il Cipi, intervengono tutti gli organi istituzionali. Tutto regolare, va bene, si può fare, si deve fare. Lo ripeto, l'Iri all'unanimità nel 1985 ratifica l'accordo e dice: «Prodi ha fatto bene».

Berlusconi al lavoro

E allora perché c'era bisogno di questa proroga? Che cosa abbiamo verificato dall'istruttoria dibattimentale? Che c'era una resistenza soprattutto da parte di Ferrero. C'è il primo incontro a Broni, luogo scelto dal presidente della Fininvest perché è un luogo strategico che poteva consentire alle parti che arrivavano da Milano a Torino di incontrarsi a metà strada. Viene per l'occasione affittato un locale, un ristorante: le sale tutte a disposizione. Michele Ferrero decide di partecipare a questa riunione – ci dicono tutti i testi presenti – perché non conosceva il presidente della Fininvest e non aveva però nessuna intenzione, in quella riunione, di prendere una decisione.

Quindi va e dopo mezz'ora, con la scusa del viaggio a Londra, si allontana. Quella riunione fu abbastanza lunga, dura fino alle 7 del mattino, tutto il giorno, nessuno aveva a disposizione i bilanci. Nessuno sapeva della situazione particolareggiata della Sme, si brancolava nel buio, nessuno aveva letto le perizie fatte dall'Iri. C'è un teste che parla, è Dogliotti, per la Ferrero: «Fu abbozzata un'offerta, 490, altri volevano 550, sembrava, era il mercato delle vacche», cioè si brancolava nel buio piú totale. Erano presenti per la Ferrero appunto Michele Ferrero, che poi va via, la moglie e tutti i dirigenti Ferrero, erano presenti per la Barilla, oltre Pietro Barilla, l'avvocato Sabelli ed altri funzionari della Barilla, erano presenti per la Fininvest, oltre il presidente, il suo avvocato Dotti e forse alcuni dirigenti della Fininvest.

Quindi in quella riunione, che collochiamo ovviamente prima del 27 maggio, proprio a cavallo di quei giorni, non si ottiene alcun risultato. Ferrero è molto indeciso... e ce lo dicono i suoi uomini, perché dopo se ne discute, dopo la riunione di Broni, ci si chiedeva nella riunione che viene fatta alla Ferrero dopo: «Che ne facciamo della Cirio? Che ne facciamo dell'olio? Che ne facciamo delle altre cose?». Perché, fin quando si trattava di prendere cioccolata e merendine, ci si poteva mettere d'accordo con Barilla, ma tutto il resto proprio non interessava ai Ferrero. La Ferrero si preoccupava quindi in quel momento storico non solo che si sapeva pochissimo della Sme, che l'unica cosa che si sapeva – ed era arcinota – [era] che era un'azienda in deficit totale, che quindi c'era da una parte l'impegno dell'acquisizione dell'intero gruppo, ma la preoccupazione della Ferrero in quel momento era anche che bisognava impiegare i capitali successivi, tutto quello che sarebbe costato quindi alla Ferrero, una volta acquisita, tutti i capitali che dovevano essere investiti per farla rinascere. Quindi una delle maggiori preoccupazioni era il forte impegno dal punto di vista finanziario, oltre il fare delle altre cose che non sono nella nostra storia. «Noi con l'olio che cosa c'entriamo?» [...].

Dopodiché c'è un'ulteriore riunione il 28 maggio, quella definitiva. Il 27 [il 23] sappiamo che viene presentata l'offerta Scalera.

Chi mente fra Silvio e Pompeo?

Uno degli argomenti successivi, che poi convincono Ferrero a entrare, è che [...] dalla Fininvest arriva la notizia che parteciperanno anche le cooperative bianche. Non solo, siccome il punto centrale è che Barilla, se fosse venuto meno – era un effetto domino –, Ferrero non avrebbe partecipato alla cordata. Quindi bisognava trovare un argomento che convincesse soprattutto Ferrero, perché se no sarebbe caduto anche Barilla. Sta di fatto che, abbiamo visto le proroghe, a mezzanotte parte da Pino Torinese un fax a firma Pompeo Locatelli con la nuova offerta, poi sappiamo quello che succede.

Ora Pompeo Locatelli che cosa ci ha detto in dibattimento? Pompeo Locatelli ci dice che lui, leggendo la notizia sul giornale di questo accordo tra De Benedetti e l'Iri, dice: «Mah, faccio questo di mestiere, ho deciso che mi dovevo attivare e che dovevo convincere però delle persone a portarmi...». Allora prende contatto con Ferrero, ma chiede a Larini [...] di presentargli Silvio Berlusconi perché voleva convincere anche la Fininvest. Riesce a ottenere questo incontro tramite Larini, prospetta tutte le sue sicurezze rispetto a questo ottimo affare e – lui dice – Berlusconi si convince, cioè li sta a sentire e dice «e beh però...», «Tant'è che fa delle telefonate in mia presenza, telefona qua...», eccetera eccetera.

Ora delle due l'una, presidente: noi abbiamo Pompeo Locatelli che vi ha riferito queste circostanze sotto giuramento in dibattimento e pochi giorni fa noi abbiamo avuto una dichiarazione del presidente del Consiglio che smentisce in radice queste dichiarazioni di Pompeo Locatelli. Perché il presidente del Consiglio ci dice che lui entra da protagonista e si attiva a che questa cordata venga posta in essere perché il presidente del Consiglio Bettino Craxi glielo chiede, è lui che [si] attiva perché il presidente Bettino Craxi dice: «Barilla non ce la farà mai, ti devi muovere tu». E il presidente del Consiglio ci dice: «Io questo ho fatto».

Quindi noi abbiamo due dichiarazioni in netto contrasto: Pompeo Locatelli tramite Larini va da Berlusconi, Berlusconi ascolta, si convince, si rende conto che la proposta è interessante e comincia a fare delle telefonate; dall'altra abbiamo le parole che provengono dal protagonista di quella vicenda in quel periodo, che ci dice: «No, io mi attivo in prima persona perché me lo chiede il presidente del Consiglio». Quindi questo trova conferma, devo dire, in quello che ci dice Scalera. Scalera per il presidente Berlusconi è un illustre sconosciuto, ma c'è Cesare Previti che trova la persona giusta che al primo tentativo non si tira indietro, dice: «Sí, certamente lo faccio» e lo fa perché il 27 [il 23] maggio del 1985 viene proposta, viene presentata questa offerta Scalera.

Poi, dopo la presentazione dell'offerta, salta l'accordo e comincia la vertenza giudiziaria. Chi viene investito come studio? Il piú grande che poteva esserci in quel momento, la Iar dà incarico allo studio Nicolò, al professor Nicolò e a Punzi (Punzi è il genero e lavorava in quello studio, uno dei piú grandi studi esistenti in Italia che si sono occupati e che si occupavano di vertenze di questo tipo).

Previti e Pacifico, mai visti

Chi erano gli avvocati laterali, cioè le persone che per i singoli gruppi seguivano la causa? Per la Fininvest l'avvocato Dotti, per la Barilla l'avvocato Sabelli, persona vicina poi al gruppo Barilla perché, oltre ad essere l'avvocato di una vita [...], faceva parte del consiglio di amministrazione [...]. Per la Ferrero, l'avvocato Grande Stevens e l'avvocato Chiusano. Raccogliamo i piú grossi nomi di avvocati che in quel momento l'Italia aveva e che ha tuttora.

Tutti i testi hanno escluso nella maniera categorica che l'avvocato Pacifico e l'avvocato Previti avessero avuto un mandato professionale, un interesse anche minimo nella vertenza giudiziaria. Ma vanno oltre: tutti i testi sentiti dicono che né la Barilla, né la Ferrero si erano mai rivolte all'avvocato Previti o all'avvocato Pacifico per mandati professionali o qualsiasi incarico o qualsiasi consigli che riguardava la Barilla o la Ferrero, mai. Anzi i testi dicono: «Noi dell'esistenza di Pacifico l'abbiamo appreso quando dai giornali abbiamo saputo – nel '96 (e qui siamo nell'85) – che è stato arrestato». I figli di Barilla, tutti i dirigenti della Ferrero, mai nessun rapporto professionale o di altro tipo.

Ma v'è di piú: perché ce lo dice Dogliotti, una delle persone piú vicine a Michele Ferrero: «Guardate che Previti noi l'abbiamo conosciuto...». E ci racconta un episodio, siamo sempre nell'85, in quel momento è già partita la vertenza giudiziaria perché siamo nel novembre '85. Che cosa succede? Da anni Michele Ferrero è residente all'estero. Dal nucleo centrale della Guardia di finanza di Roma viene effettuata una perquisizione alla Barilla e al domicilio italiano, alla casa di Pino Torinese di Ferrero. Tant'è che Dogliotti dice: «Io poi per questo motivo non mi sono piú interessato della causa, nel senso che seguivo perché poi c'erano i nostri avvocati, perché mi sono dovuto occupare di questa vicenda, sulla quale Ferrero era addolorato, addolorato perché [...] non si riusciva a spiegare per quale motivo c'era stato questo intervento della Guardia di finanza».

Allora Ferrero [...] era abbattuto, era triste, giustamente, per una persona come Michele Ferrero, da quello che si è potuto capire, intuire dalla storia di questo processo, persona riservata, persona [che] non ha mai, penso, rilasciato un'intervista e ha uno dei gruppi che piú sono l'orgoglio dell'Italia nel mondo – basti pensare alla Nutella, presidente, per quanto mi riguarda, quindi in uno di questi incontri minimi che ci sono stati in quel periodo delle riunioni con Silvio Berlusconi, allora presidente della Fininvest, Ferrero gli racconta che stava subendo questo accertamento da parte della Guardia di finanza. E Berlusconi dice: «Alt, io ho un mio carissimo amico che ti può aiutare, vacci a parlare, ed è l'avvocato Cesare Previti». E difatti questo succede.

Allora ricordiamoci chi erano gli avvocati del gruppo Ferrero in quel periodo e lo sono tuttora: l'avvocato Grande Stevens e l'avvocato Chiusano. Dogliotti si incontra due volte con Previti, va a Roma in via Cicerone. Previti gli chiede quali fossero le imputazioni, reato valutario, il fatto della legge eccetera. Previti quindi imposta quella che ritiene la sua difesa, quello che propone a Michele Ferrero: la strada da seguire era quella dello spostamento della sede del giudizio a Roma,. Cioè la prima cosa: «Via da Torino, a Roma». Perché questo? Perché essendo in corso la modifica normativa valutaria [...] c'era necessità di avere una dilazione, quindi per prima cosa bisogna spostare il processo da Torino a Roma.

E poi [Previti] dice: «Io poi l'ambiente giudiziario romano lo conosco bene [...]. Io sono convinto che i giudici siano piú... diano a Roma piú garanzie di imparzialità». Chissà se in quel momento Previti pensava a suoi amici magistrati, che tanto erano imparziali che avevano frodato la stessa legge di cui stiamo discutendo e che avevano patrimoni all'estero. Non lo so. Questa è la proposta che viene fatta comunque alla Ferrero. Dogliotti torna a Roma e riferisce a Michele Ferrero la tesi difensiva, la strategia difensiva di Cesare Previti[...]. E Ferrero che cosa ha risposto? Non accetta nella maniera piú assoluta, dice: «Non voglio cambiare la sede del giudizio. È Torino e Torino rimane. Non voglio perdere i miei avvocati: Chiusano, Grande Stevens e il professor Siniscalchi» [...].

Che cosa ci dice un altro teste, Manfredo Manfredi, rispetto alla conoscenza Previti-Barilla? Siamo già con la causa in corso, si facevano ogni tanto delle riunioni a Roma dove gli avvocati riferivano l'andamento, Dotti per la Fininvest, Sabelli per la Barilla. Nel corso di una di queste riunioni che avvenivano all'Hotel de la Ville di Roma – perché lí aveva una suite fissa Pietro Barilla quando era a Roma. Un giorno si fa questa riunione e ad un certo punto c'è una persona nuova. E dice testualmente Manfredi: «Mentre noi eravamo seduti attorno a un tavolino basso, arriva un signore che noi non conoscevamo e Pietro Barilla mi chiese: "Chi è questo signore?". Gli ho detto io: "Non l'ho mai visto". Ed era l'avvocato Previti. L'avvocato Previti fu silenzioso per tutta la durata della conversazione». Quindi Pietro Barilla non conosceva Cesare Previti.

E allora Previti ha avuto un ruolo nella vicenda giudiziaria? Documentalmente tutti ci dicono no e difatti, se voi andate a vedere le comparse conclusionali eccetera, non c'è una firma, non c'è nulla, però [...] Dotti dice che, su disposizione di Berlusconi, tutte le riunioni si dovevano tenere in via Cicerone numero 60 che è lo studio di Previti e che soltanto Previti aveva il compito di scegliere gli avvocati. E poi Dotti dice: «Sí, effettivamente noi facevamo le riunioni da Previti, venivano gli altri legali, eccetera eccetera, tranne Nicolò perché Punzi dice che l'avvocato Rosario Nicolò non si muoveva dal suo studio. Lui veniva interpellato, forniva pareri, provvedeva a memorie, ma non andava in via Cicerone numero 60». Stiamo parlando del professor Nicolò!

Quindi l'unico ruolo che ci emerge dagli atti, dal processo, dai testi è che le riunioni venivano fatte nello studio di Cesare Previti in via Cicerone, ma lui non aveva alcun mandato professionale. C'era però una disposizione precisa che riguardava tutto il percorso, non soltanto l'85, che la scelta degli avvocati, i rapporti con la magistratura (intesa come cancelleria, come giovani di studio che vanno a chiedere quando è fissato il processo), questo spettava esclusivamente a Previti. La Fininvest, da quello che risulta documentalmente dalle carte, non gli ha mai affidato un mandato professionale, nel senso che abbiamo trovato una memoria, un atto, una comparsa conclusionale firmata da Cesare Previti, né per la Sme né per il Lodo né per le altre vertenze giudiziarie che sono entrate in questi processi. Mai [...]. Pacifico e Previti non esistono. Però poi nel 1988 noi vediamo che da un conto di Barilla arrivano delle somme e noi abbiamo verificato a chi vanno [a Previti e Pacifico, a Squillante e Verde].

Che cosa ci poteva dire Previti rispetto...? E anche qui devo fare una deduzione sulla base di documenti. Lavoro di fantasia, presidente, perché non ho altri elementi, [...] perché nulla è stato detto. Su questo sono convinta che non potrete arrivare ad altra soluzione se non quella prospettata dal pubblico ministero, pacificamente [...]. Previti ha avuto un ruolo nella Sme? No. Previti conosceva Barilla? No [...].

E allora vengono presentati dei documenti. Quali documenti? La bozza di Scalera. Fatto certo: Scalera è la creatura di Previti che per conto di Silvio Berlusconi gli fanno fare l'offerta. È stata presentata una bozza scritta nello studio di via Cicerone [...]. Questo è un interessamento, un mandato professionale che giustifica dei soldi in nero per atti occulti arrivati dall'estero? No. Dichiarazioni di Punzi: [...] quando allo studio Nicolò muore il professore, Punzi, per conto degli eredi, porta la fattura [allo Iar]: 500 milioni [...] che si dividono equamente in tre: la Fininvest, Barilla, Ferrero. Quindi 500 milioni diviso tre.

Questo era il prezzo che il grande professor Nicolò ha chiesto come liquidazione per l'operato. E viene indirizzata anche a Previti. Che cosa ci ha detto Punzi in dibattimento? «Siccome io avevo chiesto una parcella e Dotti in compagnia di Previti, che per altro conosco da lunga data, mi hanno lasciato intendere che era troppo cara e quindi c'è stata una discussione sul prezzo, dopodiché, visto che era presente anche lui [previti], ho mandato anche a lui la fattura». Quindi un altro ruolo di Previti, quello di accompagnare Dotti a trattare sul prezzo [...].

Sta di fatto che Pacifico ha detto il falso [raccontando] che quei soldi arrivano a Cesare Previti. Quei soldi vengono, i 750 milioni, prelevati in contanti io vi ho dimostrato in maniera documentale che abbiamo versamenti sui conti correnti del giudice che si è occupato del primo grado della causa [Verde].

Io vi ho dimostrato in maniera incontrovertibile che 100 milioni di questa provvista vanno a Renato Squillante, che viene indicato in questo processo come un magistrato a libro paga che riceve in maniera continuativa soldi dagli imputati. Abbiamo visto '91, abbiamo visto '88, ora vedremo altre provviste che partono dal conto di Pacifico.

Le vere tangenti per l'affare Sme

Barilla nella sua vita ha pagato delle tangenti e le ha pagate in funzione della Sme, Sme intesa nel suo complesso? Sí, presidente. Quindi un fatto storico reale c'è: ma non è nell'85, è nell'89. E chi ce lo dice? Chi ce lo conferma in dibattimento? Ambrosio. Ambrosio, Vittorio [Franco] Ambrosio, leader nel settore del commercio nazionale e internazionale del grano duro, era da sempre in affari con Barilla, ovvio, era uno dei piú grandi nel commercio nel campo che era proprio tipico della Barilla. Ma col tempo era diventato anche amico di Barilla, molto amico di Barilla e allora che cosa succede? Che nel 1989, sempre in quel famoso albergo, dove noi sappiamo che Barilla risiedeva quando era a Roma, Barilla – dice Ambrosio – fa una strana richiesta. Vuole 300 milioni in contante, anzi 600, la prima di 300 milioni, prima di Natale, la seconda subito dopo a metà gennaio. Lui accetta perché erano amici, anche se gli è sembrato stranissimo da una persona come Barilla. Però tutte e due le consegne di danaro, di contante, sono fatte al Grand Hotel, presenti soltanto Ambrosio e Barilla Pietro.

La seconda richiesta che gli viene fatta, siamo sempre nell'89, è addirittura di 5 miliardi di contante. [Barilla] dice: «Io ho bisogno di 5 miliardi di contante». Ambrosio fa: «Che devi fare di tutti questi soldi? Io come faccio a procurarteli?». «Questi soldi – dice Barilla – mi servono perché devo fare due contributi, uno al Partito socialista e uno alla Democrazia cristiana, due miliardi cadauno». Barilla dice: «Devo per forza fare questi contributi perché devo cercare di comprare l'Alivar», che era una società della Sme: la Pavesi, Motta, tutte le autogrill sull'autostrada.

Ambrosio rappresenta però l'enorme difficoltà che lui ha nel reperire questa somma, ma lo vuole assecondare per due ragioni: la prima perché sono amici, la seconda perché è il suo principale cliente. Ma Barilla non gli chiede soltanto di portare il contante, gli chiede anche di fare lui i versamenti a Citaristi e a Balzamo. A questo punto Ambrosio si rivolge a Vincenzo Esposito, persona a cui già si era rivolto per pagare anche lui dei contributi, mi sembra che ha usato un termine divertente, napoletano [...]. Tant'è che una prima volta viene arrestato nel 1993, poi una successiva nel '94, dove racconta anche i fatti relativi a Pietro Barilla.

Vengono dati questi soldi. Dopodiché però da 5 miliardi arrivano a 7 miliardi e Barilla dice: «Guarda, io devo fare anche un contributo alla corrente andreottiana e quindi sono altri 2 miliardi e mezzo». Lui va da Balzamo – dice testualmente in dibattimento – «di cui ero anch'io un cliente». E questo denaro, nel giro di poco tempo, viene portato alle persone. Per quanto riguarda la corrente andreottiana, lui si rivolge a Cirino Pomicino. Ecco, questi sono i personaggi che emergono anche in questo processo. Quindi siamo nell'89, poi vedremo che l'Alivar viene acquistata e Barilla paga questi contributi ai vari partiti politici nell'89. [...]

Ecco, questa è la ricostruzione nuda e cruda della Sme, questo è quello che accade nell'85, quello che accade nell'88, quello che accade poi nell'89. Però non bisogna fare confusione, l'85 ha una storia, l'89 ne ha un'altra. Quindi nell'88 abbiamo visto, abbiamo la sentenza definitiva [che dà torto a De Benedetti] e [...] vengono spostate delle somme dall'estero in Italia e poi vanno ai due magistrati che sono indicati nei capi di imputazione. E sono coinvolte quelle persone, Pacifico e Previti, di cui l'Ariosto nel 1995 dice – su confidenza di Previti, suo carissimo amico – "erogatore", "libro paga", persone che avevano e gestivano conti correnti di magistrati.

Tutto vero, dimostrato in maniera incontrovertibile dalle carte che noi abbiamo avuto dalle autorità straniere. I versamenti di contante di Verde li abbiamo. I bonifici Pacifico e Squillante li abbiamo. Nell'ottobre '88, quindi siamo in questo periodo, abbiamo il viaggio Niaf: abbiamo una serie di magistrati, che a spese di Previti, perché veniva premiato l'allora presidente del Consiglio Bettino Craxi, vanno in America.

Altri soldi a Squillante

Sempre in quel periodo, [...] abbiamo altri due versamenti da un conto da Pacifico a Squillante. Andiamoli a vedere.

– *Primo versamento*. Siamo al 29 aprile '88, è un venerdí. Il 29.4.88 con valuta 2.5 sul conto Pavoncella presso la Banca del Sempione di Lugano veniva eseguito un versamento di contanti di 1 milione e 390 mila franchi svizzeri. Al cambio di quei giorni corrisponde a 1 miliardo 250 milioni. Il 9 maggio '88 è un lunedí:

[...] sul conto Pavoncella veniva addebitata la somma di 110 mila franchi, al cambio di quei giorni – abbiamo verificato – sono 100 milioni di lire, bonificati a favore della Società bancaria ticinese con il riferimento «Oceano». La provvista dei 110 mila franchi è costituita proprio dal precedente versamento di contanti pari a 1 milione 390 mila franchi svizzeri. [...] Questa somma viene investita da Squillante in un'operazione fiduciaria con scadenza a 3 mesi, quindi lui agisce come unico custode di quella somma ricevuta, la investe.

Andiamo a vedere che cosa ci ha detto Pacifico il 31 marzo 2003. La prima domanda è rispetto al miliardo e 250 milioni in lire italiane che noi troviamo nell'88 sul suo conto [...]. E lui dice: «Non l'ho fatto io questo versamento, non me lo ricordo. È stato fatto un versamento su questo conto, non lo so, non me lo ricordo. Io ho detto che questo versamento è stato eseguito, non so chi l'ha fatto, se l'ho fatto io o altre persone, perché non me lo ricordo». E poi dice: «Su questa operazione in questo momento io non riesco a ricostruirla. Se il Tribunale lo ritiene, io mi riservo di dare una spiegazione in tempi brevissimi e, se lei lo ritiene, io lo posso fare, ma in questo momento non sono in grado di ricostruirlo». Io sto ancora aspettando una spiegazione.

Allora le carte bancarie sono nella disponibilità del pubblico ministero dal 1997, a disposizione delle parti non solo da quando il conto è nella disponibilità sua [da quando Pacifico ha aperto il suo conto]. [...] Noi non sappiamo fino a quando non ci vengono trasmesse le carte, che cosa c'è su quei conti, ma le parti sí [...]. Ebbene, signori, siamo a maggio del 2003, Pacifico non è ancora in grado di dirci come è possibile che sul suo conto nell'88 una cifra cosí consistente... Signor presidente, è un miliardo e 250 milioni dell'epoca! Oggi sarebbe l'equivalente di 5-7 miliardi. E lui non si ricorda chi gli ha dato questa somma, da dove l'ha presa! Ora, quello che vi posso dire io, leggendo le carte, [è] che il versamento di 1 miliardo e 200 milioni non può avere un'origine da un pari prelievo eseguito dai conti italiani di Pacifico. Cosí come posso escludere, perché anche questo lavoro è stato fatto, che si tratti di una vincita al gioco presso il casinò di Campione, perché dalle presenze rilevate presso il casinò all'Hotel Splendid risulta che Pacifico si era recato in Svizzera nelle giornate del 16 aprile e 8 maggio '88.

Che cosa poi ci dice Pacifico rispetto al perché li manda Squillante? Sempre l'interrogatorio del marzo 2003: «È successo qualche volta che Squillante mi chiede di fare questi accrediti sul suo conto, dandomi i soldi in Italia, che sono suoi e dei suoi parenti. Cosí lui mi diceva e, siccome lui non mi ha detto i nomi dei suoi conti [...], usavamo il riferimento Oceano». Presidente, non vorrei essere veramente noiosa, ma noi abbiamo la prova documentale che Pacifico sapeva perfettamente quali erano i conti di Squillante a Bellinzona.

Squillante non si è fatto interrogare, non sappiamo nulla su questo bonifico che lui riceve, sappiamo soltanto che il 28 aprile '88 Barilla disponeva il bonifico di 750 milioni di lire a favore del conto Qasar. Sul conto Pavoncella quello stesso giorno venivano versati 1 milione e 300 mila franchi corrispondenti a un miliardo 250 milioni. Il 9 maggio '88 Pacifico prelevava in contanti 750 milioni e li riportava in Italia. Pacifico lo stesso giorno 9 disponeva il bonifico di 110 mila franchi a favore del conto di Squillante.

– *Secondo versamento*. Ma non è l'unica, ce n'è un'altra, presidente [...] Ci siamo attestati all'88, ora andiamo all'89. Perché Pacifico dal conto Qasar a Rowena versa nel settembre '89 altri 84 mila franchi svizzeri, somma che, una volta arrivati a Squillante, lui [Squillante] investe e quindi agisce nei confronti di questa provvista come se fosse – com'è – danaro suo.

Fiumi di denaro a Previti e Squillante

E allora, presidente, in quegli anni – e dobbiamo datarlo fino all'ottobre '88, perché la signora Ariosto ci dice che da quella data, da quando comincia la relazione con l'avvocato Dotti, non frequenta piú l'abitazione di Previti – lei riferisce di due episodi di cui è stata protagonista in quegli anni, '86 e '87, dobbiamo attestarci [al massimo fino] all'88 ottobre, a casa Previti, e al Circolo Canottieri Lazio. Di questo vi ho già detto prima. Denaro contante ne circolava? Tanto.

Abbiamo visto che fiumi di danaro arrivano a Squillante in quegli anni, abbiamo visto che la signora Ariosto è amica di Cesare Previti. Abbiamo saputo – e non è piú il chiacchiericcio, perché [...] parlano i documenti, non i pettegolezzi – abbiamo sentito da Dotti che tutti sapevano a Roma che l'avvocato Cesare Previti faceva questo. E allora in questo periodo lui riceve danaro, in questo periodo ha rapporti di frequentazione e va al Circolo Canottieri Lazio. Lui dice che ci va a giocare a calcetto, cosa vera.

Noi abbiamo quindi datato dalle agende, dai riferimenti bancari, dai bloc notes, da tutto che c'è una continuità di rapporti tra Cesare Previti, Attilio Pacifico e Renato Squillante. Noi abbiamo visto che viene indicata quindi una continuità di provviste che questo giudice riceve per violare le sue funzioni proprie. Noi abbiamo visto da un altro dato documentale [...] [quello che si dice] nel capo di imputazione: «Poneva le sue pubbliche funzioni al servizio dei loro interessi, cosí violando i doveri di probità, imparzialità e indipendenza, tipici della funzione giudiziaria in tutti i procedimenti e in ogni altra attività della quale fosse richiesto» e via discorrendo, «nell'ambito di tale accordo evolutivo tra l'altro, oltre a continuative erogazioni di denaro contante»... Le abbiamo trovate, presidente.

E allora c'è un altro dato storico, incontrovertibile, ci viene anche ammesso dallo stesso teste: cioè noi sappiamo che fin dal 1986 Cesare Previti e Renato Squillante non solo si conoscevano, ma erano in contatto con Confalonieri. [...]

Squillante incontra Confalonieri e Previti

Che cosa ci dice Confalonieri? Siamo nel 1986, lui dice: «Io mi occupavo dei rapporti istituzionali a partire dall'85 per la Fininvest, ma soprattutto per la televisione. Nell'85 era la televisione nella fase di legittimazione istituzionale, si aspettava una regolamentazione. A noi interessava soprattutto – era quello il nostro obiettivo – fare la diretta, ma soprattutto fare l'informazione. Quindi la ricerca della legittimazione completa, cioè di essere veramente una televisione a tutto tondo, era un compito importante per il nostro gruppo e quindi per le nostre tre televisioni».

«Ma poi – dice – c'era anche un fatto economico, che era nelle mani delle istituzioni. Fino a un certo periodo la presidenza del Consiglio, sentita la Federazione degli editori di giornali, sentita la Rai, stabiliva un tetto economico di raccolta pubblicitaria per la Rai.

In particolare il lavoro lo faceva il ministero delle Poste e telecomunicazioni, però sentiva tutti, quindi i responsabili della comunicazione dei vari partiti, anche dei partiti dell'opposizione. Quindi il mio lavoro era quello di incontrare tutte le personalità che avevano cariche o avevano incarichi che potevano essere importanti. Non so, Veltroni per dire, che c'è anche in questa agenda, era allora nell'86-87 il responsabile per il Partito comunista italiano per la comunicazione e per la materia televisiva. Quindi io l'ho incontrato diverse volte, come incontravo i rappresentanti, i responsabili non solo degli altri partiti, ripeto, di maggioranza ma anche di opposizione».

Quindi lui era il presidente della Fininvest [Comunicazioni] che in quel momento si occupava dei rapporti istituzionali. Il vice presidente era Cesare Previti. «Ebbene – dice – è possibile che io mi sia incontrato con Squillante proprio in funzione di questa mia attività e in funzione di ricerca di rapporti istituzionali». Ora noi sappiamo dalle agende scritte di pugno da Confalonieri che ci sono delle annotazioni e degli incontri che sono avvenuti nell'86 e nell'87. La continuità, presidente.

Squillante e Previti: siamo al 30.1.86, Squillante è a via Dell'Anima con Previti. Che cos'è via Dell'Anima ce lo dice sempre Confalonieri, era una foresteria che lui aveva a disposizione quando era a Roma, quindi era la sua casa privata. Quindi ci dice: «'87 Previti, Squillante, casa». Che cosa era Squillante nell'86 e nell'87? Era un magistrato della Repubblica, consigliere aggiunto all'ufficio Istruzione ed era consulente giuridico al Quirinale, credo dall'86. E allora, il compito di Confalonieri era quello di avere contatti ovviamente – ha detto lui – con tutti. Ma io mi chiedo: un magistrato in servizio insieme a Previti – perché erano sempre insieme – ...qual era il motivo legato a questo incarico particolare di Confalonieri che giustificasse, che desse una legittimazione istituzionale ad un incontro, in una casa privata, di un magistrato con Confalonieri alla presenza di un avvocato del Foro di Roma?

Perché, se noi avessimo letto che Squillante è stato incontrato ad un ricevimento pubblico istituzionale, festa del 2 giugno, concerto organizzato al Quirinale, festa della polizia, dei carabinieri, è un ambito istituzionale, vanno tutte le rappresentanze e quindi... No, ci sono incontri in una casa privata, in un periodo particolare – ce lo dice lo stesso Confalonieri – dove un magistrato non ha titolo, se non evidentemente per dare consiglio, riferire circostanze. E anche in questo caso noi abbiamo di nuovo l'accoppiata Cesare Previti-Renato Squillante. Anche da questo dato – che non proviene dall'Ariosto, da una agenda dell'Ariosto, da una fotografia dell'Ariosto, ma proviene dall'agenda privata di quegli anni di Confalonieri – noi attestiamo documentalmente che vi sono rapporti tra Renato Squillante e Previti, che ci sono questi incontri di Confalonieri, che non sono legittimati [...]. Due cose: legislazione che doveva arrivare e che speravano che arrivasse, perché c'era il problema delle dirette; dall'altra c'era il problema economico, pubblicitario.

Poi anche [...] su una cosa possiamo essere veramente certi: che abbiamo di fronte un buon padre di famiglia. I soldi, abbiamo visto: il conto Rowena era suddiviso in parti uguali per i figli, ogni versamento per un sottoconto, Forelia A e Forelia B, veniva suddiviso in parti uguali ai figli. E [sull'agenda di Confalonieri] abbiamo anche un'annotazione che riguarda uno dei figli di Squillante, siamo nel settembre '87: «Figlio di Squillante». Che cosa ci dice Confalonieri? Dice: «Sí, ricordo un viaggio a Mosca, all'epoca il figlio di Squillante lavorava a Mosca, la moglie mi ha chiesto una raccomandazione per il figlio, per la nuora e mi sembra che ciò è avvenuto per una collaborazione con *Il Giornale*». Quindi anche la famiglia viene tutelata: per rispetto alla funzione esercitata da Squillante, o perché tutto questo era una scelta obbligata, per tutto quello di cui io sto riferendo e che, lo ripeto, mi deriva esclusivamente da documenti? [...]

Misiani, pm chiacchierone

La posizione di Francesco Misiani. Noi abbiamo già fatto un riferimento alla conversazione ambientale captata al bar Mandara il 2 marzo del 1996. Abbiamo visto che fino a quella data Squillante sapeva di essere oggetto di controllo, sapeva – dopo il bar Tombini – che ci si muovesse in maniera incisiva nei suoi confronti. Da quello che succede al bar Mandara noi abbiamo un elemento in piú, che ci fa capire e dimostra oltre ogni ragionevole dubbio che sulle indagini non avevano dubbio. Avevano dubbi o certezze riferite male da talpe, perché queste ci sono state negli uffici giudiziari di Milano, rispetto alla qualificazione del reato [associazione per delinquere o «soltanto» corruzione]. Questa è la situazione che si ha e che ovviamente era sconosciuta alla Procura della Repubblica di Milano fino al marzo '96, quando le prime ammissioni rispetto a delle voci, certezze che circolavano, ci vengono dette proprio da Pacifico. [...].

Allora andiamo a vedere come si colloca questa [intercettazione] ambientale del 2 marzo. Abbiamo una prima telefonata, il 29 febbraio '96, tra Renato Squillante, Misiani e De Luca Comandini. I colleghi De Luca Comandini e soprattutto Misiani riferiscono a Squillante che proprio in quel giorno si era tenuto a Roma un convegno, a cui doveva partecipare il procuratore aggiunto dell'epoca Gerardo D'Ambrosio. Al posto di D'Ambrosio a quel convegno va il collega Francesco Greco. Cercano di sapere da Francesco Greco qualcosa sulle indagini, il collega Greco ovviamente non dice nulla e viene apostrofato, rispetto a questa sua chiusura, in una maniera deplorevole nel corso della telefonata. Abbiamo il contenuto della relazione acquisita agli atti del collega Greco, che certifica le pressioni che lui ebbe a ricevere a Roma da Misiani e da Coiro.

Quindi tutti, soprattutto Misiani, sono alla ricerca di sapere notizie piú precise rispetto a una notizia: che ci sono indagini e sono a Milano. Il 2.3.96, giorno del bar Mandara, vi è una telefonata tra Misiani e Squillante, dove si danno appuntamento al solito posto. Ovviamente chi fa i pedinamenti non sa che era al bar Mandara: seguono Squillante e Squillante li porta al bar Mandara.

Bar Mandara, gli appunti manoscritti di Vardeu [ispettore dello Sco] che sono parte integrante di questo processo. [...] Vardeu in quel momento, come nessuno di noi, poteva sapere che effettivamente questa era la situazione che avremmo trovato dopo anni sui conti di Squillante. A meno che non vogliamo accedere a un'altra interpretazione e cioè che Vardeu era in complotto, in concorso con Renato Squillante e il direttore della banca Resinelli, oppure con Pacifico, cioè con gli imputati.

Cosa viene certificato quel giorno? [...] Qualcuno aveva riferito che l'indagine condotta da Milano poteva essere sul 416 [associazione per delinquere]. Misiani dice: «Non c'è il 416, c'è solo la corruzione, 319, i termini scadono a marzo, non gli conviene fare una proroga». Questa è una deduzione ovviamente di Misiani, devo dire, azzeccata. Quindi a questo vi è la reazione di Squillante, attestiamoci a queste poche, brevi e chiare parole: «319, i termini scadono a marzo». Si fa riferimento alla dottoressa Boccassini in qualsiasi elaborato peritale che voi avete acquisito a questo processo: non solo in quelli fatti dalla Procura di Milano e dal giudice per le indagini di Milano, ma anche da quelli che sono stati acquisiti e fatti da altra autorità giudiziaria, in particolare quella di Perugia. Il termine «Boccassini» ricorre almeno due volte nel contenuto anche della parte non trascritta, ma che risulta dalla cassetta.

Tesi difensiva di Misiani: si sapeva, tutta Roma sapeva (tranne noi a Milano), che vi era l'indagine a Milano. E viene portato un teste [...] che è De Luca Comandini. Breve excursus: De Luca Comandini viene anche lui iscritto [indagato per favoreggiamento, insieme a Misiani], ma viene archiviata subito la posizione. [...]. De Luca Comandini si presenta alla magistratura, quindi già era intervenuta la sua archiviazione, e dice: «Io ho ricordato un episodio che non mi è venuto in mente prima. Ero agitato, quando sono stato convocato allo Sco», eccetera eccetera. E racconta la seguente situazione.

Il 29 novembre '95 è allo stadio insieme a Squillante e a un'altra persona, la partita Roma... non mi ricordo, era una partita di campionato: «Durante l'intervallo Squillante si allontana, ritorna agitatissimo e mi dice di aver saputo da un rappresentante della polizia non meglio indicato che aveva i telefoni sotto controllo», siamo al 29 novembre '95. Non è possibile, perché [per] l'intercettazione di Squillante la richiesta del pubblico ministero è del 16 dicembre 1995, autorizzata il 18 dicembre '95 dal Gip, iniziata il 19 dicembre del 1995. Quel giorno era partita l'intercettazione di Pacifico: il 25.11 è la richiesta, il 29.11.95 [inizia]. Quindi, a quella data, intercettazioni di Squillante non ve n'erano.

Un ispettore preveggente...

Il contenuto dei discorsi fatti: ce ne parla Misiani [...] in un libro scritto da lui [*La toga rossa*] [...]: «Mi cominciò a ripetere per l'ennesima volta [il soggetto è Squillante, il contesto il colloquio al bar Mandara] la storia dei soldi, che ne aveva molti, che li teneva in Svizzera e che li aveva intestati ai figli perché viveva questa sua condizione di ricchezza con disagio e giurava che fossero di provenienza lecita, come se mi dovesse convincere. Al che, per tagliare corto, nella mia incredibile ingenuità da straccione quale sono, non immaginando neppure lontanamente il reale ammontare dei depositi bancari che individueranno nei mesi successivi le indagini, dissi: "E va bene, che ti possono trovare? Uno, due miliardi. Che sarà mai? Spiegherai come li hai guadagnati e lí finirà"».

E cioè: dalle parole dello stesso Misiani noi troviamo conferma delle annotazioni scritte di pugno dall'ispettore Vardeu che era all'interno del bar Mandara. Come si giustifica Misiani? «416 perché – dice – tutta Roma lo sapeva. Che fosse un 416 – poi dice *bis* [416 bis, associazione di stampo mafioso] – è una mia intuizione perché la Boccassini...». E quindi viene personalizzata l'inchiesta con la mia presenza. Ripeto: io ero tornata da pochissimi mesi a Milano, perché appunto fa questo ragionamento: siccome la dottoressa Boccassini si occupava di indagini di mafia, ergo è 416 bis. Queste sono le giustificazioni che dà, dando conferma però – attenzione – a quello che ci dice sempre Vardeu: «416 è un 319, i termini scadono a marzo».

È un dato documentale: [...] vera l'assegnazione alla Boccassini insieme ad altri colleghi; vero il particolare dei conti:; il miliardo che sente Vardeu; vera la ricostruzione rispetto allo stesso contenuto di quel giorno perché si parlava dei soldi e per l'ennesima volta – dice Squillante – ritorna su questo argomento; vero che i termini scadevano a marzo; vero che non era mai stato iscritto il reato di 416 o 416 bis, ma l'imputazione era 319. Circostanze che poteva provenire soltanto dalla Procura della Repubblica di Milano.

Quindi, presidente, ancora una volta noi ci troviamo di fronte all'accertamento di un dato documentale, in una fase dove il Misiani non era contemplato, né come oggetto investigativo né come altro. È un nome che arriva nelle indagini nel momento in cui, per amicizia, per gratitudine nei confronti di Squillante, al quale si era rivolto in momenti di difficoltà economica e al quale aveva chiesto delle somme di danaro, lui si sente in diritto di violare un segreto e lo viola perché, nel momento in cui lo viene a sapere, non sappiamo ancora da chi, lo rivela all'amico [...].

I figli del giudice

– *Da Rowena a Forelia*. I figli di Renato Squillante: dal capo d'imputazione noi sappiamo che, in riferimento al conto Forelia, le imputazioni riguardano Squillante Mariano, Squillante Fabio,

Savtchenko Olga che è la moglie di Fabio Squillante. La Olga dichiarava di essere il beneficiario economico dei fondi del conto Forelia, ammettendo quello che emergeva dai conti, dicendo anche che i fondi però provenivano dal conto Rowena di Squillante Renato. Questo dato, confermato dalla signora Savtchenko, ci viene confermato anche da Resinelli.

Che cosa ci dice Resinelli? «Era stata una richiesta esplicita di Renato Squillante di costituire una nuova società «Forelia», perché era sua intenzione travasare [il denaro] dai conti della società precedente «Rowena» su conti di una nuova società da costituire, che era appunto la Forelia. Renato Squillante ha chiesto di non figurare nemmeno come avente diritto economico all'esterno della banca, quindi i fondi dovevano essere trasferiti dai conti Rowena ai nuovi conti Forelia e Squillante ci avrebbe presentato il nuovo avente diritto economico [...]». Sappiamo appunto che era stata prescelta la nuora [...]. Quindi, per procedere al cambio dell'avente diritto economico di fondi (sempre e comunque di Renato Squillante), è stato organizzato appositamente un incontro a Como tra il dirigente della Sbt, l'avvocato Bernasconi, che era l'amministratore della società Forelia, e la signora Savtchenko accompagnata dal cognato Squillante Mariano. Questa è la prima imputazione che riguarda Mariano Squillante e la signora Savtchenko.

– *Da Forelia a Vaduz*. Poi noi sappiamo e ne abbiamo già parlato che nei primi giorni di febbraio '96 l'intero patrimonio depositato sul conto Forelia, comprese anche le rubriche A, B e C, veniva totalmente disinvestito, estinguendo anticipatamente tutte le operazioni fiduciarie in atto, tutti i saldi liquidi espressi nelle diverse monete venivano convertiti in franchi svizzeri e quindi l'intera somma prelevata per contante mediante quattro prelievi [...] di oltre 6 milioni e 800 mila franchi svizzeri, circa 9 miliardi di lire: il prelievo veniva eseguito da Squillante Fabio e la moglie Olga Savtchenko.

Che cosa ci dice Resinelli? «È stato un prelevamento [...], il giustificativo è stato firmato dalla signora Olga e poi dall'amministratore della Forelia, i soldi sono stati portati via fisicamente dalla banca, la signora Olga era accompagnata dal marito, sono usciti insieme dal mio ufficio dove avevano preso in consegna il danaro dalla banca. Il fattorino della banca li ha accompagnati fino alla vettura. Inizialmente è stato Renato Squillante a telefonare in banca o a casa mia, dicendomi appunto di monetizzare il tutto perché sarebbe venuto qualcuno con avente diritto di firma a prelevare tutto in contanti».

Queste stesse somme come sappiamo le abbiamo ritrovate anni dopo in Liechtenstein, dove sono state versate su un conto suddiviso anch'esso in quattro distinte rubriche – ritorna, presidente, il numero quattro [Renato e i tre figli] – ciascuna delle quali riceveva il medesimo importo prelevato dalle corrispondenti rubriche del conto svizzero Forelia.

Sul comportamento dei figli di Squillante non sono certo questi soltanto gli episodi che li coinvolgono: noi abbiamo già visto che, tramite l'agente di Borsa Aloisio De Gaspari, venivano realizzate fittizie operazioni di Borsa, nelle quali Squillante conseguí un titolo. Questi utili di Borsa venivano trasferiti da Aloisio sui conti italiani di Squillante Renato, ma anche dei suoi figli e cioè di Mariano e Fabio. Abbiamo visto dalla prima memoria che vi ho letto, quindi la ricostruzione del bonifico del '91, che Squillante Fabio ebbe a ricevere 100 milioni sul conto 761 a lui intestato; Squillante Mariano ebbe a ricevere dopo la compensazione con Aloisio 100 milioni di Btp, che poi venivano venduti e il netto ricavo trasferito sul conto italiano di Squillante Mariano.

– *Una casa a Roma*. L'imputazione a carico di Mariano poi riguarda anche l'acquisto dell'immobile di Roma in via Città della Pieve 83, noi abbiamo ricostruito tutta l'operazione sulla base delle testimonianze in atti e dai documenti. La signora Fazzini proprietaria dell'appartamento in Roma, 220 metri quadri, 240 metri quadri di terrazzo... 240 compreso il terrazzo... In data 22.10.94 la moglie di Squillante Mariano sottoscriveva apposita proposta di acquisto dell'appartamento per un prezzo complessivo di un miliardo e 310 milioni [...]. Nel rogito lo stesso veniva indicato in 845 milioni, ossia una cifra inferiore di 465 milioni [...]: 200 milioni versati come caparra confirmatoria e 645 milioni versati al saldo del prezzo ufficiale.

Il reale prezzo corrisposto da Mariano per l'acquisto però è 1 miliardo e 310 milioni, ossia abbiamo 465 milioni in piú rispetto a quanto dichiarato. Andiamo a vedere che cosa ci ha detto la Fazzini rispetto a questo pagamento in nero: «Il mio avvocato mi chiamò e mi disse... noi avevamo già fatto il compromesso, mi chiamò e mi disse appunto che il signor Squillante voleva comunque pagare una parte in nero per questioni fiscali. La consegna avviene in una sala della Banca di Roma, alla consegna erano presenti alcuni funzionari della Banca di Roma, che io onestamente non conoscevo...». In ordine alla quantificazione dichiarava che effettivamente aveva ricevuto la somma di 455 milioni. [...] Squillante Mariano preferiva non far palesare tali somme, né con un versamento in conto corrente né, altresí, con un deposito in una cassetta di sicurezza, perché in ambedue i casi i movimenti erano rilevabili. [...] Andiamo a vedere quale è stata la provenienza di questi 455 milioni che sono stati dati alla Fazzini. [...]

Agli atti del dibattimento vi è la documentazione bancaria del conto corrente acceso presso la Società bancaria ticinese ed intestato alla società panamense Forelia. Da tale conto, risultano i seguenti bonifici bancari, sono tre: 20.6.95, 22.6.95, 26.6.95 per un totale di 450 milioni e 500 mila, cioè l'importo esatto del pagamento. [...] Sulla base delle dichiarazioni rese da Bossert e dalla documentazione che lui stesso produce, emergeva come egli avesse curato, con tre operazioni effettuate nel periodo 21.6.95 – 28.6.95, la consegna a Roma nelle mano di Pacifico della somma complessiva di 450 milioni di lire. La circostanza che il contante versato a Fazzini provenisse dai conti elvetici di Renato Squillante veniva anche confermata da Squillante Mariano, 17.10.97.

[...] Documentalmente, quindi, pochi giorni prima del rogito dal conto svizzero di Squillante venivano tratte delle somme, che poi rientravano in Italia in contante per un ammontare di 450 milioni di lire: ossia l'esatto importo del versamento in nero corrisposto da Squillante Mariano alla signora Fazzini. Questa è la ricostruzione di quanto emerge.

– *Altro denaro*. C'è poi una parte, presidente, sempre nella memoria, che tratta anche di altri accrediti che noi abbiamo trovato sui conti italiani, sul conto di Mariano, altre somme provenienti da Forelia. Io per questa parte rinvio alla trattazione della memoria che ora deposito perché da questa comunque documentazione risulta evidente non solo che Squillante Mariano ha utilizzato le somme del padre provenienti dalla Svizzera per il pagamento in nero, ma che vi sono altri rapporti tra padre e figlio che documentano le false dichiarazioni di Mariano rispetto al bonifico e all'indicazione del perché riceveva queste somme: dimostrano quindi che arrivano da un conto del padre e non da sue disponibilità economiche.

Signor presidente, io sono convinta, sono certa che la ricostruzione che è stata fatta dal pubblico ministero, che ha ricostruito il percorso delle indagini effettuate passo passo e le risultanze processuali, che man mano sono state messe a disposizione della Procura perché provenienti o dagli imputati – devo dire rarissimamente – o dai documenti bancari, il pubblico ministero ritiene che è stata dimostrata ogni oltre ragionevole dubbio la responsabilità degli imputati in ordine ai reati, cosí come sono stati descritti nel capo d'imputazione. Le accuse sono gravissime, presidente: c'è la corruzione in atti giudiziari di magistrati, un reato la cui gravità è stata sancita – io faccio riferimento all'altro processo – dalle stesse difese di tutti gli imputati. Ricordo in particolare l'avvocato Borzone: «Se cosí fosse, avrei difficoltà ad indossare questa toga». Ma cosí è stato.

Ci sono stati magistrati, Verde e Squillante, costantemente retribuiti perché violassero le loro funzioni, violassero quel giuramento sacro che è stato fatto e che tutti noi facciamo, al momento in cui siamo immessi in Magistratura. Lo Stato di diritto, la tenuta dello Stato di diritto in una democrazia è l'unico baluardo che consente allo Stato di legalità e di diritto di continuare ad esistere. Se si viola questo principio, allora può essere in gioco la nostra democrazia, il nostro vivere nel contesto della collettività. Noi dobbiamo amministrare giustizia in nome del popolo italiano, leggo dietro i vostri scranni che la legge è uguale per tutti: sono principi costituzionali a cui noi dobbiamo ottemperare e che abbiamo il dovere di far rispettare perché – lo si ripete – se no è in gioco la nostra democrazia.

Quindi è evidente la gravità dei reati commessi dagli imputati, la gravità del loro comportamento processuale, [in] un processo che ha visto in quest'aula a volte il tentativo di far venir meno quelli che sono i principi fondamentali del nostro codice. E quindi gli imputati, presidente, a parte alcune posizioni minori, non meritano le attenuanti generiche. Sono persone che hanno violato per anni la legge, non solo facendosi corrompere, ma violando anche altre leggi, come ho detto non avendo difficoltà, pur amministrando ogni giorno giustizia, a violare la legge e a creare consistenze patrimoniali all'estero.

Le richieste di pena

E quindi io chiedo la condanna di tutti gli imputati alle seguenti pene:

Previti Cesare anni 11 di reclusione, interdizione perpetua dai pubblici uffici, interdizione dalla professione di avvocato per anni 5, incapacità di contrattare con la pubblica amministrazione per la durata pari alla pena inflitta, interdizione legale durante l'espiazione della pena.

Pacifico Attilio anni 11 di reclusione, interdizione perpetua dai pubblici uffici, interdizione dalla professione di avvocato per anni 5, incapacità di contrattare con la pubblica amministrazione per la durata pari alla pena inflitta, interdizione legale durante l'espiazione della pena.

Squillante Renato anni 11 e mesi 4 di reclusione, interdizione perpetua dai pubblici uffici, interdizione legale durante l'espiazione della pena.

Verde Filippo anni 4 e mesi 8 di reclusione, interdizione dai pubblici uffici per anni 5 (ovviamente presidente con la continuazione per tutti dei capi d'imputazione).

Squillante Mariano anni 1 e mesi 10 di reclusione.

Savtchenko Olga, con la continuazione e la concessione delle attenuanti generiche, anni 1 di reclusione.

Squillante Fabio anni 1 e mesi 6 di reclusione.

Misiani Francesco, concesse le attenuanti generiche e la continuazione tra i due capi, mesi 6 di reclusione.

Grazie, presidente.

«Giudici, avvocati, imputati: tutti amici per la pelle» Gli imputati. Interrogatorio di Attilio Pacifico

Si apre l'udienza del 31 marzo 2001. Viene chiamato a deporre l'imputato avvocato Pacifico Attilio.

P.M. Vuole precisare i suoi rapporti con Silvio Berlusconi?

PACIFICO Ho conosciuto Berlusconi in due occasioni. Una volta al matrimonio della figlia dell'avvocato Previti e una volta in una riunione sociale in un teatro in cui c'era una manifestazione. Non ho avuto mai rapporti professionali né di altro genere con lui.

P.M. Quindi lei non ha avuto nessun tipo di rapporto né professionale né di altro genere?

PACIFICO No.

P.M. Senta, può spiegare le ragioni per cui sulle sue agende vi sono una serie di utenze telefoniche attribuibili a Silvio Berlusconi? Ne do lettura, presidente: «Agenda elettronica – ce ne sono piú di una – *Berlusconi, Arcore 0396013868, 039613868.* Poi abbiamo un'altra agenda: Berlusconi, parentesi località *Arcore, 0396013868 – 613868.* Poi abbiamo un'altra agenda: *Berlusconi, Arcore, 6013868.* E *Silvio, Arcore, 0396013868*». Ci può spiegare le ragioni per cui se lei non ha avuto mai nessun tipo di rapporto con Silvio Berlusconi, se non avendolo incontrato occasionalmente a un matrimonio e a un'altra... a un ricevimento, lei aveva tutte le utenze di Silvio Berlusconi annotate nelle sue rubriche?

PACIFICO Prima di tutto credo che sia una sola utenza perché si riferisce sempre ad Arcore. Secondo, è l'apparecchio, il numero telefonico che mi dava Cesare Previti quando voleva essere rintracciato ad Arcore perché spesso lui, per suoi motivi, non so quali, si recava ad Arcore e se aveva bisogno di essere rintracciato da me per qualche operazione che stavamo facendo insieme, io lo chiamavo a questo numero.

P.M. Quindi era un numero che gli aveva dato Cesare Previti per rintracciarlo.

PACIFICO Per essere rintracciato ad Arcore.

P.M. Ma, senta, sempre dalle sue agende...

PACIFICO Sí.

P.M. Mi riferisco alla Casio, per esempio, lei ha annotato tutta una serie di utenze nella disponibilità di Cesare Previti.

PACIFICO Sí.

P.M. Numeri di utenze fisse, numero di fax, numero del cellulare nell'auto, 03370564824015.

PACIFICO Questo è Porto Ercole.

P.M. E addirittura, mi faccia finire la domanda...

PACIFICO Scusi.

P.M. Sempre dalle sue agende, abbiamo addirittura i cellulari [...]: 336762890, 033720974, 0337782095, 033720974, 0336769820. Allora, avendo lei la disponibilità anche di un cellulare, che quindi poteva chiamarlo in ogni ora e in ogni momento, per quale motivo Cesare Previti doveva lasciarle i numeri di recapito di Silvio Berlusconi per essere rintracciato, visto che lei aveva la disponibilità di piú utenze telefoniche riferibili a un cellulare?

PACIFICO Perché se lui stava lí e staccava il cellulare, che era l'unico apparecchio, credo, che lui potesse usare ad Arcore, perché non poteva usare né i fax né i telefoni di Porto Ercole o di Roma, lui staccava l'apparecchio e in quel caso io, se avevo una notizia urgente da dargli, lo chiamavo alla casa di Berlusconi.

P.M. E quale poteva essere una notizia cosí urgente al punto da disturbare Cesare Previti presso l'abitazione di una terza persona?

PACIFICO Mah, prima di tutto io non lo disturbavo perché avevo dei rapporti di amicizia molto intensi, come risaputo. Seconda cosa, dopo quindici anni o sedici anni io non credo in questo momento di poter ricordare quale fosse il motivo per cui chiamavo Previti.

Un elenco di cause Fininvest

P.M. Senta, lei ha detto che non si è mai occupato di vicende professionali o mandati professionali riferibili alla Fininvest. Allora ci spieghi... Presidente, faccio una premessa: nel corso delle perquisizioni effettuate presso l'abitazione e lo studio dell'avvocato Pacifico noi abbiamo rinvenuto un elenco «Cause Fininvest» che io allegherei al verbale ma sono in atti, ovviamente. Ecco, questo è un elenco completo di numerose cause che Lei aveva con la Fininvest [...].

PACIFICO Questo elenco mi è stato consegnato dall'avvocato Previti quando è stato cambiato il capo dell'Ufficio Legale della Fininvest, che credo sia diventato, all'epoca, l'avvocato Dotti. Siccome sono tutte cause della Fininvest e Previti aveva una grossa organizzazione di studio dal punto di vista strutturale, e non aveva una grande organizzazione di velocità per sapere quale era lo stato attuale di questi (*pronuncia non chiara*). Siccome sapeva che io ero organizzato in questo senso, mi ha chiesto se io potevo vedere quale era lo stato di ogni causa, redigere un piccolo appunto, come è stato questo (*pronuncia non chiara*) e soprattutto dire quale era, diciamo, lo stato, scusate se mi ripeto, lo stato nel senso che se c'era un'udienza con conclusioni, se era un'udienza in cui c'era un interrogatorio, e io ho fatto questi appunti. Ho messo le date successive a quelle in cui lui mi aveva fatto questa richiesta, e ho consegnato questo elenco all'avvocato Previti. Quindi è stato, diciamo, un motivo di cortesia che gli ho fatto con piacere ma confermo quello che ho detto prima, cioè, io non ho mai avuto rapporti professionali con le società di Berlusconi. Assolutamente. Infatti non risulto in nessun mandato e in nessuna causa del gruppo.

P.M. Scusi, ma lei per redigere questo appunto ha avuto, immagino, a disposizione le pratiche. Perché sennò come faceva a dire, per esempio: «*Rete Italia, Germi, Corte di Cassazione, Sezione designanda, oggetto: Impugnazione della sentenza della Corte di appello con la quale veniva affermata l'illiceità dell'interruzione di film con spot. Rete Italia, Toffano Gilberto, Corte di appello Prima sezione, Vitrone, RG666/89, udienza 25/06/91 collegiale, parentesi, discussione orale. Oggetto: Risarcimento danni per illegittima utilizzazione dell'immagine del personaggio Buonaventura. In primo grado Rete Italia è stata condannata al pagamento di 20 milioni a fronte di una richiesta avversaria di 300 milioni*». E potrei andare avanti. Cioè, ci faccia capire. Lei per redigere questo appunto...

PACIFICO Sí.

P.M. Ha avuto la disponibilità di tutte le pratiche relative a questa causa?

PACIFICO No. Assolutamente.

P.M. E come ha fatto?

PACIFICO Ho mandato un mio incaricato nelle cancellerie civili, cosa che normalmente i civilisti fanno. Sono andati a prendere il numero di iscrizione a ruolo, hanno trovato l'udienza, hanno visto sul ruolo di udienza quale udienza è stata assegnata, hanno visto i verbali con gli atti che stanno dentro e hanno redatto l'appunto. Questa è una cosa normalissima nel campo civile.

P.M. Ma perché lei e non collaboratori dello studio Previti?

PACIFICO Questo non glielo posso dire.

P.M. Non riesco ancora a capire [...].

PACIFICO Ho già dato una spiegazione. Non credo di poter...

P.M. La ripeta.

PACIFICO Confermo quello che ho detto prima [...]. Lo studio Previti aveva una grossa organizzazione...

PRESIDENTE Un personale qualunque da mandare a fare un visura alle cancellerie? È questo il...

PACIFICO [...] Lo studio Previti aveva un'organizzazione di segreteria molto efficiente ma non aveva un'organizzazione di sostituti che facevano tante udienze. Cioè, non è uno studio che avesse un ruolo di cause per cui i sostituti andavano in udienza e quindi conoscevano come si organizza qualcuno per potere vedere questi tipi di informazioni.

PRESIDENTE Sí, ma bastava una segretaria, non le pare?, per andare nelle cancellerie, come giustamente ha detto lei.

PACIFICO Sí, beh, no. La segretaria forse non era in grado di poterlo fare.

PRESIDENTE Non era in grado.

PACIFICO Perché poteva vedere un'udienza, un rinvio, ma non poteva andare a redigere... [...]

PRESIDENTE Va bene.

P.M. È andato lei personalmente a fare, a redigere quest'elenco, avvocato Pacifico?

PACIFICO No. L'ho fatto fare da un mio collaboratore.

P.M. Chi è il nome di questo collaboratore?

PACIFICO Beh, in questo momento non me lo ricordo. Io ce ne ho avuti diversi...

P.M. Non se lo ricorda.

PACIFICO No [...].

P.M. Per esempio, abbiamo la prima: Fininvest s.p.a., Confalonieri-Scola e porta un numero di registro 89. Poi vedo che al secondo punto andiamo al numero di registro 84. Però le udienze sono... sí, partono dal '91. Quindi sono tutte '91.

PRESIDENTE E lei ha detto è in riferimento al momento in cui entra l'avvocato Dotti...

PACIFICO Sí, sí, sí.

PRESIDENTE Come responsabile.

PACIFICO Quest'elenco mi è stato dato perché l'avvocato Previti mi disse che siccome era cambiato il capo dell'ufficio legale...

PRESIDENTE Sí.

PACIFICO Che credo sia diventato Dotti, in quel momento...

PRESIDENTE Sí.

PACIFICO Tutte le cause del Gruppo sarebbero state assegnate quasi certamente, quelle su Roma, allo studio Previti. E allora per avere una maggiore capacità a poter redigere i verbali di udienza, le cose, eccetera, mi chiese questa cosa. Questo è (*voci sovrapposte*)

PRESIDENTE Ok [...].

Previti sapeva dell'indagine del pool

P.M. Senta, lei ha avuto modo di sapere prima dell'individuazione del bar Tombini della microspia, che collochiamo come tutti sappiamo al 21 gennaio del 1996, che erano in corso indagini presso la Procura della Repubblica di Milano? Quindi, lei, prima del periodo microspia aveva saputo che vi erano in corso queste indagini da parte della Procura della Repubblica di Milano?

PACIFICO Non mi ricordo. Mi sembra di sí. S'era parlato di qualcosa. Sinceramente con precisione non me lo ricordo.

P.M. Allora, può dire con chi ne aveva parlato e in che termini?

PACIFICO Le sto dicendo che non me lo ricordo.

P.M. Allora, per memoria posso leggere dei pezzi di un verbale di interrogatorio già acquisito agli atti di questo procedimento? […]

P.M. Allora, lei in vari punti dice... parto da pagina 56, presidente, della trascrizione. Lei dice: «Quella dell'indagine che c'era in corso. C'è un'indagine in corso. Tutti sanno che c'è questa indagine in corso. Tutta Roma sa che è Milano che la fa. Tutti sanno che è la dottoressa Boccassini che la fa. Arriva la microspia nel bar e quello che sarebbe Squillante si mette in agitazione». Altro punto, «la mia domanda: «Già prima della microspia tutta Roma sapeva che a Milano...», «Tutta Roma no – risponde lei – ma alcune persone sí». «Alcune persone, quali?», «Mah, con precisione non me lo ricordo però io mi ricordo di averlo sentito». Dopodiché vi è [...] l'interrogatorio di Attilio Pacifico fatto dalla Procura della Repubblica di Perugia il 23 settembre del 1997. Lei dice che una delle... la persona che gliene aveva parlato era l'onorevole Cesare Previti. Disse però che non le spiegò in che modo l'avvocato Cesare Previti l'aveva saputo.

PACIFICO Sí. Se ho detto questo lo confermo. Evidentemente sarà stato cosí. Non ho problemi a sconfessare […].

Un'Anatra per Vinci

P.M. […] Di chi è il conto Anatra?

PACIFICO Io non credo che questo conto faccia parte di questo processo perché il conto Anatra è del dottor Vinci, che in questo processo non c'entra. Quindi riterrei di non rispondere [...].

PRESIDENTE Non è questione. Se lei vuole rispondere risponde. Se no, certo che si può parlare anche di terzi che non fanno parte del processo, avvocato.

PACIFICO Sí, va bene, siccome... siccome io sono stato arrestato, ho fatto nove mesi di galera per questo processo in cui Vinci non c'entra niente. Poi bontà... pace alla sua anima perché è pure morto. Non ci sono procedimenti in corso da nessuna parte, non vedo perché si debba parlare di Vinci. Scusi, eh? Questa è una mia considerazione personale […].

P.M. Lei quando ha conosciuto il giudice Vinci?

PACIFICO Alla gita di New York del 1988, credo. Non mi ricordo se '88 comunque in quella...

P.M. Viaggio Niaf, cosí siamo piú precisi, per intenderci. Viaggio Niaf? '88, il viaggio Niaf?

PACIFICO Ho detto Niaf?

P.M. No, ha detto Washington. Va bene. Per precisare. Quindi, '88, viaggio Niaf.

PACIFICO Sí.

P.M. Senta, e dopo? Vi siete incontrati? Siete diventati amici? Quale è stato l'evolversi del suo rapporto... [...]

PACIFICO Non siamo diventati amici. Ci siamo conosciuti, abbiamo parlato. Ci sono stati degli scambi di discorsi che si fanno in tutti i posti del mondo, cioè la valuta, il Dollaro, quanto costa, quanto hai speso, quanto costa questo, quanto costa quello... quali sono le forze della Lira, i rapporti delle valute... e lui ha capito e ha sentito insieme ad altre persone che io mi occupavo di queste cose [...]. E poi niente, ad un certo punto lui mi ha chiesto se... mi ha chiamato e mi ha chiesto se potevamo parlare di una operazione che lui voleva fare perché il padre nell'86 aveva venduto una tenuta in Toscana. Perché il padre di Vinci era un avvocato molto benestante. E qui poi c'era un problema familiare, perché lui aveva avuto due matrimoni e il Vinci, questo qui, era il figlio del primo matrimonio e allora i siciliani in queste cose sono molto particolari, nel senso che danno una preferenza al primo figlio, diciamo. E in effetti questo quando ha venduto ha creato una serie di libretti al portatore... non mi ricordo la banca, forse Credito Italiano, non me lo ricordo, sinceramente. Monte dei Paschi, forse, di Siena... E gli ha creato questi libretti nell'86 per cui ha dato la somma a questo figlio in questo modo per fare in modo che gli altri figli del secondo matrimonio non sapessero di questa sua preferenza. Quando Vinci mi ha detto che c'erano questi libretti io gli ho detto che vedevamo come si potevano cambiare questi libretti, perché erano libretti al portatore. E poi sono stati cambiati in contanti. E questi importi, insieme a un'altra parte che lui mi ha dato in contanti... diciamo che l'operazione complessiva sarà stata piú o meno di 500 milioni di lire.

PRESIDENTE 500 milioni.

PACIFICO Di lire. Di lire. Ma non tutti insieme, eh?

PRESIDENTE Sí, sí.

PACIFICO A questo punto lui mi ha chiesto se io potevo fare l'operazione, come suggerivo di fare, all'estero. E l'ho accompagnato in banca. Alla Sbs di Lugano, dove ha aperto il conto. Lí perché divento gestore del conto? Perché era prassi pure che quando una persona accompagna un altro ad aprire il conto siccome quello che conosce la banca il banchiere che parla con il cliente nuovo gli chiede se lui intende dare mandato a chi, per fare le sue cose, oppure le fa direttamente. E lui ha detto che dava mandato a me per la parte... durante la vita, diciamo, procura, no? anche dopo la morte. Perché c'è questa distinzione. Abbiamo aperto il conto e poi lui se ne è andato con il contante che io avevo... l'ho preso per fare un'altra operazione di cui parlo dopo. E praticamente gli ho accreditato da un mio conto, in due volte, tre volte, non mi ricordo, adesso, due o tre volte, questi importi che lui mi aveva dato in Italia. Po siccome lui ha avuto dei problemi molto gravi per quanto riguarda la moglie, ha avuto un tumore particolarissimo, è stata ricoverata a Houston, eccetera, m'ha chiesto qualche volta di fare dei prelevamenti da mandare anche in America. E io ho fatto i prelevamenti che gli ho mandato bancariamente in America. Qualche altra volta aveva bisogno, non so, per suoi motivi personali, di cifre in Italia e io i prelevamenti glieli ho portati. Ho anche fatto qualche operazione valutaria nel frattempo per poter fare aumentare il tasso [...].

Tutti i giudici di Attilio

P.M. Va bene. Senta, lei conosce Zucchini Paolo?

PACIFICO Sí.

P.M. Chi è Zucchini Paolo?

PACIFICO È un giudice di Roma che io conosco da quando eravamo ragazzini. Siamo nati nello stesso paese, le nostre famiglie erano... si frequentavano assiduamente. Poi lui si è trasferito, quando è cresciuto, ha fatto l'università a Roma. Poi credo che sia andato a fare il giudice in Liguria. Ci siamo rincontrati a Roma quando lui faceva... Poi è venuto a Roma a fare il giudice a Roma e ci siamo incontrati perché ci ha fatto piacere rincontrarci.

Avevamo fatto delle sedute goliardiche durante il periodo universitario. Insomma, avevamo un rapporto di grande amicizia.

P.M. Senta, anche per Zucchini Paolo lei si è prestato a fare operazioni all'estero?

PACIFICO Per Zucchini Paolo... il Zucchini mi ha chiesto se potevo portare 200 milioni che aveva su un conto di Roma a Montecarlo. E io gli ho detto che si poteva fare.

P.M. E come ha fatto?

PACIFICO Lui mi ha pagato. M'ha dato i 200 milioni e io gli ho fatto un accredito di 200 milioni.

P.M. I 200 milioni li ha dati in Italia?

PACIFICO Sí.

P.M. Quindi questo è avvenuto perché anche Zucchini che era... peraltro faceva civile, Zucchini? Mi scusi, faceva civile?

PACIFICO Zucchini...

P.M. Lei sapeva che Zucchini era un giudice civile?

PACIFICO Sí, lui faceva... mi pare che, per un certo periodo, mi pare che ha fatto... presiedeva la parte che faceva decreti ingiuntivi, sinceramente. Ma non me lo posso ricordare...

P.M. Lei è stato sempre soltanto avvocato che si è occupato di civile, vero Pacifico?

PACIFICO Solo civile.

P.M. Solo civile. Ed era normale che un giudice che si occupasse dello stesso fatto che lei poteva essere impiegato in cause avanti al Collegio dove era Zucchini... non si è sentito per un fatto di deontologia professionale dire: «Mah, io non mi posso occupare di questa situazione perché essendo io un civilista vivo di questo lavoro e quindi posso incrociarmi...» [...].

AVV. QUATTROCCHI Comunque c'è opposizione. Non è una domanda. Non è una domanda chiedere: «È normale che fosse...».

AVV. PATANÈ Non è un fatto, è una considerazione [...].

PRESIDENTE Sí, sí, ho capito. L'opposizione è accolta. Prego, pubblico ministero.

P.M. Senta, dalla documentazione bancaria acquisita agli atti di questo procedimento risulta che il 30 aprile del 1991 presso la Società bancaria ticinese viene aperto il conto Master i cui titolari sono Verde Filippo e la moglie con delega e procura a favore di lei, Pacifico. Vuole spiegare perché lei ha aperto questo conto? Vuole spiegare per quale motivo?

PACIFICO Questo...

P.M. Anche Verde si è rivolto a lei? Le faccio notare che il conto Anatra si apre nello stesso periodo. Siamo sempre al '91, quindi lei apre il conto Anatra per Vinci e il conto Master per Verde [...].

PACIFICO Il conto Master è di Verde. L'ho aperto a Bellinzona.

PRESIDENTE Sí.

PACIFICO Verde mi ha detto che ha ricevuto dei fondi perché ha fatto degli arbitrati. Perché lui era... faceva molto arbitrati. E mi ha chiesto se io potevo dargli dei suggerimenti per poter far rivalutare questa moneta e farla fruttare in un modo diverso da quello che sarebbe potuto essere su una banca italiana. Io l'ho accompagnato a Bellinzona dove ha aperto il conto. E sempre per lo stesso motivo che ho detto prima, cioè della prassi che quando si va, il banchiere chiede...

PRESIDENTE Sí, sí.

PACIFICO ... alla persona se vuole far nominare... e lui mi nomina gestore. Nel senso che io, siccome la posta di questi conti rimane in banca, se c'era qualche operazione da fare ho la procura quindi posso operare nel caso che gli occorrano dei soldi, come poi in effetti è successo.

PRESIDENTE Sí.

PACIFICO Quindi siamo andati e praticamente lui mi ha dato questi soldi in contanti, a Roma.

PRESIDENTE Quanti erano questi, se lo ricorda?

PACIFICO Erano... non me li ha dati in una sola volta...

PRESIDENTE 500 il primo, 200 l'altro...

PACIFICO Sí, no... non me li ha dati tutti insieme. Me li ha dati, credo, in due volte. Piú o meno 500 milioni di lire. Anche qua.

PRESIDENTE Complessivamente.

PACIFICO Sí. Che poi io trattengo perché faccio un'operazione che poi spiego dopo.

PRESIDENTE Sí. È sua facoltà.

PACIFICO Quindi, diciamo che lui mi da questo mandato, io faccio l'investimento, distinguo i 500 milioni, li divido in due parti. Faccio comprare marchi tedeschi e franchi svizzeri. E quindi si comprano dei titoli che si chiamano Money Market perché sono dei... delle... diciamo, sono dei titoli molto... che non hanno un tasso annuale, ma che si rivalutano giornalmente e sono comodi perché nel momento in cui una persona, quello che c'ha il conto, ha bisogno di prelevare, non perde valuta per la vendita perché si vendono subito. Quindi non ci sono giorni di attesa e quindi un'uscita che va in rosso per quello che chiede l'anticipo dei soldi. Non so se sono stato chiaro, se... sí.

PRESIDENTE Sí. Prego.

PACIFICO Ecco. E niente, questo è il conto Master. Si è aperto in questo modo. Poi io l'ho gestito. Lui mi ha chiesto qualche volta di fare rientrare dei soldi [...].

Le compensazioni degli avvocati

P.M. Va bene. Senta, il 15/4/91 lei telefona alla Sbt di Bellinzona e preannuncia che, leggo testualmente quello che risulta dai documenti: «Arriverà riferimento Oceano controvalore di lire 500 milioni in dollari. Accreditate 771 Pavone. Investire a quarant'otto ore. Avvisarlo per telefono». Effettivamente, sempre dalle carte bancarie, il 22/4/91, stessa valuta, vi è l'accredito di 500 milioni sul conto Pavone proveniente dal conto Mercier di Cesare Previti. Investiti in un'operazione fiduciaria con scadenza quarant'otto ore a vista. Perché lei riceve questo importo da Cesare Previti? Vuole i documenti, presidente? [...]

PACIFICO No, no, no. Questo discorso Cesare Previti va fatto in questo modo. Cioè, l'avvocato Previti dal 1988 mi chiede, qualche volta, a secondo dei momenti, se io posso fargli rientrare dei soldi che lui possiede all'estero. E le operazioni sono molto chiare. Anche dai documenti che stanno agli atti del processo. Cioè, lui mi chiede se possono rientrare e mi indica l'importo che vuole far rientrare. Mi chiede qual è il conto sul quale deve mandare questo importo. Io avverto il banchiere della banca del mio conto sul quale Previti invia il denaro e gli dico che arrivano questi soldi. Dopo di che, in genere, ma non sempre, do ordine al mio banchiere di accreditare la stessa somma a un conto del signor Bossert, che è un organizzatore di trasferimenti di capitali dall'estero in Italia attraverso corrieri che sono assicurati fino a un importo massimo di 500 milioni e questo versamento che è arrivato sul mio conto va sul conto di Bossert. Che quasi sempre si chiama Okapi [...]. Bossert riceve i soldi e entro qualche giorno me li recapita a Roma. Quando i soldi arrivano a Roma io li consegno a Previti. Questa è la trafila dell'operazione.

PRESIDENTE Sí.

PACIFICO Qualche volta succede, mi riferisco a quello che dicevo prima per Vinci, anche per Verde, che avendo io già la somma a Roma, non faccio la doppia operazione. Perché è anche piú conveniente per me. Perché siccome su queste operazioni anche io ho una percentuale, è chiaro che io, nel momento in cui c'ho 500 milioni a Roma e quello mi chiede che vuole 500 milioni in Italia, mi faccio mandare da lui 500 milioni. E gli do quelli che c'ho già a Roma. Quindi quelli che io ho ricevuto da lui li uso per altre cose, per altre operazioni. Non so se sono stato chiaro. Ecco. Questo credo che... non so, se vuole sapere altro.

PRESIDENTE Prego.

P.M. Senta, però dai documenti sempre che abbiamo, risulta che il 30 aprile '91...

PACIFICO Sí.

P.M. Quindi siamo oltre l'apertura del conto Master, abbiamo l'estinzione dell'investimento fiduciario che veniva sottoscritto con i fondi provenienti dal conto Mercier e abbiamo il bonifico a favore di Master. Tutte e due le operazioni sono di 500 milioni di lire. Entrambe avvengono con la valuta del 6 maggio 1991. Quindi, da quello che si legge dalle carte, sembrerebbe, io le faccio la domanda, ovviamente lei mi può...

PACIFICO Sí, sí, come no.

P.M. Che la somma di 500 milioni ricevuta dal conto Mercier è poi quella utilizzata per l'apertura del conto Master [...].

PACIFICO Questo modo di interpretare le carte bancarie non è la prima volta che oggi già succede. È già successo in un altro processo. Si vogliono leggere le carte bancarie in un certo modo. Io ho già chiarito un minuto fa qual è il modo di operare. Ho detto che se c'ho già la somma in Italia non mi serve di farla uscire, poi farla rientrare. Perché quella che ricevo faccio l'operazione che mi interessa.

PRESIDENTE Certo.

PACIFICO Allora se non è provato che gli stessi biglietti con gli stessi numeri sono andati da quelli che me li hanno mandati al conto

Master e che sono di Previti, non c'è nessun motivo di essere questo dubbio e questa considerazione. Perché i soldi che ho dato a Previti sono quelli che già avevo a Roma, che mi aveva dato Verde. E mi sembra che piú di questo non si possa dire [...].

Verde, un giudice al casinò

P.M. [...] Dai documenti bancari italiani presidente risulta che il 31 luglio 1991 Pacifico dal conto del Banco di Bilbao ha emesso un assegno di 19.800.000 incassato da Verde Filippo. Ci vuole dire le ragioni per cui lei incassa questo assegno? [...]

PACIFICO Gli assegni sono due. Uno di 19.700.000 che faccio io a Verde e uno di 17 milioni e dispari che Verde fa a me. Questo primo è un assegno fatto durante l'estate e l'altro invece credo che sia di novembre dello stesso anno.

PRESIDENTE Cioè, il diciassette dell'estate, l'altro invece del novembre.

PACIFICO Sí. Ecco. Mentre il primo assegno riguarda una vincita che Verde ha fatto al casinò di Montecarlo e siccome erano franchi francesi io l'ho incontrato al casinò, lui ha vinto, mi ha dato questi soldi perché io avevo l'affidamento in questo casinò, io ho versato questa somma sul mio affidamento e in Italia gli ho fatto il corrispondente assegno. La seconda volta è al contrario. Succede a Campione, dove lui risulta che è stato ospite del casinò con me all'hotel Splendid e lui perde. E siccome anche in quel caso io c'ho l'affidamento pago io la sua perdita, praticamente, e lui quando torna mi fa l'assegno. Ecco perché io ho voluto collegare le due cose.

P.M. Quali sono i suoi rapporti con Camillo Verde?

PACIFICO Camillo Verde è il figlio di Filippo Verde. Attualmente notaio, professore... credo che sia all'Università di Cassino. E lui... che rapporti ho avuto? Lo conosco da ragazzino quando ha cominciato a lavorare gli ho chiesto delle consulenze qualche volta su... su diciamo problemi societari, perché lui era particolarmente versato nel campo del diritto privato, tanto che poi è diventato notaio. E poi dopo, quando è diventato notaio gli ho fatto... gli ho affidato delle procedure... quando è diventato notaio gli ho affidato delle procedure di concordati o comunque atti che riguardavano beni di procedure concorsuali o fallimentari di cui io ero o curatore o liquidatore. Questi sono i rapporti con Camillo Verde.

P.M. Senta, sempre da una documentazione bancaria, dei conti italiani, risultano emessi seguenti assegni: 25 maggio '88 16.600.000 dal Banco Bilbao, 7 settembre '88 16.600.000 di lire dalla Banca Manusardi, 17 ottobre '88 11.200.000 di lire dalla Banca Bilbao. Sono stati emessi da lei all'ordine «me medesimo» girati da Pacifico e recano la firma all'incasso di Camillo Verde mediante versamento [...]. Sul conto 5335 della Banca di Roma intestato a Camillo Verde e Filippo. Per quali ragioni sono stati emessi questi assegni?

PACIFICO Per i motivi che ho detto prima.

P.M. Cioè?

PACIFICO Per le consulenze che gli ho chiesto.

P.M. Lei ha documentazione attestante queste consulenze?

PACIFICO Io non ce l'ho la documentazione perché stiamo parlando dell'88 e siccome dopo dieci anni si possono distruggere le carte io, siamo nel 2003, e quindi io le carte non ce le ho piú.

P.M. Quindi lei non è in grado di dimostrare questo rapporto professionale.

PACIFICO Non sono in grado per il motivo che le ho spiegato. Sí.

P.M. E nell'88 che cosa faceva il figlio di Verde?

PACIFICO Era...

P.M. Era già notaio?

PACIFICO No [...]. Ma l'ho detto due minuti fa. Ho detto che lui era già assistente all'Università di Cassino ed era molto bravo nel campo societario perché era versato particolarmente negli studi di diritto privato. E io mi sono servito di lui per avere delle consulenze in materia societaria [...].

P.M. Senta, lei ha fornito Filippo Verde di un cellulare svizzero?

PACIFICO Sí.

P.M. Per quale motivo?

PACIFICO Verde mi ha chiesto se potevo procurargli un cellulare svizzero perché in quel momento, in certe zone italiane, i telefoni italiani portatili non ricevevano. E lui mi disse che siccome in quel momento non mi ricordo quale carica ricopriva, se di capo di gabinetto o direttore generale, insomma, aveva bisogno di essere ritrovato e voleva insomma un cellulare per vedere... per potere parlare da qualunque posto in cui si recava. Noi credo che abbiamo anche esibito uno studio della Sip, all'epoca c'era la Sip, nel quale si dichiara appunto che quelle zone di cui parlavamo non erano raggiungibili con i portatili italiani. Mi ha dato questo incarico. Io ho trovato questo telefono, ho fatto un abbonamento attraverso un dipendente dell' hotel Splendid che era un fattorino e lui cortesemente me l'ha fatto perché io ero molto noto lí in questo albergo. Io gli ho pagato la somma che serviva per prendere la scheda e poi quando c'erano le bollette mi facevo... anticipavo e mi facevo dare i soldi da Verde. Risulta anche dall'estratto conto Master questa cosa. Chiaramente non c'è riferimento perché la cifra... queste cifre minime sono proprio le bollette pagate per questa cosa. Poi ad un certo punto non gli è servito piú e glielo ho restituito.

Quanti giudici in agenda

P.M. Senta, rilevo dallo sviluppo della sua agenda elettronica, acquisita agli atti del dibattimento, che lei ha segnato piú utenze nella disponibilità del magistrato Izzo Carlo. Un numero di cellulare, e le utenze fisse. Sono alla pagina, presidente, punzonata 130228. Lei che tipo di rapporto aveva con questo magistrato? [...]

PACIFICO Il dottor Izzo era un frequentatore di campi di tennis e siccome c'eravamo incontrati in un torneo organizzato da magistrati ed avvocati, perché succede anche questo nelle situazioni normali della vita, che i magistrati e gli avvocati giocano a tennis insieme, perché non è che fanno un reato [...].

P.M. Lei sa dove il giudice Izzo prestava servizio? Civile o penale?

PACIFICO Mi sembra civile. Però credo che abbia fatto anche penale, lui. Non... non posso essere preciso.

P.M. Senta, pagina 130230: i numeri di Marvasi Mario e Marvasi Tommaso. Sono due magistrati in servizio presso il distretto di Roma. Che tipo di rapporto ha con questi magistrati? [...]

PACIFICO [...] Mario Marvasi lo conosco da tantissimi anni perché frequentavamo il Circolo Calabresi perché lui era un calabrese. E avevamo questo rapporto di amicizia che ci frequentavamo quando ci vedevamo là e ci siamo visti anche in qualche altro posto tipo cene a casa di personaggi o soprattutto queste riunioni sociali perché lui era una persona molto vitale anche se andava avanti con l'età. E cosí mi ha presentato anche il figlio che era Tommaso. Il quale prestava servizio al civile. Io me lo ricordo alla Fallimentare.

PRESIDENTE Fallimentare.

P.M. Metta Vittorio. Siamo a pagina 130231. Vi sono segnate piú utenze nella disponibilità di Metta Vittorio. I suo rapporti con questo magistrato.

PACIFICO Su questo argomento ho già risposto in un altro processo. Non intendo rispondere.

P.M. Sempre alla stessa pagina punzonata, presidente, ci sono i recapiti telefonici di Napolitano Roberto. I suoi rapporti con questo magistrato.

PACIFICO Napolitano Roberto lo conosco perché lui faceva parte di un giro di persone che giocavano a *gin*. Il *gin* è un gioco di carte che è andato molto di moda in certi anni, a Roma in modo particolare. Mi risulta anche a Milano. E ci siamo incontrati qualche volta per cui quando facevo qualcosa a casa io lo invitavo e quindi c'avevo il telefono per poterlo chiamare. E viceversa [...].

P.M. Sono a pagina sempre, punzonatura, presidente, 130239. Savia. Il magistrato Savia. Che rapporto c'ha con questo magistrato?

PACIFICO Anche lui era uno di quelli che faceva parte del giro del *gin* di cui parlavo prima. E questo è il motivo per cui lo conoscevo.

P.M. Sulla stessa pagina, presidente, ci sono annotate piú utenze relative a Scalera Italo. Vuole precisare i suoi rapporti con Scalera Italo? Scalera Italo.

PACIFICO Eh, il professor Scalera è un frequentatore assiduo della Sezione Fallimentare. Anche... c'ha anche la cattedra all'Università La Sapienza. È una persona che io conosco perché siccome ho frequentato per la mia attività professionale la Fallimentare ci siamo incrociati spesso in procedure, sia in cause che in procedure concorsuali, e quindi il motivo delle nostre conversazioni era dovuto a questo incontro professionale.

P.M. Senta, alla pagina 130241 è segnato l'utenza di Tattilo Adelina: 078934311. O il numero 078934311. Ci può dire chi è questa signora?

PACIFICO È la moglie del proprietario di *Playboy*. Quella rivista che era molto nota qualche anno fa. Era una persona che frequentava la buona società romana insieme a Lina Wertmuller, Panelli, Mastroianni, Germi. Faceva parte di un gruppo di persone che frequentavano questo ambiente intellettuale cinematografico, diciamo. Di cui faceva parte anche Squillante.

P.M. Senta, alla pagina 130242, Torri Ettore. Quali sono i rapporti con questo magistrato?

PACIFICO Sono rapporti di giochi di calcetto alla Canottieri Lazio perché lui era socio. Era molto appassionato del gioco del calcio. Abbiamo giocato prima a calcio per tanti anni. Poi con il sopravvenire degli anni siamo passati al calcetto e lui era uno di questi che giocava lí.

P.M. Alla pagina 130243 sono segnalate le utenze di Verde e Vinci. Su questo ovviamente abbiamo già risposto. Ma ci sono anche le utenze di Vitalone Claudio. Ce ne sono piú di una. Che rapporti aveva con questo magistrato?

PACIFICO Mah... forse è mia moglie che conosceva la moglie. Io non ho avuto mai rapporti di conoscenze dirette con questa persona.

P.M. Questa agenda Casio la usava anche sua moglie?

PACIFICO Beh, essendo in casa.

P.M. L'agenda elettronica la usava anche sua moglie?

PACIFICO Questo non me lo... può darsi che era segnato anche là, insomma, ma non... non lo posso escludere. Non lo so. Io non ho mai chiamato Vitalone.

P.M. Mai?

PACIFICO No.

P.M. Bene. Poi, alla pagina 130244, ma solo per notizia, presidente, è riportata anche l'utenza di Zucchini Paolo. Sul quale abbiamo già... Senta, dallo sviluppo delle sue agende...

PACIFICO Sí.

P.M. Presidente, lo sviluppo delle agende è già entrato negli atti di questo procedimento. Abbiamo sentito la deposizione dell'ispettore Brunetti e sono stati acquisiti dei vari schemi relativi alle varie persone che sono entrate in contatto... che risultano documentalmente da queste agende. Pacifico, ci sono numerosi contatti tra Squillante Renato, la moglie, i figli di Renato Squillante. Le ragioni di questi numerosi contatti? [...]

PACIFICO Sí, sí, sí. Sí, beh, che ci sia stato un rapporto di frequentazione delle famiglie io l'ho sempre detto. Io Squillante lo conosco dal '66 quando è venuto a Roma da Taranto, credo. È venuto... si è presentato un giorno a un campo di calcio dove io organizzavo degli incontri [...].

Il mio vecchio amico Filippo

P.M. Senta, sempre dalle sue agende ci sono numerosissimi rapporti con Verde Filippo, telefonate, appuntamenti. Qual era il motivo per cui lei con Filippo Verde si sentiva cosí spesso e in maniera costante dal primo dato, dal '91 fino al '96?

PACIFICO Non è dal '91. È dal '49 che io conosco Verde.

P.M. Io le rilevo il dato che mi emerge da (*voci sovrapposte*).

PACIFICO E io le rilevo che è dal '49 che lo conosco. Da quell'epoca praticamente io l'ho conosciuto all'Acqua (p.i. pronuncia affrettata) a Ischia perché le famiglie frequentavano quella zona per le vacanze estive. Verde allora andava lí con il padre che era presidente di Corte d'appello. Io andavo con mio padre e mia madre, con fratelli vari, eccetera [...]. Poi dopo ci siamo rincontrati a Roma, quando lui è venuto a Roma. Lui a Roma ha fatto un po' tutto ma soprattutto io me lo ricordo a civile. E al civile lui aveva, tra l'altro, alla Prima Sezione anche l'incarico di affidare gli arbitrati e le varie... come dire, gli incarichi che si danno anche nella materia di Diritto Familiare, curatore giacente, tutori, queste cose qui che tra l'altro sono degli incarichi molto remunerati bene. Io non ha mai avuto un incarico da Verde. Né allora né come arbitro né quando lui era direttore generale, né quando era capo di gabinetto. Non ho mai fatto cause con Verde davanti a lui. Forse una volta è capitata una separazione, credo. E diciamo che il mio rapporto con lui è un rapporto di persone che si incontrano, si incrociano, vanno a teatro insieme, vanno qualche volta a cena insieme e si vedono durante le vacanze. È venuto qualche volta con me ospite all'albergo di Lugano, lo Splendid perché i miei ospiti erano anche ospiti del casinò in quanto io c'avevo una certa carta di cui non so se posso parlare adesso o parlo dopo, e quindi il mio rapporto con Verde è questo.

P.M. Senta, sempre dalla sua agenda, ci sono poi numerosissimi contatti con Metta Vittorio. Che lo cerca continuamente, in maniera continuativa fino al momento del suo arresto nel suo ufficio.

PACIFICO A parte che...
P.M. Perché aveva questi rapporti con Metta Vittorio?
PACIFICO Scusi... A parte il fatto che non è vero che mi cerca Metta Vittorio nel mio ufficio. Io ho già risposto nell'altro processo e non intendo rispondere [...].
AVV. FARES Senta, avvocato Pacifico, le volevo chiedere se lei ha mai avuto occasione di occuparsi dell'acquisto di una unità immobiliare a Tolcinasco, relativamente al Golf Club di Tolcinasco. Se sí, le faccio una domanda unica, se può spiegarci, può dire al Tribunale un po' come andarono le cose in relazione a questa vicenda che, come il Tribunale sa, riguarda anche la posizione del dottor Squillante.

Previti? Non sapeva niente

PACIFICO Sí. Nel '91 siccome, come avevo già detto prima, i rapporti con Squillante si erano intensificati nel senso che avevamo anche scoperto di avere conoscenze comuni a certi livelli e lui sapeva che io e i miei famigliari giocavamo a golf, eravamo interessati allo sport del golf [...].] Lui disse che c'era una occasione, lui Squillante, mi disse che c'era una occasione per comprare delle unità immobiliari in questo Golf di Tolcinasco che stava per nascere perché era un golf che credo aveva creato Paolo Berlusconi, che tra parentesi io non conosco perché non l'ho mai visto, e io siccome sentii che c'erano delle occasioni... delle facilitazioni abbastanza importanti per quanto riguardava il prezzo, dissi che ero interessato. Vidi le piante, andai con Squillante a questo posto a Tolcinasco. Mi resi conto del campo, che è un bellissimo campo, e poi andai a vedere anche le piante con le unità immobiliari che si potevano acquistare. E decisi che potevo fare un investimento per comprarne uno di un miliardo e mezzo perché le facilitazioni del prezzo per quanto riguardava la differenza erano buone [...]. Quando Previti mi ha chiesto... quando io ho concordato con Squillante quale era la prima rata da pagare, che erano 500 milioni, io gli ho detto che glieli avrei mandati su un conto della banca dove lui aveva i conti. E siccome però io non sapevo quale erano i nomi dei suoi conti, in quell'occasione decidemmo che questa operazione andava su un conto di riferimento che si chiama Orologio. Perché cambiammo il nome? Perché siccome era una mia operazione personale volevo un riscontro come dire, di ricordo, di ritorno, che era una mia operazione e non quelle di altre persone. Quindi appena Previti mi ha chiesto se potevo far rientrare 500 milioni in Italia io gli ho chiesto di mandarmi l'importo corrispondente sul conto riferimento Orologio della Bancaria Ticinese. Questi soldi sono stati poi dati a Squillante il quale a sua volta ha pagato la mia rata. Contemporaneamente a Roma io avevo disponibili 500 milioni in contanti che erano quelli di cui ho parlato precedentemente che mi aveva dato Vinci in due o tre soluzioni. Si ricorda che io all'inizio avevo detto... ecco. Questi che io avevo già i quel momento li ho dati a Previti. Quindi l'operazione è: Previti-me. Che però sono Orologio, in quel caso. Squillante riceve i soldi, paga la rata. Contemporaneamente a Roma a Previti io do i soldi che già ho. E a questo proposito io ho qui due contabili che risultano agli atti del processo che sono 280898, 280897, 280896, 280895 dalle quali risulta che dal Qasar Business in data 13 febbraio '91 io accredito all'Anatra, cioè Vinci 420.000 franchi e poi 90.000 franchi il primo marzo. Questo per spiegare che quei soldi, che io ho ricevuto a Roma, io li ho usati per darli a Previti. Ma siccome Vinci me li aveva dati e io glieli dovevo accreditare sul suo conto, io glieli ho accreditati dal mio conto Qasar. Non so se sono stato chiaro. Se non sono stato chiaro posso... scusate, eh? Ma... è chiaro?

PRESIDENTE Sí.

PACIFICO Questo succedeva prima dell'estate. Durante l'estate purtroppo io giocando a golf sono stato colpito da un'ernia del disco che mi ha condizionato nel senso che non potevo piú giocare a golf. E mi hanno anche detto che siccome c'era una struttura un po' particolare della schiena e io non potevo piú fare certi movimenti per cui 'sta cosa mi ha molto infastidito sia sportivamente che psicologicamente, allora io ho chiesto a Squillante se potevo tornare indietro da questo impegno e lui mi ha detto che senz'altro era possibile perché conosceva Paolo Berlusconi e allora lui a ottobre mi ha ridato 400 milioni autorizzandomi ad andare alla Banca Commerciale Italiana dove io li ho prelevati in contanti e me li ha dati il signor Berna. A Lugano. E 100 milioni me li ha dati in contanti dopo a Roma. E quindi mi ha ridato i soldi che io avevo versato per la (*pronuncia affrettata*) del golf. Non credo di dover dire altro.

AVV. FARES Anche se lei di questo, giusto per chiarire, almeno per quanto mi riguarda, in maniera definitiva questa questione, e anche se lei ne ha già risposto là: della circostanza che questi 500 milioni pervennero sul conto del dottor Squillante, era all'epoca a conoscenza l'onorevole Previti?

PACIFICO No, no, no. Ripeto, Previti mi chiedeva se poteva far rientrare dei soldi. Io gli dicevo: «Mandali su quel conto». Lui non sa di chi è il conto dove arriva [...]. Lui ha interesse soltanto ad averli dopo a Roma. Quindi lui non sapeva che era il conto [...].

Quei numeri di Paolo Berlusconi

P.M. Senta, lei ha detto poc'anzi, rispondendo a una domanda delle difese, che non ha mai avuto rapporti con Paolo Berlusconi e che non lo conosce. Ci vuole spiegare allora per quale motivo lei ha segnato sulla sua agenda elettronica e le altre agende piú utenze di Paolo Berlusconi, nella disponibilità di Paolo Berlusconi, anche utenze cellulari?

PACIFICO Io non mi ricordo...

P.M. Io non ho il dato in questo momento. Se vuole, presidente, ma faccio riferimento agli atti che sono già...

PACIFICO Io escludo che abbia segnato le utenze di Paolo Berlusconi.

P.M. E allora...

PACIFICO Perché io non ho mai incontrato Paolo Berlusconi.

P.M. Allora, presidente, chiedo un attimo perché non ce le ho con me, le ho lasciate sopra, cosí contestiamo tutte le utenze che sono indicate [...].

P.M. Allora, presidente, la pagina 381120. Abbiamo Berlusconi località Arcore. I numeri che ho detto prima. Poi subito, progressivamente, Berlusconi Paolo, Roma, 6547083, 6875178. Milano, 02 il prefisso, 21022598. Poi abbiamo ancora su un'altra pagina, sempre sto riferendomi alle agende, numero punzonato 381155 abbiamo Berlusconi Paolo, Roma, 6547083.

Milano, prefisso 02, 21022598. Fax 6875178. Cioè, questo numero è riportato con l'indicazione «fax». In quest'altra pagina, dopo, leggiamo Berlusconi, Arcore. Di cui ho già detto prima. Quindi, come vede, lei ha indicate utenze di Paolo Berlusconi. Come fa a dire di non averlo mai incontrato e di non conoscerlo?

PACIFICO No. Il fatto che io abbia scritto i nomi... i numeri non significa che io l'ho incontrato e che io ci abbia parlato. Io non ho mai parlato con Paolo Berlusconi.

P.M. Lei prima ha detto che è impossibile che sulla sua agenda c'erano i riferimenti a Paolo Berlusconi, invece ci sono [...].

PACIFICO Sí. Allora, confermo quello che ho detto. Non ho mai incontrato Paolo Berlusconi. Da tutti i tabulati telefonici sceverati in tutte le sue virgole e contro virgole non avete mai trovato una mia telefonata da uno dei miei numeri a Paolo Berlusconi. Confermo: non ho mai parlato e non conosco Paolo Berlusconi.

P.M. Allora perché segnarsi i numeri telefonici di una persona che lei non conosce?

PACIFICO Perché... qualcuno me li ha dati perché forse potevano servirmi. Io non ho mai parlato con Paolo Berlusconi.

P.M. Senta, lei prima per giustificare l'esistenza dei nominativi e dei numeri dell'imputato Silvio Berlusconi ha detto che erano utenze che le aveva dato Previti perché in caso di emergenza poteva disturbarlo anche a casa Arcore.

PACIFICO Esatto.

P.M. E in questo caso, invece?

PACIFICO Confermo quello che ho detto due minuti fa.

P.M. Ovviamente, presidente, io in questa fase non posso utilizzare i tabulati perché ovviamente non sono entrati, ma le posso dire che di telefonate ce ne sono tante.

PRESIDENTE Va bene.

PACIFICO Io mi permetto di contestare perché non è vero.

PRESIDENTE Vabbè, poi...Il processo avrà il suo corso.

«Previti era un amico, Pacifico quasi un fratello» Gli imputati. Memoria di Filippo Verde

Signor presidente, signori giudici,
intendo anzitutto scusarmi se affido a queste righe scritte questa mia esposizione, comprenderete quale possa essere il mio stato d'animo in questo momento. D'altra parte le mie condizioni di salute, alcuni ricoveri intervenuti negli ultimi mesi, non mi hanno consentito di essere presente, neppure saltuariamente, alle udienze, sicché la mia difesa è necessariamente affidata a queste pagine.

Sono qui per rispondere con la maggiore semplicità possibile alle accuse che mi sono mosse, anche perché è difficile giustificarsi per fatti che non si sono commessi [...].

Ho iniziato la mia attività di magistrato nel marzo 1953 presso il Tribunale di Tolmezzo [...] dal 1976 al 1979 [sono stato in servizio] alla Corte di appello di Roma, prima sezione civile, quale consigliere e quindi di nuovo al Tribunale di Roma dove ho prestato servizio per otto mesi quale presidente della quarta sezione penale, per poco piú di un anno quale presidente della quarta sezione civile ed infine quale presidente della prima sezione civile (fino al 1986 quale presidente non titolare e nel di quell'anno presidente titolare). Nel 1988, l'allora ministro della Giustizia mi ha chiamato presso il ministero per ricoprire l'incarico di capo di gabinetto, incarico ricoperto fino al 1992, data in cui sono stato nominato direttore degli affari civili e delle libere professioni. Nel 1994, infine, a mia domanda, sono stato richiamato in ruolo ed assegnato alla Corte di cassazione, ove ho prestato servizio, presso la seconda sezione civile, fino all'epoca del collocamento in pensione, a mia domanda, nel 1996.

Non vorrei sembrare carente di modestia ma ritengo di poter affermare di avere svolto le mie funzioni con un alto senso di abnegazione [...]. A mio vanto posso affermare che non ho mai depositato un provvedimento oltre i termini di legge, che in tutti gli anni di servizio presso il Tribunale di Roma, ed in tutte le funzioni espletate, sono stato il magistrato che ha redatto il maggior numero annuale di sentenze.

Nel periodo in cui ho svolto le funzioni di presidente della prima sezione civile del Tribunale, sono stato anche presidente della sezione provvedimenti speciali e dei collegi relativi ai provvedimenti riguardanti gli ordini professionali.

Nel 1986 poi, ho svolto anche le funzioni di presidente vicario del Tribunale [...]. Ritengo opportuno fare un accenno alle assegnazione dei processi civili. Il presidente capo designava, con provvedimento annuale, il magistrato da lui delegato all'assegnazione dei singoli processi alle sezioni secondo l'oggetto della domanda. Difatti ogni sezione trattava determinate e differenti materie. Assegnata la causa alla sezione il presidente titolare nominava il giudice istruttore [...].

L'amico Attilio

La mia amicizia con l'avvocato Pacifico risale a circa mezzo secolo: ci siamo conosciuti da giovani a Lacco Ameno, ove le nostre famiglie si recavano in villeggiatura [...]. Per alcuni anni ci siamo persi di vista ed alla fine degli anni '60, dopo essermi trasferito a Roma, l'ho rincontrato ed in seguito fra le nostre famiglie si è creato un rapporto di amicizia strettissima e di frequentazione (e di qui i numerosissimi contatti telefonici, anche fra le rispettive mogli).

Avevo ritrovato un fratello amico d'infanzia che non svolgeva attività giudiziaria ma soltanto attività stragiudiziale. L'avvocato Pacifico era conosciuto e stimato per le sue amicizie altamente qualificate. L'avvocato Pacifico, che di ciò non fa mistero alcuno, era un appassionato giocatore, per cui, secondo una consuetudine assai in uso, i migliori casinò gli offrivano gratuitamente ospitalità nei giorni in si recava a giocare.

Tale accoglienza era estesa dal casinò, a sua volta, ad eventuali ospiti dell'avvocato Pacifico, secondo la prassi ricordata. Di tale ospitalità qualche volta ho fruito anche io su invito dell'avvocato

Pacifico, in altri termini, nelle pochissime occasioni in cui l'ho accompagnato le spese non sono mai state a carico dell'avvocato Pacifico. È vero che per Capodanno 1987 mi sono recato a Lugano presso l'Hotel Splendid con alcuni familiari, ma in tale occasione le spese sono state da me sostenute. Tali fatti emergono dalle indagini svolte e dalle testimonianze acquisite.

Non ho mai avuto alcun rapporto economico con l'avvocato Pacifico. Vi sono due assegni risultanti dai nostri conti correnti, uno di 19.800.000 lire datato 31 luglio 1991 e l'altro, datata 6 novembre 1991 di lire 17.860.00, il primo da Pacifico a me, il secondo da me a Pacifico. Entrambe gli assegni risalgono al 1991 e precisamente alle due occasioni in cui, quell'anno, ho accompagnato l'avvocato Pacifico presso un casinò. In tali occasioni fui tentato anch'io (che non ho affatto la passione per il gioco) e mi avvicinai al tavolo da gioco: nel luglio ne uscii vittorioso mentre a novembre ebbi a perdere quasi tutto quello che avevo in precedenza guadagnato.

Il denaro vinto lo consegnai, al momento, all'avvocato Pacifico che lo versò sul suo conto presso il casinò restituendomelo con il citato assegno a Roma. Per il secondo assegno, operazione inversa: l'avvocato Pacifico prelevò la somma dal suo conto ed io ebbi a restituirgliela a Roma.

Questi gli unici ed esclusivi rapporti economici.

Il rapporto di fiducia con l'avvocato Pacifico (dovuto all'amicizia fraterna) era tale che, allorquando mi fu liquidato, in lire 700.000.000, dal presidente del Tribunale di Frosinone l'onorario per un arbitrato da me presieduto, mi rivolsi all'amico per la gestione di parte di tale somma. Confluirono in parte sul conto anche i proventi di vendite di beni di famiglia, avvenute nel corso del tempo.

Non riesco a essere piú preciso visto il tempo trascorso, ma in proposito, poiché spesso si allude alle mie possibilità economiche, mi permetto a questo punto un inciso, e cioè che ho avuto la fortuna di nascere in una famiglia molto agiata, con proprietà immobiliari e rendite di varia natura [...]. Alla morte dei miei genitori con i fratelli ho diviso i beni mobili e essendo il primogenito mi è stata riconosciuta una parte maggiore (fra l'altro, poco prima della sua morte, mio padre ebbe a donarmi fondi d'investimento al portatore per un rilevante importo) [...].

Alcuni di questi beni li vendetti nel 1988 o 1989-90 a tale Di Grazia (persona che inizialmente avevo rintracciato per deporre nel processo «Imi-Sir», ma che non ho piú reperito al momento della citazione per il dibattimento pur avendolo indicato nella lista testi di quel processo), altri li ho ceduti nel corso degli anni successivi (in particolare ai primi del 1991) al altri mercanti che non sono piú riuscito a rintracciare.

Per i beni mobili, in buona parte alienati a cura di mio fratello, ho ricevuto, di volta in volta, quanto di mia competenza. Va anche considerato che, specie durante l'attività di presidente della corte d'appello, ho fatto parte di diversi collegi arbitrali e che un discreto guadagno mi hanno consentito le pubblicazioni giuridiche di cui sono autore.

Convenimmo cosí con l'avvocato Pacifico che avrei aperto un contro presso un istituto di credito svizzero.

Anche se tale apertura non rientra nella imputazione a me mossa, preciso che la ragione era quella per cui egli, esperto in tali attività, avrebbe probabilmente consentito una buona redditività al conto mediante l'acquisto di valuta estera ed operazioni conseguent [...]. L'avvocato Pacifico [...] mi fece intendere che probabilmente avrebbe operato con compensazioni rispetto ad altre sue operazioni, ma non chiesi dettagli perché la cosa non mi interessava [...].

L'amico Cesare

Venendo ora all'avvocato Previti, con lo stesso non è mai esistita alcuna frequentazione assidua, anche se c'era un generico rapporto di cordialità. Ho frequentato la sua abitazione, credo, in media un paio di volte all'anno e ho avuto occasione di incontrarlo, talora, a casa di amici comuni.

Non conosco assolutamente la signorina Ariosto, ed ho ragione di ritenere, dopo aver letto alcune sue deposizioni, che la stessa mi scambi per qualcun altro laddove mi attribuisce alcune circostanze e situazioni che – comunque sia – sono destituite di fondamento e di verità, sia con riguardo a una mia presunta frequentazione assidua di casa Previti, sia riguardo ad altri fatti, seppur innocui e marginali. Tutte le situazioni, di fatto e relative a movimenti bancari, che risultano o risulterebbero dalle carte processuali e che riguardano l'avvocato Previti mi sono completamente ignote, e comunque certamente non mi riguardano.

Analogamente, del resto, nulla so di movimenti bancari che riguardano i signori Barilla, Pacifico ed ogni altro dei miei coimputati. Escludo inoltre di aver mai parlato con l'avvocato Previti del processo Sme. Con il dottor Squillante vi è sempre stato un cordiale rapporto di colleganza ed anche se abbiamo superato il medesimo concorso per uditore giudiziario le nostre carriere non si sono mai incontrate [...]. Non vi è mai stata frequentazione né personale né di famiglia.

Per quanto riguarda Berlusconi, Barilla e Ferrero, posso in tutta tranquillità, dichiarare di non averli mai conosciuti personalmente [...]. Cosí come nessuno mai ebbe a parlarmi del loro interessamento alla causa da me trattata e tanto meno l'avvocato Pacifico o l'avvocato Previti.

La causa Sme, del resto, pur importante, non era la sola a essere tale nell'ambito di quelle a me affidate o di quelle affrontate dai collegi da me presieduti. La causa, dopo completa e particolareggiata discussione, fu decisa all'unanimità ed in particolare anche all'unanimità, fu deciso di dichiarare inammissibili gli interventi spiegati tra cui quello della Iar [...].

La sentenza ha ricevuto ampi consensi, tanto che è stata pubblicata e favorevolmente annotata su numerose riviste giuridiche da eminenti giuristi (fra i tanti ricordo il professor Natalino Irti). La sentenza, tranne per l'inammissibilità degli interventi, è stata confermata non solo in appello, ma anche in Cassazione, a sezioni unite, con la presenza di illustri e valenti magistrati.

Chiedo scusa per l'ardire, ma come mai non sono imputati altri magistrati e che non risulta (*sic*) sia stata svolta alcuna indagine sul conto di altri? Gli odierni coimputati avrebbero corrotto solo uno dei giudici del collegio di primo grado per ottenere analoghe sentenze anche negli altri gradi di giudizio? A tal proposito mi sia consentito osservare che la declaratoria di inammissibilità degli interventi mal si concilia con il fatto di una mia aspettativa o comunque di un mio interesse sull'andamento della controversia a favore degli interventi s.p.a Iar (Barilla-Berlusconi-Ferrero ed altro) e s.p.a Cofima. In altri termini, gli unici a non «meritare» nulla per un ipotetico ed inesistente favoritismo sono proprio i giudici di primo grado.

Sulla inammissibilità degli interventi il collegio ha unanimemente ritenuto che sia Iar che la Cofima non erano contitolari del rapporto dedotto in giudizio dalle parti originarie o titolari di una situazione sostanziale che sarebbe stata legittimata a farsi valere in via autonoma.

Gli interventi, invece, modificando la sentenza del collegio da me presieduto, sono stati annessi con la sentenza di appello del 1988 anno in cui, secondo il pm, sarebbe stata esborsata da Pietro Barilla, presidente della Iar, la somma che si afferma essere il prezzo della corruzione.

Escludo nel modo piú categorico di aver ricevuto alcuna somma dall'avvocato Pacifico né da chiunque altro.

Anche se non vi è stata alcuna contestazione sul punto, poiché è stato oggetto di pettegolezzi giornalistici, escludo inoltre nel modo piú assoluto di aver anticipato a chicchessia l'esito della decisione del 1986, depositata il 19 luglio, e tanto meno all'avvocato Pacifico. Del pari, nulla so di suoi investimenti azionari: degli stessi, se davvero vi furono, egli non parlava certamente a me, né questi argomenti erano oggetto delle nostre conversazioni.

Con riguardo ad altre situazioni di cui si è parlato nel processo, vorrei aggiungere (anche se non comprendo le ragioni di sospetto sulla circostanza) che l'avvocato Pacifico ebbe a prestarmi, per un periodo di tempo (alla fine del 1994 o piú probabilmente ai primi del 1995), un suo cellulare elvetico, che accettai di buon grado perché, tra l'altro, se ricordo bene, si trattava di un periodo in cui il mio telefono non funzionava. In ogni caso i cellulari italiani ancora non funzionavano bene in alcune zone d'Italia (in particolare in alcune zone del Friuli ove risiedono i familiari di mia moglie e nel basso Lazio), né all'estero, per ragioni di rete o di Gsm, ancora non introdotto, ed io avevo affrontato alcuni viaggi (a Lourdes, in Austria, in Irlanda) in cui mi aveva fatto comodo avere un telefono efficiente, per non parlare della curiosità da parte mia per le novità tecnologiche e dell'innocente desiderio di essere dotato di questa «anteprima».

So che la difesa Pacifico ha prodotto documentazione tecnica della Telecom comprovante quanto affermo. Nessuna misteriosa ragione (quale? L'accusa non mi ha mai contestato nulla in proposito su cui possa fornire spiegazioni [...] naturalmente ero sempre io a sborsare il denaro per il pagamento delle «bollette»).

Il figlio Camillo

Si assumeva inoltre nel capo d'imputazione che avrei ricevuto la somma di duecento milioni che avrei, poi, versata piú volte sul mio conto corrente n. 144 presso la Cassa di Risparmio di Roma. Successivamente, ma solo dopo le eccezioni della mia difesa, l'imputazione è stata improvvisamente modificata e la somma sarebbe stata da me versata, sempre in piú volte, non piú sul conto 144, ma su un altro conto corrente, il 5335, acceso presso la medesima banca, ed intestato a me e a mio figlio Camillo. In realtà tale conto non è mai stato di mia pertinenza, ma solo ed esclusivamente di mio figlio Camillo, essendo a me cointestato solo per ragioni formali.

A tal proposito mi corre il dovere di precisare i motivi di tale cointestazione. Ai magistrati viene concesso dalle agenzie della Cassa di Risparmio di Roma esistenti presso gli uffici giudiziari un trattamento agevolato per cui la quasi totalità dei magistrati, clienti di detto istituto bancario, cointestano i conti correnti dei loro congiunti. È questa una prassi allora ed ancor oggi in vigore sulla quale avevo chiesto il conforto della testimonianza di un funzionario che prestava all'epoca e presta ancora oggi servizio presso l'agenzia del Palazzo di giustizia, la dottoressa Brugnolo, ma che il Tribunale non ha ammesso.

Sul conto 5335 non ho mai operato: solo in qualche rarissima circostanza (come ha chiarito la consulente contabile dottoressa Saitta, circa sette, otto volte) ho provveduto a effettuare (siglando la relativa distinta bancaria) qualche versamento di assegni (e mai di contanti) relativi a prestazioni professionali di mio figlio Camillo. Ciò è avvenuto a puro titolo di cortesi, in quanto, [...] capitava che dovendo io eseguire operazioni sul mio conto mi offrivo a versare nell'interesse di Camillo i suoi assegni [...].

Che al conto 5335 fossi estraneo emerge da un paio di assegni emessi da mio figli sul conto 5335 a mio favore il cui ammontare era pari alla somma che gli avevo anticipata non ricordo esattamente per quale motivo (dovrebbe trattarsi di rate assicurative). In effetti la consulente contabile della difesa ha rilevato un assegno tratto sul mio conto (il 144) versato da Camillo ed incassato sul 5335. Si tratta ovviamente di somme modeste.

Soltanto in occasione del processo, e precisamente quanto è stato modificato il capo d'imputazione, ho appreso da mio figlio che sul conto 5335 confluivano i soldi di provenienza di altri conti correnti appartenenti, nel corso del tempo, alla società sportiva Master che con l'avvocato Celebrano egli gestiva in quel periodo. In particolare mio figlio Camillo mi ha riferito [...] che nel 1985-86 egli con altri avvocati ebbe a rilevare da tale Arnaldo Turchetta una squadra di basket, della quale anch'io ero tifoso. L'avvocato Afeltra operò quale rappresentante di un gruppo di avvocati (tra cui l'avvocato Celebrano e mio figlio) che [...] diede vita alla nuova associazione denominata Master Roma basket. Camillo mi ha spiegato di avere recentemente rinvenuto alcuni documenti di tale società e mi ha spiegato ancora che esisteva una sorta di commistione tra il suo conto personale 5335 e i conti della società, amministrata in particolare da Giulio Celebrano: infatti, poiché all'epoca non esistevano particolari disciplini contabili per le società sportive, accadeva che Camillo utilizzasse il conto 5335 per spese della società, reintegrandole poi con prelevamenti dal conto (o conti) della squadra.

Piú specificamente mio figlio mi ha precisato che quando avvenivano versamenti sul conto 5335 ciò accadeva perché nei giorni precedenti vi erano stati dei prelievi sul conto della squadra: anzi, tali prelievi (in quanto derivanti dalla vendita di giocatori o altro) venivano in genere suddivisi con il co-proprietario Celebrano, il quale a sua volta li versava su un suo conto bancario.

Nessun versamento «anomalo», quindi, sul conto 5335, che – oltre a non essere mio – concerneva vicende e situazioni del tutto estranei ai fatti che sono indicati nel capo d'imputazione. Nella società Master non ho ricoperto alcuna carica ho avuto alcun ruolo se non quello di spettatore in qualche partita [...].

Credo di aver risposto (non avendolo potuto fare prima o in altre forme viste le tensioni, le polemiche e le improprie suggestioni e attenzioni dei media che si sono riversate sul processo, oltre che a causa del mio stato di salute, che non ho voluto far pesare sulle udienze) a quelli che sono gli inverosimili addebiti che mi sono mossi e confido in quella serenità di giudizio che le polemiche processuali certamente non avranno scalfito.

Roma, marzo 2003

Filippo Verde

«Ho detto la verità, senza soldi, favori o protezioni» La testimone. La difesa interroga Stefania Ariosto

Il 14 ottobre 2002 gli avvocati di Cesare Previti interrogano per l'ennesima volta la testimone Stefania Ariosto.

AVV. SAMMARCO Io premetto che svolgerò le mie domande sulla documentazione acquisita recentemente dal Tribunale, quindi non tratterò le tematiche già trattate nel corso del dibattimento, dell'altro processo, e acquisite in questo, ma tratterò invece la… diciamo le situazioni, le circostanze che emergono dalla documentazione in atti e quindi inizio con la prima domanda. Volevo sapere se il teste ha mai collaborato quale fonte confidenziale con la Guardia di finanza di Milano.

ARIOSTO Sí, l'ho fatto.

AVV. SAMMARCO Se vuole dire come si è svolta questa collaborazione, quando è iniziata e fino a quando è durata.

ARIOSTO Una premessa, cosí, umana, io so oggi di essere stata confidente, perché un cittadino non sa di cambiare status, ad ogni buon conto questa collaborazione è iniziata nel marzo '95, che si è sostanziata in una decina di incontri […], i primi quattro dei quali per giustificare […] i famosi 200 milioni ricevuti dall'avvocato Dotti per aver egli acquistato due cassettoni presso il nostro negozio di antiquariato, e quindi ho dimostrato loro, sia al capitano Martino che al colonnello Falorni, dove avevo versato queste somme e la parte che… diciamo la parte fiscale e conclusa questa prima parte ho cominciato poi a collaborare per motivi di giustizia con il colonnello Falorni e il capitano Martino e ho raccontato dei fatti di corruzione che erano in mia conoscenza.

AVV. SAMMARCO Vorrei sapere come si collegano le due parti, cioè perché quando lei parla dei 200 milioni provenienti da un libretto... da quella fase, da quella situazione passa ad un'altra situazione?

ARIOSTO Si è creato questo...

AVV. SAMMARCO Che non c'è un collegamento tra le due vicende, almeno sembrerebbe.

ARIOSTO Beh, c'è un collegamento... c'è un collegamento psicologico del proprio animo, non so, delle condizioni...

AVV. SAMMARCO Ecco, se lo vuole illustrare qual è questo collegamento psicologico.

ARIOSTO Dunque, come ripeto, la circostanza che io incontrassi questi ufficiali, cioè che fossi... che fossi chiamata ufficialmente a dire su questi 200 milioni probabilmente, colposamente o dolosamente è stata provocata dall'avvocato Vittorio Dotti, questo è chiarissimo alla mia anima, perché io e mio fratello avevamo, signor presidente, un negozio di antiquariato e avevamo clienti di altissimo livello e ognuno di questi clienti pagava o con assegni propri o con bonifici bancari o con contanti. E la prima volta che mi è capitato di ricevere un pagamento di un libretto al portatore di un terzo, peraltro un libretto al portatore che probabilmente aveva avuto dei problemi precedenti, non so, era stato oggetto di sequestro... io non sapevo tutto ciò. Di buon conto la circostanza è creata da questa azione dell'avvocato Dotti, che anziché versare un assegno di conto corrente, un bonifico, come già precedentemente aveva fatto per altri acquisti, ha voluto consegnarmi questo libretto della Mondadori... no, di soldi provenienti dalla Mondadori, mi scusi.

AVV. SAMMARCO Questo lei lo sa perché...?

ARIOSTO Lo so perché sono andata con lui in banca, una banca che è a Milano, in piazza... quella via dove ci sono tutte le compagnie aeree, adesso non mi ricordo piú come si chiama, via... beh, sono andata con lui, lui aveva un libretto di 600 milioni, ha detto al direttore di aprire un libretto a me intestato per 200 milioni...

AVV. SAMMARCO No, scusi, come fa a sapere che provenivano dalla Mondadori?

ARIOSTO Me l'aveva detto lui [...]. Ecco. Dunque, le dicevo, avvocato, dei 600 milioni 200 milioni ha aperto un libretto per pagare il corrispettivo del prezzo dei due mobili e mi ha consegnato il libretto. Questo libretto ha causato l'indagine diciamo iniziale della Guardia di finanza, io poi ho spiegato loro che...

AVV. SAMMARCO Quindi, scusi se la interrompo, ma è per chiarire, quindi è iniziata un'indagine a suo carico, di lei, o no? Questo vorrei sapere.

ARIOSTO Ma non so se è iniziata un'indagine, io sono stata visitata da due ufficiali della Guardia di finanza, in negozio, in merito a questa questione [...]. I due ufficiali, adesso non ricordo se l'uno o l'altro, oppure insieme, cosí, mi hanno domandato se ero a conoscenza di fatti di corruzione, io ho detto che ne ero a conoscenza [...]. Gli ufficiali sono il colonnello Falorni Alessandro e il capitano Martino Antonio.

AVV. SAMMARCO Ecco, i quali, se non sbaglio, non hanno dato questa versione, eventualmente poi contesteremo, ma il mio interesse è un altro, come le spiegano? Cioè all'improvviso, mentre si parla di reati fiscale le dicono «ma senta un po', dottoressa, lei sa anche qualche cosa degli episodi di corruzione...»?

ARIOSTO No, c'è anche un altro fatto molto soggettivo, mio proprio, ho colto l'occasione per denunciare alcuni fatti di corruzione, dei quali ero a conoscenza...

AVV. SAMMARCO Quindi si è offerta lei...

ARIOSTO Sí.

AVV. SAMMARCO ... o è stata...?

ARIOSTO Adesso, voglio dire...

AVV. SAMMARCO È importante sapere questo.

ARIOSTO ...forse è stata contestuale la cosa, forse mi sono offerta io, se non ricordo male. Sicuramente era un momento di grande, cosí, disorientamento sociale, e ho pensato che fosse corretto, giusto, denunciare questi fatti di corruzione, e l'ho fatto.

AVV. SAMMARCO Può dire quando è accaduto questo? Quando lei si è offerta di denunciare questi fatti?

ARIOSTO Beh, adesso temporalmente, come le dico, gli incontri sono iniziati nel marzo del '95 e sono poi terminati... beh, veramente non sono mai terminati, perché poi l'uno è diventato capo scorta e l'altro... forse anch'egli responsabile della mia tutela. Gli incontri comunque riferiti alle dichiarazioni da me rese sono finiti quando poi ho incontrato il giudice Greco, al quale ho… con il quale ho sottoscritto poi il primo verbale, credo che fosse il 25 luglio, poi successivamente il 28 luglio.

AVV. SAMMARCO Ma lei già da prima aveva formulato le sue accuse, oppure solo dal 25 luglio? […]

ARIOSTO In linea molto generale avevo già parlato e possiamo attestare la data verso il mese, non so, di giugno, luglio, metà luglio […].

AVV. SAMMARCO Io contesto al teste un documento acquisito in atti, che è la relazione… un appunto intitolato cosí: «Appunto inerente la fonte informativa denominata "Olbia"» a firma del capitano Martino in data… Milano 3 agosto… [...] Allora, «Nel mese di febbraio '95» – quindi non marzo, ma febbraio ufficiali appartenenti al terzo gruppo di sezione Nucleo regionale polizia tributaria di Milano sono entrati in contatto con una fonte confidenziale a cui è stato attribuito il nome di copertura "Olbia"». Lei sapeva di essere stata chiamata «fonte Olbia»?

ARIOSTO No, assolutamente no […].

«Ho parlato subito di Previti»

PRESIDENTE No, ma cosí per non perderci, andiamo al centro della questione: ci sono, signora, dichiarazioni in atti, del colonnello Falorni, e ci sono documenti che riferiscono di un inizio della sua… lei non lo sapeva, ma collaborazione come teste. Lo dicono loro, perché tecnicamente… come fonte confidenziale, perché tecnicamente è cosí, che inizia ben prima del luglio, del giugno, ma…

AVV. SAMMARCO Dal febbraio.

PRESIDENTE …febbraio o marzo, io…

AVV. SAMMARCO Febbraio '95…

PRESIDENTE Febbraio, ma io so che erano due date, il 10 e il 14 […].

ARIOSTO Per me signor presidente è uguale, marzo o febbraio, io ricordo questo periodo cosí, che le ho detto, non posso ricordare esattamente i giorni, prima o dopo.

PRESIDENTE Va bene.

AVV. SAMMARCO Allora vorrei sapere quando ha iniziato a parlare di questi fatti, perché lei prima ha detto a luglio, o poco prima di luglio, invece da altre fonti informative, acquisite anche davanti al Tribunale, risulterebbe che lei quantomeno da marzo già forniva elementi rilevanti per questo processo.

ARIOSTO È possibile, avvocato, è possibilissimo. Io ho detto di… la maggiore rilevanza delle dichiarazioni si è svolta negli ultimi giorni, negli ultimi mesi, diciamo, giugno luglio, però certamente un accenno in linea generale c'è stato anche nei mesi precedenti.

AVV. SAMMARCO Vuole dire che accenni che faceva? [...]

ARIOSTO Mah, gli argomenti trattati erano diversi e quindi… forse si parlava spesso di uno stesso argomento, che era quello della corruzione, però nello specifico non si entrava mai. Voglio dire, c'è stato un percorso… un percorso lento fino ad arrivare giugno luglio, signor presidente non posso dividere i momenti…

AVV. SAMMARCO Cioè questi…

PRESIDENTE Vuole almeno dirci qual è stato l'inizio, cioè l'*input*? Cosa ha detto per prima cosa da cui poi è partito tutto? In sintesi naturalmente, non le chiediamo di ripeterci quello che ha detto in venti verbali.

ARIOSTO Ho parlato sui fatti di corruzione del giudice Squillante…

PRESIDENTE Quindi l'attacco è stato questo?

ARIOSTO Sí.

PRESIDENTE «Io sono a conoscenza di fatti di corruzione»... Lei ha parlato di ambiente romano in generale o ha parlato di persone specifiche?

ARIOSTO Ho parlato di ambiente romano in generale.

PRESIDENTE Eh. E poi mano a mano…

ARIOSTO Mano a mano si entrava nello specifico.

AVV. SAMMARCO Ma non le risulta che sia stata informata un'autorità giudiziaria romana o…? Lei non sa nulla di questo?

ARIOSTO Informata su quanto io…

AVV. SAMMARCO In ordine a queste confidenze che, come lei dice, riguardavano la magistratura romana.

ARIOSTO Non so nulla, avvocato, non so nulla.

AVV. SAMMARCO E questi ufficiali che la ascoltavano che cosa facevano?

ARIOSTO Come, scusi?

AVV. SAMMARCO Questi ufficiali che la ascoltavano, che prendevano le sue dichiarazioni, che cosa facevano, prendevano appunto, lei rilasciava verbali…? [...]

ARIOSTO Mi ascoltavano, ma davanti a me non prendevano mai appunti, mai ho sottoscritto un verbale... nulla, mi ascoltavano e basta.

PRESIDENTE Cioè lei non ha sottoscritto verbali.

ARIOSTO No, nessun verbale.

PRESIDENTE Lei ci dice che davanti a lei non prendevano neanche appunti?

ARIOSTO No, non li ho mai visti prendere appunti. A meno che li prendessero e io pensavo che scrivessero degli appunti diversi, non pensavo che si riferissero a quello che io raccontavo, signor presidente. Uno, non so, può ascoltare qualcuno e scrivere...

PRESIDENTE Se se lo ricorda, se lei riesce a concentrarsi un attimo e visivamente riprodurre la scena se questi signori avevano davanti un bloc-notes, qualcosa, e mentre lei parlava qualcuno, uno, o tutti e due o non lo so scrivevano o no. Cioè questo le stiamo chiedendo.

ARIOSTO Cioè il punto è questo, quando una persona parla l'altro ascolta...

PRESIDENTE Se lei non lo ricorda non lo ricorda, però se lei fa un attimo mente locale magari può dircelo.

ARIOSTO Che prendessero appunti... non so, di appunti ce... di bloc-notes ce n'erano sempre sul tavolo, però non pensavo se l'appunto fosse con riferimento alle mie dichiarazioni oppure ad altro, signor presidente, non ho idea. Io non pensavo, diciamo di... che le mie dichiarazioni formassero oggetto di qualsiasi verbale, io non ne ho mai sottoscritto nessuno. Certo è che sul tavolo del Colonnello o del capitano Martino vi erano molti bloc-notes e qualche appunto... qualche appunto l'ho visto.

PRESIDENTE Qualche scritturazione veniva fatta?

ARIOSTO L'ho vista, l'ho vista, sí, sicuramente...

PRESIDENTE Oh, benissimo.

ARIOSTO Però non sapevo che fosse in riferimento alle mie dichiarazioni [...].

AVV. SAMMARCO Vorrei sapere quand'è che lei ha deciso di presentarsi alla Procura, e qui non torno su cose già dette, ma soltanto vorrei saperlo da un altro punto di vista, cioè vorrei sapere se prima che lei ha reso deposizioni alla Procura ha avuto incontri preliminari con qualche procuratore di Milano...

ARIOSTO No, io non…

AVV. SAMMARCO Se ce ne sono stati di incontri preliminari. Se sí, quanti.

ARIOSTO Dunque, prima cosa non sono mai andata alla Procura, ma io sono sempre stata nella sede della Guardia di finanza di via Fabio Filzi, dove per la prima e unica volta ho visto il 21, il 25 e il 28 il giudice Greco e a lui ho risposto, a lui ho reso le mie dichiarazioni, veritiere e genuine, ho sottoscritto i verbali, non ho mai visto nessun altro, ho visto di sfuggita il pubblico ministero Taddei in uno di questi tre giorni, ma mai mi ha rivolto domande, mai mi ha… E anche il dottor Davigo, l'ho visto nel corridoio che parlava con l'avvocato Dotti, e l'unica persona alla quale ho reso le mie dichiarazioni è stato il pubblico ministero Francesco Greco.

AVV. SAMMARCO Sí, ma io volevo sapere come si passa dalla fase di collaborazione confidenziale alla fase, diciamo cosí, ufficiale, cioè ha preso un appuntamento, chi ha preso un appuntamento […].

ARIOSTO Il colonnello Falorni ha chiamato il pubblico ministero che era in Sardegna e gli ha riferito che ero pronta a rilasciare dichiarazioni e quindi il pubblico ministero è arrivato e mi ha interrogata.

AVV. SAMMARCO Quindi è stato il colonnello Falorni a chiamare il dottor Greco […].

ARIOSTO Sí, sí.

AVV. SAMMARCO Quindi è stata lei a dire «io voglio deporre»?

ARIOSTO Sí.

AVV. SAMMARCO E ricorda quando è avvenuto questo?

ARIOSTO Dunque, le ho già detto… i giorni sono il 21, il 25 e il 28.

PRESIDENTE Quelli sono i giorni in cui ha reso dichiarazioni.

ARIOSTO Però il 21 mi pare che non ero ancora pronta…

PRESIDENTE Quando ha invece manifestato la sua intenzione, a questo punto… ad un certo punto, di rendere dichiarazioni ad un pubblico ministero, quindi come teste?

ARIOSTO Signor presidente, i giorni immediatamente prima, il 21, il 25 e il 28, ecco questa è la scansione dei giorni, piú precisa non posso essere, me ne rammarico.

PRESIDENTE Cioè lei dice prima del primo verbale.

ARIOSTO Prima del primo verbale, esatto.

PRESIDENTE Non sa dare altre indicazioni temporali, o sí? Cioè quanto prima non è in grado di dircelo o…?

ARIOSTO Un giorno prima, credo, il 19… Poi è accaduto un fatto, il 16 luglio è uscito un bruttissimo articolo sul… adesso che mi viene in mente, è uscito un bruttissimo articolo su *Il Giorno…*

PRESIDENTE Che giorno, il 16 luglio?

ARIOSTO Il 16 luglio, sí, e allora credo che io abbia avuto una accelerazione proprio anche interiore e con il che ho chiesto al colonnello Falorni di chiamare il giudice che avrei senz'altro rilasciato delle dichiarazioni al giudice […].

«Le pubbliche relazioni giudiziarie»

AVV. SAMMARCO Sí. Lei ha mai consegnato *memo* alla Guardia di finanza durante questo suo periodo di collaborazione? […]

ARIOSTO Sí, l'ho fatto […].

AVV. SAMMARCO Allora, la prima domanda è questa: se ricorda di aver consegnato un *memo* dattiloscritto all'allora maggiore Falorni il giorno 10 marzo '95. Se credono prima lo mostro […].

ARIOSTO Sí, questo l'ho consegnato al colonnello Falorni.

AVV. SAMMARCO Lei in quell'occasione, noi siamo al 10 marzo, in questo punto parla di pubbliche relazioni giudiziarie e, riferito all'avvocato Previti, «distribuiva gratificazioni disponendo di un fondo creato *ad hoc*».

ARIOSTO Confermo.

AVV. SAMMARCO Voglio dire, lei da dove ha tratto questa informazione, che poi ha inserito nel *memo*?

PRESIDENTE Come è venuta a conoscenza di queste circostanze che lei lí ha riferito.

ARIOSTO Ho capito perfettamente. Ma, signor presidente, a parte che l'ho dichiarato mille volte in altri procedimenti, glielo ripeto, avvocato, è stato lo stesso avvocato Previti che mi ha detto… che mi ha riferito che l'onorevole Silvio Berlusconi aveva messo a disposizione presso l'Efibanca dei fondi per… diciamo per alimentare queste pubbliche relazioni giudiziarie, per corrompere i giudici, in breve, e che c'era questo fondo presso Efibanca, un fondo illimitato. È stato lo stesso onorevole Previti, peraltro lui non l'ha mai smentita questa…

PRESIDENTE Basta cosí, lei ha risposto signora.

AVV. SAMMARCO Ma di questo fondo *ad hoc* ha detto dove si trovava?

ARIOSTO Ho già detto, avvocato, si trovava presso l'Efibanca di Roma [...].

PRESIDENTE Possiamo fare una domanda forse in questi termini, per chiarire meglio il quadro. Signora, lei quando ha deciso di parlare ha avuto... cioè ha deciso... cioè si è autolimitata in qualche modo o si è messa a parlare progressivamente secondo quello che era la sua memoria, la sua focalizzazione o ha avuto un atteggiamento limitato all'inizio?

ARIOSTO No, io ho cominciato a rilasciare dichiarazioni progressive attraverso proprio la correlazione dei contenuti di sensi dei quali mi veniva chiesto, quindi non so perché io abbia omesso di scrivere che fosse Efibanca o perché... [...]

AVV. SAMMARCO Sí, presidente. C'è un altro, questa volta non so come definirlo se memo o appunto, è scritto con lo stesso carattere del precedente, non c'è il titolo «memo» ed è piú in forma di lettera, inizia con «Caro Maggiore».

ARIOSTO Ah, sí! Comunque, a detta del colonnello Falorni, proveniente dalla signora Ariosto, quindi possiamo...

AVV. SAMMARCO Esatto. Lei ricorda di aver consegnato questo memo o appunto al maggiore Falorni?

ARIOSTO Lo posso vedere, avvocato?

PRESIDENTE Facciamoglielo vedere. Intanto è suo, l'ha fatto lei ed effettivamente l'ha consegnato o no? Ci dica.

[La teste prende visione del documento suddetto: «Caro Maggiore, è necessaria una premessa significativa che mi riguarda: di questa cosa (Crt/Cariplo) avevo molto sommariamente informato l'avv. Pensa, mio difensore penale contro l'ex dirigente Cariplo Perotti, ma evidentemente non ha trovato connessione con i miei fatti e non ne ha mai fatto menzione. I decreti ingiuntivi Cariplo contro Ariosto Consulting sono *pericolosissimi* (questa parte civile è seguita da uno degli avvocati dell'on. Dotti, avv. Aurelio Favarò che è riuscito a strappare due rinvii e Cariplo non ha ancora ottenuto la provvisoria esecuzione. *Se ciò accadesse il fallimento sarebbe assicurato. D'Altronde sarebbe giusto che prima si valutasse la causa penale che è ricchissima di reati, poi quella civile.* L'arroganza degli istituti di credito è notoria, ma soprattutto non dimentichiamo che gli avvocati amano i clienti ricchi, quindi non mi vorrei trovare senza difensore e con un bel fallimento a seguito della concessione della provvisoria esecuzione. Confidando nella sua profonda intelligenza la saluto cordialmente».]

AVV. SAMMARCO Lei dice cosí: «I decreti ingiuntivi di Cariplo contro Ariosto […] sono pericolosissimi!». Quindi lei sta temendo qualche cosa.

ARIOSTO Ora, signor presidente…

AVV. SAMMARCO Si rivolge al maggiore Falorni…

ARIOSTO Sí.

AVV. SAMMARCO …che non è un avvocato…

ARIOSTO Sí.

AVV. SAMMARCO …per una sua situazione personale.

[Stefania Ariosto spiega che nel febbraio del '95 aveva cominciato a dubitare di Dotti come suo difensore. I dubbi erano nati da una crisi di coppia e da un evento minimo: la notifica al fratello di un atto di citazione da parte di un legale del gruppo Mondadori, in cui si chiedeva a Carlo Ariosto di pagare circa 2 milioni di lire per la fornitura di una serie di prodotti che lui assicurava di non aver mai ordinato] […].

«Caro Vittorio, cara Stefania»

ARIOSTO «Avvocato della Mondadori verso Cariplo» era l'avvocato Dotti, dunque cosa ho scoperto attraverso questo atto di citazione? Che quest'atto di citazione era falso e che la Mondadori lo usava per raccogliere il denaro. Cosa faceva, signor presidente? Metteva o non metteva sotto le porte dei negozi dei piccoli bollettini, poi faceva gli atti di citazione falsi, perché non c'era la *vocatio in ius*, non c'era niente. Col che io telefonai a Dotti, dico: «Caro Vittorio, mi è arrivato questo atto di citazione», e lui mi dice...

PRESIDENTE Quindi lei parla di un atto di citazione della Mondadori che è arrivato a una sua azienda, a una sua società?

ARIOSTO A una mia azienda, promosso da Cariplo, perché Cariplo era colui che faceva l'elemosiniere praticamente, raccoglieva tutti i fondi che la Mondadori raccoglieva illecitamente a mio avviso, perché metteva o non metteva sotto le porte delle aziende i bollettini, e comunque gli importi erano talmente esigui che probabilmente uno poteva essere indotto a pagare, io siccome ero precisa, e lo sono tuttora, mi sono rivolta all'avvocato della Mondadori. Dico: «Vittorio, mi è arrivato questo atto di citazione, lo trovo ingiusto, devo pagare 235 mila lire e non le voglio pagare. Ho mandato mio fratello in Tribunale, la causa non c'è». Lui mi chiama nel pomeriggio e mi dice: «Cara, guarda, abbiamo risparmiamo 235 mila lire». Dico: «Grazie tante».

AVV. SAMMARCO (*voci sovrapposte*).

PRESIDENTE Sí, eviti signora Ariosto, per cortesia eviti di fare imitazioni [...].

ARIOSTO Benissimo. Quel che dico a Martino e a Falorni, dico: il mio avvocato che segue i miei procedimenti per altro, diciamo, complessi (perché oltre alla causa civile io con Cariplo avevo e ho ancora rapporti di fideiussione, adesso diventato contenzioso), Capitàno, è possibile che questo fatto dell'avvocato Dotti che mi difende come Cariplo, vista la prevalenza del rapporto, cioè il cliente piú ricco è Mondadori, ma mi succederà un disastro adesso, mi succederà l'ira di Dio e quindi io non mi sento tutelata. Dico: quindi quei decreti ingiuntivi sono pericolosissimi non perché tali nella loro essenza: perché nelle mani dell'avvocato Dotti. Tutto qua.

PRESIDENTE Quindi, quando lei parla di un fallimento, è una sua ipotesi o c'era stato qualcuno che aveva fatto un'istanza di fallimento?

ARIOSTO No, no nessuna istanza di fallimento, ma l'avvocato [Sammarco] ha omesso di dire «mi ritroverei pure senza avvocato difensore», perché quella è la mia preoccupazione, il fatto che lí c'è scritto «mi ritroverei pure senza avvocato difensore», perché non avevo piú fiducia in Dotti, il quale avevo già capito che dava prevalenza e precedenza ai clienti piú ricchi, signor presidente. Quindi io ho chiesto tutela istituzionale e costituzionale a Martino, e a Falorni anche.

AVV. SAMMARCO Presidente, un primo aspetto: «fallimento» – ha detto – che non riguarda una procedura fallimentare attivata.

ARIOSTO No, assolutamente no.

AVV. SAMMARCO Lei non ha mai avuto o subíto procedure fallimentari?

ARIOSTO A parte che è una semantica diciamo sbagliata quella del '95, quindi dico un fallimento presunto. Per quanto riguarda Cariplo non è...

AVV. SAMMARCO Va bene. La seconda domanda è: «prima che si valutasse la causa penale che è ricchissima di reati». Qual è la causa penale ricchissima di reati?

PRESIDENTE A quale causa penale alludeva?

ARIOSTO Avevo denunciato per usura il direttore della Cariplo, che aveva sottratto delle somme.

AVV. SAMMARCO Ma scusi, vuole dire quando l'ha denunciato, per quali reati, come si chiamava il direttore della Cariplo? Se ci dà degli elementi?

ARIOSTO Il direttore della Cariplo si chiamava ragioniere Perotti, e è stato poi destituito, cosí fanno, ora so, tutte le banche, per togliersi ogni responsabilità, prima che iniziasse il processo. Adesso poi non lo ricordo bene perché avevo dato mandato all'avvocato Pensa amico di Dotti. E quindi dicevo al Colonnello: sarebbe il caso di vedere le responsabilità di questo ragioniere che, per quanto mi riguardava, aveva sottratto un sacco di somme, motivate in un certo modo.

AVV. SAMMARCO Ma lei ha copia di questa denuncia?

ARIOSTO Penso di sí.

AVV. SAMMARCO Chi l'ha seguita? Ha avuto un legale?

ARIOSTO L'avvocato Dotti... No, aspetti, la denuncia penale l'ha fatta l'avvocato Pensa, non è una denuncia penale, credo che sia...

AVV. SAMMARCO Invece qui parliamo di causa penale, vede, causa penale ricchissima di penale.

ARIOSTO No, causa penale, denunciato per usura, sí. Denunciato per usura.

AVV. SAMMARCO Per usura a suo danno?

ARIOSTO Nel senso che lo ricordo.

AVV. SAMMARCO Cioè lei è la persona offesa? Il ragioniere Perotti era secondo lei l'usuraio e lei era la persona che aveva subito l'usura?

ARIOSTO Esatto.

AVV. SAMMARCO Questa era l'ipotesi?

ARIOSTO Non l'ipotesi, l'ho denunciato presso il procuratore Cerrato [Nicola, l'ex procuratore della procura presso la pretura] che adesso è dirigente...

AVV. SAMMARCO E che esito ha avuto questa denuncia?

ARIOSTO Credo che sia stata archiviata. Credo.

AVV. SAMMARCO Benissimo, quindi questa era la sola causa penale che la riguardava o ne ha avuto altre?

ARIOSTO E io la trovavo enorme, abnorme, perché vero è che ero parte lesa, poi era un periodo un po' buio.

AVV. SAMMARCO Ma lei ne ha avute altre di cause penali, passive per esempio, dove lei era indagata, imputata o no?

ARIOSTO Ma il fatto di essere indagata è una cosa legittima, avvocato.

AVV. SAMMARCO Ma io non sto parlando di questo, lo sappiamo.

ARIOSTO Sí, sono stata indagata per bancarotta e sono stata assolta [...].

«Ho chiesto giustizia, non favori»

AVV. SAMMARCO Ma lei in sostanza cosa chiedeva al maggiore Falorni?

ARIOSTO A tutti e due ho chiesto giustizia, non favori.

AVV. SAMMARCO No qui «Caro Maggiore»?

ARIOSTO Eh, «Caro Maggiore».

AVV. SAMMARCO L'appunto termina: «Confidando nella sua profonda intelligenza».

ARIOSTO Certo.

AVV. SAMMARCO Cioè che doveva fare il maggiore?

ARIOSTO Doveva tutelare i miei interessi.

AVV. SAMMARCO E come li tutelava?

ARIOSTO Non lo so, parlare col magistrato, parlare con chi era deputato.

AVV. SAMMARCO Con quale magistrato doveva parlare?

ARIOSTO Con qualsiasi persona deputata a che le cause non avessero accelerazioni, decelerazioni, manipolazioni.

AVV. SAMMARCO Le sue cause non avessero...?

ARIOSTO E certo, perché temevo vendette sia da parte di Dotti che da parte di Previti.

PRESIDENTE Mi sembra molto chiaro il pensiero della teste, avvocato.

AVV. SAMMARCO Mi sembra anche molto grave quello che sta dicendo.

PRESIDENTE Lo vedremo se è grave o no, lei ha dato la risposta.

AVV. SAMMARCO Quindi approfondiamo.

PRESIDENTE No, non approfondiamo niente.

AVV. SAMMARCO Perché no, scusi? Perché non si vuole fare sapere che il teste (*voci sovrapposte*).

PRESIDENTE Perché lei ha fatto una domanda relativa a che cosa voleva la teste, la teste glielo ha spiegato.

AVV. SAMMARCO No, lo ha chiesto al maggiore.

PRESIDENTE Appunto, l'ha detto anche qui noi [...].

AVV. SAMMARCO Ecco, ma è vero che lei si è rivolta al capitano Martino il giorno 11.9.95 perché il capitano Martino si rivolgesse alla dottoressa Taddei per suo conto...?

ARIOSTO No, io non ho chiesto che si rivolgesse alla dottoressa Taddei! Ho semplicemente detto al capitano Martino, sempre con riferimento a quanto prima detto, avvocato, cioè del fatto che non mi fidavo piú di Dotti come difensore di fiducia e che avevo paura di vendette da parte di chi denunciavo, ho chiesto: «Caro Capitano, qua la tutela militare serve a poco, tanto, se vorranno farmi del male, lo faranno comunque e ci andranno di mezzo anche gli agenti della scorta: mi serve una diversa tutela istituzionale, costituzionale. Voglio che questi tre procedimenti, che sono stati da me affidati all'avvocato Dotti, non siano accelerati, non siano interpolati, non siano manipolati». Avevo visto troppi fatti di corruzione, avvocato, e non potevo permettere... E cosí ho pensato, forse ho sbagliato e di questo me ne dolgo oggi, di chiedere a Martino di parlare con un magistrato preposto, non so, alla mia tutela, che potesse anche eseguire quest'altro tipo di tutela [...].

AVV. SAMMARCO Ecco, quindi lei chiedeva un favore personale?

ARIOSTO No, che personale!

AVV. SAMMARCO No?

ARIOSTO Chiedevo tutela istituzionale e dicevo...

AVV. SAMMARCO Ah, perché per lei «istituzionale» è quando una cosa è personale?

ARIOSTO No, non è personale, avvocato.

AVV. SAMMARCO Mi faccia capire.
ARIOSTO Perché avevo insistito…
PRESIDENTE Va bene, questa è la risposta del teste.
AVV. SAMMARCO Sí. Allora quando il capitano Martino scrive: «L'Ariosto insisteva nella sua richiesta dicendo che durante la deposizione appena resa non aveva avuto il coraggio di esporre i sui problemi e le relative richieste per risolverli e quindi mi pregava di rappresentare quanto mi stava per dire ai magistrati», s'è inventato tutto il capitano Martino?
ARIOSTO No, il capitano Martino ha interpretato come interpreta un militare perché ha una diversa cognizione il militare, avvocato.
AVV. SAMMARCO Va bene, prendiamo atto.
ARIOSTO Le spiego: quello che lui scrive […] non corrisponde al vero, quando dice che non ho avuto il coraggio di parlare con un magistrato, perché quella informativa è tardiva in quanto io il 25 luglio avevo già parlato con Greco di questi problemi.
AVV. SAMMARCO Ah!
ARIOSTO Ma non problemi che dovesse risolvere il giudice o il pubblico ministero…
AVV. SAMMARCO Ah!
ARIOSTO …problemi come per dire: affidare la propria vita, la propria esistenza, oggettiva e soggettiva, alle istituzioni. Questo ho chiesto.
AVV. SAMMARCO Scusi, mi faccia capire, già da luglio aveva chiesto di risolvere i suoi problemi a un magistrato di Milano?
ARIOSTO No, non ho chiesto di risolvere i miei problemi.
AVV. SAMMARCO Ha detto questo adesso.
ARIOSTO Ho detto che era pendente una causa, e questo l'ho scritto nel…
AVV. SAMMARCO No, scusi, ha detto un'altra cosa! Ha detto che già da luglio aveva chiesto di risolvere questi problemi al dottor Greco. Questo ha detto.
ARIOSTO No. Lei, avvocato, sta scherzando!
PRESIDENTE No, ha detto che già da luglio aveva parlato…
AVV. SAMMARCO Ha detto questo. Risentiamo il testo.
PRESIDENTE Vogliamo risentirlo?
AVV. SAMMARCO Risentiamolo.
(*Viene riascoltato il nastro*).

PRESIDENTE Allora, signora Ariosto, ha sentito anche lei. Lei ha fatto questa affermazione, ha detto: «Quello che dice il capitano Martino non è esatto, cioè che io non avrei avuto il coraggio di parlare con i magistrati, perché io avevo già parlato col magistrato di questi problemi».

ARIOSTO Di questi fatti, chiamiamoli fatti non problemi.

AVV. SAMMARCO No, ha detto «problemi».

ARIOSTO Lo posso correggere? Ho detto fatti e dico fatti! [...]

AVV. SAMMARCO Scusi, ma questi avvenimenti sono l'imminente sfratto dall'abitazione di via Montenapoleone? Il rimborso da parte dell'assicurazione di quanto dovuto per un furto subíto dalla società? Richieste da parte della Cariplo di restituzione dei fondi prestati alla società? Sono questi gli avvenimenti?

ARIOSTO Sono questi i miei tre fatti rilevanti della mia vita di imprenditrice.

AVV. SAMMARCO Quindi lei chiedeva un intervento per questi tre fatti?

ARIOSTO No, io non chiedevo un intervento, avvocato! Io volevo che...

AVV. SAMMARCO Fino a luglio.

ARIOSTO No, io volevo e chiedevo tutela al capitano Martino e chiedevo che questi procedimenti non subissero, non fossero...

AVV. SAMMARCO Scusi, ma chi le avrebbe dato il denaro per...

ARIOSTO ...non fossero viziati!

AVV. SAMMARCO Chi le avrebbe dato il denaro per rimborsare le richieste della Cariplo?

ARIOSTO Chi mi avrebbe dato cosa?!

AVV. SAMMARCO Eh, in queste richieste c'è inserita anche la parola «rimborso». Come poteva chiedere a Martino, che lo dicesse ai magistrati, un rimborso?

ARIOSTO Ma Martino ha scritto quello che ha voluto, nel suo pensiero solitario e notturno ha scritto «rimborso». Io ho dei contenziosi con Cariplo, eh!

AVV. SAMMARCO Scusi, lei ha detto [...]: «Sí, erano questi». Uno di questi avvenimenti è «rimborso da parte dell'assicurazione».?

ARIOSTO Uhm.

AVV. SAMMARCO Poi c'è «richieste da parte della Cariplo», quindi sono delle situazioni debitorie che lei ha.

ARIOSTO Ma è lui che ha scritto richieste!

AVV. SAMMARCO Ma come pensava…

ARIOSTO Se forse avesse conosciuto bene…

AVV. SAMMARCO Come pensava di risolvere questi problemi rivolgendosi alla magistratura? [...]

ARIOSTO Martino ha scritto una cosa inesatta: «Rimborsi all'assicurazione della Cariplo». Non si tratta di rimborsi, era già contenzioso, quindi Martino doveva scrivere: «Contenzioso Cariplo». E quindi chiedevo, siccome queste cause erano affidate a Dotti, che fossero (come dico) tutelate da maggior attenzione. Tutto qua.

PRESIDENTE Va bene. Altre domande, avvocato.

AVV. SAMMARCO Sí. Vorrei sapere: ma il capitano Martino non l'ha rassicurata su questo? Non le ha detto per caso: «Non si preoccupi che di queste cose ne parlerà con la dottoressa Taddei»?

ARIOSTO Dunque, il capitano Martino mi ha detto…, mi rassicurava sempre, quando mi bucavano le quattro gomme della macchina, quando mi facevano le telefonate anonime e quando mi mandavano…

AVV. SAMMARCO No, no, stiamo parlando di questi tre…

PRESIDENTE Su questa sua…

AVV. SAMMARCO Delle gomme della macchina non ci interessa nulla.

PRESIDENTE Su questi suoi timori…

ARIOSTO No, il capitano Martino…, il capitano Martino, adesso non ricordo bene come mi ha detto, comunque mi diceva di stare sempre tranquilla, cosí, genericamente. E comunque…

AVV. SAMMARCO Allora le leggo il passaggio che è in atti: «Lo scrivente, capitano Martino…».

ARIOSTO È sempre il capitano Martino, sí.

AVV. SAMMARCO «…si metteva immediatamente in contatto con la dottoressa Taddei al fine di portarla a conoscenza dell'accaduto».

ARIOSTO Sí.

AVV. SAMMARCO «La dottoressa Taddei, preso atto di quanto richiesto, ha escluso ovviamente un qualsiasi interessamento nelle suddette situazioni da parte dell'Autorità giudiziaria e quindi concordava con lo scrivente» – sempre il capitano Martino «di telefonare all'Ariosto e comunicarle di non preoccuparsi in quanto ci sarebbe stata l'opportunità di manifestare compiutamente le sue richieste all'Autorità giudiziaria nell'incontro programmato per il giorno 12.9.95. Lo scrivente, quindi, procedeva a telefonare dal proprio cellulare all'Ariosto e a dirle testualmente: "Signora Stefania, non si preoccupi, potrà riferire tutto quanto mi ha esposto direttamente quando vi vedrete martedí". La stessa – cioè la signora Ariosto – richiedeva: "Posso stare tranquilla?" e lo scrivente ha risposto: "Ci vediamo martedí, stia tranquilla che potrà esporre quello che mi ha detto direttamente"».

ARIOSTO Certo! Beh, lei cosa trova di illecito in quella…?

PRESIDENTE No, no, signora Ariosto, non faccia domande all'avvocato!?

ARIOSTO Che cosa trova di illecito non so!

PRESIDENTE Non faccia domande all'avvocato!

ARIOSTO Il capitano Martino ha trascritto, ha trasmesso un messaggio dal mio repertorio al suo e lo ha un po' modificato, ma non è colpa mia, signor presidente, io non c'entro, eh!

AVV. SAMMARCO Ma gliel'ha detto di stare tranquilla, che vi sareste visti…?

ARIOSTO Ma l'ho già detto!

PRESIDENTE Sí, ha già detto che lo diceva sempre, avvocato, adesso basta…

ARIOSTO Ma gliel'ho già detto: «Cerchi di stare tranquilla.»!

PRESIDENTE …su questo argomento. Prendiamo atto delle dichiarazioni del teste.

AVV. SAMMARCO Presidente, un conto è sempre, un conto è in relazione a questa richiesta specifica, sono due cose diverse…

ARIOSTO Ma penso che l'abbia fatto…

AVV. SAMMARCO …dopo una telefonata con la dottoressa Taddei. Se mi permette sono due cose molto diverse.

PRESIDENTE È un'altra cosa, avvocato, è un'altra cosa!

AVV. SAMMARCO E cosa?

PRESIDENTE Qui è l'attendibilità del teste, non è l'intervento di tutti gli altri, cosa hanno fatto tutti gli altri.

AVV. SAMMARCO No, presidente, qui si tratta di sapere se il teste aveva un interesse personale a deporre.

ARIOSTO No, non lo avevo. Va bene?

AVV. SAMMARCO E se…

PRESIDENTE Allora facciamola questa domanda!

AVV. SAMMARCO E la sto facendo!

PRESIDENTE Allora, signora Ariosto, lei aveva un interesse personale a deporre?

ARIOSTO No, signor presidente…

PRESIDENTE Ci dica!

ARIOSTO …non avevo nessun interesse, anzi, siccome l'avvocato…

PRESIDENTE Lei ha chiesto di avere qualche cosa in cambio della sua deposizione o ha inteso manifestare altro?

ARIOSTO Ho inteso manifestare altro, non ho mai chiesto né danari, né favori, anche perché – devo essere scelleratamente sincera – se avessi voluto seguire la via illecita, visto che nel '95 correvano buoni rapporti con l'onorevole Previti, avrei chiesto a lui di risolvere i problemi, come lui li sapeva risolvere. Quindi, signor presidente, io non ho mai chiesto favori al capitano Martino, anzi, ho chiesto giustizia e non favori, né ho preteso [...] donazioni, né quattrini alla Procura, né dalla dottoressa Boccassini, né dal colonnello Falorni, né dal capitano Martino, né da privati cittadini, né da parenti linea retta o collaterale, signor presidente! […]

AVV. SAMMARCO Allora vuole spiegare come ha risolto questi suoi problemi? […]

ARIOSTO Sí, dunque, per quanto riguarda via Montenapoleone, come scrive Martino, si è risolto con uno sfratto, perché? Non perché io fossi inadempiente, ma perché l'alto prelato, che Dio l'abbia in gloria, non ha mai voluto riconfermare il contratto di affitto.

PRESIDENTE Quindi per lo sfratto non l'ha risolto, è stata sfrattata?

ARIOSTO Benissimo.

PRESIDENTE Poi, e le altre questioni?

ARIOSTO Ecco, per quanto riguarda le altre questioni una delle società è fallita con un iter normale che ho osservato e l'altra è in appello, perché ho fatto ricorso in appello per quanto riguarda la causa di Lloyd's […].]

AVV. SAMMARCO E invece il rimborso, diciamo il ripianamento dei suoi debiti come è avvenuto?

ARIOSTO No, non sono tutti ripianati, avvocato […]. Ho venduto alcuni mobili, un cassettone e altri oggetti nelle varie case d'asta; poi ho avuto un finanziamento di un…, di un miliardo, poi un altro finanziamento di 500 milioni e poi ho venduto una pianeta al ministero dei Beni Culturali italiani, una pianeta antica, tempestata di coralli, e poi altro che ho scritto, avvocato, io non sono un ragioniere, sa, non posso pensare di ricordare tutto a memoria. Se vuole questo... [...]

«Cosí ho ripianato i miei debiti»

PRESIDENTE Ci vuole dire di quanto è questo suo debito?

ARIOSTO Senta, io devo guardare il documento, non me lo ricordo! Cosa vuole che le dica, avvocato? Sia cortese!

PRESIDENTE Sí, comunque la visione dei documenti...

AVV. SAMMARCO Presidente, i documenti sono assolutamente inattendibili!

PRESIDENTE ...che ha prodotto la teste, mi pare che possa anche guardarli, no?

AVV. SAMMARCO Certo, certo.

ARIOSTO Dov'è? Non so neanche se ce l'ho, mi sono emozionata, confusa!

(*la teste cerca tra la documentazione il suo possesso il documento sopramenzionato*)

ARIOSTO Eccolo qua! Oh, ecco, vede, ho venduto... Dunque, vediamo le vendite: «Vendite dei gioielli personali, 204 milioni; poi, vendita di due inginocchiatoi fasto romano super pubblicati, 300 milioni; poi, vendita Beni Culturali del Lazio, 49 milioni 997; finanziamento Banca Popolare di Bergamo Credito Varesino, '97, 400 milioni», non esisteva precedente di nessuna altra garanzia reale, quindi adesso è in contenzioso [...].

PRESIDENTE Eh, quindi ad oggi, signora Ariosto, quant'è piú o meno la sua esposizione debitoria?

ARIOSTO Eh... Un miliardo e 500 milioni.

PRESIDENTE Un miliardo e 500 milioni. Ed era superiore tempo fa?

ARIOSTO Sí, sí.

AVV. SAMMARCO Oh. Ma quell'incontro poi programmato con la dottoressa Taddei c'è stato o no? Lei lo ricorda?

ARIOSTO Mai incontrata la dottoressa Taddei. Mai! Sí, lo...

AVV. SAMMARCO Non l'ha mai incontrata? [...] Benissimo. Però io ho qui un verbale proprio del 12 settembre...

ARIOSTO Uhm.

AVV. SAMMARCO ...cioè giorno programmato per l'incontro...

ARIOSTO Sí.

AVV. SAMMARCO ...in cui c'è un incontro tra la dottoressa Taddei e la signora Ariosto.

PRESIDENTE Ci dica cos'è, avvocato.

AVV. SAMMARCO «Il giorno 12 del mese di settembre del '95, alle ore 15.00, nei locali della Polizia giudiziaria della Guardia di finanza della Procura della Repubblica di Milano, alla presenza dei P.M. Margherita Taddei e Francesco Greco, assistiti dal capitano Martino del Nucleo Regionale di P.T.», quindi il capitano Martino che era mediatore dell'incontro...

ARIOSTO Eh.

AVV. SAMMARCO ...«è comparsa Ariosto Stefania già generalizzata in atti, la quale dichiara...» [...]. È in contraddizione manifesta. Eh, scusi!

ARIOSTO No, no, contraddizione manifesta la vuole creare lei, la vuole contestare lei!

PRESIDENTE No! No! No!

AVV. SAMMARCO Ah! Presidente, tutto si deve fare...

PRESIDENTE Signora Ariosto, per favore!

ARIOSTO Mi lasci spiegare...

AVV. SAMMARCO ...tacitare questa persona!

PRESIDENTE Per favore! Per favore!

ARIOSTO Io ho detto di non essere mai stata interrogata dalla dottoressa Taddei, mai! Anche in quelle poche volte che ho detto essere stata presente, mai mi ha interrogata!

AVV. SAMMARCO Abbiamo parlato di incontro, interrogatorio non mi sembra di...

PRESIDENTE Vabbè, le questioni tecniche, abbiamo capito che la teste...

AVV. SAMMARCO Apposta, che non le sa, quindi non le dicesse perché...

PRESIDENTE ...non è esperta in terminologie tecniche. Comunque, signora Ariosto, risulta che lei invece il giorno 12, che era quello a cui faceva riferimento Martino, lei è stata addirittura sentita o comunque ha avuto un incontro, è stato compilato un verbale e a questo verbale, a questa assunzione di sommarie informazioni erano presenti il dottor Greco e la dottoressa Taddei.

ARIOSTO Ecco. E cosa dice il verbale, signor presidente?

PRESIDENTE No! No! Non c'entra, era solo per…

ARIOSTO Ah!

PRESIDENTE Lei aveva escluso di aver avuto un incontro con la dottoressa Taddei in quella data, cioè quello a cui si riferiva Martino, sembrerebbe invece che questo incontro c'è stato. Poi che cosa è stato detto, è un verbale. Possiamo chiederle se in quell'occasione ha parlato ai pubblici ministeri, come mi pare di capire che fosse stato consigliato, di questi suoi problemi.

ARIOSTO Mai parlato!

PRESIDENTE Quindi se ha riprodotto ai pubblici ministeri queste considerazioni.

ARIOSTO Mai parlato, signor presidente, mai!

PRESIDENTE Non ha mai parlato?

ARIOSTO Mai!

AVV. SAMMARCO Va beh, prendiamo atto perché i riscontri documentali dicono diversamente.

PRESIDENTE No, perché «i riscontri documentali»?

AVV. SAMMARCO Presidente…

PRESIDENTE Perché per contestare questo che non ha parlato lei dovrebbe dirmi il contenuto di quel verbale, noi non lo conosciamo perché…

AVV. SAMMARCO Adesso ci arriviamo, adesso ci arriviamo. Certo è che tornano tutti, tutto torna alla perfezione.

P.M. No, no, queste sono considerazioni!

PRESIDENTE No, no, no, appunto!

P.M. Che si legga il contenuto del verbale.

AVV. SAMMARCO Scusi, sono considerazioni che devo rassegnare al Tribunale.

PRESIDENTE No! No! No! Senta, se lei poi me lo dice in sede argomentativa è un conto; se lei adesso mi dice che è documentalmente smentita l'affermazione ultima della teste mi deve dare contezza!

AVV. SAMMARCO No, no, io se dico che al momento… […]

PRESIDENTE No! No! No! No, signori, per favore, io ho capito una cosa: che Martino riferisce la sua attività, riferisce di aver detto alla dottoressa Taddei, riferisce che la dottoressa Taddei ha dato questo consiglio; non dice affatto che la signora abbia poi manifestato ai pubblici ministeri nell'incontro del 12, eh! […].

L'affare Sme

Storia di una privatizzazione mai nata
Cronologia del maggio 1985

Nessuno, finora, ha riscostruito l'affare Sme giorno per giorno, consultando i documenti finanziari e le cronache dei giornali dell'epoca, di quel maggio infuocato del 1985. L'effetto che si ottiene è quasi stupefacente, se si ha nelle orecchie la ricostruzione fantasiosa, fiabesca, fumettistica che di questi fatti ha imposto Berlusconi in Tribunale a Milano e poi in tv, a reti unificate. Ecco la vera storia di quel mese cruciale.

30 aprile. In una conferenza stampa congiunta, Prodi e De Benedetti annunciano l'accordo per la cessione del pacchetto Sme-Sidalm dall'Iri alla Buitoni-Perugina, cioè all'Ingegnere che le ha appena acquistate. La trattativa, durata circa un mese, s'è conclusa nelle ultime 48 ore, fra domenica 28 e lunedí 29 aprile. A un capo del tavolo il presidente dell'Iri Romano Prodi e lo stato maggiore dell'Istituto: Antonino Zurzolo (direttore generale), Pietro Rastelli (direttore finanziario), Michele Savarese (capo dell'ufficio legale), Bruno Steve (condirettore centrale per la pianificazione) e il professor Piero Schlesinger (consulente esterno). Dall'altra parte De Benedetti, Cuccia e Luigi Arcuti, rispettivamente per Buitoni, Mediobanca e Imi.

La Sme comprende le società alimentari Alivar (Pavesi e Pai), Cirio, Bertolli, De Rica, Italgel (Surgela e Gelateria del Corso), Sidalm (ex Motta-Alemagna); quelle di distribuzione Gs (Generale supermercati), Autogrill, Sico (discount alimentare), Serio (Burghy), Sirea (ristoranti Ciao), Esco, Crai (ricerche). L'Ingegnere pagherà la sua quota in quattro rate: 150 miliardi a fine giugno '85,

75 miliardi il 31 marzo '86, 75 miliardi il 30 giugno '86 e 197 miliardi a fine dicembre '86.

Sulla rapidità e la riservatezza della trattativa, De Benedetti spiega che «Sme è quotata in borsa e le trattative non possono durare troppo: c'erano già troppo pettegolezzi in giro». Prodi rivela che, per questo, «Darida è stato l'unico tenuto regolarmente aggiornato dell'evolversi della trattativa, e si è sempre mostrato d'accordo». C'erano, aggiunge, altre offerte, «ma prevedevano il passaggio della sola Sme, e non della Sidalm, il che per un intreccio di marchi avrebbe creato problemi estremamente complessi».

L'accordo, previe autorizzazioni del cda Iri, diventerà operativo dal 10 maggio dello stesso anno. L'Iri cederà il suo 64.36% della Sme: 51% a Buitoni e 13.36% a Mediobanca e Imi, associate come garanti alla cordata Buitoni. Il valore dell'azienda è stabilito da due perizie commissionate dall'Iri ai professori dell'università Bocconi Roberto Poli e Luigi Guatri (padre della dottrina valutativa italiana e rettore dell'ateneo milanese), due fra i maggiori esperti di *assets* aziendali. Poli viene interpellato in vista di una possibile fusione di Sme con altre società, mentre Guatri è chiamato a pronunciarsi in vista della cessione di Sme e consegna una perizia firmata anche da quattro colleghi: i professori Landi, Lori, Caramiello e lo stesso Poli. Secondo le due perizie, la Sme vale complessivamente circa 700 miliardi. Il pacchetto Iri, che secondo calcoli aritmetici dovrebbe essere il 64,3% di quella cifra (448 miliardi), viene invece valutato 497 miliardi: 100 saranno a carico di Mediobanca-Imi, 397 a carico di De Benedetti. Gli acquirenti pagheranno dunque 1107 lire per ogni azione Sme, contro una media di 953 lire dei compensi di Borsa registrati dal titolo nell'ultimo semestre e di 801 lire nell'ultimo anno. L'Iri, fra l'altro, risparmierà i 30 miliardi già deliberati per la ricapitalizzazione della Sidalm. «Alla luce delle osservazioni svolte – scrive Guatri al cda Iri in quei giorni – è mia opinione che le condizioni negoziate per la cessione della partecipazione nella Sme posseduta dall'Iri siano largamente comprese nei limiti di convenienza per il cedente [l'Iri] e quindi vadano giudicate in modo nettamente positivo».

Il Giornale di Indro Montanelli (editore Silvio Berlusconi), l'indomani, titola: «Affare Sme, governo soddisfatto. I sindacati invece sono irritati. Positive le valutazioni delle società concorrenti». Nell'articolo di Flavia Podestà si legge: «Ritorna al privato un gruppo che in molti da tempo si chiedevano a che titolo rimanesse nelle Partecipazioni statali». Due giorni dopo *il Giornale* pubblica un editoriale entusiastico di Paolo Mazzanti: «Comincia a soffiare anche sull'Italia il vento delle privatizzazioni. Il fulmineo passaggio delle imprese alimentari dell'Iri a De Benedetti per 497 miliardi è un'operazione che non sfigura di fronte alle analoghe imprese della signora Thatcher... I "decisionismi" di Prodi e De Benedetti hanno fatto il miracolo».

Marco Borsa, commentatore de *Il Sole-24 ore*, scrive: «Se il compratore Carlo De Benedetti ha fatto un buon affare, il venditore Romano Prodi ha fatto però qualcosa di piú che un affare. La cessione della Sme in cambio di alcune centinaia di miliardi è il primo segnale concreto del radicale mutamento di un clima gestionale anche nell'industria pubblica... È vero che il gruppo Sme era appena tornato in modesto utile. Ma è anche vero che insieme alla Sme è stata ceduta la Sidalm, in cronica perdita, cosí come è vero che mantenere un importante settore alimentare avrebbe richiesto grossi investimenti non certo finanziabili con i 15 miliardi di utili '84. Lo Stato non può e non deve fare tutto. Solo per accontentare qualche sindacalista da ufficio studi, convinto che le cessioni obbediscano a spinte ideologiche e non siano invece dettate da stringenti necessità di gruppo».

La notizia suscita subito reazioni molto positive dal fronte politico e imprenditoriale. Il ministro delle Partecipazioni statali Clelio Darida (democristiano vicino a Fanfani) conferma di essere stato costantemente informato della trattativa ed esprime il suo consenso perché essa «si inquadra nella politica volta a dislocare l'impresa pubblica nei settori trainanti dell'innovazione tecnologica, che possono contribuire fortemente al processo di sviluppo del Paese, mettendolo in condizione di affrontare l'effervescente competitività internazionale». Renato Altissimo (Pli), ministro dell'Industria: «Viva soddisfazione per la nascita del grande polo alimentare italiano. Come ministro liberale non posso che compiacermi del fatto che lo Stato affidi ai privati attività non tecnologicamente di punta per dedicare maggiori risorse a nuovi investimenti piú avanzati». Gianni De Michelis, ministro del Lavoro (Psi): «La cessione di Sme e Sidalm a De Benedetti era già stata ipotizzata tre anni fa nel mio Libro bianco, e ora rende piú facile l'ingresso dell'Italia nel mercato agroalimentare internazionale».

Anche Giorgio La Malfa (Pri) elogia Prodi e l'Ingegnere: «Questa operazione, affidata alle capacità manageriali di De Benedetti, può rappresentare un risanamento per le imprese che per anni hanno versato in condizioni precarie. È positivo inoltre che per la prima volta venga privatizzato un settore importante delle Partecipazioni statali. Per questo Prodi merita un elogio». Plaude anche Enrico Manca (Psi): «La privatizzazione della Sme non contrasta in linea di principio con il rilancio dell'impresa pubblica».

Critiche soltanto dai sindacati, dal *manifesto* e da una parte del Pci, tradizionalmente ostili alle privatizzazioni, oltre a temere le inevitabili ristrutturazioni, anche occupazionali, in un gruppo che conta ormai 20 mila dipendenti (decisamente troppi). Favorevoli invece gli altri gruppi alimentari privati. La Barilla, tramite un portavoce ufficiale, fa subito sapere che «l'operazione contribuirà alla razionalizzazione del mercato italiano e permetterà una maggiore penetrazione nei mercati esteri: siamo inoltre in presenza di un ulteriore segnale di ritorno all'industria privata, con tutti i benefici conseguenti, anche se ciò comporterà una riorganizzazione delle strategie aziendali». Anche l'amministratore delegato della Caremoli, Davide Giorgi, ritiene che «la privatizzazione della Sme farà funzionare piú liberamente il mercato». Solo le Coop rosse lamentano di non essere state consultate.

2 maggio. Il Consiglio dei ministri del governo Craxi esprime «la sua adesione di principio alla privatizzazione di taluni settori delle Partecipazioni statali, ma ritiene che l'operazione debba essere attentamente esaminata sotto il profilo della congruità». A questo scopo Craxi, irritato per non essere stato informato se non a cose fatte (ma Prodi, legittimato a fare da sé, aveva informato giorno per giorno il referente istituzionale dell'Iri, cioè il ministro Darida, il quale aveva preferito non parlarne con Craxi perché la notizia non circolasse turbando gli andamenti di Borsa), chiede a Darida una dettagliata e documentata relazione. Il segretario del Pri e ministro della Difesa Giovanni Spadolini elogia invece l'operato di Prodi che «alleggerisce la presenza pubblica nelle aree in cui la mano statale può essere sostituita da quella privata. Il socialista Manca, favorevole tre giorni prima, scrive un corsivo sull'*Avanti*! pieno di dubbi e di distinguo.

3 maggio. Darida spiega a *Repubblica* le ragioni della riservatezza: «Ho informato il presidente e il consiglio dei ministri solo nella seduta dell'altroieri in quanto la vendita non è conclusa. Dev'essere infatti approvata dal Cda dell'Iri e poi ottenere l'autorizzazione ministeriale... Ho dato il mio assenso di massima perché sono convinto che le Partecipazioni statali debbano uscire dai settori non strategici per dedicare i loro sforzi a quelli piú innovativi, come la telematica. Questa del resto non è solo la mia opinione, ma è anche la linea del governo... Non mi sembra del resto né possibile né realistico chiedere la convocazione del Consiglio dei ministri ogniqualvolta si sta trattando la vendita di società, tantopiú se si tratta di società quotate in borsa... Il ministero e il governo hanno finora dato un assenso di massima all'operazione. Quando l'Iri comunicherà i dettagli... daremo il nostro parere definitivo. Non c'è nulla di strano in tutto questo. È una procedura prevista espressamente dalle norme ministeriali...Per ora posso dire che mi sembra un dato importante per l'Iri il fatto che da questa operazione possa incassare 500 miliardi... l'Iri ha migliaia di miliardi di debiti e ha bisogno di fondi per finanziare lo sviluppo di questi settori... La cessione della Sme porta fondi freschi nelle casse dell'istituto».

4 maggio. La Malfa scrive alla *Stampa* per stigmatizzare le riserve di Craxi: «Caro direttore, sembrava, dalle prime reazioni, che la cessione da parte dell'Iri della Sme all'ingegner De Benedetti sarebbe stata accolta favorevolmente da tutti, come a mio avviso merita... La posizione del presidente del Consiglio Craxi mi ha sorpreso, non soltanto perché l'operazione in sé è positiva, ma perché tradisce una concezione pericolosa del rapporto fra il governo ed il sistema delle Partecipazioni statali... È preoccupante l'idea che spetti al Consiglio dei ministri di valutare la congruità di operazioni economiche decise dagli enti di gestione delle Partecipazioni statali... Non spetta al governo valutare la congruità delle operazioni decise dagli enti di gestione e dalle imprese in essi inquadrate. Semmai il governo può esprimere indirizzi generali di comportamento per queste imprese. Ma questi indirizzi generali non possono includere la decisione di vendere o non vendere, a chi vendere, a quale prezzo vendere... Non può essere un controllo preventivo sui singoli atti e sulle singole scelte, né sotto il profilo della congruità, né sotto il profilo dell'opportunità. Dietro le affermazioni (di Craxi)... si cela una concezione impropria del sistema delle imprese a partecipazione statale tendente...

a trasformarle in aziende demaniali sotto la gestione diretta dei ministro e del governo... Una pretesa di ingerenza in decisioni che non spettano al governo». Dello stesso avviso sono due grandi esperti di diritto amministrativo come i professori Fabio Roversi Monaco e Sabino Cassese. Quest'ultimo, il 22 maggio, scriverà sul *Corriere* un duro commento dal titolo: «Per vendere ai privati non servono autorizzazioni»: «Di un'autorizzazione per la vendita della Sme non c'è bisogno... Le circolari ministeriali che dispongono l'autorizzazione [delle autorità politiche] sono illegittime, perché prevedono un potere senza fondamento legislativo». Le responsabilità in questi casi sono esclusivamente «degli organi amministrativi dell'Iri», e averli esautorati o messi sotto tutela governativa e parlamentare è stato un errore gravissimo. «Chi ritiene che la classe politica italiana abbia raggiunto un grado altissimo di corruzione potrebbe anche temere che – per ottenere l'assenso di tanti organismi, dal governo al Parlamento – si cerchi, in futuro, la strada breve delle elargizioni... Ci si può chiedere che ci stiano a fare gli organi amministrativi dell'Iri e come possano tentare il risanamento di un gruppo industriale, se le loro decisioni, dalla Maccarese alla Sme, debbono passare sotto il giogo del governo, dei giudici, dei partiti e del Parlamento».

5 maggio. Craxi annuncia che «la decisione finale spetta al governo. Dobbiamo ragionare come farebbe un buon imprenditore privato: se ciò che viene proposto risulterà un buon affare, lo faremo. Se no, no». Ma il capogruppo del Psi al Senato Fabio Fabbri si dichiara ideologicamente contrario alla privatizzazione della Sme: «L'impresa pubblica non deve uscire del tutto dal settore alimentare». Luigi Lucchini, presidente di Confindustria, è invece di tutt'altro avviso e lo dice all'assemblea annuale di Federalimentare: «Un ritorno allo spirito e alla realtà del privato in settori dove il capitale pubblico era stato spinto da pressioni politiche e dalla cultura dell'assistenza».

6 maggio. Darida annuncia di aver chiesto ai tecnici del suo ministero una perizia sulla «congruità del prezzo» e prevede uno slittamento di 20 giorni dei termini per la ratifica dell'operazione.

7 maggio. Il consiglio di amministrazione dell'Iri, alla presenza dei massimi dirigenti dell'ente (Prodi, Zurzolo, Savarese, Armani e Rastrelli), esamina i termini dell'accordo Prodi-De Benedetti e lo ratifica all'unanimità.

9 maggio. Proprio alla vigilia dell'entrata in vigore del contratto, Craxi incarica Darida di prendere tempo. Darida gira la richiesta a Prodi. Prodi chiede a De Benedetti di acconsentire a una proroga della data di scadenza al 28 maggio, in attesa della delibera del Cipi. Intanto anche la Ferrero commenta ufficialmente l'accordo Iri-Buitoni, tramite Giulio Coppi, direttore per gli affari generali del gruppo di Alba: «L'acquisto della Sme da parte di De Benedetti non ci preoccupa piú di tanto».

10 maggio. Lettera di Craxi a Darida per chiedere spiegazioni sull'affare Sme. Intanto anche Gianni Agnelli, nonostante il recente, traumatico divorzio dall'ex amico Carlo De Benedetti, benedice l'accordo Iri-Buitoni per la Sme in un'intervista a *Panorama*: «Mi chiedo se ha un senso che esista ancora un ministero delle Partecipazioni statali. Mi auguro che ora De Benedetti, con l'acquisto di Perugina e Sme, possa fare concorrenza a grandi gruppi internazionali come Unilever e Nestlè». Elogi anche a Prodi per la privatizzazione e contro la pretesa del governo di valutare la congruità del prezzo pattuito: «Mi pare francamente eccessivo... Una situazione paradossale, assurda. Quando si nominano dei presidenti e si affida loro la gestione di un'impresa, dovrebbe significare che si ha totale fiducia in loro. Se si ritiene che non siano nemmeno in grado di valutare l'azienda in cui operano, allora la situazione è paradossale, assurda».

15 maggio. Darida risponde alle obiezioni e ai quesiti di Craxi con una lettera che dà il via libera all'operazione Iri-Buitoni per la Sme, definendola «congrua» e «pienamente idonea». Il parere ministeriale segue all'esame di tutta la documentazione inviata dall'Iri sull'affare Sme: 300 pagine di dati e particolari tecnici. Il ministro dovrà dunque ratificare con il suo assenso l'accordo Iri-Buitoni entro il 27 maggio, scadenza del contratto Prodi-De Benedetti prorogato il 10 maggio. Intanto Berlusconi – come scriverà Giorgio Bocca su *Repubblica* il 31 maggio e come confermerà De Benedetti nel 2001 al processo Sme– telefona all'Ingegnere per congratularsi: «Carlo, sei davvero bravo. Se posso fare qualcosa per aiutarti con la pubblicità, conta pure su di me». Subito dopo, comincia ad attivarsi con Barilla per mettergli i bastoni fra le ruote.

16 maggio. La commissione Bilancio della Camera si occupa della questione e la maggioranza si spacca. Darida ribadisce che –

scrive *il Giornale* di Montanelli – «la determinazione del prezzo è avvenuta con l'utilizzo dei parametri piú tradizionali e consolidati del mercato mondiale ed a cura di professionisti di fama nazionale». Anche Prodi difende l'operazione, condivisa da tutti i partiti della maggioranza tranne il Psi, che chiede di accertare se non siano interessate all'affare le cooperative rosse. Il fuoco di sbarramento socialista è guidato dai deputati Franco Piro e Maurizio Sacconi. Alla fine il Psi finisce in minoranza: bocciata la sua risoluzione che chiede al governo di sospendere l'operazione. Dc, Pli, Pri si oppongono, il Pci si astiene. La commissione è presieduta dal democristiano andreottiano Paolo Cirino Pomicino, molto favorevole all'operazione: «L'eventuale assenza di concentrazione tra Buitoni e Sme – dichiara – metterebbe ciascuno dei due gruppi in ginocchio rispetto alla concorrenza delle multinazionali», ed è bene che questa concentrazione del polo nazionale alimentare sia in mano privata perché, spiega il *Corriere della sera* illustrando il pensiero di Darida e Pomicino, «una concentrazione pubblica, oltre al mancato introito della cessione Sme, avrebbe comportato l'esborso per l'acquisizione della Buitoni e massicci investimenti finanziari e umani per il risanamento di entrambi i gruppi. Insomma, l'Iri avrebbe dovuto stornare dal suo programma di investimenti 1000-1500 miliardi per i settori da risanare e da sviluppare». Quanto al prezzo pattuito fra Iri e Buitoni, Darida ricorda che «si è fatto riferimento a una prassi consolidata: società di revisione, determinazione patrimoniale netta corretta da quella reddituale. Non sta e me dire se il prezzo è congruo, ma ci sono periti di nota statura professionale che lo garantiscono».

21 maggio. Vertice a Palazzo Chigi fra Craxi, il vicepresidente del Consiglio Arnaldo Forlani e il ministro Darida.

23 maggio. Incontro in mattinata fra De Benedetti e Craxi a Palazzo Chigi. «Il presidente – dice all'uscita l'Ingegnere – mi ha chiarito i quesiti che intende porre su questa operazione. Mi sono dichiarato disponibile a rispondere a questi quesiti». Craxi ha chiesto e ottenuto la garanzia che De Benedetti non venderà la Sme all'estero dopo averla acquistata e che verranno salvaguardati i livelli occupazionali. Prodi, ascoltato dalla commissione bicamerale per le Partecipazioni statali, ribadisce che l'«impegno di non alienazione» della Sme assunto dalla Buitoni. Da casa Dc si fa sapere che, fra le dimissioni di Prodi dall'Iri e quelle di Craxi dal governo, il partito accetterebbe le seconde.

La Stampa, citando fonti Fininvest, rivela che i socialisti, il 15 maggio, hanno chiesto a Berlusconi di partecipare all'asta per la Sme. Ma che il Cavaliere si è subito defilato con una motivazione che, a giudicare dalle sue dichiarazioni di 18 anni dopo, appaiono davvero stupefacenti: la Sme costa troppo. Scrive il giornalista Ugo Bertone: «A Segrate, quartier generale dell'impero televisivo di Berlusconi, la storia è confermata ma, in assenza dell'imprenditore (impegnato in uno dei suoi consueti tour de force romani), si vuole minimizzare la vicenda. Berlusconi si sarebbe limitato a prendere alcuni contatti informali, prima di comunicare la sua decisione: la Sme costa troppo (poco meno di 500 miliardi). "E poi – avrebbe aggiunto Berlusconi – diventando il proprietario della Sme farei un grosso regalo alla Rai". Il rischio infatti sarebbe stato di dirottare la pubblicità dei gruppi alimentari concorrenti alla tv di Stato» (vedi pagina pubblicata anastatica qui a pagina 297). Nello stesso articolo, «uno dei maggiori operatori di Piazza Affari» spiega che alternative a De Benedetti «non ne esistono: ora si cerca di vendere l'immagine della Sme come un gruppo d'oro che De Benedetti comprerebbe a un prezzo vantaggioso. In realtà il risanamento della Sme è appena agli inizi e l'Ingegnere dovrà liberarsi dei pesi cresciuti in tanti anni di gestione politica del gruppo». *Panorama* del 26 maggio conferma le indiscrezioni della Stampa: «Invitato, corteggiato, pregato, s'è fatto avanti il cavaliere del lavoro Silvio Berlusconi. Il re delle tv private, industriale e finanziere, ottimo amico di Craxi, non ha nascosto il suo interessamento, ha preso contatto con i dirigenti della Sme e della Buitoni, ha fatto i suoi conti. E alla fine ha rinunciato: troppo ingente l'impegno finanziario...».

24 maggio. Craxi scrive ai ministri che fanno parte del Cipi (Romita, Goria, Altissimo, Darida, De Michelis, De Vito, Pandolfi e Vizzini), ponendo tre quesiti: se sia opportuno che lo Stato esca dal settore alimentare; se la privatizzazione sia compatibile con gli obiettivi che si sono date le Partecipazioni statali; se davvero l'industria alimentare italiana beneficerà della privatizzazione e se è garantita l'occupazione e la permanenza del gruppo Sme in Italia. Nessun accenno al prezzo pattuito fra Iri e Buitoni e a una sua incongruità.

Lo stesso giorno arriva all'Iri una lettera dell'avvocato Italo Scalera, a nome di misteriosi industriali che non vogliono al momento palesarsi, per concorrere all'acquisto della Sme. L'offerta è il minimo rilancio consentito per essere preso in considerazione: 550 miliardi, il 10 per cento in piú della proposta Buitoni. Scalera dice di parlare a nome di non meglio precisati «imprenditori operanti in diversi settori dell'industria nazionale, fra cui naturalmente il settore alimentare» (particolari che si riveleranno completamente falsi). L'offerta è garantita soltanto per i primi 50 milioni (la differenza con la proposta Buitoni) che verrebbero versati subito a titolo di caparra. Per il resto, senza alcuna garanzia fidejussoria, le altre *tranche*: 150 miliardi entro giugno; 75 entro il 31 marzo '86; 75 miliardi entro giugno '86; gli ultimi 197 miliardi entro dicembre '86. Nessun impegno per l'occupazione, per la non cessione all'estero e per il mantenimento degli attuali stabilimenti.

25 maggio. In concomitanza con l'offerta di disturbo, s'inserisce nell'affare anche il pm romano Luciano Infelisi, il quale chiede il sequestro dei documenti sulla cessione della Sme nell'ambito di un'indagine su un presunto caso di aggiotaggio che risalirebbe al gennaio 1984, su denuncia del Comitato agenti di cambio di Roma. Infelisi irrompe con la Guardia di finanza negli uffici della sede centrale dell'Iri, proprio mentre è in corso l'ufficio di presidenza per valutare la nuova offerta Scalera. Il giudice istruttore, Mario Casavola, ha interrogato nei mesi precedenti il direttore del *Sole-24 Ore* Gianni Locatelli e alcuni giornalisti del quotidiano economico. Da tempo i due magistrati indagano anche sui rapporti fra Nomisma, la società di consulenze fondata da Prodi, e l'Iri.

26 maggio. Solo i socialisti prendono sul serio l'offerta Scalera. «Nel nostro sistema economico – esulta Fabbri – c'è ancora un minimo di pluralismo, esistono ancora forze disposte a contrastare le tendenze egemoniche, a far valere le regole della concorrenza e a non piegare la testa». Quali siano queste forze, però, non si sa perché Scalera continua a non dirlo. Anzi, sparisce lui stesso dalla circolazione. Pomicino invece irride all'offerta-fantasma: «Sembra piú una turbativa che un'offerta vera e propria, dato che non si capisce chi la fa e visto il momento in cui viene fatta. L'unica offerta ritenuta valida dalla Dc rimane quella di De Benedetti. Il governo a questo punto non può rinviare una decisione per troppi giorni già rinviata e il Parlamento non può che limitarsi a una valutazione di carattere generale. Quello che sembra difficilmente accettabile è che, dopo aver avuto tutti gli elementi, il governo non è stato sinora in grado di decidere, lasciando spazio per ogni illazione e sospetto». Secondo *la Repubblica*, Calisto Tanzi della Parmalat, interpellato per far parte della cordata-fantasma, avrebbe saputo che a guidarla c'è Berlusconi. Berlusconi smentisce ufficialmente qualsiasi coinvolgimento (smentita che si rivelerà poi menzognera).

27 maggio. Darida, con un fonogramma, ingiunge all'Iri di esaminare la nuova offerta e di «astenersi dal definire l'operazione» con Buitoni, «in attesa delle deliberazioni del Cipi». Ma poche ore dopo il Cipi (comitato interministeriale per la politica industriale), presieduto dal ministro del Bilancio Pierluigi Romita (Psdi), dà parere favorevole (e unanime) alla cessione di Sme-Sidalm a Buitoni. Un via libera che appare definitivo e che dovrebbe chiudere la partita ratificando il contratto Iri-Buitoni del 29 aprile. Invece Darida, a sorpresa, riapre i giochi. Intanto il presidente degli industriali alimentari, Demetrio Corno, prende le distanze dall'offerta Scalera: «Nessuno di noi è dietro Scalera. Dicono che la cordata sia formata da fornitori della Sme, ma io francamente non so chi siano. In ogni caso non credo che un'azienda possa essere gestita in 'pool'. La presenza di un imprenditore è sempre necessaria».

28 maggio. Anche la commissione Bilancio della Camera, presieduta dal democristiano andreottiano Paolo Cirino Pomicino, approva l'operato dell'Iri e la privatizzazione della Sme concordata con Buitoni. Cade l'ultimo ostacolo istituzionale all'operazione. Ma la stessa sera, poco prima della mezzanotte, proprio allo scadere dell'ultimo termine per la ratifica dell'accordo Iri-Buitoni, si materializza un telex spedito dagli uffici della Ferrero a Pino Torinese e firmato dal faccendiere socialista Pompeo Locatelli, che annuncia ufficialmente una terza offerta: quella del neonato consorzio denominato Industrie Alimentari Riunite, sebbene solo due delle tre che lo compongono abbiano a che fare con l'alimentare: Barilla e Ferrero (le stesse che un mese prima avevano risposto picche a Prodi, alle quali si aggiungeranno presto le cooperative bianche di Conserva Italia). La terza, la Fininvest di Silvio Berlusconi, si occupa di mattone e televisione. Infatti, come vedremo, l'improvviso interesse per i panettoni, le merendine e i pomodori pelati da parte del cavalier Berlusconi desta stupore e ilarità in molti ambienti. Iar offre il minimo rilancio possibile per superare quello di Scalera: il 10 per cento in piú di 550 miliardi, cioè 600 miliardi. L'irreperibile Scalera, a quel punto, fa sapere che si ritira dalla partita.

29 maggio. Riunione nella sede dell'Iri, convocata per la conclusione dell'affare Iri-Buitoni. Il ministro Darida blocca tutto perché, racconterà, «alla convocazione finale all'Iri, mi fu detto da Berlusconi (ma non posso escludere di averne parlato anche con Previti) di soprassedere, perché era stata presentata un'altra offerta». Prodi riapre la trattativa, anche perché – dichiarerà al pool nel 1993 – è subissato da «pressioni da ambienti politici, economici e giudiziari».

Pompeo Locatelli sostiene che le tre imprese del neonato consorzio Iar si sarebbero già fatte avanti prima, se fossero state consultate dall'Iri. La replica dell'Iri è un comunicato pieno di sconcerto: «I gruppi Barilla, Ferrero e Fininvest non avevano mai manifestato prima di oggi il loro interessamento a un eventuale rilievo della Sme. In particolare il gruppo Barilla cui è stato tempestivamente comunicato dall'Iri il proposito di alienare il pacchetto di controllo della Sme, manifestò al presidente dell'Iri, Prodi, il proprio interesse per l'acquisto solo di alcune aziende del gruppo nel caso in cui si fosse proceduto a uno smembramento della finanziaria stessa. Il gruppo Ferrero ha espresso un interesse per una partecipazione limitatamente però alle sole società raggruppate nella Sidalm. Per quanto riguarda la Fininvest, non si è proceduto alla notifica di alcuna trattativa in quanto, per la costituzione di un grande polo alimentare italiano, capace di affrontare la concorrenza straniera, si riteneva che la Fininvest, che notoriamente non vanta alcuna attività nel settore alimentare, non potesse offrire garanzie valide per una politica organica in tale settore».

L'intromissione della politica è talmente evidente che persino la Fiat, col suo amministratore delegato Cesare Romiti, nonostante la consonanza con il governo Craxi alla vigilia del referendum sulla scala mobile, interviene con una pesante censura: «Ciò che sta accadendo per la Sme è quantomeno grottesco: se l'Iri non ha la libertà di trattare la cessione di proprie partecipazioni, nell'ambito di direttive politiche generali, significa che non ha libertà alcuna. L'intervento del governo dev'essere considerato una vera e propria ingerenza. Chi tratterà piú con l'Iri dopo questa esperienza? Si tratta di limitazioni che finiscono per danneggiare tutti. Chi nega la libertà del mercato nega la libertà, punto e basta». Gli stessi concetti si esprimono alla Borsa di Milano («questa è un'asta impropria, dove l'ultimo concorrente è in grado di fare la propria offerta conoscendo i dettagli di quella precedente», insorge Ettore Fumagalli, presidente del Comitato direttivo agenti di cambio di Milano). E persino nella City londinese, come riferisce *Il Sole-24 ore*: «Londra: l'Italia va indietro di 10 anni. La vicenda ha suscitato i commenti negativi degli operatori».

I socialisti ovviamente esultano. Amato, sottosegretario alla presidenza del Consiglio, irrompe alla Camera di buon mattino sventolando il telex firmato da Barilla, Berlusconi e Ferrero: «È una nuova offerta, la dovranno per forza esaminare, e decidere abbastanza rapidamente». Fabbri, anche lui al settimo cielo, è convinto che i giochi siano fatti: «Difficile pensare che un'offerta cosí qualificata possa restare soccombente». Maurizio Sacconi (socialista, futuro sottosegretario al Lavoro del governo Berlusconi), sostiene che questa terza offerta è «piú vantaggiosa» e che «il modo di procedere dell'Iri appare sempre piú nella sua discutibilità». Furibondi invece i democristiani, senza distinzione di correnti. Perplessi gli altri partiti della maggioranza. Gelido Darida, mentre Goria, ministro del Tesoro, continua a ricordare che «il problema industriale non può essere trascurato, e gli aspetti finanziari [l'offerta piú alta] vanno considerati assieme a quelli industriali». E torna a elogiare l'offerta Buitoni, «già valutata con solidi parametri tecnici e garantita da De Benedetti che s'è impegnato a non disperdere le unità produttive». Anche Altissimo invita a giudicare le proposte non solo sul prezzo maggiore o minore, «ma anche dal punto di vista industriale». Il repubblicano Pellicanò invita l'Iri a «tener conto anche dei requisiti di imprenditorialità». Il piú tagliente è Pomicino: «Gli obiettivi di politica industriale fissati dalla nostra commissione Bilancio non prevedono la creazione di un polo televisivo-alimentare, ma piuttosto di garantire la concentrazione intorno a un polo dell'industria agroalimentare che sia capace di competere per dimensioni sui mercati internazionali. La nuova proposta dev'essere dunque valutata non solo sotto il profilo economico, ma, tenendo conto della deliberazione della commissione Bilancio, anche in riferimento agli obiettivi di politica industriale. Il vero rischio che stiamo correndo è questo: il polverone immobilizzerà tutte le iniziative delle Partecipazioni statali». Franco Bassanini ricorda che il decreto Berlusconi – quello imposto da Craxi per salvare le televisioni della Fininvest da provvedimenti dei pretori, contro le trasmissioni in interconnessione su scala nazionale vietate dalla legge, «scade il 6 giugno». Dunque il Cavaliere ha ottimi motivi per dare una mano a Craxi, motivi ben diversi da un'improvvisa vocazione per il ramo alimentare.

Un giornalista molto spiritoso, dalle colonne di *Repubblica*, il 30 maggio, ricalca le stesse argomentazioni di Prodi e si prende gioco di Berlusconi: «L'idea che all'origine della "terza cordata" ci fosse il partito socialista era, piú che diffusa, banale. Era noto il fastidio con cui Craxi aveva appreso dell'operazione Prodi-De Benedetti, noti tutti i passaggi successivi che avevano condotto al congelamento dell'affare. Chi ha condotto la questione... in casa socialista è il responsabile della sezione economica Enrico Manca... Di Berlusconi si era già parlato nei giorni scorsi, ma la sua partecipazione era stata considerata improbabile: che ci fa un impresario di network televisivi, per di piú in liquidità languida?». E a chi obiettava che l'offerta Iar, essendo arrivata ultima, era superiore alla prima, quella dell'Ingegnere, il mordace giornalista cosí rispondeva: «È cosa da molto che i nuovi acquirenti siano notoriamente inclini a smembrare la Sme, un pezzo a Berlusconi e due pezzi agli altri, senza avere obblighi occupazionali, meridionali e di protezione dall'ingresso di società straniere». Quel simpatico giornalista si chiamava Paolo Guzzanti, e ancora si chiama cosí. Oggi però, nella sua nuova veste di vicedirettore del *Giornale* e di senatore forzista, non ha piú voglia di scherzare sul Cavaliere. Anzi, non perde occasione per magnificare il «salvataggio» berlusconiano contro la «svendita della Sme» a De Benedetti. Circostanza della quale, mentre i fatti si verificavano, non mostrava di essersi accorto. Si era invece accorto della regia socialista dell'operazione, con quel nome – Enrico Manca – pieno di significati: il suo nome risultava nelle liste della loggia P2 accanto a quello di Berlusconi. Manca, che ha sempre negato di aver appartenuto alla confraternita di Licio Gelli, ha anche vinto una causa contro Ernesto Galli della Loggia, che aveva ricordato gli elenchi di Castiglion Fibocchi. In quel processo, a dargli ragione, fu il giudice Filippo Verde. Una grande vittoria per il suo difensore e amico: Cesare Previti. E c'è anche un altro iscritto nelle liste P2, il direttore del *Borghese* Mario Tedeschi, esponente missino, che si lancia contro l'Ingegnere con un articolo fra il profetico e il minaccioso: «La cessione della Sme a De Benedetti è ancora ben lungi dal rappresentare un episodio concluso».

Infatti Darida si rimangia il parere favorevole e l'Iri sostiene che il contratto firmato da Prodi con Buitoni il 29 aprile non era «perfetto». L'Ingegnere ribatte che, avendo ricevuto tutte le previste autorizzazioni, è perfetto e dev'essere rispettato. Come riconoscerà la stessa Corte di cassazione il 25 marzo 1986, nella prima sentenza sull'azione civile promossa dalla Buitoni contro l'Iri. E, mentre si apre la lunga battaglia giudiziaria davanti al Tribunale di Roma, si fanno avanti l'Unicoop (cooperative bianche); la Lega delle cooperative «rosse» (che offre 600 miliardi, ma per metà finanziati dalla Banca nazionale del lavoro); e una cordata «napoletana», capeggiata da Giovanni Fimiani, mediatore ortofrutticolo, titolare della Cofima (appena 2 miliardi di capitale). Ma a quel punto la privatizzazione è già saltata. Per tutti. Craxi e i suoi amici hanno avuto partita vinta. La Sme resterà all'Iri per altri dieci anni. Gravando sulle casse dello Stato per centinaia, forse migliaia di miliardi in termini di ristrutturazioni, finanziamenti, ricapitalizzazioni, riduzioni di indebitamento e cosí via. E facendo sfumare il sogno di un polo nazionale alimentare. La Sme verrà venduta solo negli anni '90, perlopiú all'estero. Con la morte di tanti storici marchi tricolori. E con migliaia di licenziamenti in Italia.

Ricapitolando

Cosí andarono le cose in quei giorni convulsi della primavera-estate 1985 e in quelli successivi che ne segnarono l'epilogo. Ma oggi, per stornare l'attenzione generale dagli inquietanti passaggi di denaro Fininvest-Previti-Squillante, Silvio Berlusconi seguita a ripetere di aver «sventato la svendita della Sme» che sarebbe stata architettata da Prodi e De Benedetti, e di avere quindi «fatto risparmiare allo Stato italiano 2000 miliardi, visto che la Sme fu poi rivenduta a 2500 miliardi». Insomma, che non gli spetterebbe soltanto una piena assoluzione, ma addirittura «una medaglia d'oro al valore civile». Fermo restando che il processo milanese non se ne occupa né potrebbe farlo (la competenza sarebbe del Tribunale di Roma, che peraltro ha già prosciolto Prodi e scagionato De Benedetti da ogni sospetto fin dal 1986), va ricordato, a mo' di riepilogo, che la sua versione dell'affare Sme non sta in piedi:

1) Non è vero che l'offerta Buitoni fosse incongrua: tutti gli organismi istituzionali preposti a valutare il prezzo del pacchetto Sme stabilirono che valeva intorno ai 500 miliardi: le perizie di Poli e Guatri (Roberto Poli è lo stesso che Berlusconi nominerà nel 1995 presidente di Publitalia dopo l'arresto di Dell'Utri, e nel 2002 presidente dell'Eni), quella disposta dal ministro Darida, il parere dello stesso Darida e della commissione Bilancio, il voto unanime del Cda dell'Iri e del Cipi. Senza dimenticare che Buitoni s'impegnava a pagare 1.107 lire per ogni azione Sme, a fronte di un valore di borsa che negli ultimi mesi era stato in media di 801 lire. Il premio di maggioranza era dunque del 38.2 per cento, anche se poi Berlusconi dirà addirittura che non era previsto.

2) Non è vero che Prodi abbia fatto tutto da solo: informò costantemente il ministro delle Partecipazioni statali Darida, cioè il suo unico referente istituzionale. Era Darida che avrebbe dovuto, volendo, tenere al corrente il presidente del Consiglio Craxi. È vero che De Benedetti disse poi in un libro intervista di aver rimproverato Prodi per non aver detto niente al premier. Ma quella era una valutazione politica, di opportunità. Il premier, in una trattativa per la cessione di un ramo aziendale dell'Iri, non aveva alcuna voce in capitolo. Le istituzioni che l'avevano furono tutte, a tempo debito, interpellate e consultate. E tutte approvarono l'operato di Prodi.

3) Non è vero che i vertici Iri si spaccarono pro e contro l'offerta Buitoni. E non è vero, come sostengono Berlusconi e l'allora vicepresidente Iri Pietro Armani (allora repubblicano, oggi senatore di An), che i dirigenti Zurzolo, Rastelli, Steve e Savarese scandalizzati per il prezzo troppo basso lasciarono polemicamente la riunione del 28 aprile nella sede di Mediobanca, in cui fu avviata la fase finale della trattativa Prodi-De Benedetti. L'ha scritto lo stesso Zurzolo al *Corriere della sera*, il 13 giugno 2003, smentendo Armani: «Non è vero che abbandonammo la riunione di Milano del 28 aprile 1985 presso Mediobanca. La riunione, iniziata alle ore 9.30, ebbe termine, senza arrivare a una conclusione, intorno alle 20. Solo allora lasciai Milano e rientrai a Roma. Il giorno suc-

cessivo, su sollecitazione di Mediobanca, la riunione venne ripresa, A essa parteciparono il dott. Rastelli e l'avv. Savarese. Considerato che la riunione riguardava una società quotata (la precedente riunione si era appositamente tenuta di domenica) mi recai alla Consob per le dovute informazioni. La Consob dispose nella stessa mattinata la negoziazione per contanti del titolo Sme».

4) Non è vero che il Cda dell'Iri si divise sull'accordo Prodi-De Benedetti. Anzi, ricorda Zurzolo, il 7 maggio provvide alla «approvazione unanime» dell'operazione. Votò a favore anche il vicepresidente Armani, che oggi sembra essersene dimenticato e accusa Prodi: «Pur non avendone i poteri, Prodi voleva cedere la Sme soltanto a De Benedetti» (*Panorama*, 13-2-2003). E ancora: «Prodi accettò un prezzo curiosamente basso per la maggioranza assoluta della finanziaria alimentare: 497 miliardi pagabili in 18 mesi... Io obiettai: hai venduto, hai convocato la conferenza stampa sapendo che non avevi i poteri per farlo. A quel punto Prodi aveva di fatto coartato il Consiglio di amministrazione...» (*Il Giornale*, 30 novembre 1999). Ignazio La Russa, capogruppo di An alla Camera, il 27 gennaio 2003 ha sostenuto a *Porta a porta* che l'allora vicepresidente Armani ha «cercato disperatamente di farsi sentire in questo processo», ma «non è riuscito a raccontare, il vicepresidente dell'Iri, da che cosa nasce questa vicenda, com'è che secondo lui, già allora lo diceva non ora, ci sono i verbali, si stesse svendendo» la Sme. Ci sono i verbali, è vero. Ma dai verbali risulta l'esatto contrario delle parole di Armani e La Russa. Ecco quello del Cda Iri riunito il 7 maggio 1985 per approvare l'accordo Prodi-De Benedetti: «Il prof. Armani dichiara di esprimere voto pienamente favorevole alla operazione per le ragioni illustrate dal prof. Prodi [...]: "Il segnale di privatizzazione che oggi il Consiglio darà, se approverà l'operazione, è certamente imponente ed investe una delle piú grandi operazioni di privatizzazione degli ultimi decenni. Anche sotto il profilo finanziario, l'aspetto positivo della operazione non va sottovalutato, in quanto mentre da un lato l'Iri dovrebbe destinare nel settore alimentare forti investimenti nel futuro, risorse che dovrebbe sottrarre ad altri settori, occorrerà da un altro lato una forte concentrazione di risorse finanziarie per sfruttare appieno tutte le capacità di investimento nel settore delle telecomunicazioni ed in quelli a tecnologia piú avanzata, secondo la vocazione propria dell'Ente Pubblico, lad-

dove il privato non ha né la tendenza né le risorse finanziarie per competere in questo campo"». E sul prezzo di 500 miliardi? «In ordine alla congruità del prezzo di cessione, il prof. Armani dichiara di rimettersi alle valutazioni effettuate dal prof. Poli e dal prof. Guatri, di cui egli apprezza le doti di competenza e serietà, che trovano conferma anche nell'accuratezza delle analisi e delle motivazioni che illustrano i risultati peritali».

5) La proposta Buitoni fu poi superata da quelle venute dopo, quando già si conoscevano i 500 miliardi offerti da De Benedetti. Se i controfferenti avessero offerto di meno, non sarebbero stati presi in considerazione. Ovviamente, dunque, offrirono di piú. Ma quanto? Prima 550 e poi 600 miliardi. L'ordine di grandezza restava analogo. A nessuno, men che meno a Berlusconi, venne in mente di offrire 2500 miliardi, quale oggi lui dice essere il valore reale dell'azienda. Delle due, l'una: o anche lui, nel 1985, tentò una «rapina» e una «spoliazione ai danni dello Stato», offrendo per la Sme poco piú di un quinto del suo valore effettivo, oppure la Sme nel 1985 valeva intorno ai 500 milioni e non ci fu alcun tentativo di «svendita».

6) La delibera dell'Iri e poi quella del Cipi imponevano, come *condicio sine qua non* per la cessione di Sme e Sidalm, che il gruppo restasse in mani italiane: «Assicurare, per un congruo numero di anni, la permanenza delle aziende sotto il controllo italiano». Buitoni si impegnava in quel senso. La Iar pure, «per un periodo di almeno 10 anni», ma nella sua cordata c'erano già aziende controllate da società straniere: Barilla per il 75% faceva capo a un socio olandese e la Ferrero per il 99% a una finanziaria lussemburghese.

7) Le proposte Buitoni e Iar prevedevano entrambe pagamenti dilazionati in quattro rate di pari importo, con cadenza quadrimestrale. Iar ne prevedeva poi una quinta di 100 milioni, che costituiva la differenza rispetto all'originaria offerta Buitoni e che non seguiva piú la scansione quadrimestrale, ma sarebbe arrivata 6 mesi dopo la precedente. Ma la vera differenza fra le due era nelle garanzie sui pagamenti. L'offerta Iar non prevedeva espressamente garanzie, mentre Buitoni si impegnava a fornire all'Iri, per ogni rata, polizze fidejussorie di grandi banche o assicurazioni. Senza contare la manleva concessa all'Iri dai rischi che gli potevano derivare dalle garanzie che aveva rilasciato nell'interesse di Sme e Sidalm.

8) Berlusconi gioca volutamente sulla cifra iperbolica di 2500 miliardi, che è – approssimativamente – il totale delle somme incassate dall'Iri nel 1994-'95, quando finalmente riuscí a privatizzare la Sme. Ma quella cifra non è paragonabile ai 500 miliardi offerti da De Benedetti (né ai 550 offerti da Berlusconi) dieci anni prima. Per diversi motivi:

– Sono trascorsi, appunto, dieci anni, durante i quali l'inflazione ha galoppato. E, soprattutto, il settore alimentare è esploso in tutto il mondo: nello stesso decennio, colossi come Nestlè, Unilever e Coca-Cola aumentano il loro valore da cinque a dieci volte tanto.

– Il valore della Sme è notevolmente cresciuto anche grazie alle massicce iniezioni di migliaia di miliardi da parte dell'Iri, fra investimenti, aumenti di capitale e ristrutturazioni interne.

– Buitoni si sarebbe accollata, con quei 500 miliardi, anche il buco nero della Sidalm, azienda decotta, che invece al momento della privatizzazione nel '94 era già stata scorporata.

– La vendita del 1985 riguardava il pacchetto di maggioranza dell'intero gruppo Sme-Sidalm, mentre nel '94-'95 la Sme fu venduta a pezzettini, a una miriade di diversi offerenti, italiani ma anche stranieri (espressamente vietati dieci anni prima), il che ha consentito ovviamente ricavi superiori.

9) Da uno studio «strettamente riservato» effettuato nell'ottobre 1985 dalla Iar in pieno contenzioso e depositato al processo milanese dall'ingegner Manfredo Manfredi, alto dirigente del gruppo Barilla (lo pubblichiamo a pagina 308), risulta un dato clamoroso: le stime indipendenti effettuate dagli esperti dei gruppi Barilla e Ferrero consideravano addirittura eccessiva la valutazione di 500 miliardi del pacchetto azionario Sme in vendita compiuta dai periti della Bocconi per conto dell'Iri e accettata da De Benedetti. Gli esperti della Barilla avevano stimato in 765 miliardi il valore complessivo del gruppo Sme (100 per cento delle azioni). Quelli della Ferrero 735 miliardi. Piena concordanza con i periti Iri, invece, per la valutazione della Sidalm: valutazione negativa di 5 miliardi. Dunque il pacchetto Iri da rilevare (64,3%) valeva secondo Barilla 492 miliardi e, secondo Ferrero, 472.6 miliardi. Dai quali occorreva poi detrarre 5 miliardi «negativi» attribuiti alla Sidalm dalle perizie Iri. Quelle perizie che oggi Berlusconi considera carta straccia, ma che allora la Iar pren-

deva molto sul serio, ammettendo che erano l'unico punto di riferimento attendibile: l'offerta Iar – si legge nel documento riservato – «è stata formulata esclusivamente sui dati pubblicamente disponibili, mancando di qualsiasi informazione proveniente dalla Sme-Sidalm». In pratica, secondo questi calcoli, l'Iri avrebbe imposto a Buitoni di pagare fra i 10 e i 30 miliardi in piú del valore reale. Ecco perché la controfferta Iar non si allontanò da quell'ordine di grandezza, avendo cura soltanto di aggiungere un rilancio minimo del 10 per cento rispetto all'ultima conosciuta, cioè la proposta Scalera (Berlusconi), che analogamente aveva aggiunto il 10 per cento a quella di Buitoni. Ed ecco perché, prima del diktat di Craxi, il Cavaliere aveva fatto sapere di non essere interessato all'affare Sme, con la motivazione che «è troppo caro». Salvo poi dire l'esatto contrario 18 anni dopo, sostenendo che quello di 500 miliardi era un prezzo di svendita. Una spoliazione. Una rapina.

10. Al dibattimento Sme, il consulente della difesa Berlusconi, professor Paolo Iovenitti (anche lui della Bocconi), ha sostenuto addirittura che la prima perizia, quella del professor Roberto Poli, sovrastimò il valore del pacchetto Sme, attribuendo a Sme e Sidalm un valore eccessivo rispetto a quello reale. Cioè, in pratica, i 497 miliardi chiesti dall'Iri alla Buitoni erano troppi (come peraltro riteneva all'epoca la Fininvest: vedi articolo de *La Stampa*, che riproduciamo qui a fianco). Dice infatti Iovenitti al processo che Poli aveva utilizzato stime di reddito prospettico troppo ottimistiche, «risultanze di [...] altre perizie che erano state elaborate per terze finalità, [...] diverse anche dalla fusione e dalla cessione. [...] Si trattava dell'applicazione della legge di rivalutazione a fini fiscali e della commisurazione dei valori assicurativi per calcolare i premi in caso di incidenti su cespiti sociali, i valori a nuovo: mentre quelli, i valori dei cespiti inseriti in azienda, evidentemente non sono a nuovo perché il cespite usato in un'azienda sconta il suo uso, sconta la sua obsolescenza». Il consulente di Berlusconi conclude che questi «valori», ottimistici oppure «a nuovo», erano «gli unici che (Poli) aveva, e li ha utilizzati». D'altra parte, ricorda, la sovrastima era stata rilevata subito dall'altro perito, Luigi Guatri.

«La Sme è troppo cara»

14 **LA STAMPA**

Il re delle tv private rifiutò l'affare: «Troppo caro per me»

La Sme fu offerta a Berlusconi

MILANO — L'affare è interessante, ma non fa per me. Così mercoledì 15 maggio Silvio Berlusconi ha declinato l'invito a scendere in competizione con Carlo De Benedetti per l'acquisto del pacchetto di maggioranza della Sme. Erano stati i socialisti a pensare al re delle tv private come possibile antagonista in grado di contrastare la marcia di De Benedetti.

A Segrate, quartier generale dell'impero televisivo di Berlusconi, la storia è confermata ma, in assenza dell'imprenditore (impegnato in uno dei suoi consueti tour de force romani), si vuol minimizzare la vicenda. Berlusconi si sarebbe limitato a prendere alcuni contatti informali prima di comunicare la sua decisione: la Sme costa troppo (poco meno di 500 miliardi). «E poi — avrebbe aggiunto Berlusconi — *diventando il proprietario della Sme farei un grosso regalo alla Rai*». Il rischio, infatti, sarebbe stato di dirottare la pubblicità dei gruppi alimentari concorrenti alla tv di Stato.

Svanita l'ipotesi di Berlusconi non risulta che da parte socialista sia proseguita la ricerca di un'alternativa alla ipotesi De Benedetti «*anche perché* — spiega uno dei maggiori operatori di piazza Affari — *vere alternative non esistono. Ora si cerca di vendere l'immagine della Sme come un gruppo d'oro che De Benedetti comprerebbe a un prezzo vantaggioso. In realtà il risanamento della Sme è appena agli inizi e l'ingegnere dovrà liberarsi dei pesi cresciuti in tanti anni di gestione politica del gruppo e che Rasero non ha certo potuto estirpare in breve tempo. Al di là del fatto finanziario insomma conta la scommessa imprenditoriale del presidente dell'Olivetti e non è possibile contrastare questa realtà economica con la formazione di una cordata finanziaria, soprattutto dopo che larga parte del mondo imprenditoriale privato (Callisto Tanzi della Parmalat in testa) si è detta a favore dell'operazione De Benedetti*».

E' difficile, affermano in Borsa, anche che possano essere rivisti i termini economici dell'affare siglato tra Prodi e la Buitoni. L'accordo, infatti, prevede un prezzo di 1107 lire per azione, non lontano (se si tiene conto delle dilazioni di pagamento) dalle 953 lire che rappresentano la media dei compensi di Borsa fatti segnare dal titolo della finanziaria nell'ultimo semestre. Al contrario, la mancata conclusione della trattativa potrebbe far correre all'Iri il rischio di pagare una penale (si dice abbastanza salata) per inadempienza contrattuale.

Ugo Bertone

Ariticolo pubblicato dalla Stampa, *il 23 maggio 1985.*

(Strettamente riservato)

10/5

590803

INDUSTRIE ALIMENTARI RIUNITE S.P.A.

Acquisizione S.M.E.- Sidalm

Introduzione al processo decisionale per

l'acquisizione della S.M.E. - Sidalm

Valutazione delle società facenti parte del gruppo SME

	Stima Barilla		Stima Ferrero
	Valore Lire per azione	Valore comples.	Valore complessivo
ALIVAR (1)	8.006	221.000	da 182.000 a 210.000
CIRIO (4)	766	53.000	da 29.000 a 33.000
ITALGEL	32.200	100.000	da 104.000 a 120.000
S.G.S. (2)	15.000	270.000	da 253.000 a 292.000
AUTOGRILL40% (3)	19.048	80.000	da 76.000 a 88.000
IMM. ATENA	5.857	41.000	41.000
Totale Gruppo		765.000	685.000 ÷ 784.000
			Media = 735.000

(1) controlla il 60% della soc. Autogrill

(2) controlla il 100% della SICO (Discount Alimentare) fatturato 132 ML; utile netto 750 Ml: e il 100% della SERTO (Burghy)

(3) controlla il 100% della SIREA (Ristoranti CIAO).

(4) attribuito a Cirio il valore del Patrimonio Netto rettificato in quanto la società è stata risanata nel 1985

Studio «strettamente riservato» effettuato nell'ottobre 1985 dalla Iar

«Berlusconi mi fece i complimenti per l'acquisto Sme»
Testimonianza di Carlo De Benedetti

Il 25 giugno 2001 viene chiamato a testimoniare Carlo De Benedetti, parte civile.

P.M. Ingegnere, può riferire nel dettaglio quali sono state tutte le circostanze che poi hanno portato all'accordo tra il gruppo De Benedetti e l'Iri per la privatizzazione della Sme? Tutto quello che è accaduto prima che si arrivasse poi all'atto finale.

DE BENEDETTI Ma senz'altro. Nel 1984 avevo... era maturata in me la convinzione che l'industria alimentare avrebbe... sarebbe stata uno degli elementi trainanti in termine di creazione di valore negli anni a seguire. Avevo peraltro constatato che la piú parte dell'industria alimentare italiana era stata era stata ceduta in quegli anni ad aziende multinazionali estere dalla Galbani, alla Kraft, alla Simmenthal, tanto solo per nominare qualche nome. E proprio prima che la Buitoni venisse ceduta al gruppo francese Danone, avvicinai Bruno Buitoni che allora era presidente della Buitoni, proprio in extremis, direi, poche ore prima che lui firmasse la cessione alla Danone e acquisii tramite la Cir [la finanziaria del gruppo De Benedetti] il controllo della Buitoni. La Buitoni era un'azienda... Buitoni-Perugina si chiamava, che era attiva nell'ambito della pasta e del cioccolato, è un'azienda con circa mille miliardi di fatturato all'epoca e con circa cinque... quattromila dipendenti. Mi resi conto abbastanza rapidamente che non si poteva pensare di costruire un polo alimentare basandosi esclusivamente su quella attività e quindi mi guardai in giro su che cosa poteva essere... quale poteva essere un'acquisizione che ci avesse consentito di fare un salto di qualità in termini sia di gamma di prodotti sia dimensionale. La cosa che appariva evidente è che la Sme, che allora aveva circa 20 mila dipendenti e faceva circa 3 mila miliardi di fatturato, era chiaramente uno degli attori potenziali dell'industria alimentare italiana. Dico potenziali perché l'azienda andava male, era... c'era tutta una polemica che seguiva da anni sui panettoni di Stato, sul fatto del perché lo Stato dovesse occuparsi di alimentari però non c'era nessun compratore per la Sme. C'erano dei compratori, risultava, per pezzi della Sme, che era di fatto un assemblaggio che era nato nel tempo dall'accollarsi da parte delle Partecipazioni statali di partecipazioni in aziende in stato fallimentare tipo appunto l'Alemagna, la Motta e altre. Mi consigliai con il dottor Cuccia su come approcciare un eventuale interesse nei confronti della Sme. Lo feci per due ragioni. La prima: perché per la posizione evidente di Mediobanca nel contesto delle banche d'affari italiane specialmente all'epoca. Secondo: perché Mediobanca era un azionista di minoranza della Sme. Il dottor Cuccia mi disse che gli sembrava un'idea un po' audace, ma che comunque secondo lui era percorribile visto che l'Iri non vedeva l'ora di vendere questa azienda e mi consigliò però di associarci nella eventuale trattativa all'Imi nella persona del suo presidente dell'epoca, dottor Arcuti, e questo perché l'Imi stessa era a sua volta azionista della Sme. Per questo motivo su consiglio di Cuccia andammo Cuccia, Arcuti ed io da Prodi in sede Iri e precisamente il 17 aprile dell'85. In quell'occasione facemmo presente, anzi fu Cuccia a parlare, facemmo presente una proposta a Prodi e cioè quella di acquisire – l'Iri controllava il 65% della Sme – di acquisire il 40% lasciando all'Iri il 25%. Prodi respinse la proposta dicendo che lui o vendeva tutta la partecipazione o non era interessato, cosí come non era stato interessato in passato a vendere pezzi dell'azienda [...]. A seguito di questa prima riunione che, ripeto, finí con un nulla di fatto nel senso che il professor Prodi rispose che non era interessato a questa proposta. Cuccia si riservò di ritornare sull'argomento, cosa che fece convocando una riunione in Mediobanca una domenica mattina, ricordo alle 9 del mattino mi pare che fosse... il... 28 aprile. Alla riunione partecipavano da parte di Mediobanca Cuccia, Salteri e Maranghi; da parte dell'Iri partecipavano Prodi, il direttore finanziario Rastelli, il capo dell'ufficio legale, avvocato Savarese, il direttore generale dottor Zurzolo e il capo del controllo di gestione dottor Steve. Quindi c'era tutta la prima linea dell'Iri. Da parte dell'Imi c'era il dottor Arcuti e il dottor Saraceni che era direttore generale. Da parte mia c'ero oltre io, la dottoressa Segre e il dottor Arnaldo Borghesi. La riunione durò dalle 9 del mattino alle 9 di sera con un nulla di fatto nel senso che non ci accordammo sulle condizioni. Ci lasciammo, a mio parere, in modo che era quasi definitivo o sembrava tale. Poi mi cercò tardi nella serata il dottor Maranghi per dirmi: «Guardi ho riparlato con il professor Prodi, riconvochiamo la riunione per il giorno dopo alle 4, venga vedrà che si riuscirà a trovare una soluzione». Infatti ci ritrovammo nella stessa formazione il giorno dopo, che era il 29 alle 4 del pomeriggio. Si era aggiunta una persona da parte dell'Iri che era il professor Schlesinger.

PRESIDENTE Sí.

DE BENEDETTI La riunione andò avanti dalle 4 fino, credo, verso le 9 di sera e si arrivò alla stesura in sede Mediobanca di un accordo che credo che sia agli atti per cui è inutile che lo ricordi.

PRESIDENTE Sí.

DE BENEDETTI L'accordo prevedeva sostanzialmente l'acquisizione da parte della Buitoni del 64% del capitale della Sme, una parte acquisito direttamente dalla Buitoni, una parte, circa il 14%, acquisito dall'Imi e da Mediobanca. Il giorno successivo venne tenuta una conferenza stampa in via Veneto nella sede dell'Iri in cui il professor Prodi ed io congiuntamente annunciammo l'avvenuto accordo. L'accordo fu accolto molto positivamente dal mondo politico, in un primo momento, dalla stampa, dagli imprenditori compreso dai concorrenti che dichiararono che era un buon accordo. Di questo se lei desidera ho della documentazione di stampa dell'epoca. L'accordo era tanto definitivo che pochi giorni dopo, adesso non ricordo che giorno, ma all'inizio di maggio feci una visita alla sede della Sme a Milano per incontrarmi con, oltre al dottor Rasero che era l'amministratore delegato, con la prima linea di management della Sme per incominciare a ragionare su come... per presentarmi da un lato e incominciare a ragionare su quali sarebbero state le prima azioni da condurre per unire la Buitoni-Perugina con la

Sme e come impostare una strategia comune. Alla riunione parteciparono diversi dirigenti, se vuole le posso citare poi i nomi degli stessi. Dicevo che il primo maggio ci fu, se si prendono i giornali dell'epoca un consenso di carattere generale compreso il ministro De Michelis, il ministro Altissimo che allora era ministro dell'Industria e i vari politici. Furono critiche sostanzialmente, le prime critiche furono esposte dal partito comunista e dai sindacati per delle ragioni, questi ultimi, abbastanza ovvie, cioè la Sme aveva ventimila dipendenti ed era notoriamente in eccedenza di personale per cui capivano che nel momento che l'azienda fosse passata a una gestione privata certamente ci sarebbe stata una ristrutturazione e quindi uno dei provvedimenti che avrebbero riguardato il personale. L'8 maggio, scusi, il 7 maggio cosí come previsto dall'accordo il consiglio di amministrazione dell'Iri all'unanimità approvò l'operato del presidente e ratificò il contratto fatto e il Consiglio dei ministri dell'8 maggio aderí, uscí con una dichiarazione in cui aderiva alla privatizzazione salvo verificare la congruità del prezzo. I giornali di quell'epoca, intendo dire del 2 e 3 maggio, intitolarono: «Via libera alla vendita». Il 9 maggio Prodi mi scrisse una lettera chiedendo di spostare dal 10 al 28 maggio l'esecuzione del contratto. La ragione di questa richiesta, cosí come nella motivazione datami per iscritto da Prodi era che occorreva che ci fosse una delibera del Cipi che esaminasse, diciamo, che desse via libera all'operazione. Io risposi a Prodi che ero d'acco... per iscritto che ero d'accordo a questa proroga. Sui giornali dell'epoca si constata come dal 4 al 7 maggio incominciano ad apparire delle perplessità da parte del Partito socialista italiano, in particolare da parte di Craxi [...]. Il problema era di tipo nettamente politico, che con la scusa della congruità che poi non si capisce come un Consiglio dei ministri sia portato a decidere o a non decidere sulla base di che strumenti la congruità o meno di un prezzo, comunque diciamo questa era la scusa e Craxi manifestò in maniera crescente la propria perplessità, per usare un *understatement*, sull'operazione. E quindi, diciamo, in quel periodo che va, diciamo, nella prima decade di maggio ci fu prima una grande generale approvazione dell'operazione anche da parte di industriali del settore, e anche da parte di persone che non erano particolarmente inclini a darmi ragione tipo Romiti o Agnelli, e anche di questo ho documentazione giornalistica, ma chiaramente c'era un'atmosfera che indicava che stava montando il dissidio su questa operazione da parte di Craxi tanto che De Michelis cambiò la sua originaria, diciamo, affermazione che si trattava di una operazione molto positiva incominciando anche lui a sollevare delle perplessità. Ricevetti una telefonata il 10 di maggio a casa mia a Roma [...]. Una telefonata nella quale mi si diceva...

P.M. Da parte di chi ingegnere la telefonata?

DE BENEDETTI Anonima.

P.M. Ah, anonima, ecco.

DE BENEDETTI Una telefonata anonima di una persona che si rifiutava di qualificarsi dicendomi: «Guardi, questa operazione passa solo attraverso un accordo con il partito socialista, se lei è interessato a condurre in porto questa operazione io sono la persona adatta, sono disposto a dare le mie generalità, insomma, a metterci in contatto». Io considerai la cosa...

P.M. Questo ha detto il 10 maggio?

DE BENEDETTI [...] Il 10 maggio, di questo sono sicuro perché me lo ricordo ma l'ho anche letto. La telefonata si troncò, feci presente la cosa l'11 maggio all'avvocato Ripa di Meana che era, oltre che vicepresidente della Buitoni, anche un mio amico, diciamo. Va beh, direi che da questo punto in avanti il discorso non può che seguirsi, se vuole, con delle date, se vuole con delle circostanze.

P.M. Scusi, ingegnere, questo fatto della telefonata anonima lei in qualche modo l'ha esternata pubblicamente?

DE BENEDETTI No, io l'ho esternato esclusivamente all'avvocato...

P.M. L'avvocato Ripa di Meana.

DE BENEDETTI ...e poi ad altre due persone che erano a cena a casa mia l'11 maggio e che una era il dottor Fabiani e l'altra il dottor Mancinelli, con le rispettive mogli. Io esternai pubblicamente in una assemblea della Buitoni, ma anche questo in tempi successivi quando mi venne chiesto perché a mio parere la cosa non era andata in porto, dissi perché secondo me non abbiamo seguito le strade che ci erano state consigliate di seguire e che apparivano all'epoca le piú idonee. Nella... in una epoca immediatamente successiva, cioè intorno alla metà di maggio, il ministro Darida, allora ministro delle Partecipazioni statali, espresse pubblicamente e ufficialmente la propria convinzione sulla congruità del prezzo ed era l'unica persona, essendo ministro delle Partecipazioni statali che poteva esprimere questo giudizio [...]. Ci fu un interessante articolo sulla *Stampa* di Torino il 23 maggio in cui risultò che la Sme era stata offerta il 15 maggio a Berlusconi. In quell'occasione Berlusconi rispose che non era interessato, cosí riporta *La Stampa*, per due ragioni: il primo perché il prezzo era troppo alto, il secondo perché avrebbe fatto un regalo troppo grande alla Rai se avesse, se fosse entrato come attore diretto nell'industria alimentare che rappresentava uno dei principali contribu... cioè inserzionisti pubblicitari delle catene televisive di Berlusconi per cui evidentemente nel momento in cui lui si fosse posto in concorrenza con i suoi stessi clienti evidentemente questi si sarebbero spostati a fare pubblicità sulla Rai [...]. Il 23 di maggio incontrai a Palazzo Chigi Craxi, questo a seguito di un incontro che avevo avuto precedentemente con il sottosegretario Amato, sempre a Palazzo Chigi che allora era segretario alla presidenza del Consiglio, sottosegretario alla presidenza del Consiglio, insieme all'avvocato Ripa di Meana in cui cercai di capire da Amato per quale ragione c'era questa opposizione da parte di Craxi. Amato fu abbastanza vago, mi disse: «Ma, guardi, della cosa è meglio che lei ne parli direttamente col presidente, le farò avere un incontro col presidente», cosa che avvenne il 23 maggio a Palazzo Chigi e Craxi sostanzialmente mi chiese delle garanzie sulla italianità dell'impresa, cioè che l'impresa sarebbe rimasta in Italia, che non avrei venduta allo... insomma cose diciamo di carattere assolutamente generale e generico. Il 24 di maggio arriva il telegramma di Scalera a Prodi. Un telegramma che viene definito nei giornali del 25 maggio unanimemente come la cordata fantasma in cui l'unica cosa che veniva precisata è che il prezzo che Scalera offriva era di 550 miliardi e cioè il 10% in piú di quanto fosse stato il contratto che noi avevamo firmato e con un'unica piccola differenza: che non si sapeva chi era il compratore, perché Scalera si rifiutava di dirlo. Secondo: che l'unica parte garantita di questi 550 miliardi erano 50 miliardi, il resto non era assistito da nessuna garanzia. Il 27 maggio ci fu una riunione del Cipi che deliberò che la vendita poteva aver luogo. Sempre il 27 maggio, in considerazione di questo telegramma di Scalera, il ministro Darida chiede a Prodi di verificare la offerta Scalera, cioè se esisteva un'offerta o meno. E... sempre il 27 maggio, sempre sulla *Stampa* di Torino appare un articolo con scritto: «I socialisti favorevoli a Scalera». Il 28 maggio la commissione Bilancio della Camera, presieduta dall'onorevole Pomicino approva l'operazione. Il 28 maggio, sempre nello stesso anno, Prodi convoca Scalera il quale però non si presenta alla convocazione di Prodi. E la sera o nella giornata del 28 maggio Prodi mi chiede se potevamo prolungare di 13 ore la scadenza che era stata fissata proprio per quel 28 di maggio e io, non capendo devo dire francamente la ragione ma spiegandomi lui che era perché doveva rincorrere questo Scalera che non si presentava, accondiscesi, devo dire con grande ingenuità a posteriori, a spostare questa... questa data alle ore 13 del giorno 29. Il 29 mattina alle 8,00 Prodi mi informa che è arrivata un'altra offerta organizzata dal dottor Pompeo Locatelli per conto in quel momento di... in un primo momento neanche sapendo di chi, poi immediatamente dopo dicendo che era per conto della Ferrero, di Barilla e di Berlusconi. Io rimasi molto sorpreso anche perché, tra le varie telefonate che avevo ricevuto, a parte quella di Berlusconi che appena annunciato l'accordo si era complimentato con me, ma questo faceva anche parte di una ovvia, diciamo...

PRESIDENTE Questo a titolo personale o lei riferisce sempre articoli di stampa?

DE BENEDETTI No, no, questo lo dico, non articoli di stampa, no, no.

PRESIDENTE Si era complimentato a voce?

DE BENEDETTI Mi telefonò Berlusconi personalmente e mi disse: «Guarda, sono molto contento. Hai fatto un'ottima operazione. Naturalmente conto su di te per quanto riguarda la pubblicità» e... «Senz'altro...». Una telefonata cortese e amichevole e cosí come la ricevetti da Pietro Barilla e da... da Franzo Grande Stevens che allora era presidente della Ferrero, il quale mi disse «bravo». Insomma quelle cose, scusi, cosí generiche [...]. Il 30 maggio si presenta [...] Amato in Parlamento sbandierando il telegramma in cui, un telex, annunciando la nuova cordata. Perfino il dottor Romiti, che non è mai stato persona particolarmente amichevole nei miei confronti, ha definito in una intervista dell'epoca: «Trattasi di un caso grottesco». E con questo direi che la parte che riguarda la domanda che lei mi ha rivolto io credo di averla svolta.

P.M. Senta, poi lei decide oppure i suoi legali, di iniziare una controversia giudiziaria?

DE BENEDETTI Beh, era... sí, senz'altro. Noi diciamo abbiamo fatto una prima controversia giudiziaria... Forse vorrei aggiungere ancora una cosa se mi permette, presidente.

PRESIDENTE Prego.

DE BENEDETTI A supporto della validità dell'offerta il presidente Prodi chiese una perizia al professor Poli prima del consiglio del 7 maggio dell'Iri in cui l'Iri poi approvò, perché Prodi voleva essere assistito comunque da una perizia che fu fatta da Poli in cui... e poi da un parere del professor Guatri che fu fornito al presidente Prodi, il quale Guatri esprimeva la convenienza da parte dell'Iri della cessione al prezzo concordato. Queste sono tutte cose che sono agli atti, come lei certamente sa. Aggiungo poi che in epoca molto successiva quando noi ormai eravamo per cause con l'Iri, nel dicembre dell'85 un collegio peritale costituito dallo stesso Guatri, Poli, Landi, Caramiello e un certo Lori valutò la Sme a 765 miliardi, cioè a un prezzo inferio... leggermente inferiore a quello a cui lo avevamo valutata noi. Questo nel dicembre dell'85. Per quanto riguarda la sua domanda, dottoressa, noi abbiamo fatto un giudizio... Abbiamo prima chiesto, in giugno, un sequestro giudiziario che fu respinto...

P.M. Richiesto all'autorità giudiziaria romana, ingegnere?

DE BENEDETTI Sí. All'autorità giudiziaria romana, fu respinto il 25 di giugno e mi ricordo, mi sono scritto che il giudice si chiamava Izzo.

PRESIDENTE Sí.

DE BENEDETTI Poi il 18 luglio la Buitoni convenne in giudizio l'Iri perché proseguisse, cioè, desse corso all'accordo e... la cosa si svolse alla prima sezione del Tribunale civile di Roma, presidente Verde e giudici Zucchini e mi pare Carmenini...

PRESIDENTE Sí.

DE BENEDETTI ...i quali emisero una sentenza il 25 giugno dell'86 che rigettava la nostra richiesta... motivandola che non si trattava di un contratto...

P.M. Questi elementi li diamo per acquisiti.

PRESIDENTE Conosciamo tutto [...].

P.M. Senta ingegnere, lei poc'anzi ha parlato di un'assemblea nel corso della quale lei fece cenno alla telefonata che lei ebbe a ricevere nell'85. Nel corso di questa fece cenno alla...

DE BENEDETTI Mah, non ricordo, devo dire sinceramente [...] Feci cenno certamente al fatto che sotto... a domanda di un'azionista, dice: «Ma scusi secondo lei perché non si è concluso questo?», io dissi: «Ma secondo me perché non abbiamo fatto quello che dovevamo fare», una cosa di questo genere.

P.M. Fece riferimento a termini di interferenze politiche e quant'altro?

DE BENEDETTI Sicuramente feci riferimento a interferenze politiche, a turbativa, parola tra l'altro «turbativa» che fu usata anche da Pomicino all'epoca, il quale sosteneva che non si trattava di un'offerta concorrente ma di una vera e propria turbativa parlando dell'offerta di Scalera. Quindi questo senz'altro lo confermo.

P.M. Senta lei quindi all'epoca, nell'85, sapeva chi erano gli imprenditori che erano dietro il professore Scalera?

DE BENEDETTI Assolutamente no.

P.M. Neanche immaginava?

DE BENEDETTI Ma secondo me non c'era nessuno per cui non potevo immaginarlo, ecco.

P.M. Ha saputo dopo chi era dietro a Scalera?

DE BENEDETTI Mah, veramente l'ho saputo poi ultimamente, diciamo [...]. In tempi recenti perché all'epoca Scalera era chiaramente un fantasma, cioè un'offerta fantasma che era stata preparata per, su richiesta chiaramente di chi poi? Di Craxi secondo me ma non ho prove per dirlo. Ma certamente posso dedurre da chi stava preparando l'offerta, cioè da Locatelli, tanto è vero che la cosa si svolse proprio in quei giorni per dare tempo attraverso anche sedute che, secondo i racconti della stampa furono anche notturni, tenuti a Broni tra Barilla, Ferrero e lo stesso Berlusconi, in cui sostanzialmente cercavano di mettere insieme un'offerta per contrastare la mia. Perché l'unico scopo poi di questi signori era di contrastare la mia offerta, non di prendere l'azienda tanto è vero che non fecero mai nessun tentativo poi di prenderla.

P.M. Senta, torniamo un attimo alla seconda richiesta di Romano Prodi, cioè la dilazione di altre 13 ore. Può precisare meglio come giustificò Prodi questa nuova dilazione di ben 13 ore?

DE BENEDETTI Mah, guardi il discorso è semplice e cioè l'offerta Scalera era stata fatta il 27. Il 28 lui l'ha convocato, questo non è venuto; Darida gli faceva una pressione per dire: «Va beh, non è venuto oggi, dagli tempo fino a domani a mezzogiorno». Cioè, diciamo, era una roba evidente che Scalera era una bufala, questo era chiaro a tutti, però...

P.M. Ma lei era tranquillo, quindi ha accolto questa...

DE BENEDETTI Quindi io in un'ottica di questo il presidente dell'Iri mi dice: «Guarda, fammi la cortesia, dammi ancora sino all'una di domani, non cambia nulla, tanto questo comunque non c'è, non verrà». E io gli ho detto: «Va bene, facciamo anche queste ultime 13 ore».

P.M. Senta, ingegnere, lei ha mai saputo da Romano Prodi nel periodo precedente quando lei ha preso contatti con l'Iri, se Prodi aveva fatto una richiesta ad altri imprenditori del settore perché era sua intenzione come presidente dell'Iri di privatizzare la Sme?

DE BENEDETTI Assolutamente sí. Cioè Prodi lo disse anche pubblicamente ma in moltissime occasioni, cioè non ho... adesso non ho...

P.M. E che cosa disse in particolare?

DE BENEDETTI Mah, in particolare disse che l'Iri aveva come obiettivo di uscire dall'industria alimentare e che lui aveva contattato vari imprenditori ma che nessuno era stato disponibile.

P.M. Fece anche i nomi degli imprenditori? Le fece nomi, ingegnere?

DE BENEDETTI Sí. Sí, lo fece nella riunione, nella prima riunione che avemmo con Cuccia ed Arcuti in cui lui disse: «Noi, io ho già avuto espressioni di interesse per pezzi di azienda per esempio da Barilla che era interessato a una parte relativa ai biscotti [...] e da Ferrero che era interessato a una parte merendine». Ma ebbe un esplicito rifiuto da qualsiasi di questi imprenditori, rifiuto che poi essi confermarono peraltro nel seguito quando noi apparimmo con la nostra offerta, che nessuno di questi era disposto a comprare la Sme nella sua totalità, perché veniva considerato un enorme problema con ventimila dipendenti altamente sindacalizzati e con aziende che ormai si portavamo dietro il cancro dell'epoca. Cioè, ripeto, Alemagna, Motta, io mi ricordo sui giornali italiani e stranieri si parlava del «panettone di Stato», era un elemento addirittura per cui l'Italia appariva ridicola nel senso che appunto si chiamava il «panettone di Stato», ecco. Quindi che Prodi avesse fatto di tutto e volesse fare di tutto per venderla era una roba nota a chiunque e che ci venne confermata da Prodi ancora in quella riunione lí. Nonostante tutto questo [disse Prodi] «...è vero che voi mi fate la proposta di comprare il tutto, ma io di rimanere con il 25% non ci penso proprio. O ve la comprate tutta la nostra partecipazione oppure non mi interessa l'offerta».

P.M. Non ho altre domande, presidente.

Viene data la parola all'avvocato di parte civile.

AVV. PISAPIA Scusi, ingegnere, lei si ricorda che a una delle riunioni con la presenza del rappresentante dell'Iri, dell'Imi e della Mediobanca vi era anche il professor Schlesinger?

DE BENEDETTI Nella seconda riunione, l'ho detto prima avvocato, cioè nella riunione che avvenne il giorno... lunedí. Il giorno successivo, il giorno che poi si firmò il contratto venne il professor Schlesinger chiamato dal professor Prodi.

AVV. PISAPIA Nel periodo precedente all'acquisizione della Sme lei aveva fatto altre acquisizioni nel campo alimentare?

DE BENEDETTI Sí, avevamo fatto alcune acquisizioni, devo dirle relativamente modeste anche perché c'era piú poco sul mercato, ma ne abbiamo poi fatte nel, sia precedentemente, per esempio ricordo la Curti Riso tanto per farle un nome, e poi ne facemmo una volta abortita la questione Sme tentammo comunque prima di rinunciare all'idea di fare un polo alimentare italiano e acquisimmo una serie di aziende: la Vismara, l'Olio Sasso, Buchedor, il pastificio Pezzullo cioè se vuole ho un lungo elenco di aziende che d'altronde risultano dei bilanci della Buitoni, ecco [...].

AVV. PISAPIA Ecco, perché non era molto chiaro dal verbale. Un'ulteriore domanda, successivamente lei ha ceduto la Buitoni? I motivi per cui l'ha ceduta?

DE BENEDETTI L'ho ceduta per una semplice ragione io, come ho accennato all'inizio, pensavo e poi i fatti mi hanno dato ragione, che quella fosse l'epoca per creare grande valore nell'industria alimentare come è stata creata in tutto il mondo. Non so, il prezzo della Coca Cola dell'84 al '94 è aumentato di dieci volte, ecco per darle un'idea, cosí come la Nestlè, ecco. E quindi evidentemente per me c'era la convinzione, che poi si è dimostrata vera nel tempo, che ci sarebbe stata una, diciamo, concentrazione delle aziende alimentari e quindi la possibilità di fare un grande gruppo anche in Italia anche perché, ripeto, era tutto in vendita a quell'epoca. La cosa chiaramente nel limite in cui poi ti accorgi che non è possibile fare il salto di qualità perché nonostante le grandi acquisizioni, le numerose non grandi scusi, numerose acquisizioni che facemmo nell'epoca chiaramente chi ci poteva portare a un salto di qualità, ripeto, la Sme tanto per ricordarlo faceva 3000 miliardi di fatturato, noi ne facevamo mille è chiaro che spostarsi da 1000 a 4000 significava creare una massa critica intorno alla quale sarebbe stato possibile creare anche un polo italiano dell'alimentare. Quando mi resi conto dai fatti che questo non era possibile a un certo punto considerai l'impresa come un'impresa senza possibilità di successo e cedetti l'azienda alla Nestlè.

AVV. PISAPIA Ecco, una domanda consequenziale, l'esito negativo quindi della causa Iri-Buitoni, oltre alle conseguenze negative di carattere economico, ha avuto anche conseguenze negative sull'immagine del gruppo della...?

DE BENEDETTI Beh, certamente le due. Cioè una conseguenza economica negativa basta vedere a quelle che sono... come dicevo prima a che valore sono andate le industrie alimentari nel mondo e a che valore poi è stata in epoca di circa 10 anni dopo venduta a pezzi la Sme, quindi un rilevantissimo danno economico. Ma poi è chiaramente anche un danno d'immagine perché se uno esce dicendo: «Intendo fare un polo alimentare», si espone, fa cause e cosí via e poi alla fine viene sostanzialmente boicottato in questo suo... Chiaramente, esclusivamente boicottato perché non è che qualcun altro l'ha comprata, non l'ha comprata nessuno per dieci anni e è chiaro che questo non può che essere un danno di immagine importante sia per il gruppo che allora e oggi presiedo e sia per me stesso.

AVV. PISAPIA Ingegnere, lei ha parlato dopo che si è diffusa la notizia dell'acquisizione da parte della Buitoni della Sme di telefonate, diciamo, di congratulazioni da parte di Ferrero, da parte del cavalier Berlusconi, da parte di Barilla; ha parlato anche di una telefonata dell'avvocato Grande Stevens?

DE BENEDETTI Sí.

AVV. PISAPIA Ci può dire i rapporti che aveva allora con l'avvocato Grande Stevens e il tenore, se se lo ricorda di questa telefonata e se riesce anche a collocarla?

DE BENEDETTI Mah, dunque senta io ricevetti due... Allora il tenore dei rapporti con Grande Stevens è un amico di mio padre già ed eravamo all'epoca addirittura nello stesso Rotary, cioè scusi, eravamo amici, scusi, ci diamo del «tu» e... Credo che dal punto di vista della sua opera di avvocato ci abbia assistito una sola volta in una... in un contenzioso però adesso non saprei... non mi ricordo neanche quale però siamo amici di famiglia, ripeto, era amico di mio padre anche se lui aveva un'età piú vicina alla mia. Grande Stevens mi telefonò due volte. Anzi, scusi, una volta lo chiamai io perché siccome si vociferava che comunque ci potesse essere un interesse di altri, quando Craxi parlava di congruità di prezzo, io gli dissi: «Scusa, ma voi siete interessati o non siete interessati?». Ha detto: «Guarda, nel modo piú assoluto noi non siamo interessati, noi eravamo interessati a una parte della Sme, come abbiamo già detto a Prodi, non siamo interessati a tutto». Quando, la mattina di quel giorno che mi pare fosse il 28, Prodi mi disse che era arrivata l'offerta di Locatelli che, diciamo, consorziava tra gli altri la Ferrero, io chiamai al telefono Grande Stevens e gli dissi: «Ma scusa, Franz, ma tu mi hai detto... prima mi hai fatto i complimenti, poi mi hai detto che non sei interessato in nessun modo, adesso vengo a sapere che sei ufficialmente in una cordata che...». E lui mi disse: «Guarda, non mi far dire di piú, siamo stati costretti a farlo, lo facciamo contro la nostra volontà».

AVV. PISAPIA Grazie, basta.

Viene data la parola alle difese.

AVV. LONGO Sono l'avvocato Longo, difendo l'onorevole Berlusconi in sostituzione dell'avvocato Ghedini. Ingegner De Benedetti, lei ha parlato poc'anzi dell'offerta di Pompeo Locatelli per il gruppo sottolineando tra l'altro che era garantita soltanto per 50 mili...

DE BENEDETTI No, no, l'ho detto riferito a Scalera.

AVV. LONGO Scalera. Scusi.

AVV. LONGO Dicendo che era garantita soltanto per 50 miliardi. La sua offerta era garantita?

DE BENEDETTI Completamente, da fideiussioni bancarie [...]. E dalla presenza stessa di Mediobanca e dell'Imi, eh.

AVV. LONGO Ah, ecco. [...] Senta, lei ha parlato di una prima riunione per la Sme presso... con il presidente Prodi il 17 aprile del 1985 [...]. Lei in quella occasione che documentazione aveva per poter proporre un'offerta che fu rifiutata del quarant... l'acquisizione del 40%, del 64% posseduto dallo Stato?

DE BENEDETTI Gli studi di Mediobanca [...]. Quello che Mediobanca aveva studiato era quali erano le possibili sinergie con la Buitoni e quindi come questa avrebbe potuto far dal punto di vista economico e in questo senso, essendo un mandato che aveva dalla Buitoni, chiaramente non era pubblico, ecco.

AVV. LONGO Questo lavoro a Mediobanca lei lo aveva commissionato, era stato fatto quanto tempo prima?

DE BENEDETTI Non lo posso ricordare con esattezza, ma diciamo nell'epoca immediatamente precedente.

AVV. LONGO Sí, con il presidente Prodi lei non aveva mai parlato prima del 17 aprile di questa sua volontà di acquisizione della Sme?

DE BENEDETTI No.

AVV. LONGO Mai. Quindi il contratto che poi fu siglato, l'accordo che fu siglato il 29 aprile 1985 fu confezionato in quanto tempo?

DE BENEDETTI Mah, il contratto, se è quello che vuole dire, fu confezionato in una riu... in due riunioni che piú o meno in 24 ore: ecco. 24 ore di lavoro, intendo dire [...].

AVV. LONGO Come arrivò lei a determinare questo prezzo ingegner De Benedetti?

DE BENEDETTI Sulla base delle valutazioni che fece Mediobanca, sulla base dei... tenendo conto anche del fatto che insieme alla... alla Sme bisognava accollarsi la Sidalm che era un buco nero, un'azienda che nessuno voleva neanche lontanamente prendere in considerazione e che ovviamente, giustamente io credo, Prodi non era disposto a cedere la Sme se non ci si accollava anche la Sidalm. Evidentemente durante la discussione venne menzionato anche il riferimento al prezzo di borsa anche se all'epoca la borsa, era assai poco vivace. E il capitale della Sme essendo principalmente nelle mani dell'Iri, Mediobanca e dell'Imi, c'erano delle contrattazioni abbastanza limitate. Comunque ricordo che il prezzo, la media dei prezzi di compenso dei sei mesi precedenti o degli otto mesi precedenti era attorno alle 800 lire per operazione, il nostro prezzo se non erro intorno alle 1.100 lire per azione [...].

AVV. LONGO Senta, lei ricorda quale era la cassa della Sme? Quale era...?

DE BENEDETTI No, era pesantemente indebitata, ma non mi ricordo [...].

AVV. LONGO Senta lei aveva avuto rapporti precedentemente con la Nomisma [società di consulenza bolognese che ha fra i suoi promotori Prodi] come gruppo o come una delle sue tante imprese, una delle sue aziende?

DE BENEDETTI Possibile. Cioè, io non ho mai avuto direttamente rapporti con la Nomisma, ma non posso assolutamente escludere che cosí come la Nomisma lavorava, faceva studi per varie imprese, può averle fatte anche per conto della Olivetti, questo non lo posso assolutamente escludere. Non lo ricordo, comunque.

AVV. LONGO Sí. Senta non è che uno dei suoi dirigenti era anche... faceva parte anche della Nomisma?

DE BENEDETTI Il dottor Lamborghini che era il capo Ufficio studi della Olivetti era da anni, molto prima ancora che io entrassi in Olivetti, consigliere della Nomisma.

AVV. LONGO Della Nomisma. Lei quindi non esclude di aver avuto contatti e affari con la Nomisma?

DE BENEDETTI No, io escludo di aver avuto personalmente alcun contatto e alcun affare; confermo quello che ho detto prima e cioè che non escludo che l'Olivetti, in questo caso solo l'Olivetti penso, possa avere dato degli incarichi alla Nomisma. Questo non lo ricordo, non lo so, basterebbe chiederlo alla Olivetti, ecco.

AVV. LONGO Senta, a questa stesura di questo accordo che consta di quattro pagine del 29 aprile del 1985, quante persone hanno lavorato materialmente sia per la valutazione dei costi, sia per la stesura dell'accordo stesso?

DE BENEDETTI Le persone che ho prima menzionato.

AVV. LONGO Tutte.

DE BENEDETTI Quindi una dozzina di persone.

AVV. LONGO E questo lavoro cominciò, lei disse, il 28 di aprile e terminò il 29?

DE BENEDETTI Dal punto di vista della parte contrattuale sí, dal punto di vista dello studio, come le ho detto prima, no.

AVV. LONGO Ecco. Vorremmo tornare un attimo sulla quantificazione del prezzo perché molto poi si è discusso di questo prezzo, lei stesso ne ha accennato alle critiche postume magari e tardive di congruità. Come si configura, come si stabilisce un costo e un prezzo di una struttura come la Sme in quei frangenti? Quali sono i parametri di cui bisogna tenere conto nella prospettazione di una utilità marginale residua?

DE BENEDETTI Guardi, i parametri sono di tipo tecnico e di tipo, tra virgolette, «politico». Vorrei chiarire cosa intendo per politico. Era evidente che l'Iri, nonostante che avesse in mano questo catorcio, non era chiaramente in grado di venderlo sotto il prezzo di borsa, questo è quello che definirei un criterio politico, quello per noi rappresentava comunque un *must*, cioè non era pensabile di poter andare sotto di questo prezzo. Dall'altra parte per noi l'acquisizione Sme non aveva un significato in sé, aveva un'acquisizione in quanto avevamo la Buitoni-Perugina e in quanto pensavamo di fare un gruppo alimentare, tanto è vero che la Sme di per sé a nessun prezzo non la voleva nessuno. E tanto è vero che Berlusconi dichiarò a metà maggio, quindi dopo aver visto la nostra offerta, che lui quel prezzo lo considerava un prezzo troppo alto per poter essere interessante. Quindi sa...

AVV. LONGO Quindi lei ritiene di (*sovrapporsi di voci*)...

DE BENEDETTI ...possiamo volgere la stessa domanda a chi pensava che era troppo cara, capisce?

AVV. LONGO Sí, sí, no, ma lei quindi?

DE BENEDETTI Io penso che fosse un prezzo caro.

AVV. LONGO Prezzo caro, e lei ritiene che era l'unico interessato a comprare questa baracca che valeva poco o nulla ma pur a 500 miliardi?

DE BENEDETTI La dimostrazione dei fatti è che non ce l'ha nessuno.

AVV. LONGO Che non ce l'ha nessuno.

DE BENEDETTI Non c'è stato nessuno.

AVV. LONGO Ma c'è stata la cordata dopo del...

DE BENEDETTI La cordata dopo ha cercato di impedire a noi di acquisirla, ma non ha cercato di acquisire l'azienda tanto è vero che non l'ha acquisita [...].

AVV. LONGO Senta, ingegner De Benedetti ci vuole dire le sue vicende processuali penalistiche? Se lei è stato mai indagato? Se è mai stato imputato? Se è mai stato condannato? Se mai ha dovuto subire un patteggiamento o fare un patteggiamento con la Giustizia italiana?

DE BENEDETTI Io ho... sono stato condannato per il fallimento del Banco Ambrosiano sino a quando la Cassazione si è pronunciata definitivamente dicendo che non avrei mai dovuto essere processato. Ho sempre considerato che è stato un processo anche questo un processo politico ma questa è una mia osservazione personale. Non ho subíto alcuna condanna. Basta.

AVV. LONGO Ha fatto, avuto patteggiamenti? Ha subíto altri procedimenti penali?

DE BENEDETTI Ho in corso un'indagine che non si è ancora, dopo otto anni, non si è ancora conclusa con una richiesta di rinvio a giudizio a Roma per tangenti alle Poste.

AVV. LONGO Sí, quindi il suo certificato penale risulta nullo allo stato?

DE BENEDETTI Nullo.

AVV. LONGO Grazie, ingegner De Benedetti.

PRESIDENTE Avvocato Pecorella.

AVV. PECORELLA Collegandomi a una domanda della parte civile, in quale anno lei era sotto processo per il Banco Ambrosiano?

DE BENEDETTI Mi scusi? Non ho sentito.

AVV. PECORELLA In quale anno era sotto processo per il Banco Ambrosiano?

DE BENEDETTI Dal 1982 o '83, scusi, a quell'epoca fino a quando è venuta la sentenza della Cassazione che è stata di qualche anno fa.

AVV. PECORELLA Quindi nel 1985 era in corso il processo ancora?

DE BENEDETTI Non so se era in corso il processo o l'indagine, non me lo ricordo.

AVV. PECORELLA Sí, diciamo era pendente il procedimento tanto per capirci in ordine alla immagine morale della società.

DE BENEDETTI Beh, questo non c'entrava niente con la società, eh, scusi.

AVV. PECORELLA Lei seppe di queste offerte di cui ha detto oggi che avrebbe fatto Prodi di pezzi della Sme? Ne fu informato precedentemente in qualche modo?

DE BENEDETTI C'era documentazione, ampia documentazione di conferenze, giornali, interviste date da Prodi nel tempo e lo seppi anche, come ho ricordato prima, specificatamente in occasione dell'incontro con Prodi...

AVV. PECORELLA Mi riferisco a un'epoca precedente alle trattative, non a un'epoca... Lei ha detto: «L'ho saputo poi quando ho parlato con Prodi», volevo sapere se prima che lei iniziasse le trattative...

DE BENEDETTI No.

AVV. PECORELLA ...aveva saputo che...

DE BENEDETTI No, era una cosa...

AVV. PECORELLA ...la Sme era in vendita?

DE BENEDETTI ...di pubblico dominio.

AVV. PECORELLA Pubblico dominio cosa vuole dire?

DE BENEDETTI Vuole dire sulla stampa, su organi, su vari organi di stampa [...].

AVV. PECORELLA Ha detto che ci fu una prima riunione se ho capito bene in cui però non si arrivò a nulla di fatto, cioè non si trovò un punto d'accordo, è vero?

DE BENEDETTI Esatto.

AVV. PECORELLA Ecco, che cosa cambiò dalla prima alla seconda riunione?

DE BENEDETTI Il prezzo e alcune condizioni che riguardavano il permanere della sede a Napoli... una garanzia sull'occupazione, cose che riguardavano sia il prezzo che era la cosa principale, sia delle condizioni di contorno.

AVV. PECORELLA Ma nel periodo tra la prima e la seconda riunione ci fu qualcuno che si occupò delle trattative? Che fece le proposte?

DE BENEDETTI Maranghi. Maranghi.

AVV. PECORELLA Lei ha dichiarato che c'era una opposizione, cosí lei ritiene, di Craxi; a parte la congruità del prezzo espresse in altro modo la sua opposizione?

DE BENEDETTI Ufficialmente no.

AVV. PECORELLA E lei perché invece ritiene che ci sia stata un'operazione politica diretta da Craxi?

DE BENEDETTI Perché se vuole fornisco al presidente del Tribunale, se lo ritiene, tutti gli articoli della stampa di qualsiasi tipo di stampa dell'epoca in cui fu indicato Craxi come la persona che non voleva che io comprassi quell'azienda.

AVV. PECORELLA Io avevo chiesto una cosa diversa. Le ho chiesto se le risulta che ci fosse una opposizione di Craxi, non se i giornalisti hanno scritto che ci poteva essere. Cioè se ci furono contatti con lei? Se le fu manifestato a lei direttamente da qualcuno che c'era questa opposizione?

DE BENEDETTI Amato mi disse che Craxi era contrario, ma che considerava che dovessi parlarne direttamente io con Craxi, ho già riferito.

AVV. PECORELLA E lei poi ne parlò ha detto?

DE BENEDETTI Ho detto, l'ho già detto prima.

PRESIDENTE Sí.

AVV. PECORELLA Certo. E che cosa le disse Craxi rispetto a una sua opposizione?

DE BENEDETTI Che riteneva che doveva valutare la cosa meglio, in particolare in ordine a impegni relativi all'italianità, al mantenimento dell'italianità del gruppo.

AVV. PECORELLA E lei garantí che sarebbe stata mantenuta l'italianità, come dice lei?

DE BENEDETTI Dissi a Craxi: «Assolutamente, se questa è una condizione non c'è problema».

AVV. PECORELLA E dopo che lei diede questa garanzia che atteggiamento assunse Craxi...

DE BENEDETTI Non lo vidi...

AVV. PECORELLA ...nel colloquio con lei?

DE BENEDETTI Non lo vidi piú.

AVV. PECORELLA No, no, nel colloquio con lei, quello stesso giorno.

DE BENEDETTI Ah, no, beh quel colloquio durò qualche minuto quindi non... non è che ci si me... È un colloquio, come ho detto prima, che è stato richiesto da me, anzi diciamo richiesto e suggerito nello stesso tempo da Amato e fu un contatto molto formale e molto breve.

AVV. PECORELLA Ma che scopo aveva questo...?

DE BENEDETTI Per cercare di appurare da parte mia se esistevano delle pregiudiziali di tipo business, cioè di tipo relativo al contratto stesso da parte del presidente del Consiglio.

AVV. PECORELLA E lei appurò che c'erano queste pregiudiziali?

DE BENEDETTI Le ho già detto prima che cosa mi disse, appurai dall'aria che l'aria non era certamente l'aria né amichevole, né favorevole ma comunque che mi disse che si riservava di vedere le cose ma che voleva avere un'assicurazione specifica su quello che avevo accennato prima.

AVV. PECORELLA Certo. No, io volevo sapere se le disse qualcosa di specifico sul motivo per cui non...

DE BENEDETTI No.

AVV. PECORELLA ...era opportuno che fosse lei?

DE BENEDETTI No.

AVV. PECORELLA Lei per questo rinvio di 13 ore ebbe delle pressioni da qualcuno?

DE BENEDETTI Da Prodi [...].

AVV. PECORELLA Soltanto da Prodi?

DE BENEDETTI Beh, credo che poi qualcuno mi consigliò, mi pare di ricordare Biga [forse Franco Piga, democristiano, futuro presidente Consob e poi ministro delle Partecipazioni statali], qualcun altro che intervenne a sostegno di questa richiesta.

AVV. PECORELLA Forlani?

DE BENEDETTI Mi pare di ricordare di sí, ecco.

AVV. PECORELLA Darida?

DE BENEDETTI Non lo ricordo. Ma ritengo che sarebbe molto possibile, sí.

AVV. PECORELLA Ecco, ma come avvennero queste pressioni? Perché lei ebbe questa richiesta da Prodi di aspettare 13 ore in relazione all'ipotesi di conoscere meglio altre offerte. Cosí?

DE BENEDETTI Non altre offerte, Scalera [...].

AVV. PECORELLA Un'altra offerta. Ecco, com'è che intervengono questi politici? Hanno contatti con lei? Che cosa le dicono? Perché la inducono a rinviare di 13 ore? Anche perché sono di...

DE BENEDETTI Per facilitare...

AVV. PECORELLA ...erano di uno schieramento politico...

DE BENEDETTI Per facilitare la conclusione delle cose, non creare problemi alla conclusione di una trattativa che ormai era da considerarsi dopo la delibera Cipi e dopo l'espressione da parte di Darida della congruità del prezzo, una trattativa sostanzialmente conclusa in cui questo Scalera appariva quello che era e cioè un fantasma e quindi, come tale, nel momento in cui c'era da concedere ancora 13 ore per avere la conferma che di fantasma trattavasi, non mi sembrava una cosa cosí fuori luogo.

AVV. PECORELLA Ecco, ma io le chiederei di essere un po' piú preciso nel senso che vorrei capire: lei riceve questa richiesta da Prodi?

DE BENEDETTI Sí [...].

AVV. PECORELLA Senta e l'onorevole Pomicino fece qualche intervento su di lei?

DE BENEDETTI No. L'onorevole Pomicino si limitò, come presidente della commissione Bilancio della Camera, a esprimere sia a titolo personale, sia poi col voto della commissione parere favorevole.

AVV. PECORELLA Vorrei un attimo tornare a quella telefonata che lei ha ricevuto a casa. Le volevo chiedere lei ha un telefono sulla guida? Aveva all'epoca un telefono sulla guida di Roma o è un numero riservato?

DE BENEDETTI Non a mio nome, a nome della società. Anche oggi è cosí.

AVV. PECORELLA Quella di casa sua?

DE BENEDETTI Sí, perché è una sede di rappresentanza in realtà, io non abito a Roma.

AVV. PECORELLA Ho capito. E lei fece presente per esempio a Prodi, o fece presente a qualche autorità giudiziaria, oltre che a... al suo amico che aveva ricevuto questo invito a pagare delle tangenti?

DE BENEDETTI No. Lo espressi poi in maniera indiretta, come ho ricordato prima, in occasione di un'assemblea della Buitoni.

AVV. PECORELLA Ma lei l'invitò apposta queste persone per raccontargli di questo episodio?

DE BENEDETTI No, erano a cena a casa mia e in quell'occasione l'ho raccontato.

AVV. PECORELLA Ne parlò a tutti di quello che le era successo?

DE BENEDETTI Lei crede... non ho una memoria cosí sufficiente per ricordarmi se lo dissi o non lo dissi, insomma, certamente lo dissi all'avvocato Ripa di Meana.

AVV. PECORELLA Le volevo ricordare che lei ha dichiarato precedentemente che si appartò.

DE BENEDETTI Appunto, infatti.

AVV. PECORELLA Per poter parlare di questa... Ecco, volevo capire perché lei si appartò visto che era una telefonata anonima, lei aveva...

DE BENEDETTI Ma non so, a me non mi sembra che se lei invita delle persone a casa sua li intrattiene su delle cose che riguardano i propri affari...

AVV. PECORELLA Un atto di... un atto di *savoir faire*? Di educazione?

DE BENEDETTI Direi che non si fa, ecco, no? Mi sembra, avvocato.

AVV. PECORELLA L'ultima domanda, lei mi pare di aver sentito che l'avvocato Franzo Grande Stevens era il suo avvocato, giusto?

DE BENEDETTI No, non era il mio avvocato. È stato avvocato una volta in un contenzioso, non ricordo...

AVV. PECORELLA Eravate anche amici però?

DE BENEDETTI Siamo amici, sí, sí, sí. Eravamo amici.

AVV. PECORELLA Siete ancora amici? Ecco...

DE BENEDETTI È un po' di anni che non ci vediamo.

AVV. PECORELLA ...le ha mai spiegato perché sarebbero stati costretti come lei ha detto?

DE BENEDETTI No.

AVV. PECORELLA Non glielo ha mai chiesto?

DE BENEDETTI No, mi sembrava talmente evidente che non avevo bisogno di altre cose.

AVV. PECORELLA Beh, perché era evidente?

DE BENEDETTI Perché lui stesso me lo disse nella telefonata che ci scambiammo il 28 mattina in cui mi disse: «Contrariamente a quello che ti ho detto, ho... abbiamo dovuto, abbiamo... siamo stati costretti a farlo». Mi sembrava... era talmente chiaro, avvocato, nel contesto di quel momento.

AVV. PECORELLA [...] Vorrei capire lei a chi ha pensato quando le è stato detto: «Siamo stati costretti»? [...]

DE BENEDETTI Dal mondo politico, da Craxi era evidente. Voglio dire non... ma quando si muoveva Pompeo Locatelli, lo sapevano anche le pietre [...] era noto a tutta Milano e a tutta Italia che Pompeo Locatelli in nome e per conto di Craxi non è che si muoveva in nome e per conto di un altro signore, ecco; ma era noto, cioè... Poi l'avvocato Pecorella dice che «noto» non ha significato.

PRESIDENTE No, no, l'avvocato Pecorella le fa delle domande, quindi lei sulla base dell'una, dell'altra...

DE BENEDETTI Okay, allora la mia risposta è...

PRESIDENTE Lasci perdere le cose giornalistiche, le sue valutazioni erano queste? [...] Lei ha degli elementi specifici a sua diretta conoscenza diversi da quelle che erano le conoscenze del suo ambiente o di questo ambiente a cui lei fa riferimento?

DE BENEDETTI Mah, voglio dire da... da Cuccia, ad Arcuti, a... allo stesso Darida chiaramente dicevano «Ma noi siamo d'accordo, il problema è Craxi». Lo dicevano, era una roba... mi sembra... mi sembra lunare questa domanda, devo dirle presidente.

PRESIDENTE Va beh...

AVV. PECORELLA Vorrei soltanto fare osservare che questa frase che lei dice oggi in tutte le sue deposizioni, nel suo memoriale che le abbiamo detto questi uomini politici che il problema era Craxi lei non lo ha mai detto.

DE BENEDETTI Lei mi sta chiedendo una cosa e io le rispondo. Se nessuno me l'ha chiesta io non rispondo. Io so per certo che è Craxi che ci ha impedito questo affare. È una roba, ripeto, universalmente...

AVV. PECORELLA L'ultima domanda è questa: ma perché aveva questa opposizione nei suoi confronti?

DE BENEDETTI Perché ha sempre pensato che io, per ragioni assolutamente che andrebbero ricercate nella sua... nella sua purtroppo non è piú in grado di rispondere, però certamente perché ha sempre associato la mia persona al gruppo Espresso-Repubblica e come tale, anche se a quell'epoca io non controllavo il gruppo Espresso-Repubblica, ma quindi considerava che io ero un, tra virgolette, «nemico politico».

AVV. PECORELLA Quindi non lo controllava lei però all'epoca il gruppo L'Espresso?

DE BENEDETTI Assolutamente no.

PRESIDENTE Altre domande?

AVV. LONGO Ah, io me ne sono dimenticata una. Sono sempre avvocato Longo. Dopo la scadenza delle 13 ore che lei ha detto: «Ingenuamente concessi al presidente Prodi», lei ebbe ancora contatti con il professor Prodi per questa vicenda?

DE BENEDETTI Succes...

AVV. LONGO Lamentando, commentando questa vicenda?

DE BENEDETTI Sí, successivamente sí e notai che Prodi era da tanto che andammo in causa con l'Iri quindi, voglio dire, è chiaro che i rapporti chiaramente si deteriorarono prima di arrivare alla causa con l'Iri certamente incontrai Prodi per dirgli: «Ma per quale motivo non diamo corso a questa cosa?» e lui mi disse: «Perché esistono opposizioni politiche tali che tu stesso constati e che di fatto mi impediscono di dare corso alla cosa».

AVV. LONGO Questa fu la risposta che le diede il professor Prodi dopo?

DE BENEDETTI Sí.

AVV. LONGO «Ci sono pressioni... o ragioni politiche che ostano».

DE BENEDETTI Sí.

AVV. LONGO E sul piano invece tecnico-giuridico dell'accordo?

DE BENEDETTI Beh, quella è legale.

AVV. LONGO Quella non ne parlaste?

DE BENEDETTI Quella era in mano agli avvocati.

AVV. LONGO Non ne parlò con Prodi?

DE BENEDETTI No.

AVV. LONGO Ne parlò... Prodi parlò soltanto di quest...

DE BENEDETTI No, insomma trovavo che era una cosa assurda che un contratto che lui sapeva benissimo che era un contratto, venisse poi a un certo punto, diciamo cosí, non...

AVV. LONGO Disconosciuto?

DE BENEDETTI Non riconosciuto dall'Iri, ecco.

AVV. LONGO E Prodi su questo atteggiamento non disse? Non... non pensò di difendere la sua funzione di presidente, di economista dicendo: «No, no, ma adesso io difenderò questa posizione» o abbandonò la posizione?

DE BENEDETTI Mi pare dai fatti che...

AVV. LONGO Riparlandone con lei ovviamente, non dai fatti.

DE BENEDETTI No, ma guardi parlandone con me non mi ricordo anche perché francamente dalla vicenda dal momento in cui la portammo in Tribunale non era piú una vicenda che sottintendeva rapporti personali o fuori da quelli che (*sovrapporsi di voci*).

AVV. LONGO E lei non ebbe piú rapporti personali poi con Prodi?

DE BENEDETTI No, su questo no.

AVV. LONGO Su questo argomento no?

DE BENEDETTI Su questo argomento no, poi successivamente, per carità...

AVV. LONGO Va bene, grazie.

DE BENEDETTI ...nella vita si perdona.

AVV. LONGO Ah, sí [...].

PRESIDENTE Avete finito con le vostre domande? Sí? Io volevo solo chiederle una precisazione. In questi incontri, in queste 24 ore, in questo discorso con Prodi a proposito del contratto venne mai fuori in maniera esplicita che c'era una riserva di gradimento politico? Lei ha visto il contratto, no?

DE BENEDETTI Certo.

PRESIDENTE Conteneva due condizioni, una era l'approvazione dell'assemblea dell'Iri, e l'altro era diciamo l'approvazione dell'autorità di governo.

DE BENEDETTI Beh, non proprio cosí c'era scritto, chiedo scusa.

PRESIDENTE Sí, ecco, in relazione a questo punto, dico, tra di voi cioè tra le parti o tra i legali se l'hanno trattato i legali ma anche a lei forse interessava capire cosa stava facendo, che cosa si intendeva con quella... o che cosa si disse tra voi?

DE BENEDETTI Guardi in un contratto...

PRESIDENTE Lei ha detto che c'era lo stato maggiore dell'Iri, no?

DE BENEDETTI Sí, confermo. Piú il professor Schlesinger.

PRESIDENTE Piú Schlesinger..

DE BENEDETTI Ehm, mah guardi quando si fa un contratto si dice, si scrive abitualmente «salvo... ottemperate le condizioni di legge» che possono essere l'antitrust, allora non c'era ma oggi si mette e lí si dice: «Salvo autorizzazione di legge»; nel caso in cui ce ne fosse bisogno poi si dimostrava che l'autorizzazione di legge non occorreva.

PRESIDENTE Quindi non si parlò apertamente di quale autorizzazione...

DE BENEDETTI No, no.

PRESIDENTE ...da parte di quale ente governativo?

DE BENEDETTI No perché per... No, no.

PRESIDENTE Assolutamente no.

DE BENEDETTI Assolutamente no.

PRESIDENTE Quindi lei la prese come una clausola di stile?

DE BENEDETTI Una clausola di stile, cioè quelle clausole che ci sono nei contratti, ecco, poi le devo dire onestamente, a parte che io non sono avvocato, ma non mi occupai certamente della stesura del contratto. Io mi occupai della parte sostanziale del contratto che riguardava...

PRESIDENTE Sí.

DE BENEDETTI ...prezzo e le condizioni di pagamento e le condizioni accessorie, cioè quelle che riguardavano il tenere la sede [della Sme] a Napoli, l'occupazione e cosí via.

PRESIDENTE E Prodi o lo stato maggiore dell'Iri le diedero garanzia sul sicuro intervento dell'assemblea?

DE BENEDETTI Assoluto.

PRESIDENTE Cioè dell'adesione dell'Iri intero su questo...?

DE BENEDETTI Assolutamente. Che poi ci fu.

PRESIDENTE -... questo accordo?

DE BENEDETTI Che poi ci fu, presidente, tanto è vero che, ripeto, ne furono talmente convinti ma le dico in maniera talmente ovvia che il giorno successivo alla firma, come ho ricordato prima, si tenne una conferenza stampa in via Veneto, nella sede dell'Iri, da parte di Prodi e mia per annunciare non la possibile vendita, ma l'avvenuta vendita.

PRESIDENTE Ecco, ma Prodi le disse mai: «Guarda che però bisogna ottenere l'espressa approvazione del ministro delle Partecipazioni statali»?

DE BENEDETTI No. Lo disse dopo che Darida disse, a lui, che occorreva comunque un parere del Cipi perché il Cipi allora era un organo di programmazione e che doveva esprimere un parere non di congruità, perché chiaramente non era questo il tema, ma un parere politico sul fatto che l'industria di Stato dismettesse un settore di attività.

PRESIDENTE Certo.

DE BENEDETTI Cosa che il Cipi fece.

PRESIDENTE Ma lei quante volte ha parlato con Darida?

DE BENEDETTI Certamente quattro o cinque, scusi, tre, quattro, cinque, adesso non glielo so dire.

PRESIDENTE Ecco, e quale era il problema? Era Darida che...

DE BENEDETTI No, no, no.

PRESIDENTE ...o era lei si faceva...

DE BENEDETTI No, diciamo che...

PRESIDENTE ... che faceva fretta perché questi emettesse...?

DE BENEDETTI Beh, io certamente...

PRESIDENTE ...i pareri di sua competenza o era convocato?

DE BENEDETTI Io certamente cercavo di capire quali erano le difficoltà per le quali avendo fatto un contratto, avendo l'Iri approvato all'unanimità l'accordo mi era stato richiesto uno spostamento di data di 20 giorni.

PRESIDENTE Sí.

DE BENEDETTI Allora io volevo accertarmi se questa era una cosa... quale era la ragione, al di là di quella che mi aveva scritto Prodi nella sua lettera, e quindi siccome Prodi aveva fatto riferimento all'autorità di governo e al ministero delle Partecipazioni statali sono andato dal ministro delle Partecipazioni statali per sapere quali sono i tempi, quali sono le richiesta in termini di delucidazioni. Mi sono messo a disposizione per le eventuali necessità che il ministero delle Partecipazioni statali, scusi, eventualità conoscitive che avesse avuto bisogno per esprimere il suo parere che pareva dovesse esprimere attraverso il Cipi.

PRESIDENTE Sí. E lei ebbe un'assicurazione sui tempi?

DE BENEDETTI No, mi si disse entro il 28 di... «Le abbiamo chiesto questo spostamento... l'Iri ha provveduto a chiedere»...

PRESIDENTE Sí, erano 30 giorni.

DE BENEDETTI ...questi 20 giorni, e in questi giorni la cosa avverrà» ed è avvenuta. È avvenuta in quanto il Cipi deliberò entro il termine dei 20 giorni.

PRESIDENTE Va bene. Grazie.

«La Sme-Sidalm non la voleva nessuno»
Testimonianza di Romano Prodi

Il 28 dicembre 2001 viene chiamato a testimoniare Romano Prodi.

P.M. Lei nel 1985 era presidente dell'Iri e c'è stato un primo tentativo di privatizzazione, può riferire alla Corte, prima, perché intese comunque arrivare alla privatizzazione della Sme, qual era la situazione di allora e che cosa lei sapeva rispetto a questo patrimonio dello Stato, in quell'epoca, che era appunto la Sme?

PRODI Il motivo era molto semplice, come tra l'altro era previsto nella stessa relazione delle Partecipazioni statali del 1985, che era iniziata – e dico iniziata sottolineando iniziata – una nuova epoca in cui le Partecipazioni statali dovevano dismettere i cespiti non ritenuti essenziali, nella strategia delle Partecipazioni statali, era descritto che le partecipazioni dovevano concentrarsi nei grandi servizi, nelle reti e quindi uscire dagli altri settori non essenziali. Chiaro che tra questi vi era evidentemente il settore alimentare, che non poteva essere inteso appartenere né alle infrastrutture, né alle grandi reti a servizio del Paese.

P.M. Lei prese contatti con gli imprenditori che in quel momento detenevano il settore alimentare, lei ricorda se prese contatti con alcuni di costoro, prima poi di arrivare alle trattative con l'ingegner De Benedetti?

PRODI Io presi contatti con coloro che operavano nel settore, presi contatti con Pietro Barilla, che venne a Bologna insieme al suo consigliere delegato, ingegnere Manfredi, lo feci direttamente in quanto era l'imprenditore che apparentemente poteva sembrare quello piú interessato a questa strategia. Pietro Barilla mi rispose che non era per nulla interessato, se non a qualche ramo legato alla sua particolare produzione, il che è chiaro che rendeva del tutto non interessante l'approccio. Feci approcciare da uno dei miei direttori, il dottor Nasi, l'altra ditta, che se anche in produzione diversa, ma aveva la dimensione tale da poter fare l'operazione, la ditta Ferrero, e il dottor Nasi, se ben mi ricordo, contattò il dottor Dogliani [Dogliotti], che era consigliere legale della Ferrero, chiesi un appuntamento con il dottor Ferrero, il quale disse che non sarebbe tornato in Italia per lungo tempo e che comunque non era interessato.

P.M. Lei ricorda l'incontro con Barilla piú o meno lo possiamo collocare quanto tempo prima rispetto alle trattative poi intercorse con l'ingegner De Benedetti?

PRODI Non ricordo quanto tempo prima perché sono passati...

P.M. Mesi o...?

PRODI Mesi, non moltissimo prima, mesi. Mi ricordo che fu a Bologna, vennero a trovarmi e...

P.M. Lei ricorda dove avvenne l'incontro?

PRODI Sí, nella Strada Maggiore 44...

P.M. Ed era presente, ha detto, Pietro Barilla e?

PRODI E l'ingegner Manfredi, che era consigliere delegato della Barilla.

P.M. E come avvengono invece poi i contatti con l'ingegner De Benedetti?

PRODI Iniziammo con lo stesso modo, essendo proprietario della Buitoni, i contatti, e con questo si esauriva la grande impresa alimentare, chiariamoci, non avevo nessun obbligo di fare questo, ma mi sembrava opportuno contattare tutte le imprese alimentari, e l'ingegner De Benedetti si dimostrò interessato.

P.M. E come si sono svolte poi le trattative e quali sono stati gli accordi che avete preso, lei come presidente dell'Iri e l'ingegner De Benedetti come parte privata?

PRODI C'è stata una perizia fatta dai professori Poli e Guatri, che hanno definito il valore, l'impegno è stato preso secondo le regole delle Partecipazioni statali, cioè in cui io dicevo «mi impegno, non a vendere, ma a portare di fronte al consiglio di amministrazione, con il mio voto positivo, questa ipotesi di contratto e successivamente a chiedere l'approvazione del ministero delle Partecipazioni statali secondo le regole dovute», queste erano le formule che dovevano essere seguite, queste furono seguite, tant'è vero che ci fu poi un contrasto tra De Benedetti e l'Iri su questo tema, da cui noi avemmo, dal Tribunale, ragione.

P.M. Quale fu il ruolo di Mediobanca?

PRODI Io non ricordo alcun ruolo specifico di Mediobanca, perché le trattative furono fatte direttamente e Mediobanca non ... Naturalmente Mediobanca rientrava in modo probabilmente indiretto in tutta l'attività economica italiana, ma in questa trattativa della Sme non entrò Mediobanca.

P.M. Lei quindi... come fu l'atteggiamento del consiglio di amministrazione, mi sembra che fu raggiunto poi l'unanimità?

PRODI L'atteggiamento del consiglio di amministrazione fu assolutamente unanime, sia Comitato esecutivo che consiglio di amministrazione. Nessun problema, anche coloro che poi sollevarono obiezioni furono entusiasti per le perdite che il settore aveva avuto per lungo tempo, per la necessità di disfarsi di un settore in cui le Partecipazioni statali non erano in grado di fare una gestione adatta al tipo di settore, che era soprattutto marketing e pubblicità e organizzazione di vendita, come poi la storia verificò successivamente, era semplicemente un problema piú inaspettato per il Paese, perché fu la prima volta.

P.M. Lei ricorda se dopo il consiglio di amministrazione, quindi, che fu presa l'unanimità, poi ci fu una conferenza stampa sua e della parte privata che aveva acquistato, quanto tempo dopo, o immediatamente?

PRODI Fu immediatamente dopo una conferenza stampa in cui si annunciò l'accordo; conferenza stampa in cui l'accordo era chiarissimo e appunto l'Iri vendeva condizionatamente a quelle che erano le necessarie autorizzazioni del ministero.

P.M. Lei ne aveva accennato al ministro delle Partecipazioni statali le intenzioni di cedere, come patrimonio, la Sme?

PRODI Quotidianamente.

P.M. Quindi era al corrente anche che quindi lei era in contatto con imprenditori?

PRODI Quotidianamente.

P.M. Anche il presidente del Consiglio dell'epoca?

PRODI Io no ma... io non dovevo contattare il presidente del Consiglio...

P.M. Certo, su questo non c'è dubbio.

PRODI Io avevo un interlocutore, era il ministro delle Partecipazioni statali.

P.M. Che era al corrente di...?

PRODI Quello che abbia fatto il ministro delle Partecipazioni statali poi non era evidentemente nelle mie...

P.M. Quindi comunque ne era al corrente e veniva informato dell'evoluzione?

PRODI Regolarmente.

P.M. Poi che cos'è successo dopo, ci fu una richiesta da parte dell'Iri di una proroga dei termini che erano stabiliti per... Perché ci fu questa proroga?

PRODI Me la chiese il ministro...

P.M. Ministro delle Partecipazioni statali?

PRODI Sí. A me sembrava assolutamente normale nelle cose, chiesi a De Benedetti, dato che era suo diritto accoglierla o non accoglierla, di accoglierla, e fu semplicemente concessa, perché se un ministro chiede di pensarci un po' su, e se è possibile, naturalmente ci voleva l'accordo anche della controparte, e fu concessa questa proroga.

P.M. Le ragioni per le quali... furono espressi dal ministro delle Partecipazioni statali i motivi di questa proroga, le ragioni che indussero il ministro a sollecitare questa proroga?

PRODI Guardi, io non me lo ricordo, ma una proroga di questo tipo sembrava assolutamente naturale, voglio dire... immagino che abbia detto «ci voglio pensare su».

P.M. E poi che cosa succede? Poi lei ricorda se in questa prima proroga ci furono altre offerte, altre presentazioni di...?

PRODI Se ben mi ricordo, adesso il problema se era durante la prima proroga o meno, sono passati un bel po' di secoli, ma...

P.M. E sí, purtroppo sí.

PRODI Ma ci fu una prima offerta, credo che si chiamasse Scalera, o cose di questo genere, e poi dopo ci fu invece un'offerta piú forte, del cosiddetto gruppo Iar [...].

P.M. Lei ricorda quando arrivò questa prima richiesta di Scalera, quali furono le argomentazioni, che cosa si prospettava in questa offerta, se venne rilanciato, e di quanto, il prezzo iniziale, cioè quello trattato dall'Iri con De Benedetti?

PRODI Quello di Scalera, non la ricordo affatto, perché... me la ricordo abbastanza indefinita, quella di Scalera, fu piú precisata quella successiva, quella di Scalera è una proposta, chiamiamo cosí, leggera, insomma.

P.M. Quindi lei non ricorda se parlò con il ministro per le Partecipazioni, Scalera, che era arrivata la prima offerta, quella da parte Scalera?

PRODI Non lo ricordo, ma mi ricordo, però, con assoluta certezza, che ogni novità di questo tipo veniva da me comunicata al ministro [...].

P.M. E lei non ha mai saputo per conto di chi l'avvocato Scalera faceva questa proposta?

PRODI No.

P.M. Non l'ha mai saputo?

PRODI No. Apparve semplicemente strano, perché Scalera proprio era del tutto sconosciuto, e in fondo la cosa non era una piccola cosa, quindi... era molto strano questo aspetto, però non...

P.M. Quindi fu notata all'epoca una certa stranezza di questa offerta?

PRODI Su questo non c'è dubbio, perché... mi ricordo solo,... chiaramente quando arrivò l'offerta Scalera era che Scalera... non è che uno qualsiasi possa comprare la Sme, cosí, insomma, però non si fecero nomi di nessun tipo.

P.M. E quando... siccome lei non ricorda, però dice «ragionevolmente devo ritenere che se c'è stata una seconda proroga fu chiesta dal ministro», e secondo lei era una cosa normale che fossero chieste a distanza, insomma, di brevissimo tempo, una ulteriore proroga?

AVV. DINACCI Mi oppongo, presidente, è una valutazione che si chiede al teste, che non credo possa fare [...].

PRESIDENTE C'erano stati dei precedenti in cui il ministro chiedesse delle proroghe?

PRODI [...] Questa è stata la prima privatizzazione della storia italiana, e quindi... per quello che, se il ministro mi chiedeva una proroga, io dicevo «va beh, se accetta l'altra parte gliela do», e avendola accettata De Benedetti, non vedo perché non dovessi accettarla io, presidente dell'Iri.

P.M. Quando arrivò la seconda offerta, che arrivò proprio allo scadere del secondo termine, della proroga, lei che cosa pensò? L'offerta Locatelli, che poi era la Iar? [...]

PRODI Le considerazioni furono molto semplici, proprio un assenso meramente di frustrazione per il fatto che nella cordata ci fosse Barilla a cui avevo esplicitamente e personalmente fatto la proposta e che mi ha detto «non sono interessato», ci fosse Ferrero, a cui avevo fatto la proposta, Berlusconi io non l'avevo mai contattato in quanto estraneo al settore, quindi proprio non mi interessava minimamente mobilizzarlo o avere contatto con lui.

P.M. Sí, ma quando arrivò appunto l'offerta che raccoglieva non solo Fininvest, Berlusconi, ma addirittura i due imprenditori, Barilla e Ferrero, che lei aveva contattato prima di De Benedetti, lei che cosa... cioè quando ebbe questo dato documentale, quale fu la sua reazione, visto che arrivava allo scadere del termine che consentiva a De Benedetti di...?

PRODI Di una profonda irritazione.

P.M. Perché?

PRODI Perché avendo io parlato a loro, esposto, fatto questo discorso, cioè «non sono interessato», poi arriva improvvisamente un'altra offerta, uno dice «va beh, insomma...».

P.M. Di quanto rilanciava l'offerta Iar rispetto a quella che era stata contattata tra lei, come presidente dell'Iri, e l'ingegner De Benedetti, a seguito, se non mi sbaglio, di perizie effettuate sul valore globale della Sme?

PRODI Il minimo possibile, quindi quello necessario per potere rilanciare [...].

AVV. PISAPIA Lei si ricorda nel piano triennale di risanamento, rispetto alla Sme, se avevate valutato in quel periodo la necessità di un ingente finanziamento per sviluppare e far rinascere la Sme?

PRODI Certo, la logica per cui era bene vendere... Sme e Sidalm è perché eravamo arrivato faticosamente a un pareggio, una situazione cosí, di precario equilibrio, e per rilanciarla ci sarebbe voluto un ingente finanziamento, tant'è vero che questo era il piano di De Benedetti per il rilancio successivo, lui fece la proposta adesso le cifre le potete andare a vedere – ma c'erano 5, 6, 700 miliardi, non so, una cifra di questo genere, come impegno indispensabile per il rilancio dell'impresa, quindi...

AVV. PISAPIA Può confermare che erano necessari almeno centinaia di miliardi?

PRODI Beh, visto a posteriori molti di piú, ma allora si pensava alcune centinaia di miliardi.

AVV. LONGO Il bilancio della Sme del 1984 era in attivo, in pareggio o in passivo?

PRODI Era in attivo per partite straordinarie, la Sidalm era in terribile passivo, non dimentichi che si vendono tutte e due.

AVV. LONGO Lei ha parlato di una perizia, la perizia fatta da...

PRODI Poli [e] Guatri, che era rettore della Bocconi...

AVV. LONGO Questa era una perizia che era stata commissionata puntualmente per la prospettiva della vendita o era una perizia già esistente per una valutazione di diversa finalità?

PRODI Non mi ricordo... credo che sia stata finalizzata per la vendita, comunque fu discussa dal consiglio di amministrazione, fu analizzata quando fu venduta l'impresa.

AVV. LONGO Siccome non risulta essere stata finalizzata alla vendita, e lei...

PRODI Però noi la prendemmo... noi discutemmo su quella perizia, e mi ricordo, a lungo, anche per l'autorità dei due autori della perizia, insomma, cioè, voglio dire, non erano mica due professionisti qualunque.

AVV. LONGO Torniamo a quell'impegno che lei ha detto poc'anzi di aver sottoscritto con l'ingegner De Benedetti, quello era un impegno con cui si vendeva, era un contratto di vendita della Sme...?

PRODI No, era un impegno che si perfezionava, alle due condizioni che ho detto prima, cioè l'approvazione del consiglio di amministrazione... infatti c'è scritto nell'impegno «io mi impegno a portare di fronte al consiglio di amministrazione con il mio parere favorevole», questo era il mio impegno, punto e a capo. E nella seconda parte diceva «a procedimenti amministrativi necessari di approvazione»...

AVV. LONGO Lei ha ricordato anche l'esito della vicenda giudiziaria che è seguita a questo mancato perfezionamento dell'impegno, perché non vi sono state le condizioni a cui lei fa riferimento.

PRODI Tant'è vero che, appunto, era talmente chiaro che avevamo messo quelle condizioni, quindi…

AVV. LONGO Quindi era per lei chiarissimo che quella non era una vendita con valore di…?

PRODI Era condizionata a questi due eventi che non si sono verificati […].

AVV. LONGO Lei ricorda in percentuale, può sforzarsi di ricordare, di quanto la proposta Iar, della cordata composta da questi quattro soggetti, fosse maggiore della proposta De Benedetti?

PRODI Siccome erano diverse condizioni di pagamento, il paragone percentuale diventa molto difficile, ripeto quello che ho detto prima, era quanto basta.

AVV. LONGO Superiore, quindi.

PRODI Cioè evidentemente superiore per potere prevalere, è ovvio. Il minimo indispensabile avevo detto.

AVV. DINACCI Lei conosceva Pietro Barilla, no? Aveva buoni rapporti?

PRODI Sí, certo.

AVV. DINACCI Immagino anche con il ministro Darida avesse rapporti cordiali, insomma?

PRODI Chi, Barilla o io?

AVV. DINACCI Lei, con il ministro Darida, avesse rapporti cordiali?

PRODI Certo […].

AVV. DINACCI Lei ha riferito che il Barilla, interpellato sull'eventuale acquisto delle azioni Sme, avrebbe detto «non mi interessa, mi potrebbe interessare solo una parte».

PRODI No: *ha* detto, non *avrebbe* detto.

AVV. DINACCI Ha detto, perfetto. Sa che Pietro Barilla in realtà dichiara di non aver detto questo?

PRODI Va bene, l'ho letto e amen.

AVV. DINACCI D'accordo, io dico…

PRODI Però si è comportato come se avesse detto questo, perché poi non ha assolutamente proseguito le trattative, quindi è stato, sotto questo aspetto, coerente, ha detto che non gli interessava e ha lasciato andare avanti De Benedetti.

AVV. DINACCI No, ma io dico anche dare la possibilità di spiegare meglio, professore, cioè nel senso che Pietro Barilla ha avuto modo di riferire al pubblico ministero di Roma, che procedeva all'epoca, che presentatosi da lei, lei gli avrebbe detto «andate da Mediobanca» e quindi sostanzialmente li avrebbe liquidati, insomma.

PRODI No.

AVV. DINACCI Non è vero questo?

PRODI No, perché io li ho chiamati a Bologna, tant'è vero che sono venuti a Bologna, non sono mica andati a Parma, li ho chiamati a Bologna, ho detto «privatizzo la Sme», mi hanno detto «non mi interessa» [...]. Non solo mi hanno detto di no, ma si sono comportati coerentemente, come se avessero detto di no, perché nelle trattative, quando è cominciato il discordo De Benedetti non si sono fatti vivi fino a che non li ho visti parte di quella cordata di cui ha parlato lei, quindi 8...). Se fosse stato interessato per l'acquisto faceva l'offerta per l'intero acquisto, però si è ben guardato di farlo, tant'è vero che anche dopo poi ha partecipato alla cordata, in cui presumibilmente se la sarebbero poi divisa, quindi, certo, questo non è l'atteggiamento di uno che la voglia comprare intera, però, per carità... [...]

AVV. DINACCI L'allora ministro Darida dice che lei gli avrebbe riferito delle trattative Buitoni, seppure in un tempo successivo, e avrebbe escluso l'interpello di altre società.

PRODI (*pronuncia non chiara*) no di certo, che fossero interessate, se lui me l'ha chiesto, certo che rispondo [...].

AVV. DINACCI Lei ebbe modo di scrivere un biglietto, in data 24.4.85, al ministro Darida, con cui lo avvisava e lo informava che erano in corso delle trattative per la dismissione Sme?

PRODI Può darsi, non lo so, cosa vuole che me lo ricordi oggi [...]. Se gli ho mandato un biglietto gli ho mandato un biglietto, questo conferma che ci parlavamo sempre.

AVV. DINACCI Sí, sí... però, vede, il ministro Darida la ricostruisce in maniera, anche qui, parzialmente diversa, adesso cercherò di trasferirgli quello che lui dice, in maniera tale che lei possa dire la sua. Cioè lui dice che fu informato solo in quella data delle trattative in corso, relative alla Sme, ed è un'occasione in cui il Papa era andato a fare una visita ufficiale...

P.M. A Napoli.

AVV. DINACCI Esatto.

PRODI Mah, il 28... non so...

AVV. DINACCI Il 24.4.

PRODI Appena la cosa aveva assunto un carattere di serietà ne ho informato Darida, poi che fosse... ma in occasione di un colloqui con il Papa o che fosse... non so in quale occasione, il problema è di averlo informato; il 24.4 era prima di ogni decisione e non so affatto se fosse la prima volta...

AVV. DINACCI Perché anche qui il ministro Darida dà ancora una volta una diversa ricostruzione, e cioè dice di aver parlato con quelli che poi hanno fatto l'offerta per l'acquisto della Sme e gli avevano riferito, del resto confermando quello che già emergeva in dibattimento, che non avevano avuto alcuna notizia che la Sme fosse sul mercato.

PRODI Io ripeto quello che ho detto, e al ministro Darida ho sempre dato le informazioni, molto piú di quelle che ero obbligato a dare, perché di per se stesso non ero obbligato a dare quelle informazioni che invece davo, quindi se anche non avessi dato le informazioni, altro che il 24, le avrei dato ancora prima del mio dovere che avevo, perché avevo solo il dovere di comunicare gli aspetti formali quando facevo una cosa formale, ma siccome c'era una cooperazione, le ho date anche prima.

AVV. DINACCI Veniamo alle proroghe, lei ha detto che è assolutamente usuale che in quella circostanza si possa...

PRODI No, non le ho detto che è usuale, ho detto che non mi sono stupito, non potevo dirle che è usuale avendole detto che è stata la prima trattativa della storia...

AVV. DINACCI [...] Per quanto concerne proprio questa proroga, lei ha detto che comunque le è stata chiesta dal ministro?

PRODI Sí. Non poteva che chiederla il ministro...

AVV. DINACCI E anche qui, professore, devo dire che il ministro Darida, all'epoca, disse che fu lei a chiedere a lui una proroga, perché era preoccupato delle osservazioni che erano state formulate dalla Corte dei conti su questa operazione.

PRODI Questo proprio non lo ricordo affatto.

AVV. DINACCI Anche questo non ricorda. Professore, chiedo scusa, ma se il ministro era, come lei dice, notiziato quotidianamente dell'operazione, perché lo informa con un bigliettino scritto il 24.4.85, e non prima? Cioè lui lo informa a pochi giorni dalla...

PRODI Senta, il 24 era già a tempo e già in anticipo, però, ripeto, c'era un rapporto quotidiano, per cui... se lei mi fa vedere il bigliettino posso anche dire a che punto è, ma c'era un rapporto assolutamente quotidiano, può darsi che sia cominciata il 24, può darsi che sia cominciato prima, certamente quando il discorso ha cominciato a prendere un aspetto concreto io ho informato il ministro, che fosse il 24 che fosse prima... Comunque se il bigliettino è del 24 è prima di ogni evento, quindi... Io ho qui scritto nei miei appuntini «24 marzo, informo Darida... Prodi informa Darida dell'intenzione di vendere la Sme» [...].

PRODI Beh, il 24, che «oggi in comitato ho ripetuto quanto già ti dissi personalmente al Fucino, che cioè vi sono richieste, ed è questo per la Sme, nei prossimi giorni la trattativa entrerà nel vivo e ti terrò al corrente».

PRESIDENTE Domande su questo punto?

PRODI Già lo sapeva, gliel'avevo già detto piú volte, come ho detto prima, già da... certamente almeno un mese prima lo avevo avvisato e qui nel biglietto addirittura dico: «Già come ti dissi, oggi in comitato...», cioè gli dico semplicemente che quello che gli avevo già detto in privato l'ho ripetuto anche in comitato, piú di cosí...

AVV. DINACCI [...] Successivamente a questa vicenda, la Sme poi ha dismesso in parte dei suoi settori?

PRODI No, queste sono cose successive...

AVV. DINACCI Non si ricorda nemmeno dei valori delle dismissioni?

PRODI Assolutamente no, siccome sono tutti ufficiali...

AVV. DINACCI Se lei ci poteva aiutare...

PRODI Poi sa, le parole successivamente, quello che si vendeva un anno fa a 100 si vende oggi a 50, quello che si vende oggi a 50 si venderà domani a 200...

AVV. DINACCI Sí, ma sarebbero emersi in dibattimento dei valori precisi con riferimento all'epoca, comunque sia, se non ricorda, andiamo avanti.

PRODI Comunque lí ci sono due perizie del rettore della Bocconi e di un illustre commercialista che mi danno questi dati, io non sono un valutatore di aziende...

AVV. DINACCI Lei ha detto che quando ha saputo che nella cordata Iar vi era anche Barilla rimase amareggiato, no, in questa vicenda?

PRODI Sí.

AVV. DINACCI Lei ha mai avuto occasione di parlarne con Barilla, dopo?

PRODI No.

AVV. DINACCI Perché?

PRODI Perché rimasi amareggiato, e siccome Barilla era un vecchio signore…

AVV. DINACCI Barilla?

PRODI Era un vecchio gentile signore, voglio dire, non trovavo ragione per andarsi a urtare.

AVV. DINACCI Ma lei dopo ha continuato ad avere rapporti con Barilla?

PRODI Quelli che avevo prima, cioè rari e cordiali.

AVV. DINACCI Però, voglio dire, non ha interrotto i rapporti, continuavano i rapporti di cordialità, mi sembra di capire?

PRODI Non ho rifiutato di stringerli la mano quando lo incontravo, ecco, se è questo che lei vuole dire. [...] Avvocato, se io la incontro io le stringo la mano, sa?

AVV. DINACCI Perché non vuole avere rapporti cordiali con me? Non ho capito…

AVV. DINACCI [...] Presidente, chiedo scusa, siamo alla fine, lei prima, se non ho capito male, rispondendo a una domanda del pubblico ministero ha detto che sapeva che nella cordata… e soprattutto no, nella cordata, nella proposta Scalera vi era Silvio Berlusconi…

PRESIDENTE No, no…

PRODI No.

AVV. DINACCI Non ha mai detto questo?

PRODI Io ho detto che assolutamente che non sapevo… Guardi, Scalera è uno di quei fantasmi, che poi nel giorno che Scalera doveva presentarsi non si è presentato, perché queste sono le cose che sono poi capitate al presidente dell'Iri, che improvvisamente c'è un'offerta e poi il signore il giorno che deve arrivare non c'è, lo cercano dappertutto e non c'è. Queste sono le cose.

PRESIDENTE Posso farle io qualche domanda? Perché, come lei ha detto, la peculiarità di questa vicenda è stata che fu la prima, in assoluto, esperienza di dismissione da parte dell'Iri, io leggo qua, nelle intese che sono state sottoscritte il 29 aprile, che: «Il professor Prodi si impegna a sottoporre, entro la data poi originale del 7 maggio '85, con proprio parere favorevole all'approvazione del consiglio di amministrazione dell'Iri l'operazione di cui trattasi, con l'intesa che l'approvazione deve riguardare l'intera operazione». E se non sbaglio intervenne una delibera del consiglio di amministrazione dell'Iri che approvò per intero questo, ecco, io volevo chiederle...

PRODI Dopo una lunghissima discussione.

PRESIDENTE Volevo chiederle, perché si legge quest'altra indicazione: «Il professor Prodi si impegna altresí a richiedere tempestivamente all'autorità di governo l'autorizzazione di legge», quindi per il presidente dell'Iri che cos'era questa autorizzazione di legge, da richiedere all'autorità di governo?

PRODI Era essenziale perché si producesse...

PRESIDENTE Sí, ma che cos'era, da un punto di vista amministrativo, perché l'Iri poteva disporre di queste...?

PRODI Ma se lí mi impegno a richiedere l'autorizzazione ne faccio condizione, come lei vede, insomma, nel senso che è chiaro che l'Iri poteva disporre, però è pure una struttura appartenente al sistema delle Partecipazioni statali, e quindi ho ritenuto opportuno scrivere che occorreva il visto, il beneplacito del ministro. [...] Io intendevo il ministro delle Partecipazioni statali, ma lo lasciavo anche libero, che se lui voleva andare al Consiglio dei ministri facesse poi lui, questo non glielo dico come autorizzazione, dico una decisione che viene dall'autorità

PRESIDENTE Quindi il benestare del governo.

PRODI Dell'autorità politica, ecco.

«Il ministro era favorevole, il Cipi autorizzò...» Testimonianza di Giuliano Amato

Il 28 dicembre 2001 viene chiamato a testimoniare Giuliano Amato.

P.M. Lei nel 1985 ricopriva una carica di governo?

AMATO Ero sottosegretario alla presidenza del Consiglio.

P.M. Lei ricorda se seppe dell'intenzione di privatizzare la Sme da parte di organi istituzionali o dalla stampa?

AMATO Non me lo ricordo, questo non me lo ricordo, può essere stata una o l'altra cosa.

P.M. Ebbe modo di parlarne con l'allora presidente del Consiglio, Bettino Craxi?

AMATO Sí, questo assolutamente sí, fu lui che ne parlò a me e la sua posizione era abbastanza critica, fondamentalmente per due ragioni: un po' al tempo Craxi non era tra quelli che vedevano la vendita delle imprese pubbliche con particolare favore, immagino per ragioni tipo socialdemocrazia tedesca, poi è cambiato in parte, con il tempo; dall'altro aveva una obiezione soprattutto sul prezzo di quella vendita, che gli pareva particolarmente basso.

P.M. Ma quali elementi aveva il presidente del Consiglio per ritenere non congrua o bassa quella offerta, aveva... Lei sa che il presidente del Consiglio ebbe modo di studiare, rendersi conto della documentazione, dei bilanci della Sme, dell'andamento delle aziende, che cosa lo ha indotto a ritenere che il prezzo non era equo o comunque non sufficientemente alto?

AMATO Questo non lo so, se lui si basava su ciò che appariva sui giornali, sui quali anche vi erano a volte, non potrei ora citare questo o quel pezzo, ma vi erano delle analisi critiche in relazione al prezzo, se avesse fonti di informazione sua, che peraltro io ignoravo, io so che gli feci presente che comunque il... e questo lui poi lo accettò, che il presidente del Consiglio istituzionalmente non poteva interporre propri poteri, quindi propri atti, a un evento del genere in ragione del prezzo, perché questo riguardava l'autonomia dell'Iri, in sostanza, e non rientrava tra le prerogative del presidente.

P.M. Ma lei sapeva, dal presidente del Consiglio, che l'Iri aveva disposto perizie date peraltro al rettore all'epoca della Bocconi, quindi dei professionisti ed esperti in materia, quindi c'era stata una quantificazione prima poi di concludere l'accordo con il De Benedetti, e ne era al corrente il presidente del Consiglio?

AMATO Penso di sí, perché ora che lei me la dice questa cosa, della perizia affidata, non mi ricordo a chi era quell'epoca in Bocconi, era anche sui giornali, se non sbaglio, quindi non era una notizia riservata, ciò non di meno lo riteneva un prezzo basso, io ne parlai anche con Prodi, di cui ero amico da tempo, e Prodi era consapevole che il prezzo era basso, ma lo riteneva un prezzo congruo, tenendo conto dell'entità degli investimenti che a suo avviso sarebbero stati necessari per assicurare alla Sme una posizione di mercato adeguata, e quindi... questa era la spiegazione che lui dava, al netto degli investimenti il prezzo era ragionevole, altri evidentemente avevano un'opinione diversa.

P.M. Lei ha detto poc'anzi che riteneva che a livello istituzionale il presidente del Consiglio non potesse, comunque, interferire nelle decisioni del presidente dell'Iri, ma ritenne, come sottosegretario, e quindi come persona vicina al presidente [...] del Consiglio, che mancasse o, secondo lei, aveva studiato la situazione, si era reso conto che secondo lei era necessario fare ulteriori passi?

AMATO Io mi studiai la cosa, come era mio mestiere fare, e del resto l'avevo fin dall'inizio vista, questa ipotesi qua, della quale poi mi convinsi lavorandoci, che in base alla pur sciagurata legge, secondo me, 675 del '77, che introduceva una pesantissima pianificazione delle attività industriali sia private, sia pubbliche, un atto del genere – in quanto comportava l'uscita piú o meno totale dell'Iri dal settore produttivo alimentare – comportasse un'approvazione da parte del Cipi, al quale l'Iri aveva presentato un programma che diviso per settori. [...] Se oggi qualcuno mi chiedesse un parere legale sulla base di questa legge su un evento del genere, io ripeterei quello che allora pensavo e dissi, e cioè che senza andare al Cipi si rischiava una illegalità. Ne parlai con Prodi, il quale si era assicurato, comunque, nel contratto, la clausola standard «salve le autorizzazioni di legge», quindi io dissi «Romano, a questo punto che l'autorizzazione sia del ministro, del Cipi o di qualcun altro, per te, dal tuo punto di vista, non fa differenza», al ministro delle Partecipazioni statali dissi: «Stai attento, perché non credo che tu possa essere tu ad autorizzare questo atto, è bene che vada al Cipi», cosa che poi accadde.

P.M. Sí, difatti al Cipi va e dà parere favorevole, e questo avviene in data, se non ricordo male, nell'85, il 23 maggio del 1985, quindi era favorevole, quindi a questo punto che cosa succede, per quello che ha in mente e ricorda? Quindi il Cipi dà parere favorevole... Quale fu l'atteggiamento del presidente del Consiglio, atteso che addirittura intervenne una pronuncia favorevole del Cipi?

AMATO La pronuncia era favorevole alla vendita, se non ricordo male, con due condizioni: che la nazionalità dell'acquirente... perché ovviamente il parere...

P.M. Che erano già previste nell'accordo, nel contratto, anzi?

AMATO Sí. Se non ricordo male non è che diceva «si venda al signor tale o al signor tale», si dichiarava favorevole alla vendita della Sme da parte dell'Iri, punto, a condizione che la nazionalità dell'acquirente rimanesse per 5 anni italiana, e che l'occupazione prevista non venisse ridotta, quindi c'era un via libera alla vendita. A quel punto, no, il mio ricordo qui diventa abbastanza confuso, perché io mi ero concentrato su quella vicenda, ricordo che cominciarono a girare personaggi che volevano comprare la Sme in quel periodo lí, ricordo che a un certo momento cercò di vedermi un signore molto grasso, che parlava con l'accento napoletano, che non ricordo chi fosse, che si dichiarò interessato, io pensai che...

P.M. Ma venne da lei come carica istituzionale o come fatto privato, era un suo amico?

AMATO Me lo ricordo come un fatto folcloristico questo evento qua, perché non so assolutamente chi fosse, non lo saprei neanche ricordare, ma...

P.M. Non si ricorda come si chiamava questo personaggio?

AMATO No, assolutamente. Capii che io non mi sarei interessato di…

P.M. E come mai si rivolse a lei, presidente, glielo chiese?

AMATO Ma riuscí a intercettarmi, me lo ricordo ancora, mentre stavo rientrando a casa, era in via Ludovisi, quindi era dietro l'angolo di via Veneto, dove allora stavo, accompagnato, come sempre accade, da una persona che conoscevo, che mi salutò, mi disse «è il signore che ti vorrebbe salutare», questo cominciò a parlarmi di quanto gli sarebbe interessata la Sme, insomma, non so chi sia, ma è un fatto folcloristico questo, che evidentemente si accese un interesse all'acquisto della Sme, e poi partirono tutta una serie di vicende, che poi sono sboccate in fatti giudiziari.

P.M. Lei conosce l'avvocato Vittorio Ripa di Meana?

AMATO Sí, lo conosco molto bene, siamo vecchi amici. Lui era legato a De Benedetti e credo che ne facesse gli interessi sul piano legale [...]. Io ricordo che una volta, ma non ricordo piú nemmeno se era ancora quando eravamo a Palazzo Chigi o dopo, che con Vittorio Meana cercammo di combinare un incontro tra De Benedetti e Craxi, perché eravamo entrambi in qualche modo dispiaciuti che tra i due non ci fosse un sentimento di reciproca simpatia. Questo io lo sapevo da tempo, cosí era anche ai tempi dell'acquisto della Sme, per una ragione oggettiva, De Benedetti era considerato da Craxi un amico dei suoi avversari politici e quindi non era una persona che godesse della sua simpatia, su questo non c'è dubbio. Se dovessi dire che Craxi da presidente del Consiglio mi disse «mai De Benedetti comprerà la Sme perché è amico dei mie nemici», direi una cosa che non mi ha mai detto. Devo dire che Craxi in quelle occasioni mi parlava di vendita, non vendita, di svendita, di gioielli, formula che sarebbe tornata anche in altre circostanze in altre bocche, sempre quando uno non desidera vendere dice che non svenderà mai i gioielli, questo un psicologo lo interpreterebbe cosí, e che… prezzo, eccetera, ma insomma, ecco, erano questioni tutte relative all'oggetto, non al soggetto.

P.M. Il ministro dell'Industria all'epoca lei ricorda chi era?

AMATO Era Renato Altissimo, sí, me lo ricordo.

P.M. Aveva una competenza specifica come ministro dell'Industria, poteva interferire come patto istituzionale nella vicenda della privatizzazione Sme?

AMATO Poteva dire la sua perché il Cipi era organizzato... cioè esisteva...

P.M. Ma come membro del Cipi?

AMATO Come membro del Cipi.

P.M. Non come ministro e quindi come carica istituzionale?

AMATO No, ministro era il ministro delle Partecipazioni statali, infatti la firma poi sotto gli atti di governo la metteva il ministro delle Partecipazioni statali, il Cipi aveva la sua organizzazione piú presso l'industria che presso il bilancio, dove c'era il Cipi, ma era in questa veste soltanto.

AVV. PISAPIA Il pubblico ministero ha già anticipato tutte le domande, volevo solo un chiarimento, lei ha indicato questo rapporto di non simpatia, diciamo, da parte di Bettino Craxi nei confronti di De Benedetti, ha sottolineato che uno dei motivi per cui Bettino Craxi sarebbe stato contrario alla cessione Sme era la non congruità del prezzo, questo, ma successivamente ha anche sottolineato che, a quanto le consta, non aveva elementi concreti per valutare la congruità del prezzo o meno, le ha chiesto successivamente dati, bilanci, valutazioni, rispetto alla congruità del prezzo o era, diciamo, un giudizio apodittico?

AMATO No, io non ho detto che non aveva elementi, io ho detto che se aveva fonti informative diverse da me, di cui non mi parlava, fra l'altro Craxi non aveva molto l'abitudine di parlare con ciascuna delle persone che collaboravano con lui, delle fonti di informazione di cui si avvaleva sull'una o sulle altre questioni, se aveva altre fonti di informazione io questo non lo so...

AVV. PISAPIA Quindi a lei non ha mai chiesto elementi...?

AMATO Ma a me non ha mai chiesto di occuparmi del prezzo, anche perché sapeva che non sarei stato io, io gli potevo...

AVV. PISAPIA No, presidente, chiaramente non fare... è una valutazione sua, elementi di valutazione.

AMATO Non mi ha mai commissionato, perché io mi rivolgessi a terzi, elementi sul prezzo [...].

AVV. DINACCI Un'ultima precisazione: il pubblico ministero le ha letto alcune dichiarazioni che avrebbe reso l'avvocato Ripa di

Meana, cioè sostanzialmente dice che lei avrebbe riferito che le motivazioni di «pretesa ostilità di Craxi a questa operazione» erano di natura personale, tant'è che si sarebbe indotto a cercare di convincerlo. Conferma che non rispondono al vero queste dichiarazioni, cioè lei non ha mai effettuato dichiarazioni di questo genere?

AMATO No, io… ancora non voglio mettermi nella condizione di non dire ciò che ricordo, ma dire ciò che ragionevolmente possa aver detto, pur non ricordandolo, perché non sarebbe una testimonianza, ma una deduzione, ma io so di avere parlato ripetutamente con Vittorio Meana, che essendo legato a De Benedetti, ed essendo consapevole del fatto che c'era un rapporto non fluido tra il suo amico De Benedetti e il presidente del Consiglio, mi parlava di questo rapporto non fluido, sicuramente io gli ho risposto, parlandone, che ero certo che il legame politico che Craxi vedeva tra De Benedetti e i suoi avversari politici, allora i comunisti, lo rendeva piuttosto ostile a De Benedetti, ma non ricordo di aver mai detto che era questa la ragione per la quale Craxi si opponeva all'acquisto della Sme, di sicuro questa era una ragione che stava in un quadro piú ampio.

AVV. DINACCI La presidenza del Consiglio, lei ha detto, non fu informata di questa operazione Sme…

AMATO Io non fui informato prima che… ma tenga conto che, appunto, si trattava della vendita di una società nel settore alimentare, insomma, non sempre… questa cosa della informativa preventiva sulle vendite abbastanza… non ha una regola [...].

PRESIDENTE Vorrei chiedere io una cosa, presidente: lei ci ha detto prima, se non ho capito male, che aveva informato il ministro delle Partecipazioni statali, che a suo avviso, a tenore della normativa, era necessario acquisire il parere favorevole del Cipi per esitare questa Sme, lei una volta intervenuto questo parere positivo, lei è al corrente, per caso, cioè il ministro delle Partecipazioni Darida le comunicò qualcosa circa sue perplessità a dare questa autorizzazione?

AMATO No, direi proprio di no; io avevo percepito, quando avevo parlato prima, con Darida, che Darida era prossimo a esprimersi favorevolmente, lo desumo ancora ora, credo correttamente, dal fatto che ricordo di avergli detto «guarda che se tu ora autorizzi questa cosa, in assenza di una delibera del Cipi puoi fare qualcosa di illegittimo», se io gli ho detto questo evidentemente lui non aveva, in quel momento, ostacoli a procedere.

PRESIDENTE Quindi con questa delibera del Cipi sostanzialmente interveniva quell'autorizzazione governativa che era prevista allora come condizione perché avvenisse la vendita della Sme?

AMATO Dal punto di vista legale non c'è dubbio...

PRESIDENTE Naturalmente io parlo per quella che è la sua... cioè le chiedo per quella che era la sua...?

AMATO In quel momento dal punto di vista legale sí, se poi sono subentrate altre domande nei termini vecchi o nuovi, e se a quel punto si è posto all'Iri come al ministro un problema di raffronto, questo rientrava nelle loro competenze.

PRESIDENTE Lei è in grado di dirci come nacque poi o come fu informato, in che termini nacque la vicenda di altre offerte?

AMATO Il modo in cui io ne fui informato fu attraverso...

PRESIDENTE A parte quell'incontro folcloristico.

AMATO Fu quell'incontro folcloristico, capii che avevamo aperto un vaso di Pandora, a quel punto, che potevano, anche i personaggi piú imprevedibili, candidarsi all'acquisto della Sme, poi seppi che si stava formando una cordata che era...

PRESIDENTE Barilla, Ferrero.

AMATO Sí, Barilla, Ferrero, e poi cominciò una tenzone a due.

«Era una svendita, Craxi e io la sventammo»
Dichiarazioni spontanee di Silvio Berlusconi

Si apre l'udienza del 5 maggio 2003 e il presidente prende atto delle presenze in aula facendo l'appello.

PRESIDENTE Benissimo, allora ci sono richieste?

AVV. PECORELLA Presidente, come lei sa comunque, c'è la richiesta del presidente Berlusconi di potere fare delle dichiarazioni spontanee.

PRESIDENTE Certamente, prego, si accomodi, è ammesso, prego, ha la parola.

BERLUSCONI Grazie presidente, lei è già al corrente, essendo io intervenuto due settimane fa ad una udienza, che io ho ritenuto di cambiare il mio atteggiamento per quanto riguarda questa causa rispetto all'atteggiamento che avevo assunto precedentemente, e l'atteggiamento mio era di lasciare che la causa si svolgesse senza nessun mio intervento, avendo io il convincimento, che mantengo tuttora, di una completa capacità dei miei difensori di svolgere tutti i ragionamenti che avrebbero, a mio parere, potuto dimostrare ampiamente la paradossalità dell'accusa in una situazione in cui, io ebbi a dichiararlo anche pubblicamente, casomai a Silvio Berlusconi poteva venire riconosciuto un merito per essersi attivato affinché non avvenisse un certo evento pregiudizievole per la collettività e per gli interessi dello Stato, anziché invece vedersi coinvolto addirittura in un procedimento giudiziario. Cosa è cambiato? È cambiato il fatto che circa tre settimane fa i miei avvocati – possono ben testimoniare come io mai mi sia interessato di questo procedimento, mai abbia avuto discussioni o incontri con loro a riguardo, abbia semplicemente sottoscritto gli atti che via via avevano ritenuto di inoltrare presso le competenti sedi, anche a riguardo di questa Corte, io sempre mi adeguai alle loro richieste – tre settimane fa mi chiesero con insistenza un incontro. Mi incontrai con loro, dedicammo una serata intera a questo incontro, ed emersero alcuni fatti che mi indussero a cambiare atteggiamento e ad intervenire direttamente nel procedimento per raccontare i fatti – anche perché l'opinione pubblica, cosí attenta nelle ultime fasi di questo procedimento al procedimento stesso, potesse venire informata direttamente da me dei fatti che riguardano, che sono oggetto del procedimento – e infine i miei avvocati mi dissero, e questo fu la causa che mi indusse a cambiare atteggiamento riguardo al procedimento stesso, che c'era stata una non ricezione delle richieste della mia difesa di ascoltare alcuni testi che, a giudizio dei miei difensori e poi a mio giudizio, erano, sono, saranno indispensabili, direi essenziali, affinché si arrivi a realizzare quale è stata la situazione che si è sviluppata in ordine all'oggetto del procedimento. Quindi sono qui e comincio... vorrei raccontare soltanto fatti senza dare opinioni, senza esprimere giudizi.

Una telefonata a Madrid

Vorrei cominciare da una telefonata che io ricevetti il primo di maggio del 1985 mentre mi trovavo a Madrid, ero a Madrid con mia moglie e con il mio collaboratore Adriano Galliani e sua moglie, stavamo concludendo l'acquisto degli Estudios Roma per fondare in Spagna una televisione commerciale, cosa che poi in effetti avvenne, e gli Estudios Roma sono ancora oggi la sede di questa televisione commerciale che si chiama Telecinco. Fui raggiunto da una telefonata di un mio collaboratore che mi raccontò quello che era apparso sui giornali, e cioè che c'era stata una vendita da parte dell'Iri della Sme alla Buitoni di Carlo De Benedetti, cosa che mi sorprese alquanto, e dirò poi perché. E in quell'occasione... io devo dire che ci furono poi altre telefonate di protagonisti del mondo dell'alimentare, che io conoscevo in quanto fornivo pubblicità attraverso le mie reti a loro, e in particolare ci fu una telefonata molto tumultuosa, direi, dello scomparso Pietro

Barilla, il quale mi disse che era rimasto risentito, indignato, sconvolto[1], da quello che si era verificato perché, a suo dire, egli stesso con il suo amministratore delegato, ingegner Manfredi, aveva avuto modo anche recentemente, quindici giorni prima, di recarsi dall'Iri e dall'Iri di essere inviato a Mediobanca, per chiedere se fosse in vendita la Sme – cosa che tra l'altro aveva anche inseguito nei mesi precedenti – e gli era stato risposto che l'Iri non riteneva di cedere la sua partecipazione nel comparto alimentare. E invece si trovò di fronte, quella mattina, alla notizia dell'avvenuta vendita. E mi chiese, mi pregò, data la mia amicizia e il mio rapporto di familiarità con l'allora presidente del Consiglio Bettino Craxi, di cercare di ottenere per lui un appuntamento con il presidente del Consiglio. Io, ritornato a Milano, parlai con il presidente del Consiglio, il quale non era informato con precisione della vicenda, mi sembrò anche che non fosse particolarmente interessato alla vicenda stessa, tanto è vero che fissò un appuntamento a Pietro Barilla, mi sembra di ricordare, una settimana dopo. Una settimana dopo Pietro Barilla andò da lui – ebbi poi il racconto dell'incontro sia dal presidente del Consiglio che da Pietro Barilla – rappresentò la situazione e tutto ciò che riguardava l'oggetto della vendita, il prezzo, le condizioni della trattativa e le condizioni del contratto al presidente Craxi che ricavò una piú precisa impressione da questo colloquio e decise, a dire di Pietro Barilla ma poi ebbi conferma da piú fonti di questo fatto, di incaricare il sottosegretario alla presidenza del Consiglio, Giuliano Amato, di verificare quali fossero i dati giuridici e che cosa fosse necessario affinché la promessa di vendita, stipulata dall'allora presidente dell'Iri con il titolare della Buitoni, si trasformasse da preliminare di vendita in un contratto definitivo. Giuliano Amato fu incaricato di questo approfondimento, credo che poi il riscontro che dette a Craxi fu quello delle necessarie autorizzazioni di legge che si concretizzavano da un lato nell'approvazione da parte del consiglio di amministrazione della stessa Iri, e dall'altro da una delibera [...] del comitato interministeriale per la programmazione industriale con il definitivo via libera attuato, da attuarsi attraverso una firma del ministero, del ministro delle Partecipazioni Statali. Io tenni al corrente di tutto il presidente della Barilla, Pietro Barilla, con cui intercorsero in quei giorni molte telefonate, e il presidente della Barilla mi disse che aveva intenzione di presentare un'offerta alternativa con un aumento di prezzo, perché riteneva che ci fosse lo spazio, che ci doveva essere lo spazio, perché ci fosse ancora una possibilità di intervenire nella vicenda. Il presidente del Consiglio dopo qualche giorno mi chiamò e mi chiese di incontrarlo. L'incontro avvenne a Milano nel suo studio situato in piazza del Duomo e trovai una persona completamente diversa, un atteggiamento totalmente opposto a quello che avevo incontrato quando gli chiesi di incontrare Pietro Barilla, usò frasi molto forti, direi anche molto colorite, e cominciò a raccontarmi la vicenda per come era riuscito ad appurarla, non solo attraverso gli interventi e le risposte del sottosegretario Amato, ma anche attraverso ciò che gli riferirono i membri del consiglio di amministrazione dell'Iri che appartenevano alla sua parte politica. E cominciò col definire sconvolgente, allucinante, scandaloso il modo con cui si erano condotte la trattative, un modo che diceva, e ricordo benissimo le parole, «a porte chiuse» e non a mercato aperto come si sarebbe dovuto fare per un'entità cosí importante come la Sme[2], disse che era scandaloso che di queste trattative non fossero tenute a conoscenza, e neppure della volontà di vendere la Sme, il direttore generale dell'Iri, il direttore finanziario, i membri del consiglio di amministrazione[3], definí scandaloso il fatto che l'Iri avesse dato risposte negative a protagonisti dell'alimentare italiano, e mi citò nell'ordine Buitoni, di cui peraltro mi aveva riferito anche Pietro Barilla nella telefonata che mi fece in Spagna [...].

La rabbia di Craxi

Il presidente del Consiglio definí inaccettabile questo comportamento. E poi mi citò anche interventi di ministri del suo gabinetto, mi citò quanto gli aveva riferito il ministro Altissimo[4], che giusto un mese prima aveva parlato col presidente dell'Iri facendogli presente l'offerta di una multinazionale americana, la Heinz, la quale chiedeva di comperare la Sme, ed ebbe dal presidente dell'Iri una risposta negativa. E in quella occasione il presidente dell'Iri disse che per il comparto agricolo italiano l'alimentare detenuto dalla Sme era ritenuto strategico, e quindi incedibile, e fece anche una valutazione del prezzo, del valore della Sme da 1.300 a 1.500 miliardi[5] ricordandogli che la Sme era lo scrigno, la cassaforte in cui erano detenuti i principali marchi storici italiani. E i marchi storici, come sa chi è esperto di comunicazione, danno un valore, indipendentemente dallo stesso valore delle aziende, ai prodotti e quindi alle aziende stesse, perché si calcola che il valore di un marchio sia pressappoco la serie storica di investimenti pubblicitari su quel marchio. Quindi dentro la Sme c'erano marchi come la De Rica, la Bertolli, la Cirio, la Pavesi, la Motta, l'Alemagna e quindi c'era un valore che nelle mani soprattutto di un concorrente straniero...[6] e questo faceva molta paura a Barilla, questo faceva paura a Buitoni, questo poi fu determinante nel convincimento di Ferrero di partecipare alla successiva cordata, un concorrente straniero che fosse entrato in possesso di quei marchi sarebbe stato una presenza pericolosa per gli stessi protagonisti italiani. E in quei colloqui, cosí mi riferí Barilla, ma Buitoni potrà testimoniare al riguardo, Buitoni gli disse che pensava e riteneva di aver capito che l'operazione della finanziaria Cir fosse un'operazione tesa a una successiva vendita, passato un certo periodo di tempo che sembrava sarebbe stato richiesto dalla venditrice Iri, ad un concorrente straniero e mi ricordo che si fece il nome della Danone, che con Kraft e Nestlè era uno dei soggetti principalmente attivi sul mercato italiano. Quindi ritorno al successivo colloquio che io ebbi intorno alla metà del mese col presidente Craxi, lui definiva assolutamente inaccettabile questo modo di procedere, riferí di Altissimo che gli aveva raccontato questo colloquio con il presidente dell'Iri, riferí di un altro intervento del presidente della commissione Bilancio dell'epoca, Cirino Pomicino[7], il quale gli disse che anch'egli era intervenuto su Romano Prodi all'inizio dell'anno e che aveva ricevuto identica risposta negativa sulla volontà della Sme, disse che per quanto lo riguardava c'era un programma approvato dal Cipi che prevedeva per la Sme addirittura delle immissioni di danaro fresco, immissioni che tra l'altro erano anche appena avvenute.

Quindi riteneva che davvero non si potesse accettare un comportamento di questo tipo e che le dismissioni, che lui considerava in quel momento una vera e propria spoliazione del patrimonio dello Stato contro un regalo, un arricchimento indebito a un privato cittadino, non potesse avvenire in quel modo. E poi definí in maniera ancora piú forte il prezzo che era stato concordato, prezzo come loro ben sanno fu di 497 miliardi, quindi molto lontano da quei 1.300, 1.500 miliardi stimati dal presidente Prodi e comunicati nel colloquio che Prodi ebbe con Altissimo e soprattutto ricordò che quel prezzo era molto lontano da quella che era la valutazione pubblica. Valutazione pubblica della Borsa, le azioni erano quotate in quella fine di aprile 1.290, 1.300 lire per azione[8], il prezzo dell'azione in quella vendita fu di appena 930 lire per azione. Ma il prezzo della Borsa era già di per sé un prezzo che non rappresentava il valore della Sme, perché? Perché trattandosi di azienda posseduta per il 64% dall'Iri, e quindi dallo Stato, non c'era nessuna vivacità negli scambi borsistici e quindi la quotazione di Borsa non teneva assolutamente conto del valore vero, intrinseco della Sme stessa. Aggiunse Craxi che si era venuti meno a quello che è una regola universale, che non ha mai subíto eccezioni, che la valutazione doveva essere fatta con un'aggiunta di un premio di maggioranza[9], dato che si vendeva la maggioranza dell'azienda. E dato che questa maggioranza non rappresentava di per sé una quantità elevata, il 64% avrebbe potuto anche sopportarlo, ma la vendita era in effetti del 51%, perché mentre la Buitoni comprava il 64% nello stesso contratto aveva la garanzia di un acquisto di altre aziende controllate dall'Iri, cioè di Mediobanca e di Imi, che alleggerivano l'acquisto del 13% versando in contanti 104 miliardi alla Cir stessa. Il prezzo quindi che la Cir pagava per il 51% della Sme scendeva a 393 miliardi di lire, ma era ancora meno perché mentre Imi e Mediobanca avrebbero pagato immediatamente in contanti il 13%, alla Cir veniva riconosciuto un pagamento dilazionato e precisamente una parte del pagamento al 28 di giugno dell'anno, un'altra parte alla fine del mese di marzo, una parte ancora alla fine del mese di giugno e infine il grosso del prezzo, vicino ai 200 miliardi alla fine dell'anno, quindi a 18 mesi di distanza[10]. E non venivano conteggiati gli interessi che in quel momento erano per le aziende normali presenti sul mercato italiano di circa il 20%, il prime rate si situava intorno al 15%.

Succedeva quindi che c'era una sconvenienza assoluta, una imparagonabilità del prezzo pagato dalla stessa Iri attraverso le sue controllate, Mediobanca e Imi, che pagavano un prezzo parificato a 497 miliardi, mentre la Cir pagava un prezzo inferiore, 393 miliardi, che attualizzati al momento della stipula del contratto risultavano ancora inferiori perché il pagamento dilazionato non era gravato del 15% di interessi. Aggiunse poi che era assolutamente inconcepibile che una delle aziende fosse venduta... del gruppo, importante perché conteneva i marchi Alemagna e Motta[11], fosse venduta a lire 1 quando gli risultava, dai componenti del consiglio di amministrazione, che pochi mesi prima lo stesso Barilla avesse offerto per quell'azienda 30 miliardi di lire [...].

Quindi, concludeva il presidente del Consiglio, mai si era vista un'operazione di questo genere, cresciuta nel segreto e assolutamente inaccettabile. [...] E fece tutta una serie di altri ragionamenti che io credo potranno anche venire evidenziati se il Tribunale vorrà sentire con domande acconce ancora una volta il senatore Amato[12], che partecipò a tutta quella vicenda in termini molto piú importanti e precisi da quello che io ho potuto acquisire leggendo le cronache giornalistiche che mi sono state sottoposte dai miei avvocati in quella famosa sera.

E come concluse Craxi? Craxi disse: «È un danno per lo Stato, è una spoliazione inaccettabile[13], ma purtroppo io non ne sapevo niente, il consiglio di amministrazione dell'Iri ha già approvato questa vicenda, c'è un solo mezzo ed è quello di far pervenire all'Iri un'offerta che sia sensibilmente piú elevata di quella contenuta nel contratto con la Cir. E io so che Barilla si sta attivando per mettere insieme una cordata di industriali ma dato i tempi io ho provveduto – mi disse – a chiedere, ed è stato ottenuto, un intervento di Amato su Darida, che intervenendo sull'Iri, riuscí a chiedere che fosse spostato il termine dell'esecuzione del contratto dal 10 maggio al 28 di maggio, questo ho ottenuto, quindi c'è un tempo molto breve per fare arrivare all'Iri un'offerta che sia migliorativa rispetto al prezzo concordato con la Cir». Mi chiese in pratica di interessarmene direttamente, mi disse: «Non vedo sbocchi perché vedo che Pietro Barilla, pur molto motivato al riguardo[14], non ha in concreto le attitudini di mettere insieme in tempi utili questa cordata, io ti prego di intervenire direttamente a fianco di Barilla, so che ci sono altri industriali che sono interessati», mi citò Ferrero e mi disse anche Ferrero, non solo Barilla, non solo Buitoni si era fatto avanti e mi disse che gli era stato riferito dal ministro Goria, che gli aveva detto, successivamente quando lui espletò questa indagine presso i suoi ministri, che anche Ferrero si era dichiarato disponibile ed interessato all'acquisto dell'intera Sme[15]. «Quindi – dice – so che si sta attivando un commercialista, certo dottor Locatelli di Milano, che sta contattando Ferrero, ti prego contattalo e mettiti in campo, magari facendo intervenire anche la Fininvest nella cordata, al fine di arrivare a presentare entro quella data, il 28 di maggio, un'offerta assolutamente migliorativa rispetto all'offerta della Cir». Io feci presente che anch'io ero stato contattato dalla Cir [intende dire dell'Iri] quando guardando al mercato nello stesso anno stavo cercando di differenziare gli investimenti del mio gruppo, ed erano venuti proprio da me due importanti dirigenti Cir [Iri], e cioè il dottor Rasero e il dottor Franco Viezzoli. Mi avevano detto in quel momento, avevo chiesto se fosse in programma una cessione da parte dell'Iri della Sme[16], l'avevano tassativamente escluso, mi avevano detto che probabilmente si poteva parlare di un 13% da comperare dall'Iri, che in questo caso si sarebbe tenuta comunque la maggioranza, il 51%, e che un altro 7,8% sarebbe stato possibile prenderlo dal mercato borsistico e quindi che sarei diventato un socio di una certa rilevanza con il 20%[17] della stessa Sme. Ma io ero in quel momento sempre stato l'unico proprietario delle mie aziende e mi dichiarai quindi non interessato.

Due offerte targate Berlusconi

Quindi raccontai questa cosa al presidente del Consiglio, ma lui mi pregò ugualmente, anche se non c'era a quel punto nessun mio interesse diretto nell'acquisizione della Sme né di alcuna delle aziende che fossero della Sme, mi pregò[18], in maniera molto, molto affettuosa ma pressante, di mettermi a disposizione e di sentire subito il presidente della Barilla e di vedere, di ascoltare questo dottore commercialista e di mettermi in campo con la mia concretezza per vedere di riuscire a presentare un'offerta. Io alla fine lo feci e devo dire anche che non mi pesò piú di tanto perché avevo qualche conto aperto col signor De Benedetti che partecipava al gruppo La Repubblica-Espresso che mi attaccava non un giorno sí e un giorno no, ma mi attaccava praticamente tutti i giorni, e consideravo effettivamente indegno che ci fosse una speculazione di quel tipo ai danni di tutti i cittadini e ai danni dello Stato. Quindi mi misi subito in contatto con Locatelli, Locatelli mi raccontò di essere già in contatto con Ferrero, non conoscevo personalmente il dottor Ferrero ma ero in contatto con i suoi dirigenti che erano investitori di pubblicità sulle mie televisioni, parlai al telefono con loro e alla fine si stabilí che ci poteva essere un incontro perché la Ferrero disse di essere interessata almeno ad esaminare la vicenda. Ma c'era da intervenire con un'offerta prima del 28 di maggio. Incaricai allora, in sintonia totale con Pietro Barilla, un avvocato di Roma [Italo Scalera] di presentare all'Iri un'offerta migliorativa, mi ricordo che fu di circa 50 miliardi il miglioramento, mi sembra che l'offerta fosse di 550 miliardi, all'Iri stessa, come si può fare in nome e per conto di persone da indicare successivamente in quello che sarebbe stato il primo contatto diretto e personale tra questo professionista e i responsabili dell'Iri.

Questa offerta fu indirizzata il 23 di maggio, successivamente, mi sembra proprio nei giorni immediatamente successivi, decidemmo di avere un incontro tra Barilla, il sottoscritto e i rappresentanti della Ferrero, e trovammo una posizione comoda, mi sembra di ricordare che fosse una domenica, e fu comodo per tutti convenire in quel di Broni presso un ristorante, dove arrivò Barilla con suo figlio e Manfredi ed altri suoi dirigenti ed avvocati, arrivai io con anche i miei collaboratori, arrivò Michele Ferrero che però ci disse subito che avrebbe dovuto lasciare dopo un po' di tempo perché il giorno dopo doveva partire di buon ora per Londra, infatti rimase la moglie, rimasero i suoi collaboratori. Discutemmo in quell'occasione di tante cose, di ciò che si doveva fare, l'interesse della Barilla era evidente, per Motta per Alemagna, per tutta una serie... per la Pavesi soprattutto... ed anzi apro una parentesi, quando il presidente del Consiglio mi disse: «È impossibile che un affare di questo tipo si sia trattato in due sole sedute presso Mediobanca» mi disse di essere stato informato che alcuni dirigenti di Iri, tra cui il direttore finanziario Rastelli, si erano indignati quando, sedutisi al tavolo, chiesero a De Benedetti quali erano le sue offerte, e De Benedetti secco disse: «Non sono qui per fare offerte, sono qui per firmare», tanto è vero che i dirigenti si offesero e abbandonarono la riunione lasciando soltanto il presidente dell'Iri che poi combinò l'affare con De Benedetti[19].

E devo dire, facendo un salto in avanti, che a sostegno del fatto che una trattativa di questo genere non può attuarsi e concludersi in due sedute, cito la situazione dell'acquisto successivo di Barilla che acquistò la Pavesi da parte dell'Iri, questo acquisto richiese 33 sessioni, 33 incontri. E qui, questo l'ho trovato ieri sera, ironia del caso, Barilla pagò una piccolissima parte dell'impero Sme, la Pavesi, un miliardo di piú di quello che avrebbe pagato la Cir per l'intero gruppo, pagò 394 miliardi, un miliardo di piú dell'intero gruppo[20]. Erano passati pochi anni, c'era stato certamente un percorso inflattivo, ma mai e poi mai si sarebbe potuto pensare che una parte cosí minore dell'impero potesse essere valutata esattamente quanto fu valutata in quell'occasione la vendita dell'intera Sme al gruppo Cir.

A casa Ferrero

Ritornando a quella sera l'interesse di Ferrero era evidente, temevano soprattutto una cessione successiva ad un gruppo straniero. In quel momento, mi sembra di ricordare che la Ferrero avesse un fatturato in Italia intorno a 1.000 miliardi, il fatturato nei dolci, nel cioccolato e nelle merendine delle aziende della Sme era di 250, 300 miliardi, quindi era evidente l'interesse della Ferrero. Ma c'erano dei dubbi sugli altri *assets* del gruppo in quanto l'alimentare interessava al gruppo Barilla, i dolciumi interessava il gruppo Ferrero, non si sapeva chi poteva prendersi carico della Cirio e degli oli ed è per questo che successivamente la cordata si aprí ad un nuovo partecipante le Conserve Italia del gruppo Cooperative bianche. Lasciammo dopo lunghe ore di discussione la riunione, io ero riuscito a far passare il fatto che l'offerta che si doveva presentare doveva essere almeno del 25% superiore all'offerta presentata dalla Cir, e fu quindi stabilita la cifra tonda di 600 miliardi[21]. Ci lasciammo senza sottoscrivere nessuna offerta, nei giorni successivi anzi io mi preoccupai del fatto che la Ferrero non potesse essere della partita e mi attivai anche con tutta una serie di altri industriali dell'alimentare italiano contattandoli telefonicamente, incontrando qualcuno di loro, per vedere se potevamo avere delle partecipazioni diverse alla cordata. Invece Ferrero sciolse i dubbi, mi telefonò direttamente l'amministratore delegato e mi disse che avevano deciso di partecipare alla cordata stessa.

Fissammo quindi un incontro presso la sede Ferrero di Torino o di un paese vicino a Torino, ci recammo lí tutti quanti insieme e stilammo un telex che nella stessa serata, era l'ultimo giorno, il 28 di maggio, fu inviato da noi all'Iri. E al fine anche di... cosí, dare un contributo di immagine alla operosità del dottor Locatelli, consegnammo la proposta scritta e materiale allo stesso dottor Pompeo Locatelli che la consegnò il giorno dopo all'Iri. E qui direi che è la tappa piú importante di questa situazione, io in quel momento avevo praticamente adempiuto al mandato ricevuto dal presidente del Consiglio, si era fermato un itinerario che avrebbe portato al perfezionamento del contratto, il ministro delle Partecipazioni Statali ebbe in mano delle offerte sensibilmente superiori al prezzo di cui trattavasi nel preliminare con la Cir. E quindi l'intera vicenda si arrestò, il contratto stipulato tra Prodi e la Cir non ebbe esecuzione, si presentarono altri interessati all'acquisto, fra l'altro si presentò il dottor Fimiani di una società di cui non ricordo il nome, che anche in questi giorni mi ha telefonato, e anzi io prego i miei avvocati di mettere agli atti, di consegnare alla Corte, la lettera, i documenti che lo stesso dottor Fimiani mi ha indirizzato. La sua offerta era di 620 miliardi, quindi superiore anche alla nostra offerta.

La vicenda per me si era praticamente conclusa, c'era tuttavia, invece, la reale volontà di Pietro Barilla e della Ferrero di verificare se si poteva davvero arrivare ad una acquisizione, da parte loro e da parte della Conserve Italia che si era poi aggiunta, alla... della stessa Sme o di parte della Sme. Si fondò quindi, come era stato previsto anche a Broni, una società, Industrie Alimentari Riunite, la nostra... il capitale fu di 300 milioni, la mia partecipazione come Fininvest fu del 25%, e questa società insistette presso l'Iri affinché l'Iri provvedesse, una volta che aveva riaperto i termini per la presentazione di offerte, alla vendita a chi avrebbe presentato un'offerta che fosse la migliore non soltanto in relazione al prezzo ma anche in relazione alle modalità di pagamento, l'offerta che avevamo presentato era di un pagamento per contanti, e anche in relazione alle garanzie che si sarebbero date per i livelli occupazionali. Ricordo che c'erano state critiche molto forti all'operazione con la Cir da parte dei sindacati che non erano stati preventivamente avvertiti, come invece imponevano i patti aziendali dell'Iri, c'erano state delle critiche molto forti da parte di tutta la sinistra.

C'era stata anche – e mi fu anche dichiarata nell'incontro che ebbi con il presidente Craxi – una voce che, Craxi mi disse, era supportata da indizi, a suo dire, molto precisi di tangenti nei confronti del partito di maggioranza che era l'allora... di una corrente, anzi, di quel partito. So a questo proposito, per averne parlato direttamente con l'interessato, con il presidente Amato, che Amato ebbe una telefonata con il presidente della commissione Bilancio anche molto dura e Amato mi disse senza mezzi termini di avere addirittura non indizi ma prove di questa possibilità[22], che era l'unica spiegazione possibile ad un regalo cosí enorme ad un privato cittadino con un danno cosí rilevante da parte dello Stato, e so che ci fu addirittura un fatto di contrasto duro tra il presidente della commissione Bilancio e il sottosegretario alla presidenza del Consiglio. Si iniziò poi da parte di De Benedetti una serie di giudizi, di chiamate in causa dell'Iri, perché De Benedetti sosteneva la validità di quel documento formato da Prodi, io credo che la Cir avesse ben chiaro che Prodi era un *falsus procurator*[23], cioè non aveva i poteri per firmare quel contratto, tanto è vero e credo che Prodi l'avesse confidato a De Benedetti, altrimenti non si capisce come successivamente la Cir stessa non abbia convocato in giudizio Prodi per chiedergli conto delle sue responsabilità pre-contrattuali chiedendo delle ingenti penali, cosa che non è mai avvenuta.

Carte bollate

Comunque De Benedetti iniziò una serie di cause, si rivolse – ma credo che tutto questo sia agli atti – al presidente del Tribunale di Roma che respinse la sua richiesta di sequestro giudiziario, si rivolse al Tar, si rivolse al Tribunale di primo grado. La Iar, senza la mia partecipazione, tengo a sottolineare che non ci fu nessuna partecipazione attiva mia a questa volontà della Iar di costituirsi in giudizio, la Iar tuttavia nella sentenza finale fu addirittura, o in corso d'opera, estromessa da quel giudizio. De Benedetti ricorse anche all'appello, anche qui la Iar fu considerata parte in causa, ma le fu dato torto, De Benedetti ricorse in Cassazione, ricordo i nomi dei giudici che facevano parte della Corte di Cassazione in quell'occasione, Giovanni Tamburino di Magistratura democratica – ho ben chiaro questo perché mi sono scontrato con lo stesso Tamburino[24] dialetticamente su alcune questioni – e infine anche il presidente Granata che fu poi presidente della Corte costituzionale.

Dico questo perché avendo letto ieri sera, nella riunione che ho avuto con l'avvocato Ghedini e con l'avvocato Pecorella, per la prima volta, sembra incredibile ma mi sembrava cosí illogica, paradossale la vicenda che non avevo mai letto il testo di imputazione nei miei confronti[25], avevo saputo, avendo fatto un intervento da Rossato [il pm Alessandro Rossato, che nel 1999 ha rinviato a giudizio gli imputati], che lo stesso Rossato aveva detto che gli indizi a mio carico erano incerti e frammentari, quindi conoscendo bene la mia situazione non avevo dato alcun peso a questo procedimento. Beh, ieri sera ho visto che c'era addirittura un'ipotesi di un intervento mio o di altri soci, o in concorso con altri soci, su uno dei giudici che partecipò a queste cause intentate dalla Buitoni e che la Buitoni sempre perse con vantaggio per l'Iri. Ora i giudici che parteciparono e che dissero questi no furono addirittura 15, considerando anche quelli del Tar, quindi mi sembra assolutamente strano che si possa pensare che uno di questi giudici fosse influente nell'arco di tutta la decisione[26], che è una decisione, mi sembra, inappuntabile incriticabile dal punto di vista sia giuridico che oggettivo[27]. Credo a questo proposito che valga anche la pena di sottolineare come ormai io fossi convinto che non ci fosse nessuna possibilità che lo Stato vendesse la Sme nel suo complesso. Anche questo fece sí che io mi disinteressassi completamente delle cause[28]. Ci fu un solo mio intervento nell'88 quando, essendo ormai le cause, cause per cercare di ottenere dall'Iri, che era stata avvantaggiata dall'intervento in causa della Iar ed era l'unica che poteva avere un vantaggio... i vantaggi potevano essere per l'Iri perché manteneva la Sme nel suo dominio, nella sua proprietà e non avrebbe dovuto né cederla alla Cir né cederla ad altri concorrenti che avevano presentato le offerte. Questo stabilí il primo grado e il Tribunale in tutti i gradi di giudizio, e caso mai doveva essere il presidente dell'Iri che, proprio grazie alla statuizione del Tribunale che affermò come quell'impegno suo fosse semplicemente un impegno preliminare e non un contratto definitivo, si vide tutelata la posizione rispetto a possibili richieste, quelle che ho ricordato prima, da parte della Cir nei suoi confronti per responsabilità contrattuali.

Io perché non mi interessai piú di queste vicende? Per il fatto che nei miei contatti continuativi con il presidente del Consiglio, ebbi chiara l'idea che ormai lui si era fatto, un po' per il suo sentire socialista, per il suo sentire statalista, diciamo, che poi cambiò nel tempo, ma allora il presidente Craxi non riteneva che lo Stato dovesse cedere una partecipazione cosí importante nell'economia e nel comparto alimentare. Tutto questo mi sembra che poi fu chiarito in maniera inequivoca con due interventi del presidente Craxi stesso nel luglio successivo, che il presidente Craxi portò a mia conoscenza, e che io portai a conoscenza di Barilla, ma Barilla mi disse: «No, continuiamo perché probabilmente ci sarà la possibilità non di un acquisto nella totalità della Sme ma saremo in qualche modo tenuti certamente presenti nell'eventualità che la Sme dovesse dismettere parte di questa sua conglomerata a cui noi siamo fortemente interessati». E questo fu anche un impegno che il presidente del Consiglio assunse in un colloquio successivo con Pietro Barilla a cui disse, credo esplicitamente, che non era intenzione del suo governo di cedere piú la Sme nella sua totalità, ma che se alcune delle aziende Sme necessitanti di una ristrutturazione che sarebbe potuta avvenire soltanto attraverso il licenziamento di un numero importante di collaboratori, e non essendo questo nelle possibilità di un soggetto pubblico, soltanto in quel caso certamente Barilla e Ferrero, che avevano contribuito al non perfezionamento della vendita nei confronti della Cir, sarebbero stati interpellate e quindi con quel loro comportamento in favore dell'Iri avevano posto in campo degli elementi di preferenza per quanto riguarda le eventuali possibili dismissioni[29].

«Questo è tutto»

Ecco, credo che questo sia tutto[30], credo che questi siano assolutamente fatti, credo tuttavia che il Tribunale debba sentire necessariamente alcune delle persone che io ho citato ed altre persone, fra tutti Rastelli, Fimiani, Altissimo, Cirino Pomicino, i componenti del consiglio di amministrazione dell'Iri, Darida[31], che a un certo punto dovranno e potranno confermare in maniera precisa che i fatti sono questi e che quindi quell'intervento che fu organizzato da me in sintonia con lo scomparso Pietro Barilla, fu un intervento che non portò a me vantaggio alcuno, perché quello che noi ottenemmo fu di sborsare una parcella a Pompeo Locatelli, e i costi da parte della Iar delle parcelle degli avvocati che erano gli avvocati della Iar, avvocati tra l'altro che io non ho mai avuto modo di conoscere, erano avvocati che credo siano stati utilizzati, per quanto riguarda il mio gruppo, soltanto in quelle cause ed in quelle occasioni. Quindi il massimo che la Iar pensava di poter ottenere dall'Iri, avendo deciso di intervenire in quei procedimenti a vantaggio dell'Iri *ad adiuvandum*[32], come disse espressamente e mi ripeté in alcune occasioni il presidente Pietro Barilla – e credo, mi ha riferito l'avvocato Ghedini ieri sera, che questa fosse forse la formula utilizzata da Barilla nei consigli delle Industrie Alimentari Riunite per arrivare alla decisione di un intervento in causa della Iar a sostegno dell'Iri – *ad adiuvandum*, ecco, credo che il massimo che noi potessimo ottenere, che la Iar potesse ottenere, quando dalla Iar si erano distaccati a riprese diverse sia la Ferrero che la Barilla, era di ottenere un risarcimento delle spese per quanto riguarda le spese incontrate con il collegio legale. *Ecco, tutto qui*[33].

Io credo quindi che ci sia la esigenza da parte della Corte di asseverare i fatti che io ho qui raccontato e credo che a questo punto, data anche l'attenzione che l'opinione pubblica ha ritenuto di dover accentrare su questo processo, ci sia da parte mia la necessità di essere presente alla escussione di questi testimoni per esercitare il mio diritto, il diritto di ogni cittadino, al contraddittorio. E credo che questo possa essere fatto, nonostante i grandi impegni, i pesanti impegni che ho in questo momento. Ricordo al Tribunale che non sono soltanto presidente del Consiglio, non sono soltanto il leader del partito piú importante italiano, non soltanto il leader della coalizione che esprime la maggioranza di governo, ma faccio anche parte, dal primo di maggio, della troika europea che regge il Consiglio di Europa e che da qui alla fine dell'anno mi vedrò gravato dell'esigenza di 76 viaggi all'estero di cui alcuni già collocati nel mese di maggio, dove per la parte che riguarda la mia attività di leader della coalizione della maggioranza ho l'impegno anche di una sessione elettorale amministrativa importante che vedrà alle urne 12 milioni e mezzo di cittadini italiani, di elettori italiani. Quindi dovrò anche in qualche modo essere impegnato in quella direzione, ci saranno gli impegni della presidenza del Consiglio, ci sono gli impegni legati alla mia qualità, al mio ruolo di componente della troika che deve contattare i 25 paesi, 15 membri attuali e 10 membri che entreranno a partire dal maggio prossimo nell'unione Europea, per presentare il programma della presidenza italiana nel semestre secondo dell'anno. Questo non toglie che io possa trovare dei mom... delle mattinate di libertà[34], ieri sera tuttavia l'avvocato Ghedini mi ha fatto vedere il programma già steso, mi pare, delle udienze di questo processo, è un programma densissimo di udienze proprio nel mese di maggio, chiedo alla Corte di considerare il fatto che proprio per il servizio pubb... che io sto rendendo al paese si esamini la possibilità di riguardare questo calendario, io garantisco la mia presenza nelle occasioni che saranno concordate, in modo da dare la possibilità al presidente del Consiglio e al cittadino Berlusconi di essere presente a difendere i suoi diritti e ad esercitare quel diritto che ho citato poco fa al contraddittorio nei confronti dei testi che prego vivamente il presidente della Corte di volere interpellare. Ormai questa vicenda esce dalle aule giudiziarie, è una vicenda che, come avrete avuto modo di verificare, sta sulle prime pagine di tutti i piú importanti giornali italiani. C'è quindi anche un giudizio che riguarda l'integrità e la moralità del presidente del Consiglio. E io quindi credo di essere nel mio diritto di poter, a questo punto, in un procedimento che avevo evidentemente sottovalutato, essere presente per poter dimostrare *urbi et orbi* questa mia condotta che è una condotta, ripeto e concludo, di cui io vado orgoglioso, vado orgoglioso, sono intervenuto operando senza nessun interesse diretto né mio personale né del gruppo, è una condotta assolutamente integerrima e voglio che da questo procedimento emerga quanto io ho qui affermato in quanto non è soltanto oggi qui a parlare l'imputato Berlusconi ma è anche il cittadino Berlusconi a cui la maggioranza del paese ha confidato la responsabilità e l'onere di governare il paese stesso. La ringrazio.

PRESIDENTE Grazie a lei.

BERLUSCONI Io credo, presidente chiedo scusa ma purtroppo anche il ritardo... mi era stato detto alle 9 e 30, anche il ritardo, io ho un impegno istituzionale per cui l'udienza può continuare con la presenza dei miei avvocati che poi io spero potranno concordare delle udienze a cui garantisco la mia presenza[35]. Ringrazio e saluto.

PRESIDENTE Grazie, buongiorno. Per favore niente applausi, in aula niente applausi a nessuno.

Si apre l'udienza del 17 giugno 2003 e viene data la parola all'imputato Berlusconi Silvio, il quale chiede di rendere la seguente dichiarazione spontanea:

BERLUSCONI Grazie, presidente, anche da parte mia naturalmente buongiorno. Sono qui appunto per continuare quelle dichiarazioni che avevo già iniziato l'altra volta e che a mio parere non potranno essere esaurite nell'udienza di oggi, [...] essendo la materia molto estesa e credo essendo questo processo un processo importante, a un cittadino come tutti gli altri, la giustizia è uguale per tutti i cittadini, ma questo cittadino è forse un po' piú uguale degli altri, visto che il cinquanta per cento degli italiani gli ha conferito la responsabilità di governare il paese e visto quindi che molti italiani hanno il diritto di sapere se questo cittadino ha commesso qualcosa di illegittimo, o anche soltanto di immorale, e quindi è interesse del cittadino Berlusconi di poter chiarire ogni situazione che riguardi le vicende che gli sono imputate, affinché su di lui non resti neppure l'ombra di un sospetto.

Inizio, presidente, con un accenno alla *querelle* che si è verificata nella passata udienza del 17, no, dell'11 di giugno, in cui fu ritenuto non doversi accogliere l'impossibilità che era stata da me dichiarata circa la mia presenza in quest'aula, come era stato d'altronde da me annunciato. Era successo che, a causa di una necessità di ordine internazionale, io mi ero dovuto recare a fare un'opera, tra l'altro di intermediazione [...] per un problema importantissimo come la situazione del Medio Oriente, e quindi non posso non insistere sul fatto che non ci fu da parte mia nessuna ricerca di scusanti a non essere qua, ma che ci furono dei fattori oggettivi che mi impedirono assolutamente di essere qui presente. D'altronde avevo chiesto una maggiore facilità di contatto col Tribunale, domandando la cortesia istituzionale che il Tribunale, come avviene normalmente[36], si recasse negli uffici della presidenza del Consiglio a Roma per potermi ascoltare, il Tribunale ha ritenuto di non farlo e io ho accettato di venire in questa sede, ma devo dire che le difficoltà sono tante. Non ci sono, per un presidente del Consiglio, soltanto gli impegni riportati dalla carta costituzionale e legati al fatto di un incontro e da considerarsi per il numero di ore che vengono dedicate a questo incontro con un capo di Stato straniero, ma c'è tutta la preparazione dell'incontro, c'è tutto il seguito dell'incontro, le relazioni che di questo incontro si devono dare agli altri capi di Stato con i quali si è concordata questa iniziativa, e cioè tutto ciò che grava normalmente, per l'ordinaria e la straordinaria amministrazione, sulle spalle di un presidente del Consiglio, che si interessa, come io faccio, anche del coordinamento di tutti gli altri ministri, ci sono, cioè, delle impossibilità vere. Per cui ritenere di poter intervenire nell'ambito del giudizio del presidente del Consiglio per decidere che cosa possa essere accettato come suo impedimento, che cosa non possa essere accettato significa volersi sovrapporre al presidente del Consiglio per indicare quali sono le modalità con cui lo stesso presidente del Consiglio deve governare il paese. Questo credo che sia francamente, presidente, inaccettabile.

PRESIDENTE Il Tribunale ha provveduto attenendosi a delle istruzioni tecniche, che vengono dal codice, quindi prendiamo atto naturalmente delle sue dichiarazioni e la invitiamo nuovamente a fare dichiarazioni che attengano all'imputazione.

BERLUSCONI L'altra volta io fui qui e resi una lunga dichiarazione costellata di fatti, di cifre, di nomi, nessuna delle mie dichiarazioni è stata contestata da (*calo d'audio*) a cui mi riferirò fra poco, quella dell'ingegner De Benedetti, anzi quelle mie dichiarazioni hanno provocato tutta una serie di dichiarazioni spontanee, che sono apparse sui giornali, ricordo tra i tanti l'onorevole Martelli, il senatore Formica, il vicepresidente dell'Iri Armani, il professor Forte, ed altri ancora, e in piú alcune persone si sono fatte vive, telefonando ai miei difensori e dichiarandosi disponibili ad essere ascoltati. Sono arrivate anche delle lettere, che verranno depositate in atti, ne ho qui alcune, e una è [...] di un personaggio che allora rivestiva una carica importante, il capo dell'ufficio legislativo del ministero delle Partecipazioni statali, il quale [...] dice che: «Dopo aver letto dai giornali le dichiarazioni del presidente Berlusconi ribadisco quanto segue...». È fonte e testimone ufficiale, che credo dovrà essere assolutamente ascoltato, per accertare la verità, da parte della Corte, dice – L'accordo concluso dal presidente Prodi con l'ingegner De Benedetti non rispettava le procedure previste dalla normativa relativa al settore delle Partecipazioni statali e alla circolare De Michelis, emanata nella sua qualità di ministro delle Partecipazioni statali all'epoca vigenti[37]. Il presidente Prodi non aveva i poteri necessari[38] per impegnare l'Iri, anche sulla base del solo statuto dell'ente, come dimostrato dal fatto che fu convocato successivamente un consiglio di amministrazione per ratificare l'operato del presidente dell'Iri e che l'organo collegiale subordinò la sua approvazione all'autorizzazione ministeriale, come prevedeva la circolare De Michelis. Il ministro Darida nominò una commissione interna, furono convocati i professori Poli e Guatri, i quali entrambi confermarono che la perizia relativa ai valori della Sme era stata redatta per fini interni, per favorire fusioni all'interno del gruppo e quindi a valori diversi e piú contenuti rispetto a quello di mercato[39]. Inoltre redigemmo una relazione, nella quale si esprimeva parere contrario sulla procedura seguita nella vendita, in particolare veniva sottolineata l'anomalia rappresentata dal fatto che venivano praticate condizioni di particolare favore all'ingegner De Benedetti per perfezionare la cessione del pacchetto azionario, senza che vi fosse stato un preventivo invito ad offrire al pubblico e senza aver informato preventivamente l'autorità di governo. Altro elemento ritenuto anomalo era rappresentato al fatto che non si fosse tenuto alcun conto delle ulteriori offerte frattanto intervenute, dal contenuto piú favorevole, e che la trattativa fosse continuata con il solo primo offerente. In sintesi, piú che una vendita sembrava una svendita[40]. Il ministro Darida emise un decreto con il quale negava il suo assenso, tale decreto fu considerato necessario e legittimo, nel merito, dalla Corte di cassazione[41]. Fu inoltre istituita una commissione interministeriale da me presieduta, che confermò che la cessione, come nella specie delle finanziarie di settore, richiedeva l'emanazione di una preventiva delibera Cipe di autorizzazione[42]. Tra l'altro il settore alimentare, al momento della suddetta cessione, era considerato strategico e quindi non cedibile prima di una delibera Cipe di diversa portata».

Totò e il Colosseo

Credo che sia chiaro come per verificare se ci fosse o meno in me una motivazione per poter arrivare addirittura ad interventi scorretti sui giudici che poi ebbero a giudicare nella causa, nei tre livelli di giudizio, intentata dalla Buitoni all'Iri si debbano conoscere quali erano in quel momento le situazioni legali e qual era la determinazione del governo. Un'altra lettera, tra le tante, è arrivata dal professor Forte, che occupa la cattedra che fu di Einaudi, e che era ministro delle Politiche comunitarie nel governo Craxi.

Lui si è spontaneamente recato dai miei difensori, ha reso una testimonianza che sarà depositata in atti, ha fatto pervenire ieri una ulteriore comunicazione, dice: «Nel numero 5 del maggio 2003 di *Critica Sociale* vi era un articolo, Rievocazione, di Stefano Carluccio, direttore della rivista, dal titolo Processo politico esemplare: Sme, il racconto di Craxi. Articolo che avvalora quanto io ho presso di voi testimoniato su questa vicenda. Prego volerlo allegare alla mia testimonianze, ove essa venga presentata al Tribunale di Milano, in quanto ne costituisce integrazione, soprattutto perché documenta che il presidente Craxi mi chiese allora al riguardo una consulenza, che io dovetti perciò esaminare una perizia, addotta per giustificare la vendita, che non era finalizzata a tale contratto, ma a una fusione interna, e inoltre documenta che il presidente Craxi non voleva assolutamente vendere la Sme, neppure alle successive cordate, con quelle sbrigative modalità, per chiare ragioni di politica economica. L'articolo fa riferimento anche a un fatto che io avevo allora appreso da Craxi, l'ingegner De Benedetti aveva in precedenza erogato alla Dc una robusta dazione di denaro, probabilmente per la campagna elettorale del 1983[43] e pertanto reputava di aver ottenuto il titolo per comperare un'impresa pubblica al modo con cui Totò pensava di poter comperare *brevi mano* [*manu*] il Colosseo[44]. Divenne perciò furibondo con chi glielo aveva secondo lui impedito, mentre era la legge che glielo impediva. Quanto sopra, per mio dovere di verità. Francesco Forte».

E a questo proposito, presidente, io sono riuscito a scovare, nelle migliaia di carte, il contratto tra l'Iri e la Buitoni. Mi sono divertito, in queste settimane, a chiedere ai miei interlocutori, che in qualche modo sapessero di economia, di quante pagine poteva essere costituito un contratto per la vendita della maggioranza di una società che conteneva i principali marchi del settore agro-alimentare italiano, che dava lavoro a decine di migliaia di persone, che aveva delle partite di debiti e crediti rilevantissime, che era stata sovvenzionata, anche negli ultimi mesi, con importanti immissioni di denaro da parte dell'Iri stessa. La persona che mi ha indicato il numero di pagine piú basso mi ha indicato cento pagine. E a conferma di questo devo dire che la vendita della stessa Iri, di una piccola parte della Sme, e cioè della Pavesi, effettuata nel '91 alla società Barilla, una piccola parte, pagata, come tutto ciò che avrebbe pagato De Benedetti per l'intero gruppo alimentare, 399 miliardi, De Benedetti pagava 393 miliardi, meno gli interessi, eccetera, per cui erano 323, ma ho ricordato, nella mia prima deposizione, che l'esborso in termini pecuniari era praticamente pari a zero lire, e quindi ho domandato anche agli uffici Barilla di quante pagine fosse composto quel contratto. Quel contratto richiese trentatré incontri ed è composto di sessantasette pagine. Bene, incredibile, ma vero, il contratto di vendita dall'Iri alla Buitoni della Sme è stato redatto in due incontri, come ha anche dichiarato l'ingegner De Benedetti, ed è fatto quattro paginette[45]. Quattro pagine, nemmeno tutte complete, che si possono... è agli atti, ma credo che l'opinione pubblica debba anche rendersi conto di come per acquistare un monolocale non si possa ottenere un contratto di sole quattro paginette. Quindi una trattativa nascosta, segreta, un no a tutti i possibili altri protagonisti del settore alimentare italiano, due incontri[46] e un contratto per la vendita della maggioranza del piú grande gruppo alimentare italiano. Ma, ancora, per sottolineare l'assoluta e totale veridicità delle mie affermazioni mi rivolgo alla stessa parte civile, cioè al De Benedetti, che disse, in un libro intervista, concesso a una delle prime firme del suo giornale, *la Repubblica*, e editato per i tipi della Longanesi nel 1999, le seguenti parole: «Sí, Craxi mi fece sapere, tramite Giuliano Amato, allora sottosegretario alla presidenza del Consiglio, di essere contrario all'operazione e di essere offeso per aver letto la notizia sui giornali. E in effetti era andata proprio cosí, Prodi, che aveva pessimi rapporti con Craxi, aveva avvisato della vendita Sme solo il proprio partito di riferimento, cioè la Dc, sul principio aveva ragione il leader socialista, io rimproverai a Prodi quella gaffe. Per ricucire andammo insieme a Palazzo Chigi e in quell'occasione Craxi gli disse subito che il prezzo gli pareva inadeguato. Lui odiava sia Prodi, sia me e un accordo tra noi lo insospettiva oltre ogni misura, sicuramente era convinto che nell'operazione ci fosse stata una tangente solo per la Dc». Quindi è lo stesso ingegner De Benedetti che conferma quanto poi invece ha cercato di smentire, che il presidente del Consiglio riteneva assolutamente incongruo questo prezzo e soprattutto che si parlava e c'era, aleggiava il sospetto di una tangente verso un partito della coalizione di governo[47]. Ma a questo io voglio aggiungere anche una risposta, che De Benedetti si merita per la menzogna che lui ha detto su di me, sul mio conto, utilizzando, tra l'altro, per avere una cassa di risonanza europea, il giornale francese *Le Monde*, dicendo che io mi sarei interessato a questa vicenda non, per come ho dichiarato, per uno spirito di servizio e di indignazione, affiancando me e altri imprenditori alla richiesta informale del presidente del Consiglio dell'epoca per uno scopo unico di pubblica utilità, ma perché avrei avuto in cambio la promessa di un intervento regolamentare favorevole sulle mie televisioni. Anche qui i fatti smentiscono completamente l'ingegner De Benedetti, l'intervento del governo Craxi era stato molto precedente a quella data[48], l'intervento definitivo di regolazione delle televisioni, la legge Mammí, avvenne molto tempo dopo, esattamente cinque anni dopo, iniziò sotto il governo De Mita e si concluse in Parlamento sotto il governo Andreotti. Vorrei aggiungere altre cose sull'abitudine a dire la verità dell'ingegner De Benedetti, ma la mia posizione istituzionale mi consiglia di astenermi.

«Io feci poco o nulla»

Che cosa vuol dire tutta questa serie di interventi e perché io mi sono applicato in questo modo a dimostrare che il contratto con la Sme era un contratto che non esisteva, era un contratto che prevedeva una svendita, per usare un eufemismo, di un bene pubblico a un imprenditore privato, a cui praticamente veniva regalato? Beh, il fatto che questo significa che le motivazioni del mio agire erano motivazioni ben precise e certamente non indirizzate da una volontà di acquisto né della Sme nel suo complesso, né di alcuna società appartenente al gruppo Sme. Io credo che quindi tutti i testimoni che potranno essere sentiti, tutto ciò che ho qui ricordato non possa portare che a questa conclusione: primo, che la posizione del governo era di non voler vendere il gruppo alimentare, considerato strategico[49]; secondo, che il prezzo era considerato assolutamente incongruo, cosí come erano considerati incongrui i prezzi delle successive cordate che avevano presentato offerta; terza cosa, che lo svolgimento della trattativa era, ancora per usare un eufemismo, assolutamente anomalo; quarto, che il contratto prevedeva delle condizioni soltanto a favore della parte acquirente [...]. Il mio intervento quindi fu utile, e direi forse necessario, per riuscire a mettere insieme la cordata dei Barilla, dei Ferrero, a cui poi si aggiunsero le Conserve Italia, che sono delle cooperative dell'area di centrodestra, e fu necessario soprattutto perché il Cipe, nella sua delibera, manifestò la preoccupazione che l'acquirente fosse stato un gruppo italiano, o comunque un gruppo che avesse mantenuto l'italianità delle aziende che facevano parte del gruppo Sme. In quella situazione il gruppo Barilla dipendeva da una holding olandese, il gruppo Ferrero dipendeva da una holding lussemburghese, era perciò assolutamente importante che la Fininvest, che non aveva, ripeto, interesse alcuno, come è stato dimostrato poi dai fatti successivi, all'acquisto di una sola società e neppure, direi, di un biscotto prodotto dal gruppo alimentare[50], ciò che era importante era che la Fininvest era totalmente ed assolutamente italiana, cosí come era italiano il gruppo successivo Conserve Italia e insieme si riusciva a raggiungere un cinquanta per cento del gruppo offerente, che avrebbe garantito il mantenimento dell'italianità della Sme stessa. A quel momento, al momento della presentazione dell'offerta, finí completamente il mio agire per l'acquisto della Sme, avevo esaudito le richieste che mi erano state fatte dal presidente del Consiglio, avevo reso una cortesia agli altri soci, i quali da quel momento furono gli unici responsabili della gestione successiva delle Industrie Alimentari Riunite e fu il presidente, Pietro Barilla, come possono confermare i suoi dirigenti, i suoi legali, il suo stesso figlio, che a lui è subentrato nella gestione del gruppo, a mandare innanzi gli interventi in causa della Iar, a sostegno delle ragioni dell'Iri.[...]

Che cosa successe dopo [...]? La mia attività lí finí, ma continuò l'attività legale. La Buitoni si rivolse al presidente del Tribunale di Roma chiedendo il sequestro conservativo delle azioni. Il presidente del Tribunale di Roma negò questo sequestro. La Buitoni si rivolse al Tar del Lazio. La Corte del Tar del Lazio negò anch'essa la domanda di De Benedetti. Fu iniziato un processo in primo, in secondo, in terzo grado, i giudici tutti, tutti, diedero ragione all'Iri e torto a De Benedetti. Mi sono impegnato nella lettura di queste sentenze, nessuno le ha mai criticate, sono sentenze assolutamente legittime[51], logicamente arrivano alle motivazioni e io credo che non ci possa essere nessuno che possa indicare quella scrittura di quattro pagina come un effettivo contratto, che metteva in capo all'ingegner De Benedetti e alla sua Buitoni il diritto di acquisire l'Iri. Ma, soprattutto, i miei legali hanno cominciato ad ascoltare alcuni di questi giudici. Due di questi giudici, importanti, anche perché uno è presidente della Corte d'appello di Roma, hanno dato ampia e completa testimonianza del fatto, uno, che c'era accordo assoluto nelle Corti, non ci fu discussione, non c'erano due giudici che dicevano «De Benedetti ha ragione» e uno che diceva «Ha torto», no, c'era concordia decisionale all'interno delle Corti e soprattutto non ci fu nessuna, nessuna interferenza, nessuno andò a fare pressioni, questi giudici non conoscevano nessuno che potesse far riferimento alla mia persona o alle mie società[52], le testimonianze saranno depositate in atti e sono chiarissime. Credo che per accertare definitivamente la verità la Corte non possa esimersi dal chiamare qui tutti i quindici giudici che decisero sulle cause intentate da De Benedetti[53] [...].

«State sprecando i soldi degli italiani»

Lo dissi già al gup Rossato, gli dissi allora, in un mio intervento di alcuni anni fa, quale prova esiste, quale indizio, quale accusa, quale testimonianza? Non c'è nulla, c'è soltanto la fervida fantasia di chi ha inventato questo teorema. Non c'è nulla, non ho ritrovato nulla e mi domando ancora come possano spendersi i soldi dei cittadini italiani imbastendo un processo che è basato esclusivamente su delle invenzioni[54]. Non c'è, ripeto, e lo voglio ripetere con forza, un indizio, una prova, un'accusa, una testimonianza, un documento, e non c'è la motivazione. Quindi davvero mi domando come si possano portare avanti dei procedimenti in questo modo, anche esponendo chi entra nel procedimento a delle immagini negative, che diventano quintali, tonnellate di fango, che per sette anni mi vengono scaricate addosso dai giornali, dalle televisioni, in Italia, all'estero, quando anche questo qualcuno ha una responsabilità politica molto precisa. E su questo argomento mi fermo, il procedimento Sme credo che sarà sufficientemente acclarato da tutti gli atti che i miei legali depositeranno, e chiedo al Tribunale che i giudici e i dirigenti della Barilla, il signor Michele Ferrero e i dirigenti delle Conserve Italia siano chiamati a rendere testimonianza[55].

C'è un secondo atto di imputazione, che riguarda il fatto che secondo l'accusa ci sarebbe stata una situazione a Roma, per cui il vicecapo dell'ufficio Istruzione, diventato poi capo dell'ufficio Gip, cioè dei giudici delle indagini preliminari, dottor Squillante, sarebbe stato a disposizione, ricevendo in cambio del danaro, per addomesticare, diciamo cosí, aggiustare dei processi. Dico subito che non sono stati trovati questi processi e che non c'era nessun giudice, non solo il capoufficio Squillante, ma nessuno dei suoi collaboratori, che aveva tra le mani un processo che potesse in qualche modo riguardare direttamente o indirettamente, personalmente o societariamente la mia persona[56]. E questa è la conclusione a cui arriverò, ma guardando a come si è sviluppato questo teorema la partenza è data da una dichiarazione della signora Ariosto.

«L'Ariosto mi calunnia»

La signora Ariosto disse che esisteva un conto corrente presso una banca romana, la Efibanca, destinato a pagamenti nei confronti dei giudici romani e a disposizione dello studio Previti. Il fatto è stato evidenziato come assolutamente falso[67]. Il direttore dell'ufficio legale di Efibanca si recò infatti alla Procura di Milano, spontaneamente, poco dopo aver letto sui giornali questa dichiarazione della signora Ariosto, e fece chiarezza sulla impossibilità stessa dell'esistenza di un conto corrente presso Efibanca. Non soltanto non esisteva un conto corrente del dottor Berlusconi o di qualcuno che gli fosse vicino, di una sua società, ma lo stesso istituto era un istituto abilitato a esercitare il credito a medio termine, cioè a finanziare delle imprese e non era abilitato a gestire conti correnti. Di fronte a una cosa di questo genere che cosa ci si aspetterebbe? Che il teste venisse immediatamente accusato con un'accusa precisa e grave di calunnia. Non è avvenuto niente di tutto questo. Ma vorrei spendere una parola su questo teste. Non credo che ci sia nessuno che parlando due volte con la signora Ariosto non possa capire chi ha di fronte. La signora Ariosto ha mentito su tutto, non c'è una sola circostanza delle sue denunce che sia stata successivamente confermata come veritiera[56]. Mente abitudinariamente sulla sua situazione personale, si è presentata come la contessina Ariosto, è figlia di una casalinga e di un impiegato statale che lavora al ministero della Difesa[57]. Mente presentandosi come vedova di un pilota di alto lignaggio precipitato in Africa, il marito, che avrebbe dovuto essere un pilota di alto lignaggio, ha dato una dichiarazione in cui dice: «No, io non sono mai stato pilota, non sono mai precipitato, perché sono ancora qui e faccio l'impiegato. Sí, è vero, dopo aver lasciato la signora Ariosto, perché il matrimonio è andato a pezzi, io sono anche andato in Africa»[58]. E quindi viene fuori una tecnica, che è la tecnica propria dei mitomani, per cui si prende un particolare concreto e lo si veste di situazioni diverse, ma che rendono ciò che si espone degno di qualche credibilità. Per esempio, faccio un solo esempio tra i tanti, ma potrei intrattenere e divertire una platea per mezza giornata, perché io ho avuto la sfortuna di avere contatti con questa signora. Gioielli, la signor Ariosto disse «Un giorno mi accadde di recarmi nell'ufficio... scusi, nel negozio del gioielliere Eleuteri a Roma. Sul tavolo, in un vassoio d'argento, erano collocati tanti pacchetti, che contenevano altrettanti gioielli, e su ogni pacchetto c'era scritto il nome di un giudice». A parte il fatto di non accreditare di follia chi dovendo fare dei regali illeciti a dei rappresentanti della magistratura pensasse di farlo cosí pubblicamente, esponendosi a tutto e informando di questo un gioielliere, i suoi collaboratori, i clienti che entrano nel negozio, ma c'è una partenza vera, e cioè il rito del 23 dicembre, a casa mia, ad Arcore. I piú importanti dirigenti del gruppo arrivavano ad Arcore per la cena di Natale, con le mogli, ed io ho provvedevo personalmente all'acquisto di gioielli, con un'attenzione che risente del mio carattere di perfezionista, per cui ad ogni signora, con l'aiuto del *computer*, negli anni regalavo gli orecchini, il braccialetto, il girocollo, la spilla, in modo da non cadere nella ripetizione del regalo e da scegliere il tipo di gioiello, in modo che ci fosse una completezza, diciamo, una specie di *parure* possibile tra i vari gioielli regalati negli anni. Ho consegnato al giudice Rossato tre diverse fotografie, che mi ritraevano piú giovane e piú magro, in *smoking*, con il mio maggiordomo di fianco con questo vassoio, con tutti i pacchetti, nell'atto di consegnare, in tre occasioni diverse, testimoniante dal fatto che la signora Ariosto aveva tre abiti diversi, anche alla signora Ariosto i pacchetti, sui cui, naturalmente, io scrivevo il nome della destinataria. Ecco, una situazione reale, quindi raccontata con certi particolari che fanno credere che la cosa possa essere reale, utilizzata e trasportata in altra sede per farne il centro di un'accusa. Ecco, io davvero mi domando come chi ha raccolto, prima dalla signora Ariosto come confidente della polizia giudiziaria, per cinque mesi, e successivamente come magistrati della Procura, le dichiarazioni della signora Ariosto possa avere ritenuto per un solo momento che queste dichiarazioni potessero essere davvero delle dichiarazioni veritiere, utilizzabili in un processo della Repubblica. E questa è una considerazione che io penso tutti debbano fare.

Il bar Mandara

La seconda situazione particolare, che diede luogo al mio coinvolgimento nel processo, fu la cosiddetta registrazione fantasma del bar Mandara di Roma. Nel bar Mandara di Roma si recarono un giorno due giudici di Roma, uno fu il dottor Squillante e l'altro il giudice Misiani, e due agenti della polizia giudiziaria, incaricati dalla Procura di Milano, apprestarono una possibilità di registrazione di quel che questi signori si dicevano. La registrazione fu effettuata, la cassetta, il Cd-rom di quella registrazione non è mai stato ritrovato, e non è depositato agli atti. Agli atti è depositato un Cd-rom copia, ma una copia che tutte le perizie, la perizia d'ufficio, fatta da un esperto di fama mondiale, confermata dai consulenti di parte, la copia presentata è una copia assolutamente manipolata e manipolata soprattutto per sottrazione, cioè sono stati tolti da quella copia dei passi, che evidentemente non erano conferenti alle tesi dell'accusa.[59] La registrazione fu supportata da una scrittura fatta su dei fogli, che gli agenti asserirono di aver estratto dalle loro tasche. Peccato che questi fogli non rechino traccia di alcuna piegatura, non posso pensare che gli agenti avessero delle tasche di questa dimensione. Su quei fogli una perizia grafologica, mai contestata, è arrivata a dimostrare come i contenuti scritti non potevano essere stati scritti nel luogo e nel momento delle registrazione, ma che erano evidentemente frutto di una dettatura successiva[60]. In questa dettatura capita il mio nome, perché si fa dire al dottor Squillante, cosa che io ho dubitato subito potesse essere vera, che si apprestava a chiedere un appuntamento con il dottor Berlusconi ad Arcore, in un primo tempo pensai che volesse chiedere, come fecero tanti giudici, di partecipare alle elezioni come candidato al Senato, cosí poi mi fu riferito successivamente, ma io posso affermare, senza tema che alcuno possa smentire, che io non ho mai ricevuto una telefonata del dottor Squillante, mai, non ha mai chiesto un appuntamento né ad Arcore, né a Milano, non ho mai incontrato il dottor Squillante ad Arcore e a Milano in quei tempi. Avevo avuto occasione di conoscere alcuni anni prima il dottor Squillante nella sua qualità di consigliere giuridico del presidente Cossiga[61].

Bene, questo fatto di questa cassetta è veramente un fatto su cui io credo che il Tribunale debba procedere nell'indagine, perché oltre tutto il Cd-rom che era depositato in atti è stato rotto, in un modo che non si può ritenere assolutamente involontario, e su questo io credo che debba porsi la domanda del perché. Io immagino che cosa fosse successo se qualcuno, che non appartenesse al soggetto che accusa, avesse fatto un inquinamento delle prove di questo tipo, si troverebbe nelle patrie galere da tempo, e ci starebbe ancora oggi[62].

Quindi che cosa succede? Succede che io mi trovo ad essere intrigato in un procedimento in cui, mi si dice, il giudice Squillante era a disposizione e gli venivano versati dei soldi. Non si sa da dove provenivano questi soldi, la Ariosto indicò appunto Efibanca, non è vero il fatto di Efibanca. Allora si va alla ricerca di altre possibilità di finanziamento, emerge il fatto di una serie di acconti versati da Fininvest, che lavorava all'estero, e che aveva regolarmente soldi all'estero, perché avevamo importanti attività di televisione in Germania, in Francia, in Spagna, producevamo film, fiction, acquistavamo film sul mercato mondiale, e americano in particolare, per venderli a tutte le televisioni del continente europeo, e quindi era assolutamente normale la tenuta di conti all'estero[63], ebbene, da uno di questi conti vengono effettuati una serie di acconti ai vari studi, tra cui allo studio Previti[64]. Ora, voglio anche ricordare che questo studio non è l'unico studio con cui lavorava a quel tempo la Fininvest, la Fininvest aveva rapporti di consulenza continuativa con molti studi e con molti studi li ha ancora. Il gruppo a quel tempo era composto da piú di duecento società ed erano quasi cento i legali che prestavano la loro consulenza alle varie società del gruppo. L'attività dei legali non è soltanto quella di difendere degli imputati in un processo, ma è anche quella di consulenza per tutti fatti contrattuali e via dicendo. Bene, la circostanza che chi aveva una serie di consulenze continuative, cioè un rapporto continuativo calato in un contratto che prevedeva un importo preciso annuale e che poi effettuava, come effettuò fra gli altri lo studio Previti, che ha depositato una serie ingente di documentazione a testimonianza della grande attività svolta in Francia, in Spagna, in Germania, era quella di chiedere degli acconti, a cui sarebbero poi seguite le normali parcelle professionali. Che uno di questi acconti sia poi stato utilizzato, attraverso, ho già avuto modo pubblicamente di raccontare quello che io so della situazione Pacifico, che esercitava una specie di ufficio import-export di danaro nell'ambito degli uffici giudiziari romani, frequentati da cancellieri, da giudici, da avvocati, e lí era la sua clientela.

Ora non voglio dare un giudizio su questo, perché effettivamente mi sembra abbastanza criticabile il fatto che ci sia una specializzazione che veda insieme come cliente giudici e avvocati, su questo è chiaro che non si può eccepire, ma che questa sia stata la situazione è qualcosa che non appartiene alla conoscenza e non poteva appartenere alla conoscenza del presidente del gruppo Fininvest, che non ha mai avuto nessuna intromissione nei rapporti tra il gruppo, le società del gruppo, gli avvocati che prestavano la loro attività e gli studi professionali, come anche, e lo dicevo ridendo questa mattina ai qui presenti avvocati, io non so se l'avvocato Ghedini e l'avvocato Pecorella abbiano già presentato delle parcelle, immagino di sí, per questo processo, immagino che siano state anche pagate o saldate, in tutto o in parte o con acconti. Ma non può pensarsi davvero che ci possa essere una conoscenza di situazione di questo genere, totalmente normali, in chi ha la responsabilità di guidare un grande gruppo, che aveva decine di migliaia di dipendenti, che operava in tante aree, in tante attività e che aveva in me, naturalmente, la punta di diamante, per quello che riguarda tutto l'ampliamento di queste nuove attività.

Pagare in nero, che malcostume!

C'è anche un'altra situazione che voglio sottolineare. Mi sembra di aver letto in un capo d'imputazione che addirittura, per cercare i soldi da versare eventualmente a questo giudice, perché addomesticasse i processi, io potevo essere ricorso alla falsificazione di bilanci delle mie società. Cioè, non soltanto qualcuno fa una cosa illegittima, ma ne fa un'altra doppia, raddoppia il reato, perché falsifica anche i bilanci delle sue società, attraverso situazioni, mi ricordo di aver letto, sospesi di cassa e altro[65]. A parte che il sospeso di cassa è una pratica assolutamente corrente, che non presenta irregolarità alcuna. Ma io mi domando: se ci fosse stato davvero bisogno di dare qualche centinaio di miliardi a qualcuno, il signor Berlusconi aveva bisogno di falsificare i bilanci delle sue società? Faceva semplicemente un cenno alla cassa personale, dove non ci sono vincoli di contabilità, e dove poteva prelevare non centinaia di milioni, ma, mi spiace di affermarlo, ma tutto quello che ho è frutto del mio lavoro, e di tanta gente che ha trovato lavoro e benessere nelle mia attività, che conteneva centinaia e centinaia e centinaia e in qualche occasione anche un migliaio di volte le dazioni che erano date ai giudici. Quindi la cosa assolutamente piú normale era che uno si mettesse la mano in tasca e tirasse fuori dei soldi da una cassa e da un patrimonio che non era soggetto a nessun vincolo, a nessuna registrazione. No, invece si cerca una dazione nel sistema piú facile da riscontrare. Cioè, se si versa una somma, 500 milioni, destinata a un fine illecito, che cosa si fa? Si fa un versamento da banca a banca, da conto corrente a conto corrente, in modo che sia facilissimo e immediata la ricostruzione, l'evidenziazione di questa somma. Ma io credo che anche il piú ingenuo dei manager, ove assumesse di potersi prestare a una dazione illecita da parte della sua società, sappia che questa dazione illecita si deve fare attraverso un versamento in contanti[66]. Ma non è soltanto un *manager*, ma anche, che so, una donna di casa, quando un idraulico o un elettricista, lo so perché stiamo vedendo di provvedere, abbiamo appena fatto un decreto legislativo che cerca di evitare che questo accada, si fanno pagare in nero e chiedono di essere pagati in nero, se no addirittura, dicono, non ci conviene di venire a fare la prestazione, beh, la donna di casa sa che non li può pagare con un assegno, che non sarebbe da loro ricevuto, non li può pagare attraverso una carta di credito. Quindi arrivare a pensare che in Fininvest, in cui c'era un consigliere delegato agli affari legali, quindi addirittura c'era una funzione nel consiglio, che era l'avvocato stesso Dotti, c'era un direttore finanziario responsabile, in piena autonomia, dei rapporti finanziari-economici con i clienti dell'azienda e tra questi con tutti gli studi di avvocati e con i singoli avvocati, e che questo dottor Livio Gironi, che è pervenuto alla Fininvest dopo una assolutamente brillante carriera in una grande multinazionale, non sapesse queste cose, avesse l'ingenuità, ove fosse a conoscenza del fatto che una dazione di danaro servisse ad un fine illecito, di farla attraverso una banca, attraverso un versamento da conto corrente a conto corrente. Questo può avere cittadinanza soltanto in una fantasia che è completamente staccata da ciò che succede nella realtà della vita, e non soltanto nella realtà della vita lavorativa.

Quindi anche per questa situazione, cominciata con la Ariosto, proseguita con la scritturazione *a latere* della fantasiosa registrazione del bar Mandara, che ha procurato il mio coinvolgimento nel processo, siamo di fronte a una situazione che non si capisce, inimmaginabile, questo è come essere di fronte a un omicidio, ma non c'è il morto, non c'è la motivazione di chi ha ucciso, perché il dottor Squillante non aveva nelle sue mani... e perché c'è la certezza che non avesse nelle sue mani nessun processo che mi riguardava e che nemmeno i suoi... Ma perché la Procura si è preoccupata di questo ed ha mandato un suo valente pm, il dottor Ielo, che si è recato a Roma, c'è stato parecchi giorni, ha usato molti ausiliari, ha impiegato, come al solito, molti soldi dello Stato, e quindi che appartengono a tutti i cittadini, e ha cercato tutte le pratiche che erano nell'ufficio del dottor Squillante, dai suoi collaboratori, ha interrogato questi collaboratori, ha fatto dei processi verbali, i processi verbali non sono atti che ci risultano[67]. Quindi il Tribunale non ne ha la conoscenza, la difesa non ne ha la conoscenza. E questa è una cosa grave e assolutamente inesplicabile. Qualcuno qui ha affermato che il dottor Ielo abbia inviato i processi verbali dell'interrogatorio di due giudici, che tra l'altro avevano affermato che non erano mai stati avvicinati dal dottor Squillante, che non c'era nessuna conoscenza loro nei miei confronti, nei confronti di gente che per me parlasse, nei confronti di mie società, di non avere processi di sorta che riguardassero direttamente o indirettamente la mia persona, il mio gruppo, questi verbali sono spariti, soltanto dopo lunghe ricerche si sono trovati in quel di Perugia, dove appunto il dottor Ielo li aveva mandati, ma qualcuno qui disse: «Non ci sono, perché il dottor Ielo li ha mandati non trattenendone copia». Si ritrova a Perugia ancora una volta una lettera del dottor Ielo che dice: «Vi mando i verbali, ma trattengo copia degli stessi». Quindi davvero la situazione a me risulta inesplicabile[68].

Ho detto prima, facendo un paragone un po' *osé*, qua non c'è il morto, e cioè non ci sono i processi da aggiustare, non c'è l'arma del delitto, perché in Efibanca non esisteva nessun conto, non ci sono situazioni logiche che si possono pensare tese a fini corruttivi, perché sarebbe da pazzi pensare che un'azienda importante e *manager* qualificati potessero operare con tanta leggerezza, e non c'è la motivazione, non c'è una mia motivazione ad aggiustare qualunque tipo di processo[69] [...].

Ma c'è ancora di piú. [...]Come mai non sono stati depositati in atti tutti i verbali che riguardano le primitive deposizioni della signora Ariosto, che per cinque mesi non si è scoperta, e quali sono quindi le motivazioni di questo teste per dichiarare quanto ha dichiarato? Era un teste, l'ho definito prima, avvezzo a raccontare cose non vere, ma era anche un teste necessitato, perché era assediato dai creditori, famosi cambisti a cui aveva chiesto soldi, essendo giocatrice abituale nei vari casinò, era assediata dal padrone di casa, a cui doveva nove mesi di affitto del negozio in via Montenapoleone, era assediata da vari creditori, era assediata dalle banche, era assediata dalla banca piú importante milanese, la Cariplo, che stava per mandargli un decreto ingiuntivo, se ci fosse stata la provvisoria esecuzione di questo decreto ingiuntivo la Ariosto sarebbe fallita. [...] E quindi era una persona che aveva mille e una necessità e che si rivolse alla Procura per chiedere una specie di impunità, cosa che la Procura ha concesso[70]. [...] C'è qualcuno che pensa che ci sia stato anche un versamento di soldi alla confidente, si fa sempre cosí, i confidenti parlano non per amor di verità, ma parlano per trarre da queste confidenze dei benefici anche economici, è questo il motivo per cui la legge dice che se un testimone è stato confidente non può essere utilizzato in un processo come testimone, cosa che invece qui non è stata rispettata[71]. [...]

«Ci vediamo il 25»

Ma aggiungo ancora, e questo sarà il contenuto della continuazione delle mie dichiarazioni, presidente, la Ariosto è stata sostenuta in questo dall'avvocato, suo compagno, avvocato Vittorio Dotti. E qui si apre tutto uno scenario, che io porterò anche alla conoscenza del Parlamento, perché è uno scenario assolutamente negativo, e cioè un Vittorio Dotti che aveva delle ambizioni politiche, che era stato diminuito in una sua certa ambizione e che perciò si poneva in contrasto con certe altre personalità e che pensava di potere avere un ruolo all'interno di Forza Italia e del governo che probabilmente gli sarebbe derivato, secondo il suo modo di pensare, ove si potesse mettere nei guai il presidente di Forza Italia, Silvio Berlusconi[72]. E questo è un altro capitolo, molto complicato, ma anche molto istruttivo, che io credo debba essere portato alla conoscenza della Corte e alla conoscenza del pubblico. Quindi si tratta di situazioni che veramente sono inesplicabili. Ma continuo, non è che soltanto le modalità con cui la Ariosto ha fatto queste sue dichiarazioni non si ritrovino nelle carte del processo, non si ritrova l'intero dossier Craxi, sequestrato negli uffici di Craxi, da cui può emergere l'assoluta illiceità del contratto De Benedetti-Iri, anche per il fatto che c'è una parte civile che chiede dei danni, e che è una risposta assolutamente negativa alla stessa parte civile, che potrebbe dimostrare l'assoluta infondatezza delle pretese della parte civile, che nulla può se aveva nelle mani un contratto che non Berlusconi e gli altri hanno reso non efficace, ma un contratto che era inefficace e infondato sin dalla partenza[73].

Ma ancora, la deposizione del direttore degli uffici legali di Efibanca, è arrivato qui, ha fatto una deposizione spontanea, già questa, ho ricordato prima, poteva bastare per dire delle dichiarazioni della Ariosto si fa carta straccia e si gettano via[74]. No, questa dichiarazione, questo verbale della deposizione da lui spontaneamente resa è sparito, non c'è negli atti del processo[75].

Ma ancora di piú, non c'è negli atti dei processi tutta l'attività del pm Ielo, l'attività di indagine che lui compí, e di cui ci deve essere per forza una verbalizzazione, non ci sono i verbali di interrogatorio dei vari giudici, quei verbali a cui ho accennato prima, che qui la Procura asserí di aver inviato a Perugia e che invece la lettera di Ielo conferma essere qui trattenuti presso la Procura almeno in copia[76]. Tutto questo non risulta nel fascicolo degli atti, si dice sia in un fascicolo, che ormai è diventato famoso, 9520, si domanda da parte dei miei avvocati di poterlo aprire, la Procura oppone una resistenza dicendo «No, segreto istruttorio». Ma come? Segreto istruttorio in un fascicolo aperto otto anni fa, quando sappiamo che le indagini non possono andare avanti all'infinito, ma possono durare solo due anni?[77] E poi, altra possibile argomentazione della Procura: «Ma si tratta di procedimento contro ignoti». Ma andiamo, qua c'è un noto, che è notissimo, e sono io. E allora, se c'è un processo contro Silvio Berlusconi i suoi difensori devono poter avere accesso alle carte e vedere, perché quelle prove, che sono fondamentali, basilari per dimostrare l'estraneità al processo di Silvio Berlusconi sono mantenute in un fascicolo e non vengono portate alla conoscenza della difesa e alla conoscenza della Corte[78]. Ed è proprio chi potrebbe avere dei seguiti, anche penalmente rilevanti, dall'apertura di quel fascicolo che si oppone a che quel fascicolo venga aperto, e credo che questo debba essere portato avanti ed indagato dalla Corte, se la Corte vuole, come ritengo sia, arrivare davvero alla verità su queste vicende[79].

Ecco, io, presidente, avrei ancora tantissime cose da dire, purtroppo sa che ho dovuto chiedere alla cortesia del premier greco, presidente del Consiglio europeo, di spostare l'appuntamento di consegna delle pratiche relative alla presidenza del Consiglio europeo, che era fissato per questa mattina, sono riuscito a spostarlo alla 1.00 e quindi devo lasciare l'udienza. La lascio concludendo in questo modo...

PRESIDENTE Silenzio!

BERLUSCONI ...voglio far valere il mio diritto...

PRESIDENTE Per favore, silenzio.

BERLUSCONI ...ad essere presente alle udienze che seguiranno[80], credo che sia importante, me ne sono tardivamente reso conto, ma non volevo, voglio ripeterlo ancora una volta, non volevo essere presente al processo, perché la responsabilità istituzionale mi ha messo e mi metterà nella situazione di dover collaborare, per esempio, con il presidente dell'Iri, attuale presidente della Commissione. Io ho cercato, nella prima mia venuta qui, di non pronunciarne nemmeno il nome, ma non è colpa mia se lui era il presidente dell'Iri e quindi è protagonista, malgrado la mia volontà di non tirarlo in campo, di questa vicenda, ma io con questo presidente dell'Iri di allora, oggi presidente della Commissione, collaboro praticamente tutti i giorni, e lo devo incontrare questa settimana a Salonicco, avrò con lui uno scambio di attività nei sei mesi nei quali io avrò la responsabilità di guidare il Consiglio europeo, e quindi ho cercato fino all'ultimo di non farlo. Aggiungo che un presidente non è uno spettacolo cosí degno... un presidente del Consiglio, presidente del Consiglio di tutti gli italiani, e quindi... che non è uno spettacolo cosí degno che si trovi nella veste di imputato, in un'aula di Tribunale, dove suscita tutta questa attenzione e dove questa attenzione non rimane soltanto confinata all'Italia, ma naturalmente comporta una lesione del prestigio e dell'orgoglio italiano, là dove invece io ho fatto di tutto per riportare l'Italia a una situazione che aveva perso negli anni e che invece le compete, per quel che siamo, grande paese, grande economia, terzo contributore all'Unione europea, sesto contributore alle Nazioni Unite, terzo prestatore di soldati per le operazioni di *peace keeping* nel mondo. Io sono molto fiero del mio paese, ho cercato di farlo valere, cerco di farlo di valere, è chiaro che buttando ombre e fango su una carica come la Presidenza del Consiglio si butta ombra e fango sullo stesso paese, che questo presidente deve rappresentare.

E quindi la mia richiesta è, e concludo, quella che siano ascoltati i testimoni che sono emersi da quanto sono venuto qui dicendo ed altri ancora, ed altri che si sono spontaneamente fatti vivi. I miei avvocati potranno portare alla conoscenza del Tribunale le persone e i motivi per cui chiediamo che siano ascoltati; secondariamente, che mi sia data la possibilità di essere presente alle udienze, anche alle udienze in cui ci siano le richieste della parte civile, le arringhe dei miei avvocati, oltre che l'escussione dei testimoni[81]. Ho guardato nella mia agenda, garantisco, se non ci saranno fatti estranei al procedimento, che in questo momento si stanno pur discutendo, e a cui io non ho dato un parere positivo, perché ritengo che non debba esserci ombra su chi rappresenta il governo del paese in Italia e all'estero, ma dato che c'è stata insistenza su questo, e ci sono discussioni in corso in questo momento, io ritengo che non ci sia, cosí, una assoluta certezza che questo avvenga[82]. E quindi ho visto nella mia agenda il giorno 25, in cui garantisco che qualunque cosa succeda, l'ho già detto, eccetera, io quel giorno sarò a disposizione e sarò a disposizione quel giorno anche per fissare eventualmente altre udienze[83]. [...] Presidente, grazie, grazie ai suoi collaboratori.

P.M. Presidente, mi scusi, prima che si allontani il presidente Berlusconi, chiedevo se vuole esercitare il suo diritto di difesa rispondendo alle domande della pubblica accusa: come, per esempio, se corrisponde al vero quello che ci ha detto Livio Gironi, che sono stati fatti pagamenti in nero per le provvigioni all'imputato Previti.

BERLUSCONI Io ho già detto, sarò lieto di rispondere alle domande che mi verranno rivolte, ove mi si usi la cortesia istituzionale di venire presso Palazzo Chigi a Roma[84], come si usa nei confronti di ogni presidente del Consiglio[85]. Ora davvero mi dicono che sono in grave ritardo, no posso evidentemente usare la cortesia del presidente Kostas Simitis ulteriormente. Ringrazio.

PRESIDENTE Grazie, può allontanarsi, grazie.

NOTE

Le 85 bugie del Cavaliere

1. Come emerge da tutti gli atti e le testimonianze acquisiti al processo, Pietro Barilla aveva appena rifiutato l'offerta, fattagli con precedenza assoluta da Prodi, di rilevare l'intero pacchetto Iri nella Sme. Ben difficilmente poteva essere sorpreso, o indignato, o sconvolto, per il fatto che l'Iri avesse poi rivolto la stessa offerta ad altri soggetti, quali Ferrero e Buitoni, e che il titolare di quest'ultima – Carlo De Benedetti – l'avesse accettata. Tant'è che poi, quando Craxi pregò Berlusconi di organizzare la contro-cordata, il Cavaliere ebbe il suo daffare, per giorni e giorni, prima di convincere Barilla e Ferrero a cambiare idea e a imbarcarsi nell'avventura Sme. La Barilla plaudí ufficialmente alla cessione della Sme con un comunicato ufficiale all'indomani dell'annuncio dell'accordo Iri-Buitoni. Quanto a Berlusconi, era talmente «sdegnato» per la notizia dell'accordo Iri-Buitoni, che si affrettò a telefonare a De Benedetti per congratularsi («Guarda, sono molto contento, hai fatto un'ottima operazione. Naturalmente conto su di te per quanto riguarda la pubblicità...»), come ha raccontato lo stesso Ingegnere al processo di Milano, e come già i giornali rivelarono (mai smentiti) a metà del maggio '85. Anche i vertici Barilla e Ferrero si complimentarono con De Benedetti.

2. La Sme, come spiegò poi il ministro delle Partecipazioni statali Clelio Darida (Dc) era una società quotata in Borsa, e non si potevano avviare trattative pubbliche nel bel mezzo delle contrattazioni. In ogni caso, confermò sempre Darida, il ministro – unico referente istituzionale dell'Iri – fu tenuto costantemente informato delle trattative.

3. L'intero vertice dell'Iri era informato della cosa, tant'è che i cinque massimi dirigenti dell'ente di Stato – Prodi, Zurzolo, Savarese, Steve e Rastelli – parteciparono al negoziato presso Mediobanca a fine luglio, insieme al management di Cir-Buitoni, Imi e Mediobanca. E, dieci giorni dopo, il cda dell'Iri approvò l'operazione all'unanimità.

4. Altissimo, come tutti gli altri ministri del governo Craxi, approvò senza riserve la cessione della Sme a De Benedetti, come dimostriamo nella ricostruzione dei fatti dai giornali dell'epoca, a pagina 289.

5. La perizia affidata dall'Iri a due super-esperti della Bocconi, valutò la quota Sme in 497 miliardi di lire.

6. De Benedetti era un concorrente italiano, non straniero: e si impegnava espressamente con l'Iri a non cedere il gruppo Sme o qualche sua parte all'estero. Ferrero e Barilla, invece, erano due aziende già allora controllate – rispettivamente al 99 e al 75% – da gruppi esteri. La

minaccia che, secondo Berlusconi, paventavano, era in realtà rappresentata proprio dalla loro compagine azionaria, a maggioranza straniera.

7. Anche Cirino Pomicino aderí entusiasticamente alla cessione della Sme alla Buitoni, con numerose dichiarazioni pubbliche, che riproduciamo nella ricostruzione a pagina 289 e seguenti.

8. In realtà la cordata Buitoni-Imi-Mediobanca pagava le azioni Sme 1107 lire ciascuna, contro un valore borsistico, calcolato sull'ultimo semestre, di 801.

9. Il premio di maggioranza era previsto, e piuttosto alto: addirittura del 38,2%, pari alla differenza fra il valore borsistico delle azioni Sme e il prezzo effettivamente stabilito dalle perizie Iri.

10. La rateizzazione dei pagamenti in 18 mesi era identica a quella che poi proposero Scalera (Berlusconi) e la Iar (Berlusconi-Barilla-Ferrero).

11. La Sidalm, che raggruppava i marchi Motta-Alemagna, era un buco nero indebitatissimo (dal 1978 aveva accumulato perdite per 200 miliardi di lire) , infatti le perizie della Bocconi (confermate da quelle degli esperti Barilla e Ferrero) le attribuirono un valore economico negativo di 5 miliardi. Nella Sidalm l'Iri avrebbe dovuto versare subito 30 miliardi di ricapitalizzazione, che invece con la cessione alla Buitoni sarebbe stata accollata a De Benedetti. Saltata la cessione, anche quell'onere ricadde sull'Iri.

12. Amato è già stato regolarmente interrogato al dibattimento dai pm e controinterrogato dai difensori, compresi quelli di Berlusconi, con domande acconce (il verbale di udienza è a pagina 349), e non ha detto nulla di ciò che sostiene Berlusconi.

13. Che Craxi si preoccupasse per eventuali «spoliazioni» di beni pubblici appare piuttosto improbabile: fu lui, per esempio, nel 1986-87, a opporsi con Amato alla cessione dell'Alfa Romeo alla Ford, e a imporre che venisse venduta alla Fiat, quando è noto che la Ford offriva condizioni nettamente migliori. Craxi non si oppose alla cessione di un pezzo della Sme (Alivar) alla Barilla nel 1989, e non tanto perché lo ritenesse un buon affare per lo Stato, quanto perché fu un ottimo affare per lui (Barilla versò al segretario del Psi una tangente sui suoi conti personali, come emerge dalle deposizioni di Ambrosio, Barilla jr. e Pomicino, che pubblichiamo a pagina 417 e seguenti).

14. Tutto questo entusiasmo e attivismo di Barilla per la Sme non risulta agli atti del processo. Risulta invece – lo dicono i manager Allodi e Manfredi – che il gruppo parmigiano rimase freddo sino alle ultime, decisive pressioni di Berlusconi e del Psi (Craxi tramite Pompeo Locatelli), e solo alla fine si fece trascinare. Poi, appena l'affare tramontò, Barilla abbandonò la Iar insieme alla Ferrero, lasciando sola la Fininvest con le coop bianche di Conserva Italia. Vedi anche la testimonianza di Pasteris alla nota 15.

15. I manager di Ferrero sentiti al dibattimento – da Dogliotti a Grande Stevens – hanno testimoniato che Ferrero era totalmente contrario, fino al voltafaccia dell'ultimo minuto, all'acquisizione dell'intera Sme. Le dichiarazioni di Dogliotti e Grande Stevens sono citate nella requisitoria Boccassini. Ed ecco quelle di Carlo Pasteris, braccio destro di Michele Ferrero, all'udienza del 25 giugno 2001: «Locatelli mi ha detto che c'era questa cordata in corso di formazione, che voleva cercare di comprare il gruppo Sme [...]. Locatelli mi ha parlato di Berlusconi, della Fininvest [...]. La famiglia Ferrero allora era molto perplessa per due ordini di considerazioni: in primo luogo, perché della Sme non si sapeva niente, non avevamo dati [...]; sapevamo che il gruppo andava male e oltretutto Michele Ferrero è sempre stato a fare l'imprenditore singolo, era molto restío a fare un'operazione con altri soggetti, che fra l'altro non conosceva [...]. Mah, direi che i due motori erano un po' Pompeo Locatelli e Berlusconi. [...]: Barilla e la Ferrero erano molto... cosí, direi stavano piú ad ascoltare quelle che erano le proposte [...], anche perché noi la situazione non la conoscevamo».

16. Che Berlusconi fosse interessato ad acquisire la Sme è smentito dallo stesso Berlusconi, appena dieci righe sotto (vedi punto 18), e ancor piú esplicitamente nel prosieguo delle dichiarazioni spontanee, quando afferma testualmente di non aver avuto alcun interesse «nemmeno all'acquisto di un biscotto della Sme».

17. Curioso che Berlusconi pretendesse di controllare un'azienda tutta da solo, visto che subito dopo si consorziò con tre soci (Ferrero, Barilla e Conserva Italia) dividendo cosí per quattro il controllo della Sme-Sidalm, e accontentandosi di un modesto 25% del 64 per cento del gruppo.

18. Vedi punto 16.

19. Anche questa circostanza è stata smentita radicalmente da uno dei protagonisti, Antonino Zurzolo, direttore generale dell'Iri, con una lettera al *Corriere della sera* che riportiamo a pagina 302. Gli alti dirigenti Iri parteciparono alla riunione al fianco di Prodi fino alla fine, e vi fecero ritorno l'indomani quando proseguí e si concluse la trattativa.

20. Berlusconi gioca con le cifre: nel 1985 la Buitoni, con Imi e Mediobanca, avrebbe pagato per l'intero gruppo Sme (comprensivo della Sidalm con tutti i suoi buchi) 497 miliardi, non 393. Nel 1990, quando l'Alivar passò a Barilla, erano trascorsi cinque anni, e, inflazione a parte, la Sidalm era stata scorporata con tutti i suoi buchi. In piú, la società Alivar era stata risanata dall'Iri con robuste iniezioni di centinaia di miliardi, in condizioni ben piú floride di cinque anni prima.

21. Anche qui Berlusconi gioca con le cifre: l'offerta Iar, essendo la terza dopo quelle di Buitoni e Scalera (Berlusconi), doveva rapportarsi alla seconda, non alla prima. Dunque doveva rilanciare rispetto ai 550 miliardi di Scalera (Berlusconi): infatti offrí il minimo rilancio indi-

spensabile per essere presa in considerazione, ovvero il 10% in piú di Scalera. Una percentuale ben lontana dal 25% di cui favoleggia il Cavaliere.

22. Che Craxi si scandalizzasse per una tangente, giunge nuovo, anche se si trattava – secondo Berlusconi – di una tangente non destinata a lui. Comunque la circostanza è stata subito smentita da Amato. Craxi non può smentire, essendo morto nel gennaio 2000. Ma finché fu in vita, tra le innumerevoli denunce, esposti, fax, dossier, dichiarazioni contro i suoi avversari politici, mai fece alcun riferimento a questa fantomatica mazzetta destinata alla sinistra Dc (sua bestia nera) per un favore fatto da Prodi (altra sua bestia nera) a De Benedetti (altra sua bestia nera). Curioso, poi, che Berlusconi di quella presunta confidenza del 1985 si sia ricordato soltanto nel 2003, in un procedimento iniziato nel 1997 (quando Craxi era ancora vivo, e avrebbe potuto eventualmente confermare) e in un dibattimento avviato nel 2000. Ancor piú curioso che all'intervento di Craxi per promuovere la cordata Iar, sventare una «svendita» e una «spoliazione», impedire un giro di tangenti, Berlusconi non abbia fatto alcun accenno quando, nel 1985, fu interrogato come testimone – con l'obbligo giurato di dire tutta la verità – davanti al pm romano Infelisi, che proprio su quell'affare stava indagando. Ma nel 1985 Berlusconi raccontava il contrario di quel che dice oggi.

Intervistato dall'*Espresso* il 30 maggio '85, il Cavaliere spiega il perché del suo interessamento alla Sme: «Ci vuol poco a capirlo! Le mie televisioni vivono di pubblicità: le aziende della Sme e della Sidalm – pensi a Motta e Alemagna – spendono ogni anno centinaia di miliardi di pubblicità. Ecco spiegato il mio interesse nella trattativa» (soltanto il 23 maggio, *La Stampa* – nell'articolo che riportiamo a pagina 307 – riferí una fonte Fininvest che comunicava l'esatto contrario: e cioè che Berlusconi non ne voleva sapere della Sme proprio per non subire danni da punto di vita pubblicitario e per «non fare un regalo alla Rai»). L'*Espresso* chiede poi al Cavaliere se non gli avesse telefonato Craxi, chiedendogli di intervenire. E Berlusconi, inorridito: «No, anzi, per me il fatto di essere amico del presidente Craxi ha costituito una remora. Semmai, quando l'ho avvertito che avevo deciso con Ferrero e Barilla di presentare un'offerta, Craxi ha manifestato qualche preoccupazione, nel timore che questo mio intervento venisse interpretato in chiave politica. Invece la decisione è stata presa il 21 maggio durante un colloquio in Confindustria con Barilla. A quel punto abbiamo contattato Ferrero e cosí è nata la nostra iniziativa». Nessun accenno a interventi politici, né a presunte «svendite» della Sme, né tantomeno a tangenti altrui. Ricapitolando. Craxi, «preoccupato», non ne voleva sapere, era una «remora», un ostacolo alla cordata Iar (18 anni dopo ne sarebbe diventato il mandante), ma Berlusconi era cosí interessato alla Sme e alla Sidalm da fiaccare, alla fine, le resistenze dell'amico Bettino. Il 29 maggio 1985, infatti, la Fininvest emise un comunicato per confermare che l'affare Sme era «una grande opportunità imprenditoriale, nell'esclusiva ottica industriale e senza connessioni politiche». La classica *excusatio non petita*, per smentire ciò che tutti sapevano: Berlusconi agiva come il braccio armato di Craxi.

Cinque mesi dopo, davanti al pm Infelisi, Berlusconi compare come testimone a Roma il 30 ottobre 1985, firma due paginette di verbale in cui accenna all'interesse della Fininvest alla «diversificazione degli investimenti» nel ramo alimentare. Ma non fa piú alcun accenno a Craxi, neppure per sostenere una sua azione frenante. Di politici non parla proprio, il Cavaliere, salvo un fugace passaggio sul ministro dell'Industria Renato Altissimo («era stupito, pochi giorni prima aveva avuto conferma da Prodi che il pacchetto Sme non era in vendita»): nella versione berlusconiana di 18 anni dopo, invece, i politici diventeranno i protagonisti assoluti della partita. Infelisi indaga su possibili abusi da parte di Prodi (anche se l'inchiesta è contro ignoti) nella cessione della Sme, con particolare riferimento al prezzo pattuito con la Buitoni. Berlusconi 18 anni dopo dirà di aver saputo nel maggio '85 non solo che si trattava di una svendita, ma che in cambio la corrente di Prodi (la sinistra Dc) aveva intascato tangenti da De Benedetti, eppure stranamente non vi fa alcun accenno dinanzi al magistrato che proprio su quell'affaire sta indagando, e che lo interroga ad appena cinque mesi di distanza da quelle presunte confidenze. Cosí l'inchiesta, che proprio grazie alla testimonianza di Berlusconi avrebbe potuto prendere il volo (facendo pre la felicità dell'amico Craxi), resta al palo e verrà presto archiviata nel 1986. Strano, molto strano. E molto, molto inverosimile.

23. Che Prodi avesse tutti i poteri necessari per firmare quel contratto lo dimostra il fatto che, dieci giorni dopo, l'intero cda dell'Iri approvò il contratto, e cosí fecero il Cipi, la commissione Bilancio della Camera, e in prima battuta il ministro Darida. Inoltre l'ha stabilito la stessa Corte d'appello di Roma, nella sentenza Sme di cui parliamo al punto 27.

24. In una dichiarazione rilasciata lo stesso giorno di quella berlusconiana, Tamburino tiene a precisare che: non è mai stato iscritto a Magistratura democratica; non s'è mai occupato del caso Sme; non ha mai lavorato un solo giorno in Cassazione.

25. Indagato dal 1995, raggiunto da richiesta di rinvio a giudizio nel 1997, rinviato a giudizio nel 1999, imputato davanti al Tribunale di Milano dal 9 marzo 2001, il presidente del Consiglio vorrebbe far credere ai giudici di non aver mai letto una sola volta, nemmeno sui giornali, il capo di imputazione (due pagine e mezza) a suo carico per il reato gravissimo di corruzione in atti giudiziari. Siamo ai confini della realtà.

26. I giudici non vengono processati per le sentenze che scrivono, per le quali sono ovviamente insindacabili. Il giudice Verde è imputato

perché accusato di aver ricevuto 200 milioni in cambio di quella sentenza. Gli altri, che non ricevettero nemmeno una lira, non sono imputati. In primo grado, comunque, Verde fu il dominus assoluto del collegio, visto che – da presidente – si autoassegnò irritualmente il ruolo di relatore, cioè di estensore della sentenza. Uno dei due giudici a latere, Carmenini, ha testimoniato al processo di essersi presentato all'udienza assolutamente ignaro della causa in discussione, visto che toccava al relatore (Verde) illustrarne i contenuti.

27. È uno dei cavalli di battaglia di Berlusconi e dei suoi cari: visto che De Benedetti ha perso in primo, secondo e terzo grado la sua battaglia contro l'Iri per la Sme, vuol dire che la sentenza è perfetta. Abbiamo visto che questo non basterebbe a escludere la corruzione giudiziaria. Ma c'è anche la prova che questo non è vero: nei successivi gradi di giudizio, la sentenza Verde fu pesantemente censurata per i numerosi e macroscopici errori di diritto. Pur non osando ribaltarne le conclusioni (restituire la Sme alla Buitoni, a diversi anni di distanza dal naufragio della trattativa, avrebbe destabilizzato il mercato finanziario e messo in grave difficoltà l'Iri, che nel frattempo, dopo l'emergere di altri pretendenti, aveva cercato di riaprire le trattative), la Corte d'appello di Roma e in parte anche la Cassazione (che però si astenne da valutazioni di merito)ne censurarono pesantemente le motivazioni. Vediamo, in estrema sintesi.

Secondo il Tribunale (sentenza Verde), «il protocollo d'intesa sottoscritto da Prodi e De Benedetti [il 29 aprile '85] non segnava il perfezionamento di un contratto né i termini di una proposta contrattuale che l'una parte formulava all'altra», in quanto Prodi non aveva «la delega» (per «difetto di procura») dal Cda Iri e nemmeno l'autorizzazione preventiva del ministro necessaria per prendere quel tipo di impegno.

Ma la Corte d'appello sostiene l'esatto contrario: «le dichiarazioni formulate dal giudice di primo grado non corrispondono a una corretta ricostruzione dell'atto del 29.4.1985»: infatti «le conclusioni dell'indagine sin qui condotta portano a dubitare della correttezza della prospettiva interpretativa in cui si è posto il giudice di primo grado quando ha recisamente negato l'applicabilità delle disposizioni sulla rappresentanza senza potere e sulla ratifica... osservando che ciò sarebbe precluso dalla non delegabilità delle attribuzioni del consiglio di amministrazione». E ancora: «Nessuno degli argomenti richiamati [dal Tribunale] appare convincente [...]. Nessuna pertinenza ha poi il tema della tutela dell'affidamento [...]. Non è ravvisabile alcuna incompatibilità logico-giuridica all'utilizzazione dell'istituto della ratifica nei riguardi di un contratto concluso dal presidente dell'Iri senza la previa deliberazione del consiglio d'amministrazione».

E non è neppure vero, come sostiene Verde, che Prodi necessitasse del previo assenso del ministro, come scrivono le sezioni unite della

Cassazione il 13-25 marzo 1986: «si deve convenire nell'assunto della Buitoni che non esisteva e non esiste disposizione di legge che preveda l'anzidetto potere di autorizzazione [governativa] nei confronti dell'Iri» a proposito di «cessione o trasferimento di partecipazioni ordinarie». Detto ciò, l'assenso ci fu, prima da parte di Darida durante la trattativa, poi da parte del Cipi. Che, come ha spiegato Giuliano Amato in Tribunale, «dal punto di vista legale non c'è dubbio» che rappresentava quella «autorizzazione governativa [prevista dal contratto] perché avvenisse la vendita della Sme».

Non regge neppure un altro caposaldo della difesa Berlusconi: quello secondo cui Verde avrebbe in realtà sfavorito Berlusconi, estromettendo la Iar dalla causa Iri-Buitoni. Il che farebbe venir meno il movente della corruzione. Anche questa decisione del Tribunale viene bocciata dalla Corte d'appello: «Appare palese l'errore che inficia le linee argomentative della sentenza impugnata [la sentenza Verde], che [...] ha escluso che la Iar e la Cofima [di Fimiani] siano portatrici dell'interesse richiesto per tale forma di intervento...». Se Verde è un giudice corrotto dalla Iar con i soldi di Barilla, è possibile che abbia deciso di estrometterla per fugare ogni sospetto di connivenza fra sé e la Iar. La quale, come ha testimoniato Berlusconi, era nata essenzialmente per il diktat di Craxi, al solo scopo di impedire alla Buitoni di acquisire la Sme. Missione compiuta, proprio grazie alla sentenza Verde.

28. Dall'iter giudiziario del caso Sme risulta esattamente il contrario. Per almeno altri cinque anni, anche dopo che la Ferrero e la Barilla si sfilarono dalla Iar lasciando sola la Fininvest insieme alla Conserva Italia, il gruppo Berlusconi continuò a dare battaglia legale per rilevare la Sme, oltretutto allo stesso prezzo (che Berlusconi oggi ritiene di «svendita» e di «spoliazione ai danni dello Stato») offerto nel 1985, ignorando completamente la rivalutazione che il gruppo aveva subíto nell'ultimo quinquennio. Lo testimonia un articolo del *Sole-24 ore* del 14 gennaio 1990, che annuncia il rinnovo delle cariche societarie da parte di Iar (ormai orfana di Barilla e Ferrero) allo scopo di «proseguire il giudizio contro l'Iri per l'asta sulla Sme».

29. Ricapitolando: Craxi, presidente del Consiglio, manda a monte tramite un suo amico una privatizzazione prevista da tre anni dal «Libro bianco De Michelis» sulle Partecipazioni statali, decisa dall'Iri, ratificata e avallata da tutti gli organi istituzionalmente preposti. Poi, sempre privatamente, promette a chi l'ha aiutato nella manovra un occhio di riguardo, quando deciderà di mettere sul mercato pezzi della Sme. Barilla, infatti, riuscirà ad acquistare l'Alivar. Previo pagamento di tangenti a Craxi.

30. Non sarà tutto, invece: Berlusconi chiederà subito almeno un'altra udienza di ricominciare le dichiarazioni spontanee, facendo

perdere un altro mese e mezzo al Tribunale e riuscendo a far approvare per legge la propria impunità prima della requisitoria e della sentenza.

31. Personaggi quasi tutti già interrogati in questo dibattimento (salvo l'inutile Fimiani), alla presenza dei difensori di Berlusconi.

32. Abbiamo già visto, al punto 28, che la Iar ancora nel '90 tentava per via giudiziaria di aggiudicarsi la Sme: non è vero, dunque, che si accontentasse di «adiuvare» l'Iri nella sua battaglia legale contro la Buitoni.

33. Vedi nota 31.

34. Non ne troverà nessuna, in quasi due mesi, se non quella del 17 giugno per replicare le sue dichiarazioni spontanee, prima di chiudere per legge il suo processo.

35. Idem come sopra.

36. Il Tribunale non ha concesso la «cortesia», per il semplice motivo che il codice di procedura penale non la prevede. Anzi, all'articolo 502 che regola gli interrogatori a domicilio, stabilisce espressamente che questi sono riservati a «testimoni, consulenti tecnici». Berlusconi, invece, è imputato. E chi ha scritto il codice non poteva immaginare che un giorno si sarebbe posto il problema di un presidente del Consiglio imputato. Nel novembre 1996, il premier fu sentito a Palazzo Chigi dai giudici palermitani del processo Dell'Utri: ma in quell'occasione era nelle vesti di testimone assistito (indagato di reato collegato archiviato). Dopo aver rimandato piú volte l'appuntamento, quando se li trovò davanti si avvalse nella facoltà di non rispondere, e li rimandò a Palermo nel giro di cinque minuti.

37. Strano, perché il ministro delle Partecipazioni statali, Gianni De Michelis (Psi), fu tra i primi a complimentarsi per l'accordo stipulato da Prodi, come riportiamo a pagina 289.

38. Vedi nota 23.

39. La perizia Poli era a fini di fusione, mentre quella di Guatri era proprio in vista della cessione. Tant'è che poi Guatri ribadí che l'accordo con Buitoni era «conveniente» per il «cedente», cioè per l'Iri. Senza contare che le perizie di Buitoni e Ferrero per la Iar ritennero che il valore stabilito da Poli e Guatri per la Sme fosse addirittura eccessivo rispetto al reale.

40. Quando Prodi stipulò il contratto con De Benedetti, non c'era alcuna offerta alternativa. Anzi, i futuri concorrenti Barilla e Ferrero (ma anche Fininvest) avevano espressamente escluso qualunque interesse a rilevare l'intero pacchetto Sme-Sidalm. Non si comprende, dunque, a quali «ulteriori offerte frattanto intervenute» si riferisca il capo dell'ufficio legislativo del Ministero. Quando Scalera e Locatelli (Iar) si fecero avanti, l'Iri esaminò le loro offerte. Cosa che non poteva fare, ovviamente, prima.

41. Darida, che seguiva a distanza la trattativa Iri-Buitoni, costantemente informato da Prodi, diede regolarmente il suo assenso, prima

informale, poi formale con una lettera a Craxi. Soltanto alla fine cambiò idea, dopo che peraltro il suo parere non era piú giudicato necessario: Amato, infatti, aveva stabilito che l'autorizzazione governativa spettava non al ministro, ma al Cipi.

42. A parte il fatto che si trattava del Cipi e non del Cipe, è noto che l'organismo interministeriale fu puntualmente consultato dall'Iri, e diede parere favorevole all'accordo Iri-Buitoni all'unanimità. Ciononostante, l'accordo saltò.

43. Di questa robusta dazione di denaro non risulta alcuna traccia. È singolare che un imputato, tirato in ballo dai conti delle sue società estere per denaro finito documentalmente al suo legale e poi a un magistrato, si rechi in tribunale sventolando la e-mail di un ex ministro che cita un articolo di un giornale del Psi (il partito piú coinvolto in Tangentopoli) che, senza alcuna prova, fa riferimento a fantomatici versamenti della parte civile, «probabilmente per la campagna elettorale del 1983».

44. Totò non pensò mai di acquistare il Colosseo. Totò, nel film *Totòtruffa 62*, vendette a un turista la fontana di Trevi.

45. Quello che Berlusconi sventola in aula chiamandolo «contratto» era in realtà la scrittura privata fra Prodi e De Benedetti che formalizzava l'intesa a vendere e ad acquistare la Sme a determinate condizioni, compresa l'approvazione del Cda Iri e del governo, alla quale sarebbe seguita la formalizzazione di tutte le clausole tecniche in un documento piú corposo e dettagliato (ad esempio sulle garanzie in tema di occupazione, stabilimenti, sede a Napoli e cosí via, tutti impegni che De Benedetti assunse formalmente dopo il contratto con una lettera ufficiale all'Iri). Che quella scrittura comunque contenesse tutti gli elementi del contratto l'ha confermato ai magistrati l'allora presidente di Mediobanca e «garante» dell'operazione, Enrico Cuccia. Che di contratti del genere ne aveva stipulati e propiziati molti.

46. Il no, in realtà, era venuto proprio dai «possibili altri protagonisti». Quanto agli incontri, Enrico Cuccia ha confermato al pool che erano stati ben piú di due, nel corso di un mese di trattative.

47. Il fatto che De Benedetti rimproveri a Prodi di non aver avvertito Craxi, non significa che Craxi pensasse che prezzo fosse incongruo, né soprattutto che sia provata la tangente di cui favoleggia Berlusconi. Né tantomeno che fosse suo dovere avvertire il premier, quando è noto che il suo unico referente istituzionale era il ministro Darida. Significa semplicemente che, conoscendo Craxi, il suo carattere accentratore e i suoi rapporti tesi con l'Ingegnere e con il Professore, avvertirlo in anticipo sarebbe stato politicamente una mossa azzeccata, che forse avrebbe evitato certe impuntature successive. Un discorso politico, dunque, non certamente giuridico, come dimostrano le dichiarazioni di Darida.

48. Nel 1984 Craxi impone al suo governo ben due «decreti Berlusconi» per salvare le emittenti Fininvest dalle inchieste e dai sequestri dei pretori che contestano la liceità delle trasmissioni su scala nazionale. Il secondo decreto è del 6 dicembre, e alla scadenza viene ripetutamente prorogato proprio per intervento di Craxi e del suo sottosegretario alla presidenza Amato. L'ultima proroga scade proprio il 6 giugno 1985, e nei giorni caldi dell'affare Sme (maggio '85) Berlusconi è sulle spine per le sorti future delle sue tv, che dipendono esclusivamente da Craxi.

49. La posizione del governo era, invece, di cedere la Sme, come confermò a botta calda Darida e il ministro del Lavoro De Michelis, il quale ricordò che la cessione Sme era prevista nel suo Libro bianco sulle partecipazioni statali pubblicato tre anni prima.

50. Resta da capire perché, ancora nel 1990, la Fininvest (rimasta sola nella Iar dopo l'uscita di Ferrero e Barilla) portava avanti la causa contro l'Iri per ottenere la Sme al prezzo offerto nel 1985.

51. La sentenza del Tribunale (Verde), come abbiamo visto al punto 27, fu pesantemente censurata dalla Corte d'appello di Roma e poi dalla Cassazione.

52. Verde e Zucchini, cioè due giudici sui tre del collegio del Tribunale di Roma, erano amici di Previti e Pacifico, due avvocati che lavoravano, l'uno direttamente l'altro indirettamente, per Berlusconi e le sue società.

53. Zucchini e Carmenini, i due giudici a latere di Verde, sono stati entrambi sentiti dai magistrati di Milano. Gli altri, quelli d'appello e di Cassazione, sono stati ritenuti testimoni superflui: non hanno mai ricevuto soldi, non sono stati mai sospettati, per sapere come la pensassero in materia basta la lettura delle loro sentenze.

54. Proprio nulla, pare di no: ci sono i bonifici bancari da Fininvest e da Barilla a Previti e a Pacifico, e di lí gli accrediti al giudice Squillante e – secondo l'accusa – il passaggio diretto a Verde. Michele Ferrero, inizialmente indagato come componente della cordata Iar, fu poi prosciolto in udienza preliminare perché non risulta aver versato denaro ad alcuno. Altra prova che, in questi processi, non ha cittadinanza il teorema del «non poteva non sapere».

55. I dirigenti Barilla e Michele Ferrero (all'epoca come indagato) sono stati abbondantemente ascoltati. Quelli di Conserva Italia no, perché entrarono nella cordata a cose fatte.

56. Squillante era capo dell'ufficio Gip di Roma nel 1993, quando la Procura – nell'inchiesta sulle tangenti al ministero delle Poste – chiese l'arresto dei dirigenti Fininvest Adriano Galliani e Gianni Letta, oltreché di Carlo De Benedetti. Il gip designato, Augusta Iannini, arrestò De Benedetti, mentre gli altri due li passò a un collega perché «amici di famiglia». Il collega non li arrestò. Squillante, poi, come vicecapo dell'ufficio Istruzione di Roma, interrogò nel 1985 Berlusconi e Um-

berto Previti (padre di Cesare, che li difendeva entrambi) in un'inchiesta su presunti abusi nell'emittenza, che coinvolgeva decine di tv locali, fra cui alcune legate alla Fininvest. Berlusconi e Previti senior furono subito prosciolti, gli altri indagati restarono tali fino ai primi anni 90. Nessun sospetto su queste decisioni. Ma è un fatto che Squillante si sia occupato anche di inchieste su Berlusconi e la Fininvest.

57. Come abbiamo visto a pagina 52 (vedi Efibanca nella Toghe sporche story) e nel capo d'imputazione, il ruolo di Efibanca era molto simile a quello delineato dalla Ariosto: l'istituto di medio credito, legato alla Bnl, emetteva certificati di deposito al portatore (anonimi) che somigliano molto ai libretti al portatore. E fin dagli anni '70 aveva rapporti con Previti e Berlusconi, concedendo lucrosi finanziamenti e mutui al gruppo Fininvest.

56. Stefania Ariosto ha vinto in numerosi tribunali italiani decine di cause, da lei intentate a chi l'ha accusata dal '96 a oggi di essere una calunniatrice, riuscendo ogni volta a dimostrare la veridicità delle sue accuse e ottenendo cospicui risarcimenti per le diffamazioni subíte.

57. Non si comprende l'incompatibilità fra le origini nobiliari della famiglia Ariosto e la professione di casalinga della madre della testimone (da tempo malata) e quella di impiegato del ministero della Difesa svolta dal padre (morto nel 1977).

58. Stefania Ariosto nega di aver mai dichiarato di essere vedova, e per giunta di un aviatore caduto in Africa. «Ho sempre detto di essere separata dal mio primo marito, impiegato all'Aeronautica, che mai ha volato o combattuto in Africa. Fu mio padre a combattere in Africa, da dove peraltro ritornò sano e salvo».

59. La «manipolazione» di cui parlano consulenti tecnici e periti dell'inchiesta di Perugia (nata dalle denunce a Roma presentate da Previti, Berlusconi, Squillante e altri imputati contro gli ispettori Ragone e Vardeu dello Sco) è compatibile con un'opera di ripulitura della cassetta del bar Mandara dai fruscii, dai rumori di fondo e dalle voci estranee alla conversazione. Che siano stati eliminati «passi non conferenti alle tesi dell'accusa» è un'illazione, grave quanto indimostrata, di Berlusconi. D'altra parte non si comprende il movente di un'eventuale operazione del genere, visto che la cassetta non costituisce una prova a carico né di Berlusconi, né di Previti, né degli altri imputati principali. Ma soltanto dell'ex pm Misiani, che non si comprende chi potesse avere interesse a «incastrare». Lo stesso Misiani, peraltro, ha riconosciuto una parte delle affermazioni attribuitegli dallo Sco sui «miliardi» di Squillante. E del resto – come ha notato Ilda Boccassini nella requisitoria – è difficile immaginare che i due ispettori, nel marzo 1996, potessero conoscere in anticipo l'entità delle fortune estere di Squillante, o sapere in quella fase che alcuni giudici romani avevano avuto notizie riservate sulle indagini milanesi da una misteriosa «talpa». Tutto ciò di-

mostra che quella conversazione al bar Mandara, fatte salve alcune parole che possono essere state fraintese o mal trascritte (Misiani sostiene che la frase «è Pacifico» non si riferiva all'avvocato, ma significava «è ovvio»), si svolse veramente.

60. Qui Berlusconi accusa i due ispettori di aver addirittura trascritto in seguito frasi mai ascoltate nel bar. Manca, ancora una volta, il movente (se avessero voluto incastrare Berlusconi o Previti avrebbero inserito qualche frase compromettente anche sul loro conto). E, soprattutto, non è vero che esista una «perizia grafologica mai contestata» sul punto: esiste una consulenza tecnica commissionata nell'inchiesta di Perugia dalle difese di Berlusconi & C.: una consulenza dunque di parte, che non ha «accertato» la compilazione posteriore ma soltanto alcune «discontinuità di scrittura», e che comunque è contestata radicalmente dai difensori dei due ispettori. Gli appunti contestati, comunque, sono stati regolarmente trasmessi a Perugia dal presidente del tribunale di Milano Luisa Ponti, perché si potesse vagliare il materiale in originale, e nessun'ombra restasse su quell'operazione.

61. Che Berlusconi volesse candidare Squillante è documentato dalle telefonate fatte e ricevute da Squillante in quel gennaio febbraio '96, fino all'arresto: una proveniva, sebbene Berlusconi lo neghi o lo dimentichi, proprio dal Cavaliere in persona, e riguardava proprio quella candidatura. Che poi Squillante sembrava aver declinato in extremis, dopo essersi consultato con amici (fra i quali Maccanico e Amato) e con i figli. Quanto alle telefonate ricevute, va ricordata quella che Squillante fece a Berlusconi ad Arcore per gli auguri di Capodanno, la sera di San Silvestro del 1995. Ma Berlusconi quella sera era fuori. Altri destinatari, nei minuti precedenti, delle medesime effusioni: Paolo Berlusconi, Gianni Letta, Cesare Previti.

62. Berlusconi chiede addirittura l'arresto del maresciallo Daniele Spello, storico collaboratore della Boccassini, per avere dolosamente distrutto un Cd rom con l'audio della registrazione del Bar Mandara. L'accusa, gravissima, è anche infondata: dopo essere stato a lungo interrogato come testimone dal procuratore aggiunto di Perugia Silvia Della Monica, Spello è rimasto testimone. E la sua posizione è stata vagliata anche dal gip di Perugia, nell'incidente probatorio: anche il giudice ha messo per iscritto che non esiste alcun elemento per dubitare della parola di Spello. L'episodio fu un incidente. D'altra parte, anche in questo caso, manca il movente: il Cd-rom non era l'originale della cassetta (ormai introvabile, dopo le operazioni di ripulitura effettuate dai periti della Procura), ma una delle almeno venti copie disponibili. Perché mai distruggerne una e lasciarne in circolazione tante altre?

63. Proprio normale, non sembrerebbe, visto che la Fininvest risulta – dalla famosa consulenza Kpmg per la Procura – controllare ben 64 società off-shore che sfuggivano ai bilanci consolidati. Ragion per cui è

accusata di aver accantonato, con quel sistema, 1550 miliardi di fondi neri all'estero.

64. Il direttore finanziario Fininvest Livio Gironi ha testimoniato al processo che si pose, con Previti, l'alternativa se pagargli le parcelle in Italia e all'estero. Poi si decise per l'estero, «10 miliardi in nero», cosí l'avvocato abbassò le sue pretese. In quanto, com'è ovvio, non avrebbe pagato tasse (e l'evasione fiscale, com'è noto, non riguarda soltanto chi riceve, ma anche chi versa). Dal che, fra l'altro, si arguisce che quel denaro fu stornato dai bilanci del gruppo. Bilanci, par di capire, ben poco veritieri.

65. Vedi sopra.

66. Sarà assurdo, sarà folle, ma dai bonifici bancari del conto Ferrido (Fininvest) uscirono 500 milioni che approdarono, in un giorno, al conto di Previti e di lí a quello di Squillante.

67. Il pm Paolo Ielo, nella sua missione a Roma nel 1996 in tandem con i colleghi di Perugia competenti su altri filoni dell'inchiesta «toghe sporche», interrogò – oltre ai vari magistrati poi richiamati in aula a confermare le loro dichiarazioni nei processi Imi-Sir/Mondadori e Sme – altri due giudici della Capitale, già in forze all'ufficio istruzione con Squillante: Mario Antonio Casavola, ora in pensione (che sosteneva di aver subíto pressioni da Squillante per archiviare un'inchiesta su Iri e Nomisma, la società legata a Prodi, negli anni 80), e Claudio D'Angelo, ora procuratore di Tivoli (che sosteneva di non aver mai avuto pressioni da Squillante). Le loro deposizioni non furono ritenute utili per i processi milanesi, e vennero trasmesse per competenza al Tribunale di Perugia, dove pende un altro processo a carico di Squillante per vicende di ordinaria giustizia romana (di competenza, dunque, perugina). In una nota di Ielo, risultava che Milano ne avesse trattenuto una copia, che però non si è trovata. Cosí alcuni difensori del processo Sme hanno chiesto le fotocopie a Perugia, che le ha regolarmente trasmesse a Milano. E qui il Tribunale le ha allegate agli atti del processo Sme. Ascoltando, fra l'altro, D'Angelo al dibattimento. Nessun mistero, dunque. Nessun verbale nascosto. Come vedremo fra poco anche per il «caso Fassone».

69. Che il movente della presunta corruzione esista, l'ha confermato lo stesso Berlusconi quando ha raccontato che lui per la Sme non nutriva alcun interesse, e che si mosse soltanto per le «affettuose insistenze» dell'amico Craxi. Insistenze che sarebbero state irrimediabilmente frustrate se il Tribunale di Roma avesse dichiarato valido il contratto Iri-Buitoni. Secondo l'accusa, proprio per questo fu corrotto il giudice Verde: per mandare a monte quell'affare, secondo i desideri espressi da Craxi all'amico Silvio.

70. Sulle prime dichiarazioni della Ariosto alla Guardia di Finanza non esistono verbali, in quanto si trattava di semplici confidenze, «drit-

te» investigative, sulle quali i finanzieri prendevano appunti e relazionavano periodicamente al pm Margherita Taddei, titolare dell'inchiesta sui libretti al portatore di Berlusconi. Sulla genesi della testimonianza Ariosto, la signora è stata sentita piú volta nel processo Sme e nel parallelo Imi-Sir/Mondadori, bersagliata dalle domande delle difese (il controesame Sme è pubblicato alla pagina 263), senza che emergesse alcunché di anomalo o di irregolare. Nessuna forzatura per farle dire cose non vere, né trattamenti di favore, né tantomeno alcun tipo di «impunità» (di cui fra l'altro non aveva alcun bisogno: i debiti furono poi progressivamente saldati, e il decreto ingiuntivo di cui parla il Cavaliere era addirittura di due anni prima). La Ariosto si limitò a esprimere ai militari il timore che il suo ruolo di confidente le recasse dei danni nelle cause che aveva in corso, visto che erano seguite dall'avvocato Dotti che era anche il legale della Fininvest. Questi suoi discorsi non ebbero alcun seguito, anche perché, riferiti al pm Taddei dai finanzieri, furono subito troncati dal magistrato con una nota scritta che li definiva «irricevibili». Va infine ricordato che Berlusconi non è imputato in base alle dichiarazioni della Ariosto, ma ai bonifici bancari dei conti esteri della Fininvest, di Previti e del giudice Squillante che le hanno confermate.

71. Non c'è un solo elemento, concreto o ipotetico, che faccia pensare a «benefici economici» o a «versamenti di soldi» a Stefania Ariosto. Che ancora oggi deve finir di pagare i suoi debiti. E che sicuramente ha peggiorato il suo tenore e la sua qualità di vita, da quando ha deciso di collaborare con lo Stato all'accertamento della verità nello scandalo delle «toghe sporche», resistendo anche a numerose lusinghe e promesse e minacce, piú o meno anonime, subíte dal 1995 a oggi e tese chiaramente a indurla a ritrattare le sue accuse.

72. Dotti ha smentito le insinuazioni del Cavaliere. D'altra parte, soltanto un folle avrebbe potuto pensare di poter fare carriera nel partito di Berlusconi, o comunque in una vita pubblica dominata dal suo strapotere mediatico, finanziario e politico, aizzando la propria compagna a calunniare lo stesso Cavaliere e il suo inseparabile sodale Cesare Previti. Tutti sanno che, dovendo scegliere fra un Dotti e un Previti, Berlusconi sceglierebbe inevitabilmente Previti. Come in effetti fece nel 1996, scaricando Dotti (allora numero due del partito e capogruppo alla Camera) sia come uomo politico, sia come legale del gruppo Fininvest.

73. È parecchio improbabile che un eventuale «dossier Craxi» sarebbe in grado di dimostrare alcunché, provenendo da un noto pregiudicato che si diede alla latitanza per sfuggire alla giustizia e alle numerose condanne definitive subíte. Tantopiú che tutti gli elementi e i documenti utili per valutare quel fatidico contratto sono già a disposizione dei giudici, dopo 39 mesi di dibattimento sul caso Sme. Oltretutto, se Craxi avesse avuto un asso nella manica, una carta inedita per dimo-

strare quel che Berlusconi sostiene, l'avrebbe tirata fuori nelle sue innumerevoli esternazioni da Hammamet, visto che il procedimento Sme iniziò nel 1997, ben tre anni prima della sua morte

74. Il ruolo di Efibanca, come abbiamo visto al punto 57, secondo l'accusa era ben piú simile a quello descritto dalla Ariosto che a quello dipinto da Berlusconi e dai suoi.

74. Guido Fassone, già capo dell'ufficio legale di Efibanca, sostiene che, dopo l'arresto di Squillante, si recò a Milano per precisare il ruolo dell'istituto Bnl tirato in ballo da Stefania Ariosto. E asserisce di aver reso due interrogatori, firmando due verbali, mentre agli atti ne risulta uno solo. Ma Ilda Boccassini l'ha smentito sul primo incontro con gli inquirenti milanesi: «Fassone ricorda male, quel giorno firmò solo un ordine di esibizione di atti. L'unico interrogatorio lo sostenne nel maggio del '96, davanti al colonnello della Guardia di Finanza D'Andrea». E ha ipotizzato di indagarlo per falsa testimonianza. In ogni caso, Fassone è vivo e vegeto, è stato sentito al processo e ha avuto la possibilità di dire tutto ciò che voleva. Non è vero, dunque, che Fassone sia rimasto fuori dal processo. Anzi, ci è entrato anche in carne ed ossa, oltreché con un verbale d'indagine preliminare. Ancora: queste continue richieste delle difese di acquisire verbali di indagine (D'Angelo, Casavola, Fassone), raccolti dai pm e della polizia giudiziaria in fase investigativa, quasi che valessero piú delle testimonianze rese in udienza nel contraddittorio tra le parti, contrastano platealmente con lo spirito e la lettera del nuovo Codice di procedura, imperniato sul rito accusatorio, nel quale la prova si forma al dibattimento, davanti ad accusa e difesa, sotto gli occhi del giudice «terzo», e non nell'ufficio del pubblico ministero. O non erano proprio gli avvocati berlusconiani i piú sfegatati sostenitori del «giusto processo»?

76. Ma che senso avrebbe occultare a Milano i verbali firmati da due giudici tutt'oggi viventi e regolarmente depositati a Perugia? Perché mai la Procura dovrebbe distruggere le copie di due verbali presenti in originale a Perugia in un altro processo a carico dello stesso Squillante, coimputato di Berlusconi e Previti a Milano? Quanto possono durare questi segreti di Pulcinella? E che cosa possono cambiare mai nella posizione dei vari Berlusconi, Previti, Pacifico, Squillante e Verde, rispetto ai documenti sui bonifici sui vari conti svizzeri? Infatti, quando sono stati acquisiti anche al processo Sme i verbali in copia di Casavola e D'Angelo e l'unico verbale di Fassone, è cambiato poco o nulla rispetto al quadro accusatorio iniziale.

77. Il fascicolo 9520/95, aperto nell'estate '95 sulle dichiarazioni della Ariosto e alimentatosi per otto anni, contiene tutti gli atti raccolti nella monumentale indagine che non si sono poi concretizzati in accuse concrete a carico di una serie di personaggi di contorno, mai indagati, e perciò rimasti «ignoti». Gli altri, quelli a carico degli indagati, so-

no stati tutti stralciati, cioè scorporati secondo le regole precise che regolano le indagini a carico di noti (sei mesi per indagare, prorogabili dal gip per un massimo di due anni), e hanno formato oggetto dei tre processi: Imi-Sir/Lodo Mondadori, Sme-Ariosto. Il resto – che secondo una giurisprudenza autorevole non è soggetto a scadenze – rimane depositato nel fascicolo-madre, anche perché la procura attende ancora risposta a oltre un centinaio di rogatorie, che potrebbero fornire spunti per nuovi approfondimenti e indagini a carico di quei medesimi personaggi. Sui quali, al momento, non risultano elementi di accusa: non si vede perché, in barba al segreto investigativo e al diritto alla privacy, bisognerebbe esibire quel materiale e gettare in pasto quelle persone e quei fatti al primo imputato o ministro che passa. Infatti non solo i pm Colombo e Boccassini, ma anche i loro superiori Ferdinando Vitiello e Mario Blandini (procuratori reggente e generale di Milano, piuttosto distanti dalla stagione del pool Mani pulite) hanno opposto il piú rigoroso segreto d'indagine ai reiterati e insistenti tentativi degli ispettori ministeriali di ficcanasare nel fascicolo 9520/95.

78. Se la Procura avesse mentito sull'assenza di atti riferiti agli indagati noti e avesse occultato nel fascicolo 9520/95 atti inerenti Berlusconi, o addirittura prove «fondamentali e basilari» per dimostrare la sua innocenza, avrebbe commesso un reato gravissimo. In quel caso, dovrebbe essere processata in blocco a Brescia, non a Milano. Ma, se Berlusconi avesse le prove di ciò che afferma, le avrebbe già tirate fuori, non avendo mai manifestato remore nel denunciare i magistrati milanesi alla Procura bresciana (peraltro, regolarmente, senza alcun esito). Anche perché, se fossero cosí «necessarie e indispensabili», le avrebbe immediatamente depositate al tribunale di Milano, strappando una sonante assoluzione e rendendo superflua l'ignominiosa scappatoia del lodo Maccanico. Invece si tratta delle solite accuse campate per aria, dell'ennesimo diversivo privo di fondamento ma di sicuro impatto mediatico, in quanto destinato piú all'attenzione delle tv che del tribunale.

79. Il collegio milanese del processo Sme, con varie ordinanze, ha fatto sapere alle difese di non avere alcun potere di intromissione in un fascicolo dell'accusa. Se invece emergessero delle ipotesi di illecito penale a carico dei pm, andrebbero segnalati a Brescia e non a Milano. In ogni caso, è quantomeno grottesco invocare «la verità» nell'udienza del 17 giugno, e il 18 giugno far approvare in fretta e furia una legge che blocca forse per sempre il processo che dovrebbe accertarla.

80. «Le udienze che seguiranno»: ma quali, visto che il processo dovrà essere sospeso per una legge voluta dallo stesso Berlusconi e dai suoi alleati fin dall'udienza successiva?

81. «Chiedo di ascoltare i testimoni che sono emersi e altri che si sono fatti vivi… essere presente alle arringhe e all'escussione dei testimoni…»: ma quando, visto che… vedi sopra?

82. I «fatti estranei al procedimento» sarebbero, poi, il lodo Maccanico che verrà approvato di lí a poche ore. Berlusconi tenta di convincere i giudici che lui è contrario («non ho dato parere positivo»), che «si sta ancora discutendo», che è tutto ancora avvolto dall'incertezza, anche se qualcuno vorrebbe costringerlo a bere l'amaro calice dell'impunità («c'è stata insistenza su questo»), che lui rifugge come la peste bubbonica («non deve esserci ombra su chi rappresenta il Governo del Paese»). Basterebbe avvertire questo qualcuno che lui non vuole, e il Lodo verrebbe bocciato. Invece, di questa contrarietà, non si avrà piú alcuna notizia nell'aula della Camera. Che infatti quella sera stessa vota la costituzionalità della legge e l'indomani approva il Lodo con i voti di tutto il fronte berlusconiano.

83. Quale agenda avrà consultato Berlusconi? Forse quella di un marziano, ignaro che il lodo Maccanico impedirà le sue virtuali «dichiarazioni spontanee» favoleggiate per il giorno 25 e le ancor piú virtuali «altre udienze» di cui farfuglia il Cavaliere sotto gli occhi allibiti dei giudici e dei pm. Da notare poi le espressioni «garantisco» e «qualunque cosa succeda», altri due capolavori di sfrontatezza.

84. In Tribunale non esistono «cortesie»: esistono procedure previste e non previste dalla legge. L'interrogatorio a domicilio dell'imputato non è previsto (vedi nota 36).

85. Non è mai esistito, nell'Italia repubblicana, e nemmeno in quella monarchica, un presidente del Consiglio imputato in un dibattimento. Silvio Berlusconi è il primo. E ciò che descrive come un'antica usanza, una consuetudine inveterata, non s'è mai visto nella storia.

«Berlusconi ci disse che la Sme era troppo cara...» La replica del Professore

La sera del 5 maggio 2003, dopo la prima parte di dichiarazioni spontanee di Berlusconi, Romano Prodi emana da Bruxelles un lungo comunicato di smentita e precisazione.

Davanti al Tribunale di Milano si sta svolgendo un processo per appurare se sia stato commesso il reato di corruzione in atti giudiziari in relazione alla vendita, poi non perfezionata, della Sme, la finanziaria alimentare dell'Iri, alla Buitoni e agli eventi che a questa seguirono. Come in tutti i processi, ci sono un capo d'accusa, degli imputati, l'accusa, la difesa e i giudici.

Essendo del tutto estraneo al procedimento, non avrei alcun motivo di intervenire. Nel corso del dibattimento, tuttavia, è stato avanzato il dubbio, di per sé privo di alcuna attinenza rispetto all'oggetto del giudizio, che le condizioni allora pattuite per la vendita fossero tali da determinare un danno per lo Stato e, di converso, un «regalo» per l'acquirente, cioè la Buitoni del gruppo De Benedetti.

Poiché all'epoca di cui si parla, il 1985, il presidente dell'Iri ero io e poiché fu il consiglio d'amministrazione dell'Iri da me presieduto a deliberare in merito alla vendita della Sme alla Buitoni, la cosa mi riguarda direttamente.

È, dunque, per rispondere pubblicamente a queste domande che ho deciso di offrire una ricostruzione dettagliata delle ragioni,degli elementi di fatto e delle procedure seguite, in quella vicenda e sotto la mia presidenza, dall'Iri.

Da questa ricostruzione emergerà la preoccupazione costante di tutelare come bene primario gli interessi dello Stato, difendendo per questo e sempre l'autonomia dell'impresa pubblica da ogni pressione esterna, compresa, eventualmente, quella proveniente dal mondo della politica.

Sono persuaso che faccia parte dei doveri di chi ha pubbliche responsabilità dare conto del proprio operato in modo aperto e completo. A questo dovere non mi sono mai sottratto, né in Italia né, ora, in Europa.

Il 29 aprile del 1985, Romano Prodi come presidente dell'Iri e Carlo De Benedetti nella sua qualità di presidente della Buitoni firmarono un documento di quattro pagine che prevedeva la cessione alla Buitoni dell'intera partecipazione posseduta dell'Iri nella Sme, una finanziaria del settore alimentare, pari al 64,36 per cento del capitale, per 497 miliardi di lire. Il pagamento avrebbe dovuto avvenire entro la fine dell'anno successivo con una dilazione che, al tasso del 14 per cento semplice, portava il valore effettivo della transazione, secondo i calcoli degli uffici dell'Iri, a circa 437 miliardi.

Il medesimo documento prevedeva, altresí, che l'Iri avrebbe ceduto alla Sme l'intero capitale di un'altra società alimentare, la Sidalm (i panettoni e cioccolatini Motta e Alemagna), per 1 lira.

La fase finale del negoziato era durata venti ore e si era svolta nella sede milanese di Mediobanca. Prodi era stato assistito sino alla definitiva conclusione delle trattative da Antonio Zurzolo, Pietro Rastelli e Michele Savarese, rispettivamente direttore generale, direttore finanziario e direttore dell'ufficio legale dell'Iri. De Benedetti aveva avuto al suo fianco due collaboratori, Franca Segre, la sua commercialista, e Arnaldo Borghesi dell'Euromobiliare. Alla trattativa avevano preso parte altre sei persone: Enrico Cuccia, Silvio Salteri e Vincenzo Maranghi per Mediobanca, Luigi Arcuti e Giuseppe Saracini per l'Imi, e l'avvocato Piero Schlesinger che aveva materialmente steso il contratto.

Fu (o, meglio, sarebbe stato) un buon affare per lo Stato?

Per rispondere a questa domanda, è bene analizzare l'ipotesi di vendita nel suo complesso, cioè partendo dal progetto industriale che l'aveva generata, passando per le procedure seguite nel giungere all'intesa con De Benedetti e finendo con gli aspetti squisitamente finanziari ossia con la valutazione della congruità o meno del prezzo pattuito.

Nata l'ultimo anno del diciannovesimo secolo come Società Meridionale di Elettricità, la Sme, dopo la nazionalizzazione dell'energia elettrica del 1962 che aveva portato nelle sue casse importanti indennizzi, si era lanciata nel settore alimentare. Surgela, Cirio, Star, Mellin, Motta e Alemagna, De Rica, Bertolli sono soltanto alcuni dei marchi che erano entrati nel suo portafoglio. Ma i risultati non erano stati brillanti e, via via che si esaurivano gli interessi maturati sulle disponibilità finanziarie generate dagli indennizzi, le perdite erano esplose: 321 miliardi, piú altri 35 coperti da riserve, per il solo periodo tra il '79 e l'83. Solo l'ultimo anno prima della decisione di vendere, il 1984, si era chiuso in attivo, con un utile della gestione ordinaria per circa 16 miliardi. Ancora peggiori erano i conti della Sidalm, la società che, a partire dal '77, aveva assorbito Motta e Alemagna e che non era da allora mai riuscita a presentare un bilancio in attivo, tanto che dal '78 all'84, tra coperture di disavanzi e ricapitalizzazioni, era costata all'Iri piú di 251 miliardi con la prospettiva di perderne altri 34 nell'85. Sino a quel momento rimasto un poco ai margini dell'interesse dei grandi gruppi finanziari e internazionali tanto italiani quanto stranieri, il settore alimentare si presentava ricco di promesse e di tanti marchi in cerca di occasioni di sviluppo. Ma servivano tanti soldi e tante energie. E l'Iri, pieno di debiti e ancora impegnato a produrre e a offrire di tutto, dagli aerei alle navi, dall'acciaio alle mozzarelle, dalle telecomunicazioni ai viaggi in autostrada ai servizi bancari, non aveva né gli uni né le altre. La grande crisi dei conti pubblici, l'uscita della lira dagli accordi di cambio dello Sme, la trasformazione dell'Iri in società per azioni e l'accordo tra il ministro del Tesoro Beniamino Andreatta e il commissario europeo alla concorrenza Karel Van Miert per ridurre «a livello fisiologico» l'indebitamento dello Stato nei confronti delle imprese pubbliche dovevano ancora arrivare.

Gli anni delle grandi privatizzazioni, gli anni della progressiva e definitiva uscita dello Stato dall'industria e dal credito erano ancora lontani. Ma già allora era chiaro che l'Iri e, tramite esso, lo Stato non potevano piú permettersi di continuare ad allargare il proprio campo di azione ma dovevano, al contrario, ridurlo e lasciare spazio ai privati. Il ruolo e la vocazione dell'Iri imponevano di concentrarsi sui settori ad elevata tecnologia e forte intensità di capitali e sulle grandi infrastrutture. La decisione di non disperdere le nostre limitate risorse in attività marginali come quelle alimentari era la logica e inevitabile conseguenza di questa scelta strategica.

Raggiunta, dunque, la persuasione che il settore alimentare non potesse rientrare tra le priorità dell'Istituto, l'Iri avviato ampi contatti nel mondo imprenditoriale per verificare l'interesse ad acquistare la Sme. La risposta era stata sempre la stessa: singolarmente prese alcune aziende erano interessanti ma, tutt'intero, il gruppo Sme era troppo grande e troppo caro. Cosí aveva risposto, tra gli altri, la famiglia Fossati, titolare del gruppo alimentare Star e, tramite questo, già socia di Alivar. E in questo medesimo senso si erano espressi, tra gli altri, Pietro Barilla (che era stato formalmente informato dell'intenzione dell'Iri di vendere e che aveva risposto dicendosi eventualmente interessato solo a qualche azienda della Sme nel caso di un suo smembramento), Michele Ferrero (che aveva detto di essere disponibile a considerare soltanto una partecipazione limitata alla Sidalm) e Silvio Berlusconi. Silvio Berlusconi, in particolare, in un incontro con l'amministratore delegato della Sme Giuseppe Rasero svoltosi il 3 aprile, poco prima che si avviasse il dialogo con Carlo De Benedetti, aveva detto che, alle quotazioni di Borsa di quel periodo, dalle quali discendeva una valutazione complessiva attorno ai 500 miliardi, la Sme era troppo cara e al di fuori della sua portata. Quando, dunque, un poco inaspettatamente, De Benedetti, che aveva da poco comperato la Buitoni-Perugina strappandola all'ultimo minuto alla francese Danone, si presentò dicendosi interessato ad acquistare tutta la Sme per dare vita ad un gruppo alimentare italiano di dimensioni europee, l'offerta apparve in linea con la strategia decisa dall'Iri. Tanto piú che l'Iri stesso disponeva di una base molto solida sulla quale appoggiarsi per il negoziato. Soltanto poche settimane prima, infatti, si era trattato di incorporare una serie di società controllate e la Sme era stata, pertanto, oggetto di una approfondita valutazione patrimoniale e reddituale. La perizia era stata affidata a Roberto Poli, professore di ragioneria generale alla Cattolica di Milano, uno dei professionisti italiani piú stimati e che negli anni successivi avrebbe ricoperto, tra gli altri, gli incarichi di consigliere d'amministrazione di Fininvest e di Mondadori e di presidente prima della Rizzoli e, poi, di Publitalia prima di essere designato, dall'attuale governo, alla presidenza dell'Eni. Millecentosei virgola nove lire per ogni azione Sme corrispondenti, per la quota detenuta dall'Iri, a 497.159.500.000. Questa fu la valutazione del prof. Poli e questo fu il prezzo che venne concordato con De Benedetti. Il prezzo simbolico di una lira per la Sidalm era la conseguenza di un avviamento negativo superiore al valore netto rettificato. Una perizia espressamente richiesta al prof. Luigi Guatri, rettore dell'Università Bocconi e maestro delle scienze aziendali, confermo la congruità del prezzo pattuito per la cessione. Richiesto di un parere sulla «convenienza» delle «condizioni negoziate» per la cessione della partecipazione nella Sme posseduta dall'Iri, Guatri rispose che esse dovevano essere giudicate «in modo nettamente positivo». «Considerato che ogni stima d'azienda è valida in un intervallo compreso tra un massimo (con i parametri piú favorevoli) e un minimo (con parametri meno favorevoli), la perizia del prof. Poli – scrisse Luigi Guatri –, a mio avviso, si avvicina al limite massimo». Nel documento firmato il 29 aprile Prodi si era impegnato a sottoporre entro il 7 maggio seguente l'intera operazione all'approvazione del consiglio d'amministrazione dell'Iri accompagnandola da un suo «parere favorevole». Si era, altresí, impegnato «a richiedere tempestivamente all'autorità di governo l'autorizzazione di legge». Era, dunque, chiaro e reso del tutto esplicito che l'intesa, per potersi perfezionare, aveva bisogno di ottenere luce verde da due diverse fonti: il consiglio d'amministrazione dell'Iri e il governo. Sul primo fronte non ci furono problemi. La cessione della Sme e della Sidalm, di fatto l'uscita dell'Iri dal settore alimentare, fu approvata all'unanimità. Tutti i consiglieri, in particolare, concordarono sulla congruità del prezzo stabilito per la vendita. Il vicepresidente dell'Iri Pietro Armani chiese addirittura di approfittare della cessione per fare acquistare dalla Cirio anche le tenute agricole di proprietà di una finanziaria Iri e che la stessa Cirio aveva in affitto. Il fronte sul quale, invece, si manifestarono rapidamente i problemi che condussero, alla fine, all'annullamento dell'intera operazione di vendita fu quello del governo. Preoccupato delle ripercussioni che eventuali fughe di notizie sull'avvio delle trattative con De Benedetti avrebbero avuto in Borsa, Romano Prodi aveva informato solo il comitato di presidenza dell'Iri e il ministro delle Partecipazioni Statali Clelio Darida. Era lui il suo interlocutore istituzionale e fu lui e soltanto lui, dunque, che Prodi tenne al corrente di tutti gli sviluppi del negoziato. Questo, tuttavia, non fu sufficiente.

Nel primo Consiglio dei ministri riunito dopo l'annuncio dell'intesa con De Benedetti, il presidente del Consiglio Craxi si lamentò di non essere stato tenuto al corrente e sollevò dubbi sulla cifra pattuita per la vendita. E lo stesso Consiglio si concluse chiedendo che l'operazione fosse «attentamente studiata sotto il profilo della congruità». Tre giorni dopo, a Parma, Craxi fu ancora piú esplicito: «Se ciò che ci viene proposto risulterà un buon affare, lo faremo. Se no, no». Ma come definire se l'affare era o non era buono? Il Cipi, il Comitato interministeriale per il coordinamento della politica industriale, stabilí che l'uscita dell'Iri dal settore alimentare doveva «ritenersi compatibile con gli obiettivi generali delle Partecipazioni statali».

Il progetto industriale alla base della vendita, l'idea che lo Stato potesse e, anzi, dovesse smettere di fare gelati e panettoni, era, dunque, formalmente approvato. Quanto alla procedura seguita per la vendita, c'era poco da obiettare. Tanto il comitato di presidenza dell'Iri quanto il ministro competente erano stati tenuti al corrente delle trattative. Quanto all'intesa finale con De Benedetti, essa era chiaramente ed esplicitamente sottoposta alla condizione della duplice approvazione e del consiglio d'amministrazione dell'Iri e delle autorità di governo. Restava la questione del prezzo. C'erano le perizie di Roberto Poli e di Luigi Guatri e c'era l'approvazione del consiglio d'amministrazione dell'Iri. Per di piú mancava, prima e dopo la conclusione delle trattative con De Benedetti, qualsiasi offerta concorrente. O cosí, almeno, fu fino a poco prima che scadessero i termini a disposizione del ministro delle Partecipazioni statali per esprimere un suo eventuale parere negativo. Quando restavano meno di cento ore allo scadere dei termini, Prodi ricevette, su carta intestata «Studio legale prof. Avv. Italo Scalera», per l'intera partecipazione Sme un'offerta di 550 miliardi di lire. «I miei mandanti – precisava la lettera dell'avvocato – saranno nominati all'atto stesso della conclusione del contratto: comprenderà Ella come tale riserbo sia inevitabile». Una offerta da contrapporre a quella di De Benedetti era, dunque, arrivata. Tanto bastò per rinviare una prima volta il perfezionamento della vendita alla Buitoni anche se, dopo la sua prima lettera, l'avvocato Scalera di fatto si sottrasse ad ogni contatto.

Quando anche un secondo termine stava cosí per scadere senza che si potesse parlare di una vera offerta alternativa, arrivò, questa volta via fax inviato in copia anche al presidente del Consiglio Craxi e al ministro Darida, un nuovo rilancio. La cifra messa sul tavolo era di 600 miliardi e le firme in calce all'offerta erano quelle di Barilla, Berlusconi e Ferrero, tre degli operatori che, nelle settimane precedenti, avevano specificamente rifiutato di considerare l'ipotesi di un acquisto della Sme. Dopo di quella, la pioggia delle offerte si intensificò. Giunti a questo punto della ricostruzione, non serve dilungarsi oltre nel ricostruire la procedura della (mancata) vendita e le vicende giudiziarie che ne seguirono. Di tutti gli eventi successivi, il presidente dell'Iri Romano Prodi non fu che spettatore. Basti ricordare che il fallimento del progetto che prevedeva l'uscita dell'Iri dal settore alimentare venne decretato nel 1988 quando il governo dichiarò che quella della Sme era per lo Stato una proprietà «strategica». Resta l'ultimo interrogativo, quello relativo al prezzo. I 497 miliardi concordati erano sí o no un prezzo congruo? L'assenza di ogni reale interesse all'acquisto della Sme prima dell'offerta della Buitoni di De Benedetti, le perizie di due professionisti del calibro di Poli e Guatri e, infine, l'unanime valutazione dei consiglieri d'amministrazione dell'Iri permettono di affermare con sicurezza che il prezzo era effettivamente giusto. Né può valere, a contraddire questa affermazione e a far pensare che il valore della Sme possa essere stato sottostimato, il rilancio sino a 600 miliardi di tre imprenditori come Barilla, Berlusconi e Ferrero.

Anche senza soffermarsi sulla affermazione, fatta da uno dei tre firmatari del rilancio, secondo la quale sarebbe stato il presidente del Consiglio Craxi a chiedere il suo intervento, il fatto che imprenditori che avevano tutti escluso un proprio interesse per la Sme prima dell'iniziativa di De Benedetti si siano, invece, mossi dopo che la Buitoni aveva fatto il primo passo, aiuta a capire come le loro offerte e, dunque, le loro valutazioni fossero basate su criteri diversi da quelli strettamente finanziari e tecnici. Ad entrare in gioco, a quel punto, sempre lasciando da parte i risvolti politici, erano fattori diversi, come la tranquillità che poteva derivare dal muoversi su un terreno già valutato da altri o come il desiderio di bloccare la crescita di un concorrente, magari procedendo ad uno smembramento del gruppo Sme. Se nessuno di questi elementi vale ad avvalorare l'ipotesi di una svendita della Sme, può, invece, costituire un elemento decisivo il confronto con le cifre incassate dall'Iri anni dopo per la vendita frazionata del gruppo dopo che, nel maggio del 1993, Romano Prodi era ritornato alla guida dell'Iri su richiesta dell'allora presidente del Consiglio Ciampi e con il preciso mandato di avviare un vasto processo di privatizzazioni? 437 miliardi per la Italgel (gelati e panettoni), 310 miliardi per Cirio-Bertolli-De Rica, 704 miliardi per i supermercati Gs e Autogrill: questi furono i prezzi di vendita dei vari tronconi della Sme (con l'ultima operazione conclusa sotto la presidenza di Michele Tedeschi). Bastano questi numeri per concludere che l'Iri, e dunque lo Stato, stavano per fare otto anni prima un pessimo affare vendendo tutta intera la Sme per poco meno di 500 miliardi? La risposta è no. Ed è un no abbastanza semplice a spiegarsi.

Innanzitutto, perché il confronto tra quello che l'Iri non riuscí a vendere nel 1985 e quello che invece vendette otto, nove e dieci anni dopo non è possibile perché si tratta di realtà diverse. Un conto è un gruppo intero e complesso come la Sme, un altro conto sono una serie di aziende separate e ben distinte tra loro come quelle poi cedute frazionando il gruppo. Un conto è un gruppo in una situazione ancora di grave difficoltà come la Sme dell'85, altra cosa sono aziende largamente risanate con centinaia di miliardi di investimenti come quelle vendute dallo stesso Prodi durante il suo secondo mandato alla presidenza dell'Iri. Il fatto, in ogni caso, è che non esiste per un'azienda un prezzo giusto per ogni tempo. La congruità del prezzo si deve valutare rispetto al momento in cui il prezzo è stato determinato. Se guardiamo a una qualsiasi delle grandi aziende delle telecomunicazioni o di qualsiasi altro settore, quali sono i prezzi giusti: quelli altissimi determinati, solo pochi anni fa, dalle quotazioni di una Borsa ai massimi storici e da una corsa alle acquisizioni che portava a valutare le aziende moltiplicando quasi senza limite gli utili annuali o quelli di oggi che risentono del crollo del valore dei titoli, dell'11 settembre e di tutto il resto? Tra l'85 e il '93 ci furono la forte crescita dell'economia italiana e, soprattutto, l'esplosione della Borsa dopo l'86, avvenimenti che di per sé rendono sostanzialmente privo di senso qualsiasi confronto.

Per rendersene conto è sufficiente ricordare che, proprio pochi mesi prima dell'intesa con De Benedetti per la Sme, la compagnia di assicurazioni Ras, uno dei gioielli della finanza italiana, fu venduta per soli 400 miliardi. Quale sarebbe stato il suo valore otto anni dopo? E quanto valevano aziende come Mondadori e Fininvest nel 1985 e otto anni dopo? Ma non è su dei numeri che si conclude questa ricostruzione della vicenda Sme perché questi da soli non bastano a capire i veri prezzi pagati, dall'Iri, cioè dallo Stato, dall'economia italiana e dall'Italia tutt'intera. Il primo a sopportare pesanti conseguenze per la mancata vendita della Sme, infatti, fu l'Iri, costretto ancora per anni ad investire in attività secondarie sottraendo risorse a quei settori nei quali piú urgente e prezioso era il suo intervento. Quanto all'Italia, il diretto risultato della mancata cessione della Sme fu che il paese che piú di ogni altro aveva le tradizioni, le capacità, il gusto per affermarsi nel settore alimentare divenne terra di conquista per gli stranieri, priva di un gruppo capace di misurarsi da pari a pari coi grandi nomi mondiali (la svizzera Nestlè, l'anglo-olandese Unilever, la francese Danone, l'americana Kraft). Con conseguenze non trascurabili per la vitalità e la capacità concorrenziale di tutto il comparto agro-alimentare italiano. Su un piano piú generale, poi, lo stop alla vendita della Sme contribuí in modo decisivo a ritardare di quasi un decennio l'avvio dell'indispensabile processo delle privatizzazioni. Fu solo negli anni Novanta, dopo che tanta altra acqua era passata sotto i ponti, che fu possibile mettere davvero mano a quell'opera.

Le vere tangenti ai politici per la Sme
Gli interrogatori sui versamenti Barilla a Dc e Psi

«Pietro Barilla pagò Craxi e la Dc per l'Alivar»

Procura della Repubblica presso il Tribunale ordinario di Milano.
Il giorno 23 del mese di ottobre del 1994 presso la casa circondariale di Milano-San Vittore alla presenza del P.M. dott. Francesco Greco si procede all'interrogatorio di Ambrosio Francesco già agli atti generalizzato. L'Ufficio chiede all'indagato di meglio precisare i rapporti con Barilla Pietro in ordine alla distribuzione del denaro ai partiti politici pervenuto sul conto della Lavoro Bank Zurigo. L'indagato risponde:

– *Questione rapporti con Luca Barilla*

Confermo quanto già ho dichiarato nel precedente interrogatorio: intendo precisare alcune circostanze che ritengo rilevanti.

Luca Barilla era perfettamente a conoscenza quantomeno degli aspetti finanziari dell'operazione che ho condotto per conto del padre in quanto il giorno 7.3.90 mi telefonò dicendo di trovarsi a Zurigo e di avermi bonificato al conto che aveva indicato al padre la somma di L. 7.500.000.000.

Devo peraltro aggiungere che il padre in piú di un'occasione mi aveva detto che aveva messo al corrente il figlio di tutti i suoi fatti riservati aggiungendo che, qualora fosse venuto meno, non dovevo parlarne con l'ing. Manfredi, amministratore della Barilla, bensí direttamente con il figlio Luca.

Inoltre verso la fine del 1992 piú volte il Pietro Barilla mi aveva detto di avvisarlo qualora avessi deciso di riferire all'AG la questione dei 7.500 milioni aggiungendo che, in tal caso mi avrebbe accompagnato.

Nel 1993 Luca Barilla al telefono dopo il mio primo arresto mi fece capire che era riconoscente per il fatto che non avevo riferito la questione AG.

Nei tre incontri che ho tenuto con lui nel mese di ottobre 1994, cioè poco prima del mio arresto, durante i quali abbiamo chiarito che il contributo illecito era stato dato in parti uguali alla Dc e al Psi e ad Andreotti per il tramite di Pomicino, l'esigenza del Luca Barilla era quella di conoscere con precisione le date dei vari esponenti dei partiti coinvolti.

Il Luca Barilla infatti già sapeva della destinazione complessiva dei 7.500 milioni in quanto l'aveva segnata su di un'agenda che porta sempre con sé. Tale dato non sono stato certo io a fornirglielo e, dunque ritengo che lo avesse appreso dal padre. Dal sottoscritto voleva invece sapere, come ho detto, con precisione le date dei vari versamenti delle quali prese nota.

Nel corso di questi incontri finalizzati alla deposizione congiunta che dovevamo fare all'AG il Luca Barilla pretendeva, peraltro che io durante il mio eventuale interrogatorio non facessi alcun riferimento all'acquisto dell'Alivar e che riconducessi i contributi illeciti alla mera generosità del padre nei confronti dei partiti di governo. In quest'ultimo incontro era presente anche il figlio Massimo.

Nel corso di questi incontri studiammo insieme due o tre possibili versioni da fornire all'AG: una consisteva nel riferire solamente il versamento sul conto estero di Tradati [amico e prestanome di Craxi per i suoi conti personali]; una nel parlare solamente dei due versamenti ai segretari amministrativi della Dc e del Psi; la terza di raccontare tutto e, dunque anche il versamento alla corrente andreottiana.

Alla fine decidemmo di raccontare tutto quello che era successo tenendo fuori il riferimento all'Alivar. Su questo punto Luca era deciso.

Quello che poi è successo l'ho già riferito nel mio precedente interrogatorio.

In conclusione io non comprendo il motivo di questo comportamento da parte dei fratelli Barilla, cosí come non comprendo perché all'AG si sia presento il Guido Barilla e non Luca che aveva seguito tutta la questione e si era incontrato con me anche perché, in passato, si era occupato di eseguire alcune operazioni bancarie estere. D'Altra parte quando ho chiamato Luca, dopo la scoperta del Northern Holding, l'ho chiamato proprio perché suo padre mi aveva detto di rivolgermi a lui per queste questioni e del resto il Luca era venuto subito il mattino successivo alla mia telefonata avvenuta la sera precedente.

Quando gli telefonai io volevo dargli appuntamento all'aeroporto di Napoli, ma fu lui che volle incontrarmi in un posto riservato ed anonimo.

– *Questione rapporti con Pietro Barilla*

Devo precisare alcune circostanze in ordine ai miei rapporti con Pietro Barilla.

Sul finire del 1989, dopo che avevo già consegnato L. 600 milioni al Barilla, come ho già riferito nel precedente interrogatorio, mi incontrai con il Barilla perché voleva che facessi da tramite con Pomicino. In sua presenza telefonai alla segretaria di Paolo Pomicino, signora Antonella.

Mi risulta che si siano poi incontrati alcune volte. Il motivo di questa presentazione e della complessiva elargizioni ai partiti l'ho appreso direttamente da Barilla solo quando gli feci il rendiconto delle mie attività. In questa occasione, dopo che gli ebbi mostrato il foglietto che ho prodotto all'AG nel corso del confronto con il senatore Citaristi, il Barilla nel dirmi che i suoi contributi erano serviti per l'acquisto del 49% dell'Alivar mi chiese se potessi continuare nella mia attività d'intermediario in quanto aveva la necessità di raggiungere la maggioranza della società ceduta dall'Iri. Aggiunse che aveva dovuto contrastare la concorrenza della della Ifi per conto di BS. E che nel fare ciò aveva dovuto anche contribuire alle esigenze della corrente di Andreotti-Pomicino che aveva una influenza decisiva sull'Iri di Nobili. Per questo aveva aggiunto L. 2.500 milioni alla cifra inizialmente stanziata e concordata con i partiti.

Voleva pertanto che io intervenissi ulteriormente, cosa che, invece, mi rifiutai di fare. Ho appreso, oggi che, nel 1992 il Barilla ha erogato L. 4 miliardi alla Dc cosí come ha sostenuto Citaristi nel corso del confronto E mi chiedo se non abbia fatto altrettanto con gli altri interlocutori della vicenda.

Devo aggiungere che nel corso degli incontri che ho avuto con Barilla Pietro piú volte è stato raggiunto al telefono da Nobili con il quale trattava l'acquisto dell'Alivar e al quale rappresentava l'ostilità di un certo Massimo Pini [socialista, membro del cda Iri, oggi vicino ad An].

L.c.s. [letto, confermato e sottoscritto].

Francesco Ambrosio

Confronto Ambrosio-Pomicino

Il 27 ottobre 1994 il pm Greco mette confronto Franco Ambrosio e Paolo Cirino Pomicino a proposito delle tangenti Barilla per Alivar «poiché vi è disaccordo fra essi su fatti e circostanze importanti».

Il pubblico ministero, richiamate le precedenti dichiarazioni rese da Ambrosio Francesco in data 18.10.1994, e Cirino Pomicino Paolo in data 19.10.1994, chiede loro se le modifichino o le confermino [...].

AMBROSIO Confermo le dichiarazioni da me rese. Preciso che sin dal primo incontro specificai al Pomicino che avevo ricevuto l'incarico di recapitargli il denaro da parte del Barilla che noi chiamavamo qualche volta «il Parmense» e qualche volta «il Pastaio». Prendo atto della affermazione di Pomicino in ordine ai contributi da me versati che ammontano a lire 2.750.000.000 nel periodo 1987-1993, e dichiaro che in quella somma sono compresi 1.300.000.000 che ho consegnato per conto del Barilla.

POMICINO Confermo la mia dichiarazione e preciso che relativamente al versamento di lire 1.000.000.000 ricevuto dall'Ambrosio nel 1990 non si è mai parlato del Barilla, per cui ho sempre pensato e continuo a pensarlo tuttora che il denaro provenisse dal mio amico Ambrosio.

AMBROSIO Voglio ricordare a Pomicino che io gli raccontai, non ricordo precisamente l'epoca, di tutti i miei rapporti con Barilla in ordine al denaro che dovevo distribuire alla Dc e al Psi. Mi ricordo che gli dissi anche che il denaro al Psi stranamente non dovevo portarlo a Balzamo, ma accreditarlo su un conto estero [quello di Craxi]. Anzi preciso che il versamento estero lo avevo già effettuato quando ne parlai con Pomicino. Mi ricordo anche che, quando mi recai da Citaristi, costui mi disse: «Paolo mi ha già telefonato in ordine ai contributi». Non capisco pertanto perché Pomicino oggi neghi di essere stato a conoscenza del mandato da me ricevuto da Barilla.

POMICINO Probabilmente Ambrosio si confonde. In realtà parlammo dei suoi rapporti con Craxi e il Psi allorquando si pose la questione di Piro [Franco Piro, deputato Psi] che ci attaccava pesantemente. Ricordo che Ambrosio in quell'occasione mi disse che aveva fatto piú favori al Partito socialista per conto di un suo amico senza peraltro specificarne il nome. In particolare mi disse che si era esposto sia nei confronti del Psi che nei confronti della Dc. Io gli risposi che era stato un ingenuo e che aveva sbagliato.

AMBROSIO Ribadisco di aver riferito nell'aprile-maggio del 1990 a Cirino Pomicino ciò che stavo facendo per conto di Barilla. In questa occasione, poiché io avevo parlato di un versamento su un conto estero probabilmente riferibile a Bettino Craxi, ricordo che Pomicino commentò la circostanza dicendo che non era costume dei democristiani non versare somme direttamente al partito. Confermo inoltre che Barilla mi ha detto che alla corrente andreottiana bisognava dare il saldo dell'operazione che era di lire 1.300.000.000. Con ciò facendomi capire che aveva già versato in precedenza la differenza.

POMICINO Ribadisco quanto già in precedenza dichiarato.

DOMANDA DELL'UFFICIO AD AMBROSIO Il contributo del 1990 è stato di lire un miliardo o di lire 1,3 miliardi? [...]

AMBROSIO Per quanto concerne il contributo del 1990 mi riservo di documentare la relativa operazione bancaria e ribadisco di aver versato per conto di Barilla L.1.300.000.000. [...] Preciso che comunque con Pomicino non ho mai parlato della vicenda Alivar e degli interessi del Barilla al riguardo. Voglio inoltre aggiungere due circostanze: che dell'operazione estera a favore del Psi ne parlai quasi immediatamente con il Pomicino, il quale ricordo cosí commentò: «In questo modo si distraggono i fondi alla segreteria» e aggiunse: «Una cosa del genere Citaristi non l'avrebbe mai permessa». Che in alcune occasioni, prima di recarmi da Citaristi per portare il denaro, passai da casa Pomicino per salutare Paolo. In queste circostanze il Pomicino era perfettamente al corrente che mi stavo recando da Citaristi. Del resto piú volte Citaristi mi disse che la mia visita era stata preannunziata da una telefonata del Pomicino.

POMICINO Non ricordo le due circostanze riferite da Ambrosio. Effettivamente mi ricordo che in piú di un'occasione mi aveva riferito che stava andando, o era andato, ad elargire un contributo a Citaristi. Del resto era noto che fosse un amico della Dc. [...]

Appendice

L'editto di Arcore

29 gennaio 2003

In una democrazia liberale nessuno è al di sopra della legge, e dunque le sentenze si rispettano come si rispetta la presunzione d'innocenza degli imputati. In una democrazia liberale i giudici applicano la legge, non fanno politica e non fanno «resistenza, resistenza, resistenza» a chi è stato scelto dagli elettori per governare. In una democrazia liberale la magistratura liberale non si giudica da sé e non si autoassolve in ogni sede disciplinare, penale e civile cosí come avviene oggi in Italia. In una democrazia liberale chi governa per volontà sovrana degli elettori è giudicato, quando è in carica e dirige gli affari di Stato, solo dai suoi *pari,* dagli eletti del popolo, perché la consuetudine e le leggi di i*mmunità* e garanzia lo mettono al riparo dal rischio della persecuzione politica per via giudiziaria. Succede cosí nel mondo, ma non nel nostro Paese.

In Italia le correnti politicizzate della magistratura, giusto dieci anni fa, imposero a un Parlamento intimidito e condizionato, un cambiamento della Costituzione del 1948 che ha messo nelle loro mani il potere di decidere al posto degli elettori. E questo potere arbitrario e di casta è stato illiberalmente esercitato nel 1994 contro un governo sgradito alla magistratura giacobina di sinistra, governo messo platealmente sotto accusa attraverso il suo leader in un procedimento iniziato a Napoli mentre presiedeva una Convenzione delle Nazioni Unite e sfociato poi, per assoluta mancanza di fondatezza, in una clamorosa assoluzione molti anni dopo. Questa situazione va corretta per il bene del Paese e delle sue istituzioni.

Il governo è del popolo e di chi lo rappresenta, non di chi avendo vinto un concorso ha indossato una toga, ha soltanto il compito di applicare la legge. In una democrazia liberale gli imputati fanno il loro dovere, esercitando il diritto alla difesa, e contrastano la pretesa della pubblica accusa di aver provato la loro colpevolezza.È ciò che ho fatto fino ad ora, con successo, di fronte ad una inaudita catena di inchieste giudiziarie segnate dal piú ostile e prevenuto accanimento. Dal momento della mia discesa in campo nell'attività politica contro di me e contro i dirigenti del gruppo imprenditoriale che mi onoro di aver fondato sono stati avviati 87 procedimenti penali, sono state celebrate ad oggi 1.561 udienze processuali, sono state effettuate 470 visite della

Polizia giudiziaria e della Guardia di finanza, sono stati asportati ed esaminati documenti aziendali per oltre 1 milione di pagine, sono stati passati ai raggi X oltre 270 conti correnti e depositi presso oltre 50 banche in Italia e all'estero. Di fronte a questa incredibile persecuzione giudiziaria io continuerò a difendermi come ho fatto sinora nella certezza, limpida, orgogliosa e serena, di non aver commesso reati contro la legge e contro la morale pubblica.

C'è tuttavia qualcosa che non appartiene all'imputato *Berlusconi* e nemmeno al presidente del Consiglio *Berlusconi:* questo qualcosa è il mandato degli elettori a governare nell'interesse della sicurezza e della libertà degli italiani, il mandato a cambiare il Paese attraverso la realizzazione del programma di riforme e di libertà civili approvato dai cittadini con il loro voto.

Oggi sono in gioco i principi della Costituzione e della divisione dei poteri, è in gioco il funzionamento delle istituzioni che hanno garantito al Paese una sana alternanza di forze diverse alla guida dello Stato, è in gioco la collocazione ferma del nostro Paese nella coalizione mondiale per le libertà e contro il terrorismo, è in gioco una giustizia davvero eguale per tutti e davvero amministrata in nome del popolo italiano e non in nome e per conto di una parte politica.

Per queste ragioni, farò fino in fondo, fino in fondo, il mio dovere di presidente del Consiglio dei ministri senza tradire mai il mandato dei miei elettori perché è su quel mandato che si fondano la convivenza civile dei cittadini e l'immagine dell'Italia nel mondo. E ora come sempre al lavoro.

Silvio Berlusconi

La sentenza Imi-Sir/Mondadori

REPUBBLICA ITALIANA
IN NOME DEL POPOLO ITALIANO

Il Tribunale di Milano, sezione quarta penale, composto dai sigg: dott. Paolo Enrico Carfí, presidente; dott. Enrico Consolandi, giudice; dott. Maria Luisa Balzarotti, giudice; all'udienza del 29 aprile 2003, ha pronunciato la seguente sentenza:

Visti gli artt. 533, 535 e 521 cpp dichiara
Acampora Giovanni, Battistella Primarosa, Metta Vittorio, Pacifico Attilio, Previti Cesare, Rovelli Felice e Squillante Renato colpevoli dei delitti rispettivamente loro ascritti esclusa con riferimento alla vicenda Lodo Mondadori la continuazione interna;
riqualificato il fatto contestato a Pacifico, Acampora e Previti, nell'ambito della vicenda Lodo Mondadori come violazione degli artt. 319 e 321 cp; unificati nella continuazione i fatti rispettivamente contestati agli imputati; riconosciute ai soli imputati Rovelli e Battistella le circostanze attenuanti generiche equivalenti alla aggravante contestata;

condanna

Battistella Primarosa alla pena di anni quattro mesi sei di reclusione
Acampora Giovanni alla pena di anni cinque mesi sei di reclusione
Rovelli Felice alla pena di anni sei di reclusione
Squillante Renato alla pena di anni otto mesi sei di reclusione
Pacifico Attilio alla pena di anni undici di reclusione
Previti Cesare alla pena di anni undici di reclusione
Metta Vittorio alla pena di anni tredici di reclusione.

Condanna i detti imputati in solido fra loro al pagamento delle spese processuali.

Visti gli artt. 28 sgg. cp, dichiara Battistella e Rovelli interdetti dai pubblici uffici per la durata di anni cinque; Acampora, Pacifico, Previti, Squillante e Metta perpetuamente interdetti dai pubblici uffici; Acampora, Pacifico, Previti, Squillante e Metta legalmente interdetti durante l'espiazione della pena ex art. 32 cp; Battistella, Rovelli, Previti, Pacifico e Acampora incapaci di contrattare con la pubblica amministrazione per una durata pari alla pena inflitta ex art. 32 quater cp; Pacifico, Previti e Acampora interdetti dall'esercizio della professione di avvocato per la durata di anni cinque.

Visti gli artt. 538 e sgg. cpp, condanna gli imputati Battistella, Rovelli, Previti, Pacifico, Squillante e Metta, in solido fra loro, a risarcire alla costituita parte civile Imi-an Paolo il danno cagionato, che si liquida in Euro cinquecentosedicimilioni, oltre alla rifusione delle spese di lite, che si liquidano in Euro 666.894,13 oltre Iva e Cpa.

Condanna gli imputati Previti, Pacifico, Acampora e Metta, in solido fra loro, a risarcire alla costituita parte civile Cir il danno cagionato, che si liquida in Euro trecentoottanta milioni, oltre alla rifusione delle spese di lite, che si liquidano in Euro 444.361,03 oltre Iva e Cpa.

Condanna gli imputati Battistella, Rovelli, Previti, Pacifico, Squillante e Metta, in solido fra loro, a risarcire alla costituita parte civile Presidenza del Consiglio il danno cagionato dalla corruzione nella vicenda giudiziaria Imi-Sir, che si liquida in Euro 1.290.000 oltre alla rifusione delle spese di lite, che si liquidano in Euro 45.000.

Condanna gli imputati Battistella, Rovelli, Previti, Pacifico, Squillante e Metta, in solido fra loro, a risarcire alla costituita parte civile Ministero della Giustizia il danno cagionato dalla corruzione nella vicenda giudiziaria Imi-Sir, che si liquida in Euro 1.290.000 oltre alla rifusione delle spese di lite, che si liquidano in Euro 45.000.

Condanna gli imputati Previti, Pacifico, Acampora e Metta, in solido fra loro, a risarcire alla costituita parte civile Presidenza del Consiglio il danno cagionato dalla corruzione nella vicenda giudiziaria Lodo-Mondadori, che si liquida in Euro 129.000 oltre alla rifusione delle spese di lite, che si liquidano in Euro 32.000.

Condanna gli imputati Previti, Pacifico, Acampora e Metta in solido fra loro a risarcire alla costituita parte civile Ministero della Giustizia il danno cagionato dalla corruzione nella vicenda giudiziaria Lodo-Mondadori, che si liquida in Euro 129.000 oltre alla rifusione delle spese di lite, che si liquidano in Euro 32.000.

Respinge le domande avanzate dalle parti civili, di condanna degli imputati al pagamento di provvisionale.

Dichiara manifestamente infondata la questione di legittimità costituzionale sollevata dalla difesa Previti in sede di discussione.

Visto l'art. 530 c. 2 cpp, assolve Verde Filippo dal reato ascrittogli perché il fatto non sussiste con riferimento alla sentenza 31.10.1986 e per non aver commesso il fatto con riferimento all'episodio del 4 aprile 1989.

Dispone trasmettersi gli atti al Procuratore della Repubblica in ordine alla deposizione di Zurlo Maria del 9.2.2001.

Stabilisce in giorni novanta il termine per il deposito dei motivi.

Il Lodo e la Costituzione

Legge 20 giugno 2003, n. 140. Disposizioni per l'attuazione dell'articolo 68 della Costituzione nonché in materia di processi penali nei confronti delle alte cariche dello Stato

Articolo 1

1. Non possono essere sottoposti a processi penali, per qualsiasi reato anche riguardante fatti antecedenti l'assunzione della carica o della funzione, fino alla cessazione delle medesime: il Presidente della Repubblica, salvo quanto previsto dall'articolo 90 [impeachment al capo dello Stato per alto tradimento]della Costituzione, il Presidente del Senato della Repubblica, il Presidente della Camera dei deputati, il Presidente del Consiglio dei ministri, salvo quanto previsto dall'articolo 96 della Costituzione, il Presidente della Corte costituzionale.

2. Dalla data di entrata in vigore della presente legge sono sospesi, nei confronti dei soggetti di cui al comma 1 e salvo quanto previsto dagli articoli 90 e 96 della Costituzione, i processi penali in corso in ogni fase, stato o grado, per qualsiasi reato anche riguardante fatti antecedenti l'assunzione della carica o della funzione, fino alla cessazione delle medesime.

3. Nelle ipotesi di cui ai commi precedenti si applicano le disposizioni dell'articolo 159 del codice penale [sospensione della prescrizione]. [...]

Articolo 3 della Costituzione

Tutti i cittadini hanno pari dignità sociale e sono eguali davanti alla legge, senza distinzione di sesso, di razza, di lingua, di religione, di opinioni politiche, di condizioni personali e sociali. È compito della Repubblica rimuovere gli ostacoli di ordine economico e sociale, che, limitando di fatto la libertà e l'eguaglianza dei cittadini, impediscono il pieno sviluppo della persona umana e l'effettiva partecipazione di tutti i lavoratori all'organizzazione politica, economica e sociale del Paese.

Articolo 96 della Costituzione

Il Presidente del Consiglio dei ministri ed i ministri, anche se cessati dalla carica, sono sottoposti, per i reati commessi nell'esercizio delle loro funzioni, alla giurisdizione ordinaria, previa autorizzazione del Senato della Repubblica o della Camera dei deputati, secondo le norme stabilite con legge costituzionale.

Contro il Lodo
L'appello dei costituzionalisti e il referendum

L'approvazione da parte della Camera dei deputati della norma sulla sospensione dei processi penali per i reati comuni commessi dalle alte cariche dello Stato rende definitiva, dopo meno di quindici giorni di dibattito parlamentare nei due rami del Parlamento, una legge viziata da radicali incostituzionalità. La legge opera uno strappo della Costituzione senza precedenti. Essa infatti incide sugli stessi principi supremi del nostro ordinamento costituzionale sottratti a qualsiasi forma di revisione (primo fra tutti il principio di eguaglianza), e ciò, senza un adeguato bilanciamento tra valori costituzionali e senza prevedere un limite di durata del termine di sospensione. Il che, se non è consentito ad una legge costituzionale, a maggior ragione non è consentito ad una legge ordinaria come quella in approvazione. Numerosi precedenti interventi, dichiarazioni ed appelli di professori di diritto costituzionale, di diritto penale e di diritto processuale penale sono rimasti inascoltati. La Costituzione non può essere assoggettata a distorsioni cosí clamorose per pretese «ragioni di Stato», le quali non è difficile vedere che sottendono interessi prevalentemente privati. Chiediamo al Presidente della Repubblica di intervenire con i mezzi a sua disposizione.

Roma 18 giugno 2003

Promotori: Lorenza Carlassare, (Padova), Paolo Caretti, (Firenze), Leopoldo Elia, (Roma), Stefano Merlini, (Firenze), Alessandro Pace (Roma), Roberto Zaccaria, (Firenze). Hanno aderito 36 docenti di diritto costituzionale da tutte le università d'Italia

Il quesito referendario

I sottoscritti cittadini italiani richiedono referendum popolare abrogativo – ai sensi dell'art. 75 della Costituzione e dell'art. 27 in relazione all'art. 7 della legge 25 maggio 1970 n. 352 – sul seguente quesito:
Volete voi che sia abrogata la legge 20 giugno 2003, n. 140, pubblicata nella *Gazzetta Ufficiale* n. 142 del 21 giugno 2003 recante Disposizioni per l'attuazione dell'articolo 68 della Costituzione nonché in materia di processi penali nei confronti delle alte cariche dello Stato, limitatamente all'art. 1 [...].

Per ulteriori informazioni: www. antoniodipietro.it

Una impunità unica al mondo

Il lodo Maccanico, cioè la sospensione dei processi a carico del presidente del Consiglio (e, pro forma, di altre cinque alte cariche dello Stato), cioè quella che Claudio Rinaldi ha chiamato efficacemente «autorizzazione a delinquere», è stato giustificato col fatto che in tutto il resto d'Europa i capi e i membri dei governi sarebbero protetti da analoga invulnerabilità. Lo stesso si racconta a proposito dell'immunità che coprirebbe anche i parlamentari del resto d'Europa, mentre soltanto quelli italiani ne sarebbero privi, esposti alle persecuzioni dei magistrati «politicizzati». Tutto questo è clamorosamente falso. «In nessun paese d'Europa – come ha ricordato Leopoldo Elia, già presidente della Corte costituzionale, intervistato dall'*Unità* il 7 giugno 2003 – esiste nulla di simile al Lodo Meccanico. La Legge Berlusconi è un unicum in tutto il mondo democratico. La sospensione dei processi per fatti estranei all'esercizio dei poteri della carica vale solo per tre capi di Stato: Grecia, Portogallo e Israele. Il presidente del Consiglio, invece, non ha nessuna protezione particolare da nessuna parte».

Un ottimo excursus sul sistema delle immunità in Europa l'ha tracciato, per il sito democrazialegalita.it, la dottoressa Galina Cornelisse, ricercatrice presso il dipartimento di Giurisprudenza dell'Istituto universitario europeo. Se ne ricava che in tutti i paesi europei i parlamentari non sono perseguibili per opinioni e dichiarazioni espresse all'interno del Parlamento. L'immunità per le frasi calunniose e diffamatorie pronunciate «extra moenia» è invece una specialità tutta italiana, come ha stabilito nei primi mesi del 2003 la Corte europea per i diritti dell'uomo, condannando l'Italia per avere «salvato» Sgarbi e Cossiga da due denunce del procuratore di Napoli Agostino Cordova per contumelie varie. In Germania, addirittura, l'immunità per opinioni e dichiarazioni all'interno delle aule parlamentari è esclusa per il reato di calunnia. E persino il Brasile ha recentemente abrogato l'immunità parlamentare grazie al nuovo presidente della Camera Aecio Neves, elogiato per questo dal suo omologo italiano Pierferdinando Casini durante la visita a Rio de Janeiro il 18 gennaio 2003.

Né vale l'argomento sulla pur deprecabile forma di immunità votata ad ampia maggioranza il 4 giugno 2003 da quasi tutti i gruppi del Parlamento europeo. Anzitutto perché quel voto – che ha approvato lo Statuto del deputato europeo – non ha fatto che confermare un istituto già presente nell'ordinamento comunitario: cioè nel trattato di Bruxelles dell'8 aprile 1965. In quel trattato, oltre al divieto di limitare la libertà di movimento dei deputati, nonché di arrestarli o perseguirli «a causa delle opinioni espresse e dei voti dati nell'esercizio delle loro funzioni», si precisa che gli europarlamentari godono delle immunità previste nei rispettivi paesi. Con la precisazione che l'Europarlamento si riserva in qualunque momento «il diritto di revocare l'immunità ad uno dei suoi membri». Rispetto a quel testo, il nuovo Statuto (che non entrerà in vigore prima del 2007-2009) aggiunge che «un'indagine o un procedimento dev'essere sospeso qualora il Parlamento lo richieda», con una sospensione che può anche essere ««subordinata a condizioni o temporanea e parziale». Una garanzia che – ha spiegato il relatore, il socialista tedesco Rothley – riguarda esclusivamente «azioni repressive arbitrarie (*fumus persecutionis*) e ostacoli frapposti dal potere esecutivo». Con particolare riferimento ai paesi dove la magistratura dipende direttamente dal governo. L'Italia, dunque, non c'entra. Sia perché la magistratura è indipendente, sia perché a chiedere l'immunità sono proprio coloro che stanno al governo, o che addirittura lo guidano. Va detto, infine, che l'Europarlamento ha fatto un uso molto oculato, e dunque eccezionale, di quell'istituto. Non per nulla, levò l'immunità al socialista francese Bernard Tapie, su sua stessa richiesta, autorizzandone addirittura l'arresto. E revocò l'immunità anche ad altri eurodeputati, stavolta soltanto imputati, come il leghista italiano Mario Borghezio e il nazionalista francese Jean-Marie Le Pen.

Francia. Nel 1995, è stata soppressa l'autorizzazione a procedere per le indagini sui parlamentari, che dunque possono essere liberamente indagati. Fatte salve, ovviamente, le loro opinioni. Lo dimostra il recente e clamoroso caso del leader gollista Alain Juppé, ex premier e delfino di Chirac all'Eliseo, per cui la Procura di Nanterre stato chiesto il rinvio a giudizio per lo scandalo degli impieghi fittizi di dipendenti del partito al Comune di Parigi. Il parere dell'Assemblea nazionale rimane (come in Italia dopo il '93) soltanto per l'arresto. Il presidente del Consiglio e i suoi ministri, per legge, non possono essere parlamentari, dunque non godono nemmeno di quel po' di protezione (per i reati di opinione) riservata agli eletti, né per gli atti legati alla loro funzione, né per quelli compiuti al di fuori. Sono cittadini come tutti gli altri. Anche il primo ministro. Non per nulla, negli ultimi anni, in Francia sono finiti sotto inchiesta e sotto processo ben quattro ministri, poi regolarmente condannati e arrestati dopo le loro dimissioni. L'unica forma di tutela è riservata – e non per legge, ma per una norma interpretativa dettata nel 2001 da due sentenze, neppure coincidenti, degli equivalenti delle nostre Corti costituzionale e di Cassazione – al presidente della Repubblica: il caso si è posto per Jacques Chirac, che è stato dichiarato non perseguibile, neanche per azioni precedenti al mandato, per tutta la durata della carica. Al termine, il processo riprenderà. Il giudice che indagava s'è dimesso per protesta contro questa sentenza, ritenendola in contrasto con l'ordinamento. Ora, con il «rapporto Avril», si vorrebbe codificare quell'immunità funzionale, che non è ancora prevista da nessuna legge specifica. Ma con una modifica costituzionale, non con una norma ordinaria. E soltanto per il capo dello Stato.

Spagna. Il «modello spagnolo» di immunità di cui si favoleggia in Italia non esiste, come ha ben spiegato il deputato della Margherita Pierluigi Mantini dopo una missione di studio in Spagna con la giunta per le immunità (vedi il sito www.societacivile.it). I parlamentari, in Spagna, sono perseguibili per i loro reati senza limitazione per i magistrati, i quali però, al momento del rinvio a giudizio, devono chiedere al Parlamento se non abbia nulla in contrario. Il Parlamento, in 25 anni, non ha mai negato una sola autorizzazione al rinvio a giudizio (salvo in un caso: quello di un ex magistrato, poi eletto, che per errore aveva diffuso la fotografia del fratello di un latitante anziché quella del latitante). Quanto ai membri del governo (capo e ministri), sono responsabili penalmente per atti commessi all'interno e al di fuori delle loro funzioni: in questi casi, i processi vengono esaminati dalla Corte suprema. Senz'alcuna autorizzazione a procedere da parte del Parlamento, salvo che per i casi di alto tradimento o di un altro crimine contro la sicurezza dello Stato. Recita infatti l'articolo 102 della Costituzione spagnola: «La responsabilità penale del Presidente e degli altri membri del Governo sarà fatta valere, se del caso, di fronte alla Sezione Penale del Tribunale Supremo».

Portogallo. I parlamentari sono sempre perseguibili per reati puniti con pene massime superiore ai tre anni e, per quelli minori, previo consenso del Parlamento (che non lo nega quasi mai) oppure in caso di flagranza. I ministri – che possono essere parlamentari, ma in questo caso vengono privati della possibilità di esercitare il mandato elettivo – sono civilmente e penalmente responsabili per ogni loro azione illecita. E possono persino essere arrestati, ma solo se colti in flagrante, o se il delitto è punibile con pena massima superiore ai tre anni. Speciale immunità solo per il presidente della Repubblica, che può essere perseguito per crimini commessi al di fuori del suo mandato, ma solo al termine del mandato stesso.

Gran Bretagna. Parlamentari e ministri sospettati di reati sono trattati esattamente come gli altri cittadini, sia nelle cause civili che in quelle penali. Possono soltanto essere esonerati dal comparire come testimoni in Tribunale in procedimenti a carico di altri. Lo stesso vale per il premier e per gli altri ministri, che in pratica non godono di alcun privilegio in materia penale né civile: salvo le scarse garanzie riservate ai parlamentari, sono cittadini di Sua Maestà come tutti gli altri. Soltanto la Regina, capo dello Stato, gode di immunità assoluta. Una riforma avviata proprio nel giugno 2003 cancellerà anche un residuato di protezione su determinati reati legati alla funzione che aveva consentito a un parlamentare, Neil Hamilton, di scampare a un'accusa di corruzione (favori parlamentari a Mohamed al-Fayed in cambio di finanziamenti) in quanto collegata al suo mandato. «Dobbiamo stare sempre in guardia contro la corruzione – ha spiegato il ministro dell'Interno Lord Falconer, annunciando la riforma – che indebolisce la democrazia, impedisce lo sviluppo sostenibile, può insidiare il rispetto dei diritti umani col sostegno ai governi corrotti, con conseguenze destabilizzanti di enorme portata».

Germania. Nessuna protezione particolare per il premier e i suoi ministri. Per le indagini e l'arresto a carico dei parlamentari, la legge prevede l'autorizzazione a procedere del Parlamento, salvo che per i casi di flagranza del reato. La prassi vuole, però, che il Parlamento autorizzi preventivamente e automaticamente le indagini a carico dei suoi membri, con una deliberazione assunta una volta per tutte all'apertura di ogni sessione parlamentare. Il che vale talvolta per le perquisizioni e addirittura per l'arresto: il 5 giugno 2003 si è suicidato Jürgen Moellemann, deputato del Partito liberale tedesco, che stava subendo perquisizioni domiciliari e indagini per vari illeciti, fra cui l'evasione fiscale, e temeva di finire in manette.

Belgio. L'autorizzazione a procedere per le indagini sui parlamentari è stata abrogata nel 1997. Rimane soltanto per l'arresto, mentre gli eletti, come pure i ministri e il premier, possono essere indagati e processati senza alcun filtro.

Olanda. Parlamentari e i ministri, compreso il premier, sospettati di reati sono trattati esattamente come gli altri cittadini: cioè responsabili civilmente e penalmente per ogni loro azione compiuta fuori dalla loro funzione. I ministri, come in Francia, non possono essere anche parlamentari, e dunque sono perseguibili anche per le loro opinioni e dichiarazioni.

Svezia. I parlamentari e i ministri possono essere perseguiti per tutti i loro eventuali delitti, e possono essere anche arrestati, purché il reato sia punito con pena massima superiore ai due anni (e anche inferiore, in caso di flagranza, o di confessione).

Stati Uniti. Nessuna immunità per i parlamentari, e nemmeno per il presidente della piú grande nazione del mondo. Che può essere indagato per reati precedenti o collegati all'esercizio delle funzioni. Il caso Nixon, incriminato da un procuratore speciale, oltreché dal Parlamento con poteri giudiziari per i reati commessi nel Watergate, è celeberrimo. Come pure il caso Clinton: il procuratore speciale Kenneth Starr investigò e lo interrogò sia su un fatto commesso da presidente (le bugie dette a proposito delle sue relazioni sessuali extraconiugali con Monica Lewinski in una causa per molestie), sia su vicende precedenti ed extrafunzionali (bancarotta e truffa per i pasticci finanziari del caso Whitewater, risalenti a quando Clinton era governatore dell'Arkansas). La Corte distrettuale dell'Arkansas aveva in un primo momento concesso a Clinton la sospensione del processo (tipo lodo Maccanico), ma poi la Corte federale d'appello e quella Suprema stabilirono che si era trattato di un cattivo esercizio di discrezionalità giudiziaria, ribaltando il verdetto e consentendo le indagini sul presidente. Scagionato penalmente nel caso Lewinski, Clinton è stato però severamente sanzionato dall'Ordine degli avvocati, che lo ha espulso mentre era ancora presidente degli Stati Uniti.

Le altre bugie di Berlusconi

La persecuzione. Secondo il Cavaliere le inchieste sulla Fininvest sono iniziate dopo il suo ingresso in politica. Falso: la prima indagine, poi archiviata, sul Berlusconi imprenditore è quella per traffico di stupefacenti aperta a Milano nel 1983. Nel 1989, poi, Marcello Dell'Utri finisce per la prima volta sotto inchiesta per mafia (prosciolto). Inoltre, la tesi della persecuzione, già esposta dal premier in una denuncia a Brescia, è stata cosí smontata dai giudici: «Risulta dall'esame degli atti che, contrariamente a quanto si desume dalle prospettazioni del denunciante, le iniziative giudiziarie [...] avevano preceduto e non seguito la decisione di «scendere in campo» [...] [il pool di Mani pulite ha compiuto tra] il 27 febbraio '92 e il 20 luglio '93 ben 25 accessi presso Fininvest e Publitalia».

Il vittimismo. Berlusconi ama snocciolare le cifre delle indagini sul Biscione, specificando che ci sono state 53 persone assolte, e di essere stato prosciolto con formula piena dalle tangenti alla Guardia di finanza. In realtà, in Cassazione Berlusconi fu assolto per «insufficienza probatoria»; furono condannati i suoi dirigenti e i finanzieri corrotti. Per i 21 miliardi versati a Craxi nel '91 (All Iberian) Berlusconi ha strappato la prescrizione, mentre con la nuova legge sul falso in bilancio si sono salvati gli imputati del caso Lentini (anche lui e Galliani) e di uno dei filoni Publitalia.

Il ribaltone. Berlusconi si ostina a ripetere che, nel 1994, il suo governo fu rovesciato dall'invio di un invito a comparire per le mazzette Fininvest alla Guardia di finanza. È falso come hanno stabilito i magistrati di Brescia ai quali Berlusconi aveva presentato un esposto per «attentato agli organi costituzionali». Nell'ordinanza del gup. Carlo Bianchetti (15 maggio 2001) si legge: «Alla causazione del cosiddetto «ribaltone» è stata sostanzialmente estranea la vicenda dell'invito a presentarsi, dal momento che, secondo la testimonianza dell'allora ministro Maroni, la decisione della Lega Nord di "sfiduciare" il governo Berlusconi (decisione che era stata determinante nella caduta dell'Esecutivo) era stata formalizzata il 6 novembre 1994, e perciò due settimane prima; trovava comunque le sue radici in un insanabile contrasto tra la Lega Nord e gli altri partiti del Polo delle Libertà risalente a fine agosto '94, allorché l'on. Bossi era venuto a sapere dell'intenzione del capo del governo di "andare alle elezioni anticipate in autunno"».

La galera. Se non fosse sceso in campo, dice Berlusconi, le sue aziende «mai avrebbero avuto motivo di essere al centro di indagini penali». Falso. A Enzo Biagi e Indro Montanelli, il Cavaliere disse nel '93: «Se non entro in politica fallisco e mi arrestano». Un concetto ribadito da Fedele Confalonieri in un'intervista del 2000 a Curzio Maltese.

Il pentapartito. Per Berlusconi i giudici hanno «cancellato cinque partiti dalla vita pubblica». Ma nel gennaio del '94, al momento della sua discesa in campo, diceva: «La vecchia classe politica è stata travolta dai fatti [...] L'autoaffondamento dei vecchi governanti, schiacciati dal peso del debito pubblico e del finanziamento illegale dei partiti, lascia il paese impreparato e incerto...».

Giustizia & manette. Berlusconi è convinto che durante Mani pulite la custodia cautelare fu usata come strumento di tortura per estorcere confessioni. Questo cavallo di battaglia, tanto caro a Forza Italia, è però smentito dalla relazione finale dei quattro ispettori ministeriali inviati dal guardasigilli Alfredo Biondi (Forza Italia), resa nota il 15 maggio '95: «Nessun rilievo può essere mosso ai magistrati milanesi, i quali non paiono aver esorbitato dai limiti imposti dalla legge nell'esercizio dei loro poteri [...]. Non si è riscontrata un'apprezzabile e significativa casistica di annullamenti delle decisioni che hanno dato luogo a quelle detenzioni [...]. I provvedimenti custodiali sono stati spesso suffragati [...] dall'ulteriore e decisiva prova della confessione dell'indagato. Né è risultato che tali confessioni siano state in seguito ritrattate perché rese sotto la minaccia dell'ulteriore protrarsi della detenzione [...]. Non è possibile ascrivere quelle confessioni alle «condizioni fisiche e psicologiche disumane» nelle quali si sarebbero venuti a trovare molti indagati, alcuni dei quali suicidatisi, condizioni cui fa riferimento l'on. Sgarbi: non è stata mai segnalata l'applicazione di regimi detentivi differenziati e inaspriti rispetto alla generalità dei casi».

Le toghe rosse. Secondo Berlusconi i magistrati del pool avevano come obbiettivo quello di favorire «la presa di potere da parte delle sinistre». Anche qui il Cavaliere è smentito dai fatti. Lui stesso, nel 1994, offrí ad Antonio Di Pietro la poltrona di ministro degli Interni, mentre Ignazio La Russa (An) offrí a Piercamillo Davigo il ministero di Grazia e Giustizia. A Milano Mani pulite decapitò l'intero vertice regionale del Pci-Pds, mentre grazie alle indagini del pool Primo Greganti fu condannato per una mazzetta legata agli appalti Enel destinata alla

Quercia. Quanto poi agli interessi politici che avrebbero mosso i magistrati di Milano nelle indagini sulla Fininvest ecco cosa ha detto, il 23 ottobre 1996, il ministro dell'Interno britannico Simon Brown, per spiegare il diniego al ricorso degli avvocati di Berlusconi contro la consegna delle carte sui conti esteri del Biscione: «Se ben capisco l'argomentazione dei richiedenti [la Fininvest], essi sostengono che l'azione giudiziaria in corso in Italia per donazioni illecite di 10 miliardi al signor Craxi è politica, e che le accuse di falso contabile [...] sarebbero reato connesso. Le donazioni politiche illegali sono un reato politico? Non sono d'accordo. A me sembra piuttosto un reato contro la legge ordinaria promulgata per garantire un corretto ordinamento del processo democratico in Italia – reato in nulla diverso, diciamo, dal votare due volte alle elezioni [...]. Il reato in questione è stato commesso per influenzare la politica del governo: non si pagano clandestinamente grosse somme di denaro a un partito politico senza uno scopo [...]. Non accetto in nessun modo che il desiderio della magistratura italiana di smascherare e punire la corruzione nella vita pubblica e politica, e il conflitto che ciò ha creato tra i giudici e i politici in quel paese, operi in modo tale da trasformare i reati in questione in reati politici. È un uso scorretto del linguaggio definire la campagna dei magistrati come improntata a «fini politici», o le loro azioni nei confronti del signor Berlusconi come persecuzione politica. Al contrario, tutto ciò che ho letto su questo caso suggerisce che la magistratura stia dimostrando una giusta indipendenza politica dall'esecutivo ed equanimità nel trattare in modo eguale i politici di tutti i partiti [...]. [Il reato] non è intrinsecamente politico, né lo diviene nel caso che l'autore del reato speri di cambiare la politica del governo comprando influenza politica, e neanche se il potere giudiziario, perseguendo lui, spera di ripulire la politica. Nessuno degli argomenti dei richiedenti riesce a persuadermi in nulla che i reati in questione siano politici. Non riesco proprio a vedere i pagatori corrotti della politica come i "Garibaldi di oggi", o cercatori di libertà, o "prigionieri politici"».

Tutte le sentenze su Berlusconi

Bugie sulla loggia P2 (*falsa testimonianza*)

La Corte d'appello di Venezia, nel 1990, dichiara Berlusconi colpevole di aver giurato il falso davanti al Tribunale di Verona a proposito della sua iscrizione alla P2, ma il reato è coperto dall'amnistia del 1989. Interrogato sotto giuramento Berlusconi aveva detto: «Non ricordo la data esatta della mia iscrizione alla P2, ricordo comunque che è di poco anteriore allo scandalo [...]. Non ho mai pagato una quota di iscrizione, né mai mi è stata richiesta». Berlusconi però si era iscritto alla P2 nel 1978 (lo scandalo è del 1981) e aveva pagato la sua quota. Cosí i giudici della Corte d'appello di Venezia scrivono: «Ritiene il Collegio che le dichiarazioni dell'imputato non rispondano a verità [...], smentite dalle risultanze della commissione Anselmi e dalle stesse dichiarazioni rese del prevenuto avanti al giudice istruttore di Milano, e mai contestate [...]. Ne consegue quindi che il Berlusconi ha dichiarato il falso», rilasciato «dichiarazioni menzognere» e «compiutamente realizzato gli estremi obiettivi e subiettivi del delitto di falsa testimonianza». Ma «il reato va dichiarato estinto per intervenuta amnistia».

Tangenti alla Guardia di Finanza (*corruzione*)

I grado: condanna a 2 anni e 9 mesi per tutte e quattro le tangenti contestate (niente attenuanti generiche).

Appello: prescrizione per tre tangenti (grazie alle attenuanti generiche), assoluzione con formula dubitativa (comma II art. 530 c.p.p) per la quarta. Nelle motivazioni si legge: «Il giudizio di colpevolezza dell'imputato poggia su molteplici elementi indiziari, certi, univoci, precisi e concordanti, per ciò dotati di rilevante forza persuasiva, tali da assumere valenza probatoria».

Cassazione: assoluzione. La motivazione contiene due riferimenti alla classica insufficienza di prove. La Cassazione non può entrare dichiaratamente nel merito, né dunque annullare la sentenza precedente con formula dubitativa: deve emettere un verdetto secco (conferma oppure annulla). Ma nella motivazione i giudici della VI sezione penale citano esplicitamente all'«articolo 530 cpv»: dove «cpv» significa «capoverso», cioè comma 2 («prova contraddittoria o insufficiente»). A 12 righe dalla fine, a scanso di equivoci, i supremi giudici hanno voluto essere ancora piú chiari. Si legge infatti: «Tenuto conto di quanto già osservato sulla insufficienza probatoria, nei confronti di Berlusconi, del materiale indiziario utilizzato dalla Corte d'appello...».

All Iberian 1 (*finanziamento illecito ai partiti*)

I grado: condanna a 2 anni e 4 mesi per i 21 miliardi versati estero su estero, tramite il conto All Iberian, a Bettino Craxi.

Appello: il reato cade in prescrizione, ma c'è: «per nessuno degli imputati emerge dagli atti l'evidenza dell'innocenza».

Cassazione: prescrizione confermata, con condanna al pagamento delle spese processuali. Nella sentenza definitiva tra l'altro si legge: «Le operazioni societarie e finanziarie prodromiche ai finanziamenti estero su estero dal conto intestato alla All Iberian al conto di transito Northern Holding [Craxi] furono realizzate in Italia dai vertici del gruppo Fininvest spa, con il rilevante concorso di Berlusconi quale proprietario e presidente. [...] Non emerge negli processuali l'estraneità dell'imputato».

All Iberian 2 (*falso in bilancio*)

Processo sospeso in attesa che sulla legittimità delle nuove norme in materia di reati societari approvate dal governo Berlusconi si pronuncino l'Alta Corte di giustizia europea e la Corte costituzionale italiana. Se le eccezioni sollevate da vari tribunali verranno respinte, il reato sarà dichiarato prescritto.

Medusa Cinema (*falso in bilancio*)

I grado: condanna a 1 anno e 4 mesi (10 miliardi di fondi neri che, grazie alla compravendita, vengono accantonati su una serie di libretti al portatore di Silvio Berlusconi).

Appello: assoluzione con formula dubitativa (comma 2 art. 530). Berlusconi, secondo il collegio è cosí ricco che potrebbe anche non essersi reso conto di come, nel corso della compravendita, il suo collaboratore Carlo Bernasconi (condannato) gli abbia versato 10 miliardi di lire in nero. Scrivono i giudici: «La molteplicità dei libretti riconducibili alla famiglia Berlusconi e le notorie rilevanti dimensioni del patrimonio di Berlusconi postulano l'impossibilità di conoscenza sia dell'incremento sia soprattutto dell'origine dello stesso».
Cassazione: sentenza d'appello confermata.

Terreni di Macherio (*appropriazione indebita, frode fiscale, falso in bilancio*)

I grado: assoluzione dall'appropriazione indebita e dalla frode fiscale (per 4.4 miliardi di lire pagati in nero all'ex proprietario dei terreni che circondano la villa di Macherio, dove vivono la moglie Veronica e i tre figli di secondo letto), prescrizione per i falsi in bilancio di due società ai quali «indubbiamente ha concorso Berlusconi».
Appello: confermata l'assoluzione dalle prime due accuse. Assoluzione anche dal primo dei due falsi in bilancio, mentre il secondo rimane ma è coperto da amnistia.
Cassazione: in corso.

Caso Lentini (*falso in bilancio*)

I grado: il reato (10 miliardi versati in nero al Torino Calcio in occasione dell'acquisto del giocatore Luigi Lentini) è stato dichiarato prescritto grazie alla nuova legge sul falso in bilancio.
Appello: in corso.

Consolidato gruppo Fininvest (*falso in bilancio*)

Il gip Fabio Paparella ha dichiarato prescritti, sulla base della nuova legge sul falso in bilancio, i 1500 miliardi di lire di presunti fondi neri accantonati dal gruppo Berlusconi su 64 off-shore della galassia All Iberian («comparto B della Fininvest). Il pm Francesco Greco ha presentato ricorso in Cassazione perché la mancata fissazione dell'udienza preliminare gli ha impedito di sollevare un'eccezione d'incostituzionalità e di incompatibilità con le direttive comunitarie delle nuove norme sui reati societari e con il trattato dell'Ocse.

Lodo Mondadori (*corruzione giudiziaria*)

Grazie alla concessione delle attenuanti generiche il reato – che in primo grado ha portato alla condanna di Cesare Previti – è stato dichiarato prescritto dalla Corte d'Appello di Milano e dalla Corte di Cassazione. Nelle motivazioni della Cassazione, tra l'altro, si legge: «il rilievo dato [per concedere le attenuanti generiche] alle attuali condizioni di vita sociale ed individuale del soggetto [Berlusconi è diventato presidente del Consiglio], valutato dalla Corte come decisivo, non appare per nulla incongruo...».

Sme-Ariosto (*corruzione giudiziaria*)

A causa dei continui «impedimenti istituzionali» sollevati da Berlusconi e dei conseguenti rinvii delle udienze, la posizione del premier è stata stralciata dal processo principale. Ed è stato creato un processo parallelo, che però Berlusconi ha sospeso fino al termine del suo incarico (o *sine die*, in caso di rielezione o di nomina ad altra carica istituzionale) facendo approvare a tempo di record il lodo Maccanico, proprio alla vigilia della requisitoria, delle arringhe e della sentenza, e a 40 mesi dall'inizio del dibattimento.

Sme-Ariosto (*falso in bilancio*)

In seguito all'entrata in vigore delle nuove norme sul diritto societario, questo capo d'imputazione contestato a Berlusconi per il denaro versato – secondo l'accusa – ad alcuni giudici, è stato stralciato. Il processo è fermo in attesa che l'Alta Corte di giustizia europea si pronunci sulla conformità tra le nuove regole e le normative comunitarie. Ma, anche in caso di risposta positiva per i giudici, resterà bloccato per il lodo Maccanico. Come tutti gli altri procedimenti ancora in corso a carico di Silvio Berlusconi.

Diritti televisivi (*falso in bilancio e frode fiscale*)

Indagini preliminari in corso alla Procura di Milano (pm Alfredo Robledo e Fabio De Pasquale), a carico di numerosi manager del gruppo, piú il presidente di Mediaset Fedele Confalonieri e il titolare Silvio Berlusconi, il quale – secondo l'ipotesi accusatoria – avrebbe continuato anche dopo l'ingresso in politica nel '94 ad esercitare di fatto il ruolo di dominus dell'azienda. Oggetto dell'indagine: una serie di operazioni finanziarie di acquisto di diritti cinematografici e televisivi da majors americane, con vorticosi passaggi fra una società estera e l'altra del gruppo Berlusconi, con il risultato di far lievitare artificiosamente il prezzo dei beni compravenduti e beneficiare di sconti fiscali previsti dalla legge Tremonti, approvata dal primo governo dello stesso Berlusconi per detassare gli utili reinvestiti dalle imprese. Un presunto falso in bilancio che i magistrati valutano in circa 180 milioni di euro nel 1994.

Telecinco (*violazione delle leggi antitrust e frode fiscale in Spagna*)

Il giudice anticorruzione di Madrid Baltasár Garzón Real, dopo aver chiesto nel 2001 al governo italiano di processare Berlusconi o, in alternativa, di privarlo dell'immunità in modo di poterlo giudicare in Spagna, non ha ancora ricevuto risposta. Per questo il procuratore anticorruzione Carlo Castresana, nel maggio 2002, ha pregato Garzón di rivolgersi di nuovo alle autorità italiane. Berlusconi in Spagna è accusato – insieme a Marcello Dell'Utri e ad altri dirigenti del gruppo Fininvest – di aver posseduto, grazie a una serie di prestanomi e di operazioni finanziarie illecite, il controllo pressoché totalitario dell'emittente Telecinco eccedenti rispetto ai limiti dell'antitrust spagnola, negli anni in cui il tetto massimo era del 25 per cento delle quote azionarie.

Mafia (*concorso esterno in associazione mafiosa e riciclaggio di denaro sporco*)

Indagini archiviate a Palermo su richiesta della Procura per scadenza dei termini massimi concessi per indagare.

Bombe del 1992 e del 1993 (*concorso in strage*)

Le inchieste delle Procure di Firenze e Caltanissetta sui presunti «mandanti a volto coperto» delle stragi del 1992 (Falcone e Borsellino) e del 1993 (Milano, Firenze e Roma) sono state archiviate per scadenza dei termini d'indagine. A Firenze, il 14 novembre 1998, il gip Giuseppe Soresina ha però rilevato come Berlusconi e Dell'Utri abbiano «intrattenuto rapporti non meramente episodici con i soggetti criminali cui è riferibile il programma stragista realizzato». Cioè con il clan corleonese che da vent'anni guida Cosa nostra, con centinaia di omicidi e una mezza dozzina di stragi. Aggiunge il giudice fiorentino che esiste «una obiettiva convergenza degli interessi politici di Cosa nostra rispetto ad alcune qualificate linee programmatiche della nuova formazione [Forza Italia]: articolo 41 bis, legislazione sui collaboratori di giustizia, recupero del garantismo processuale asseritamente trascurato dalla legislazione dei primi anni 90». Poi aggiunge che, nel corso delle indagini, addirittura «l'ipotesi iniziale [di un coinvolgimento di Berlusconi e dell'Utri nelle stragi] ha mantenuto e semmai incrementato la sua plausibilità». Ma purtroppo è scaduto «il termine massimo delle indagini preliminari» prima di poter raccogliere ulteriori elementi.

Il gip di Caltanissetta Giovanni Battista Tona ha scritto: «Gli atti del fascicolo hanno ampiamente dimostrato la sussistenza di varie possibilità di contatto tra uomini appartenenti a Cosa nostra ed esponenti e gruppi societari controllati in vario modo dagli odierni indagati [Berlusconi e Dell'Utri]. Ciò di per sé legittima l'ipotesi che, in considerazione del prestigio di Berlusconi e Dell'Utri, essi possano essere stati individuati dagli uomini dell'organizzazione quali eventuali nuovi interlocutori». Ma «la friabilità del quadro indiziario impone l'archiviazione».

C'è, infine, la sentenza della Corte di assise di appello di Caltanissetta, che il 23 giugno 2001 ha condannato 37 boss mafiosi per la strage di Capaci: nel capitolo intitolato esplicitamente «I contatti tra Salvatore Riina e gli on. Dell'Utri e Berlusconi», si legge che è provato che la mafia intrecciò con i due «un rapporto fruttuoso quanto meno sotto il profilo economico». Talmente fruttuoso che poi, nel 1992, «il progetto politico di Cosa nostra sul versante istituzionale mirava a realizzare nuovi equilibri e nuove alleanze con nuovi referenti della politica e dell'economia». Cioè a «indurre nella trattativa lo Stato ovvero a consentire un ricambio politico che, attraverso nuovi rapporti, assicurasse come nel passato le complicità di cui Cosa nostra aveva beneficiato».

Editing e impaginazione: Spell srl - Roma
Finito di stampare nel mese di luglio 2003
per conto degli Editori Riuniti
dalle A.C. Grafiche s.r.l. - Cerbara di Città di Castello (PG)